二十一世纪法学热点系列

经济全球化与国际贸易法专题研究

张荣芳　著

中国检察出版社

图书在版编目（CIP）数据

经济全球化与国际贸易法专题研究/张荣芳著．—北京：中国检察出版社，2008.8

ISBN 978-7-80185-991-4

Ⅰ．经…　Ⅱ．张…　Ⅲ．国际贸易-贸易法-研究
Ⅳ．D996.1

中国版本图书馆 CIP 数据核字（2008）第 131503 号

经济全球化与国际贸易法专题研究

张荣芳　著

出 版 人：袁其国
出版发行：中国检察出版社
社　　址：北京市石景山区鲁谷西路5号（100040）
网　　址：中国检察出版社（www.zgjccbs.com）
电子邮箱：zgjccbs@vip.sina.com
电　　话：(010)68658769(编辑)　68650015(发行)　68636518(门市)
经　　销：新华书店
印　　刷：北京鑫海金澳胶印有限公司
开　　本：A5
印　　张：12.5 印张
字　　数：342 千字
版　　次：2008 年 10 月第一版　　2008 年 10 月第一次印刷
书　　号：ISBN 978-7-80185-991-4/D·1967
定　　价：30.00 元

前　言

国际贸易法是一门古老的法律部门。但是，进入21世纪以来，经济全球化的深入发展给世界贸易带来了巨大的推动力。在经济全球化背景下，国际贸易法获得了空前的发展动力，无论是国际贸易法律规范还是国际贸易法学理论，国际贸易法都增添了新的内容。本书即是在这样的一个经济全球化发展背景下着手写作的。

从结构上看，本书内容分为三个部分，第一个部分（第一章）对国际贸易法发展的态势作了一个梳理，包括对国际贸易法律制度的趋同化、国际组织对国际贸易法发展的影响以及生物技术的进步对国际贸易法发展的影响作一阐述。第二部分（第二、三章）是对国际贸易法私法理论的研究，该部分的内容包括国际货物买卖公约、国际货物买卖问题及与国际货物买卖有关的货物运输、货物保险、贸易支付所涉法律问题。第三部分（第四、五、六章）是对国际贸易法公法理论的研究，内容包括多边贸易体制与国际贸易法、区域贸易安排与国际贸易法以及多边贸易体制与区域贸易安排。

读书使人开阔眼界，写书则磨炼人的意志。经过一年多的时间，书稿终可付梓，但心情并不轻松。写此书的目的原是想把自己对国际贸易法的研究作一总结和记录，但写作中才发现自己学识还很肤浅，还有很多理论尚需深入研究。由于作者水平有限，书中粗糙和错误之处，恳请同仁不吝指正。

在本书写作过程中，蔡鸳鸯、李志尧、戴慧芳三位同学为本书写作提供了大量的文献资料，在此一并表示感谢！

张荣芳

2008年8月于榕城

前　言

目　录

第一章　经济全球化与国际贸易法的发展

一、国际贸易法概述

（一）国际贸易法概念

历史上贸易的产生是随着15世纪前后欧洲的海外扩张和陆上扩张而带来的商品全球性扩散。早在18世纪前，阿拉伯和意大利商人就在欧亚大陆的两地区之间贩运香料、丝绸、宝石和香精等奢侈品。到了18世纪末期，这种有限的奢侈品的贸易由于新的、体积庞大的必需品的交换而转变为大规模的贸易：欧洲的朗姆酒、布匹、枪炮及其他金属产品运送到非洲，美洲的蔗糖、烟草和金银运送到欧洲，这种繁荣一时的贸易对世界经济产生了重大影响。与其他各洲相比，欧洲所受到的影响全是积极的，这种积极的影响直接表现在：18世纪末开始进行的工业革命在很大程度上得益于全球性贸易中积聚起来的资本和海外市场对欧洲制造品的日渐增长的需要。

历史上货物贸易的繁荣促进了商品的全球流通，给世界经济的发展带来了不可估量的动力。随着商品贸易的不断发展，与商品买卖相关的规则与商事习惯也日渐丰富，并成为现今国际贸易法最早的法律渊源。

国际贸易法从部门法的隶属关系来说，属于国际经济法的重要内容之一，在国际贸易法领域中，国际货物贸易法是其最古老、最传统的内容，因此，国际货物买卖的法律规范最为丰富。随着科技的进步，经济的全球化发展，国际贸易法的调整范围不断扩大，特别是WTO的成立，在达成的相关协议中，《服务贸易总协定》（GATS）和《与贸易有关的知识产权协议》（TRIPs）标志着服务贸易和技术贸易正式成为国际贸易法的调整内容。因此，应该说国际贸易法的发展是非常迅速的，其调整的内容从国际货物买卖，扩展到服务贸易和技术贸易。不仅如此，国际贸易法调整的范围还从传统的私法领域扩展到公法领域，突出表现在国家对贸易管理的法律规范和国际贸易管理的法律规范日益丰富。

对国际贸易法的概念，学者们的表述不尽相同，有的表述为：国际贸易法是调整各国之间商品、技术、服务的交换关系以及与这种交换关系有关的各种法律制度与法律规范的总和，包括国际公约、国际商业惯例以及各国有关对外贸易方面的法律、制度、法令与规定。① 有的表述为：国际贸易法是调整跨越国境的贸易活动的法律制度和法律规范的总称，主要包括调整平等主体间的商事交易活动的私法规范和国家对外贸活动进行管理的公法规范。② 上述对国际贸易法概念的表述虽然不同，但却都表达了国际贸易法既调整平等主体之间的法律关系，也调整国家和国际对贸易活动的管理法律关系。从国际贸易法的法律规范来说，它既有私法规范又有公法规范，既有国内法规范又有国际法规范。

（二）国际贸易法的性质

传统理论认为，国际贸易法既调整平等主体之间横向的商事交易法律关系，也调整国家和国际上对贸易的纵向管理和管制法律关系。因此，国际贸易法的性质，既强调平等主体之间的平等性、协商性、私法性，强调当事人的意思表示一致，但也强调国际贸易法的公法性、强制性，即公法性与私法性、平等性协商性和强制性兼而有之。

但学界也有学者认为，应当重新审视国际贸易法和国际商法的关系，建议将传统国际贸易法中的调整平等主体之间的商事法律规

---

① 王传丽主编：《国际贸易法》，中国政法大学出版社 1995 年版，第 9 页。

② 郭寿康、韩立余著：《国际贸易法》，中国人民大学出版社 2000 年版，第 6—7 页。

范切割出来，将这部分法律放入国际商法，认为国际贸易法只调整纵向的管理和管制法律关系，以突出国际贸易法的强制法性质。其主张的理由有以下几个方面：第一，认为两者的渊源有区别。从联合国1996年国际贸易法委员会成立的目的看，就是为了通过国际协调，减轻各国在贸易立法上的冲突，特别是布雷顿森林体系的建立，国际经济法成为独立的法律部门，由此国际贸易公法成为国际经济法的组成部分，从而其性质完全区别于国际商法，因而推断出国际商法调整私法领域，国际贸易法调整公法领域，两者调整范围不应有内容上的交叉。第二，从贸易保护主义的本质看，国际贸易归根结底要由管制法来规范。第三，从各国的对外贸易法来推断国际贸易法的性质。认为国际贸易法应该是以促进国际贸易顺利发展为目的，它应该是各国对外贸易法谈判妥协的结果。第四，WTO是国际贸易强制法的产物。认为“WTO法”虽有“弱法”之称，但从全球经济日益相互依存的客观条件来说，协调国际经济关系也必然要求对各国经济主权作越来越多的限制和约束。因此，WTO的诞生使世界贸易的国际规则的强制性日益强化，“WTO法”归根结底是一种政府强制法。①

上述主张将国际贸易法定性为“强制法”，与学界近年出现的“大国际经济法”与“小国际经济法”的争论有一定的关联性。②持“大国际经济法”观点的学者认为，国际经济法不仅调整政府间或国家与国际组织之间的相互关系，也调整平等主体的私人（包括自然人、法人和其他组织）间的国际经济交往关系，这就是通常所说的国际经济法的“广义说”，也是国际经济法学界的传统学说，该观点认为国际经济法既有公法性质，也有私法性质，国际经济法的教材也大都按照这个学说的体系进行编写的。持“小国

① 殷敏：《国际贸易法的强制法性质》，载《国际商务研究》2005年第4期。

② 王军、高建学：《关于国际经济法与国际商法的学科设置的思考》，载《山西大学学报》（哲学社会科学版）2004年第4期。

际经济法”观点的学者认为，国际经济法是规范国际经济关系的以公法性法律为主的国际法规范和国内法规范的总和，这就是通常所说的国际经济法的“狭义说”。该观点认为国际经济法不调整国际经济交往中的平等主体之间商事交易关系，这部分的商事交易关系其实就是传统国际贸易法的调整对象。从上述争论的焦点问题看，大小国际经济法的争论其实就是国际贸易法调整对象的争论，国际贸易法作为国际经济法的重要内容之一，就包含了“平等主体间的商事交易关系”。“小国际经济法”将国际经济法界定为只具有公法性质和认为国际贸易法具有“强制法”性质，两者虽然讨论的出发点不同，但实际上是殊途同归，都认为应当将国际经济关系中的平等主体之间的商事交易关系交给国际商法来调整。

学界出现的上述观点，有一定的代表性，值得关注。从国际贸易法和国际商法的内容上看，两者确实有一些交叉，同时从两者的渊源看，两者都源于中世纪的商人习惯法。但随着国际经济交往的发展和商事活动范围的扩大，两者的调整范围也有明显的区别，如跨国公司的设立、经营、破产以及票据的流通和证券的买卖等涉外法是归入国际商法范畴，而自 WTO 成立后，其框架下的协议构成“WTO 法”，而“WTO 法”则归入国际贸易法范畴。另外，也许正是由于国际经济法中的国际贸易法涵盖了国际商法的大部分内容，而有关国际商法中的公司、破产、票据、证券等可以归入各国商法，所以，国际商法才难以作为一个独立的法律部门存在。

二、国际贸易法与世界贸易法

在国际经济交往活动迅猛发展的今天，一个新的名词出现在人们的眼帘——“世界贸易法”①。世界贸易法是国际贸易法的另一称呼，还是它有其自身的含义？

---

① ［德］彼得－托比亚斯·施托尔、弗兰克·朔尔科普夫著：《世界贸易制度和世界贸易法》，南京大学中德法学研究所译，法律出版社 2004 年版，第 3 页。

国际贸易法是一门古老的法学学科，并且不断发展。从产生和发展的阶段看，货物贸易、私法规范是国际贸易法最早的调整对象和法律规范。但现在从国际贸易法的性质上来看，它已不仅仅包含私法规范，还包含公法规范。从贸易的对象上看，国际贸易法不仅调整货物贸易，也调整技术贸易和服务贸易。从调整的范围上看，国际贸易法由原来的商事交易规范扩大到贸易管理规范。特别是随着世贸组织的建立和不断达成的框架下的协议，贸易管理规范也得到相应的扩展，不仅表现为一国对贸易的管理和管制，还表现为国际上对各国的贸易政策和贸易措施的管理和管制。自然人、法人、国家、国际组织和其他经济实体都是国际贸易法的主体。

世界贸易法研究的是世界贸易法律制度，它是随着世界贸易组织（WTO）的建立和一系列框架协议的达成而被提到国际法学研究的日程。其研究的主要内容包括 WTO 的原则和结构、关税义务、非关税贸易壁垒、反倾销反补贴和政府采购、WTO 的争端解决机制、服务贸易规则、TRIPs 协定体现的知识产权保护以及 WTO 中不断提起的新议题，如贸易与环境、贸易与投资、贸易与竞争，甚至有人提出将社会保障和福利标准纳入 WTO 管辖范围、WTO 的民主化等。从上述内容我们不难看出，世界贸易法与世贸组织法的内容有雷同之处。

从国际贸易法和世界贸易法研究的内容及其法律属性上看，可以将世界贸易法纳入国际贸易法体系之中。世界贸易法的出现，是国际贸易法发展的结果。当今国际贸易法的体系，至少应包括：(1) 传统的国际货物贸易法（包括国际货物买卖、国际货物运输、国际货物保险、国际贸易支付等几个买卖环节相关制度和规范）、国际技术贸易法、国际服务贸易法；（2）国家对贸易的管理和管制的相关制度和规范；（3）围绕 WTO 而形成的相关制度和规范，即世界贸易法，这是 WTO 成员通过加入 WTO，而自愿置身于其制度和规范的管辖之下，表现为国际对各国贸易的管制；（4）国际贸易争议的解决。

三、国际贸易法的发展

(一) 国际贸易法律制度的趋同化

国际贸易是世界各国发展经济和经济互补的一种重要方式。但是，由于世界各国政治、经济体制、社会和文化背景的差异，法律制度也各具形态，阻碍了各国商事主体进行国际贸易。因此，为了消除各国间法律的差异，促进国际贸易的发展，各国政府和国际组织做了大量的工作，特别是在货物买卖领域。

随着经济全球化的深入发展与世界市场的统一趋势，冲破民族国家之间设置的市场壁垒并构建全球市场秩序体系的需求日益膨胀。减少或拆除各国关税与非关税壁垒的国际市场分割，让市场要素在全球范围内自由流通，正是国际贸易法律的内容与目标。但是，要完成这种任务，无论是国家对市场管制的逐步放松，还是对各国市场经济立法的协调，都需要主权国家展开单独或联合行动。所以，主权国家至少在形式上，将长期是促进国际市场统一的最重要的角色，也是国际经济法律自由化和趋同化的最重要立法主体。

国际贸易法律制度的趋同化主要表现在三个方面：一是主权国家参加国际组织，缔结条约，自觉接受国际组织成员达成的或通过的各项协议的约束。对于该国际组织或条约的签订国的成员来说，由于遵守的是相同的规则，在调整国际贸易行为上就能达成规范的统一。如：在制定国际货物买卖法的过程中，政府间的组织，如联合国国际贸易法委员会（UNCITRAL）、国际私法协会、海牙国际私法协会等做了很多的努力。联合国国际贸易法委员会制定的1980年《联合国国际货物销售合同公约》（以下简称1980年《公约》）（Convention on Contracts for the International Sale of Goods，简称CISG）在货物买卖领域有较大的影响力。此外，该机构还制定了《国际货物买卖时效期限公约》，它是CISG的继续和发展，从法律体系上进一步完善了CISG。二是在国际贸易法律规范中，国际贸易惯例是其重要渊源之一，而贸易惯例在国际贸易活动中有着强大的影响力并被普遍地适用，无形中促进了国际贸易法律制度的趋同化。在这方面，非政府组织在统一各国买卖立法活动中也做了大量工作，如国际商会、国际海事委员会、国际法协会等。在这些非政府组织中，首推国际商会的贡献最大。它制定的《国际贸易术语解释通则》在货物买卖领域有着极大的影响力。它还制定了《跟单信用证统一惯例》、《托收统一规则》，对于贸易支付领域银行的法律适用，作出了卓越的贡献，特别是《跟单信用证统一惯例》已成为世界性的惯例，为各国银行在信用证交易中唯一可供遵循的法律规范。当然，一些国际性贸易协会制定的标准合同格式，如欧洲咖啡交易标准合同，在长期的贸易实践中，也成为协调和统一国际贸易法的主要手段之一，它为满足特殊商品的买卖、弥补一般性商品买卖合同条款的不足起到了一定的作用。虽然标准合同格式不具有贸易惯例的性质，但通过普遍的和经常的使用，最终可以发展成为国际贸易惯例。无论是国际贸易惯例还是标准合同格式，与公约相比，它们在法律适用上更体现当事人的意思自治，非由当事人选择不得适用。三是各国在国内立法中，为了促进国际经济交往活动的发展，促进贸易的出口，在立法中都不同程度地吸收、参照了国际和其他国家的先进、合理的法律制度，表现出了各国法律不断趋同的发展方向。

国际贸易法律制度趋同化的后果既表现在买卖双方当事人权利、义务趋同化，也表现在有关争议解决法律适用和进出口国家对贸易管制的趋同化。

在国际货物买卖中，买卖双方的权利与义务是买卖合同的核心内容。在买卖中，为避免日后履行合同时出现障碍，双方都尽可能在合同中明确约定各自的权利和义务。从各国民商事法律规定的情况看，对买卖双方在合同中的权利义务，一般都属于非强制性规定。因此，买卖双方在合同中确定权利义务有很大的自由权。但是公约和各国买卖法律一般都规定了买卖双方最基本的义务，如：卖方有根据合同转让和交付货物的义务，买方根据合同接受货物并支付价款。除了对基本权利义务规定外，公约和各国立法也规定了买卖双方的职责，以约束双方在合同中没有具体约定情形下权利和义务的分担。如：1980 年《公约》规定了卖方交货时间、地点、权利担保义务、品质的担保义务、提交有关货物单据的义务；规定了买方收取货物、支付价款的时间、地点以及延期付款的责任等。由于 1980 年《公约》和国际商会编纂的贸易惯例在国际货物买卖领域的影响力，其对买卖双方的权利义务作出的较为详尽的规定，体现了国际货物买卖领域买卖双方权利义务内容逐步趋同。

从贸易争端解决的现状上看，无论是诉讼还是仲裁，在法律适用上均以当事人意思自治为基础，而争议各方在选择法律时无不选择各自国家所参加的公约，同时也普遍选择适用国际通用的贸易惯例。因此，国际公约和贸易惯例在争议中被普遍适用，从而形成解决争议的通行的做法。

在国际贸易中，各国出于对自身利益的考量，对国际贸易都进行了强有力的干预。如：针对货物出口不同的国家制定不同的贸易政策；对货物的进出口设置种种障碍和烦琐的程序，如高关税、进出口许可证、进出口配额限制等。有的国家在国际贸易管制中，贸易政策不统一、不透明，也为国际贸易的发展增添了障碍。但是，WTO 的建立为消除国家过多的干预，建立自由贸易秩序奠定了法律基础。现在 WTO 各成员在降低关税、减少数量限制、打破技术贸易壁垒等方面取得了成就，特别是根据 WTO 的要求，各成员在贸易管制立法中越来越体现的自由贸易的精神，从而使得占有主导地位的 WTO 成员在对外贸易管制立法上也越来越趋向统一。对于要求加入 WTO 的国家来说，也积极将国内与贸易相关的规范与 WTO 规范相接轨，带动了更多的国家在制定对外贸易管制立法中达到协调和统一。①

① 周晓唯：《货物买卖法律制度的国际趋同化》，载《西北大学学报》（哲学社会科学版）第 33 卷第 1 期。

（二）国际组织与国际贸易法发展

1. 联合国国际贸易法委员会与国际贸易秩序的建立

（1）关于联合国国际贸易法委员会（以下简称贸法会）的设立和工作。贸法会于 1966 年由联合国大会设立。大会在设立贸法会时承认各国在国际贸易法律存在差异，给贸易流通造成了障碍，因此，大会把贸法会视作联合国可藉此对减少或消除这些障碍发挥更积极作用的工具。大会还赋予贸法会促进国际贸易法逐步协调和统一的总任务。贸法会自此成为联合国系统在国际贸易法领域的核心法律机构。① 其总部现设在维也纳。

贸法会主要通过其委员会和工作组进行工作。每年召开的年会轮流在纽约联合国总部和维也纳国际中心举行。委员会的各工作组一般每年举行一届或两届会议，工作组届会也轮流在纽约和维也纳举行。委员会和工作组的会议，除成员国外，还邀请所有非委员会成员的国家以及有关国际组织作为观察员出席会议。贸法会设立了六个工作组，就委员会工作计划中的专题进行实质性筹备工作，每个工作组由委员会的全体成员国组成。

（2）贸法会已进行的法律统一工作。自 1968 年第一届年会以后，贸法会在国际贸易法四个领域作了法律统一工作：

其一，国际货物买卖领域。

① 贸法会就国际货物买卖合同的法律问题，在 1964 年海牙会议上通过的《国际货物买卖统一法公约》和《国际货物买卖合同成立统一法公约》的基础上，对上述两个公约进行修改，并于 1980 年 3 月在由 62 个国家代表参加的维也纳外交会议上正式通过《联合国国际货物销售合同公约》。截至 2002 年上半年，核准和参加该公约的共有 61 个国家。《联合国国际货物销售合同公约》共分为四个部分：适用范围；合同的成立；货物买卖；最后条款。全

---

① 参见 http：//www.uncitral.org/uncitral/zh/index.html，2007 年 10 月 19 日访问。

文共101条。

② 在国际货物买卖的时效与期限问题上，贸法会于1974年6月14日在纽约联合国总部召开的外交会议上通过了《联合国国际货物买卖时效期限公约》（以下简称《时效公约》），公约确立了关于国际销售合同所引起法律诉讼必须开始的时限的统一规则。1974年《时效公约》的适用范围与1980年《联合国国际货物销售合同公约》的适用范围相吻合，《时效公约》第1条至第6条对此作了明确规定。为使1974年《时效公约》与1980年《联合国国际货物销售合同公约》相配套，在1980年4月的联合国维也纳外交会议上缔结《联合国国际货物销售合同公约》的同时，还通过了《关于修正〈联合国国际货物买卖时效期限公约〉的议定书》。《时效公约》与1980年《修正〈时效公约〉议定书》于1988年8月1日生效，截至2005年上半年，前者有25个参加国，后者有18个参加国。

③ 在电子商务问题上，1991年贸法会下属的国际支付工作组，负责制定一部世界性的电子数据交换统一法（EDI）。1993年该工作组全面审议了《电子数据交换及贸易数据通信手段有关法律方面的统一规则草案》。这是世界上第一部EDI统一法草案。为解决全球电子商务所遇到的法律冲突，适应各国对EDI的迫切要求，制定时采取了灵活的示范法形式，并在统一法标题中不再使用"电子数据交换"（EDI）的字样，代之以"电子商务"，同时将《示范法草案》名称改为《电子商务示范法》，于1996年12月16日在联合国国际贸易法委员会第85次全体大会上通过。该法是世界上第一个电子商务的统一法规，其目的是向各国提供一套国际公认的法律规则，以供各国法律部门在制定本国电子商务法律规范时参考。《电子商务示范法》共17条，分为两个部分。第一部分是电子商务总则，包括一般条款、对数据电文适用法律要求、数据电文的传递。第二部分是电子商务的特定领域，主要涉及货物运输中的运输合同、运输单据、电子提单的效力和证据效力等问题。该法对电子商务的一些基本法律问题作出规定，有助于填补国际上电子

商务的法律空白。虽然它既不是国际条约，也不是国际惯例，仅仅是电子商务示范的法律范本，但它有助于各国完善、健全其有关传递和存贮信息的现行法规和惯例，并给全球化的电子商务创造出统一的、良好的法律环境。与《电子商务示范法》配套的另一部法律《电子签字示范法》于2001年12月12日在贸法会通过，这是国际上关于电子签字方面的最重要的立法文件。该法共12条，为电子签字的使用带来了法律上的确定性。《电子签字示范法》的制定，是对《电子商务示范法》的补充，促进了电子签字所产生的法律效力，有助于各国加强利用现代化核证技术的立法，为尚无这种立法的国家提供参考。

其二，国际贸易支付领域。

在1968年贸法会第一届会议上决定将国际贸易支付与国际货物销售和国际商业仲裁作为贸法会今后工作的重点。经过多年的努力，贸法会制定了：

①《联合国国际汇票和本票公约》，该公约于1988年12月9日在纽约联合国第43次大会上通过，并开放供签署。按该公约的有关规定，该公约须经至少10个国家批准或加入后，方能生效。虽然该公约目前尚未生效，但是它是一部供国际商业交易当事方选择使用新国际票据法律规则的全面法典。《联合国国际汇票和本票公约》共9章，90条。其主要内容包括：第1章适用范围和票据格式；第2章解释；第3章转让；第4章权利和责任；第5章提示、不获承兑或不获付款而遭退票和追索；第6章解除责任；第7章丧失票据；第8章期限（时效）；第9章最后条款。并明确规定，“汇票”是指本公约规定的国际汇票；“本票”是指本公约规定的国际本票；“票据”是指汇票或本票；“受票人”是指汇票已对他开出而尚未经他承兑的人；“受款人”是指出票人指示向他付款或签票人承诺向他付款的人；“持票人”是指按公约的规定拥有票据的人。同时，对“受保护的持票人”、“保证人”、“当事人”、“到期”、“签字”、“伪造签字”、“货币”等均作出规定。

从上述规定可见，公约旨在克服国际支付所使用的票据目前存在的主要差别和不确定性。如果当事方使用特定形式的流通票据表明该票据受贸易法委员会公约管辖，则适用此公约。

②《联合国独立保函和备用信用证公约》，该公约于1995年12月11日联合国大会通过，2000年1月1日起生效。公约旨在促进使用独立担保和备用信用证，尤其是在传统上只使用其中一种票证的情况下的使用。公约确认了独立担保和备用信用证的共同基本原则和共有特点。公约共分为七章，分别是：适用范围；解释；保函之形式与内容；权利、义务及抗辩；临时性法院措施；冲突法；最后条款；共29条。公约规定，其适用范围是独立保函或备用信用证。确定承保定义是“一项独立承诺，在国际惯例中称之为独立保函或备用信用证，此种承诺系由银行或其他机构或个人（担保人/开证人）作出，保证当提出见索即付要求时，或随同其他单据提出付款要求，表明或示意因发生了履行义务方面的违约事件、或因另一偶发事件、或索还借支或垫付款项、或由于委托人/申请人或另一人的欠款到期而应作出支付时，即根据承保条款和任何跟单条件向受益人支付一笔确定的或可确定数额的款项”。公约所涉的担保书具有独立性、单据性和不可撤销性，即该公约不适用于“附属的”或“有条件的”保函。公约对“保证”、“保证人”、“单据”等做了解释。对保证的开立、形式、变更、转让与让渡、保证效力的终止，保证的到期日，保证人和受益人的权利与义务，拒绝付款的例外，申请人的救济，适用法律等作出了规定。

该公约只适用于营业地在缔约国的独立担保人的承保行为以及由冲突法规则导致适用的情况。公约反映了国际贸易实践中独立保函和备用信用证运作的基本法律原则，是解释现在的国际担保和备用信用证的重要工具。尽管公约的法律效力要高于国际商会制定的有关规则，但由于公约的适用是任意性的，不具有强制性，因此当事人可以排除或改变公约规则的适用，而选用其他的惯例规则。

③《国际贷记划拨示范法》，该法于1992年5月15日由贸法会通过。它是有关各种形式的资金贷记划拨的示范法。该示范法适用于处理因发端人向银行发出将一笔指定金额交由受益人支配的命令

而开始的各项业务。它涉及诸如命令发送人和接收银行的义务、接收银行支付时间以及在划拨迟延或发生其他误差的情况下银行对发送人或对发端人的赔偿责任。该示范法有关电子资金贷记划拨的规定，有助于减少各国相关电子支付法令的差异，并为各国立法提供依据。

该示范法共三章19条，包括总则；各方当事人的义务；贷记划拨未能完成或发生差错或迟延的后果。该示范法规定：国际贷记划拨是指由发端人的支付命令开始，以将资金交由受益人支配为目的而进行的一系列业务行为。贷记划拨包括意图实施发端人的支付命令的发端人银行或任何中间银行签发的任何支付命令。以此种命令的支付生效为目的签发的支付命令视为另一贷记划拨的部分。该示范法同时规定：支付命令指发送人以任何形式向接受银行发出的，将固定的或可确定的货币金额交由受益人支配的无条件指令。贷记划拨可以以纸质工具传递，但特别适宜用电报、电传或类似的电子通讯方式传递。该示范法还规定，当受益人银行接受了支付命令以后，划拨已经完成，受益人银行对受益人负有支付的债务，而发端人对于受益人的基础债务已得到清偿。因此，受益人银行接受支付指令以后，由受益人银行引起的迟延或遗失的风险由受益人承担。当贷记划拨完成时，受益人银行在其接受的支付命令的范围内对受益人负有债务。如果贷记划拨的目的是为清偿发端人对受益人的债务，且该债务可通过向发端人指定的账户进行贷记划拨来清偿，那么当受益人银行接受支付命令时，该债务得到清偿，且清偿的程度同于通过以现金支付同样金额来清偿的程度。

④《2001年联合国国际贸易应收款转让公约》，该公约于2001年12月12日在纽约订立公约草案，未经表决。该公约将在交存5份批准书、接受书、核准书或加入书时生效。

该公约的主要目的是通过促进增加获得低成本信贷的机会，促进货物和服务的跨国界流动。为实现这一目标，公约特别强调要消除某些国际融资做法的法律障碍，如确立未来应收款转让和整批转让的有效性和通过部分废止对应收款转让的合同限制；增进对关键问题的适用法律的确定性和可预测性；通过提供一个供各国选用的相竞债权优先次序制度，协调各国的转让法。该公约共 6 章，47 条和 1 个附则。其主要内容包括：序言；适用范围；总则；转让效力；权利、义务和抗辩；独立适用的法律冲突规则；最后条款及附件。此外，公约对涉及的名词作了统一的定义，如“转让”、“原始合同”、“现有应收款”、“未来应收款”等。

该公约适用于符合规定的国际应收款的转让和应收款的国际转让，前提是转让合同订立时转让人所在地在一缔约国内；以及后续转让，条件是先前的任何转让受本公约管辖。公约不影响债务人的权利和义务，除非在原始合同订立时债务人所在地在一缔约国内或管辖原始合同的法律是一缔约国的法律。同时明确当事方意思自治，在不违反公约规定的情况下，转让人、受让人和债务人可通过协议（删减或更改）公约对其各自权利和义务的规定。此类协议不影响非协议当事方的任何人的权利。

其三，国际商事仲裁、调解领域。

在该领域，贸法会制定以下法律文件：

①《联合国国际贸易法委员会国际商事仲裁示范法》，简称《国际商事仲裁示范法》，该法于 1985 年 6 月 21 日由联合国国际贸易法委员会主持制定，1985 年 12 月 11 日联合国大会通过批准该示范法的决议，其宗旨是协调和统一世界各国调整国际商事仲裁的法律。建议各国从统一仲裁程序法的愿望和国际商事仲裁实践的特点出发，对该示范法予以适当的考虑。《国际商事仲裁示范法》共 8 章 36 条。第一章，总则（第 1－6 条）；第二章，仲裁协议（第 7－9 条）；第三章，仲裁庭的组成（第 10－15 条）；第四章，仲裁庭的管辖权（第 16－17 条）；第五章，仲裁程序的进行（第 18－27 条）；第六章，裁决的作出和程序的终止（第 28－33 条）；第七章，对裁决的追诉（第 34 条）；第八章，裁决的承认和执行（第 35－36 条）。

该示范法在国际商事仲裁的含义中对“国际性”进行了宽泛的解释，同时对什么是该法所称的仲裁也做出了解释，既承认机构仲裁，又承认临时仲裁。关于“商事”一词，该示范法没有在条文中作出规定，而是在注释里做了广义的解释，指明包括契约性和非契约性的一切商事关系，以使其涵盖所有具有商业性质的关系所产生的争议。商事包括但不限于：任何提供或交换货物与服务的商业交易；销售协议；商业代理；财务代理；租赁；工程建设；咨询；工程技术应用；许可；投资；融资；银行；保险；开采协议或特许使用；合资或其他形式的工商业合作；货物或旅客的空中、海上、铁路、公路运输等。

该示范法公布后，对各国的仲裁立法产生了巨大影响，对规范国际商事仲裁起到了积极的推动作用。随着经济全球化的发展，各国关于仲裁的国内立法以及由此所确立的仲裁制度日益趋同，许多国家或地区按照示范法的规定建立健全了仲裁法律制度，代替了原有的仲裁立法。如美国的许多州、加拿大、澳大利亚、俄罗斯、意大利、新西兰、英国以及中国的香港等，都以示范法为蓝本稍加修改或直接移植使用。中国1994年的《仲裁法》在起草过程中也参考了该示范法。

②《联合国国际贸易法委员会国际商事调解示范法》，简称《国际商事调解示范法》。该示范法的宗旨，是在协助各国就利用中立的第三方进行调解或调停以便以友好方式解决国际商业往来过程中，可能出现的纠纷订立新的法规或改进现行法规；通过鼓励使用调解办法来提高国际贸易的节约和功效，以此有效地解决国际商事纠纷。按照该示范法的规定，不同国家的当事人之间商事纠纷可以提请调解人予以调解，达成一致协议。该示范法在第12条“调解人担任仲裁员”中规定：“除非当事人另有约定，调解人不应当担任对于曾经是或目前是调解程序标的事项的争议或者由于同一合同或法律关系或任何与其有关的合同或法律关系引起的另一争议的仲裁员。”这条规定虽然是以当事人有约定为条件的，但与1980年《联合国国际贸易法委员会调解规则》第19条明确反对仲裁中调解相比，无疑是一大进步。

该示范法以当事人约定为条件，符合仲裁调解的意思自治性。“仲裁中调解”是仲裁与调解相结合的一种模式，也是使用频率最高，在理论和实践上最具争议的方法。对此世界知识产权组织仲裁中心的调解规则第 13 条（b）款第 4 项，以及国际律师协会公布的《国际仲裁员道德规则》第 8 条“参与和解建议”项下也有类似的规定。该示范法是联合国首次以条文的形式，对仲裁中调解的认可。为此《国际商事调解示范法》又被称为“准国际仲裁法”。

③《联合国国际贸易法委员会仲裁规则》，该规则是在 1973 年，由贸法会提请联合国秘书长与其他有关国际商事仲裁的组织进行协商后，起草了一个供国际贸易临时仲裁所选择使用的程序规则。其后，贸法会秘书处草拟了一个规则草案，并于1976 年5 月通过了以该草案为基础制定的仲裁规则，即《联合国国际贸易法委员会仲裁规则》。联合国大会确认该规则对协调国际关系会起到重大的作用，并推荐以该规则来解决国际贸易中所产生的种种争议。该规则在 2007 年召开的贸法会仲裁和调解工作组第 46、47 届会议上提出修订。在上述两届会议上，就“仲裁通知和答辩”、“仲裁庭的组成”、“仲裁员的回避与替换”、“进一步的书面申诉”、“开庭终结”以及“规则的放弃”等具体问题上取得了共识，但在“仲裁协议的书面形式要求”、“外国投资者与东道国间投资争议仲裁”、“当事人代理权限的披露”、“指派当局的确定及海牙常设仲裁院能否直接成为指派当局”、“反请求的范围”以及“仲裁地”、“证据和开庭”、“临时措施”、“首席仲裁员解决办法”、“放弃诉诸法院”以及“公布裁决”等问题上争论比较激烈，各与会国代表之间分歧较大，上述多数问题最终形成两种以上的意见，工作组商定将在今后的会议上进一步审议这些事项。

④《联合国国际贸易法委员会调解规则》，该规则在 1980 年 12 月 4 日联合国大会上通过。规则全文共 20 条。其主要内容包括：规则的适用；调解程序的开始；调解员的人数；调解员的任命；提出调解说明书；代理与辅助；调解员的任务；行政上的协助；调解员与当事人间交换意见；保守秘密；当事人与调解员的合作；当事人对解决争议的提议；解决争议的协议；调解的结束；提交仲裁或诉讼；费用；预付费用；证据在其他程序中的合法性。规

则适用于当事人间因合同关系或因其他法律关系而发生争议，为寻求友好地解决其争议，双方同意按照《联合国国际贸易法委员会调解规则》，进行的调解。其具有任意性特点，表现在当事人随时可以约定、排除或变更本规则中的任一规定。该规则的任一规定如与当事人必须适用的法律的某一条款相抵触，则适用该法律的规定。

其四，国际海运法领域。

在该领域制定了《1978 年汉堡规则》。贸法会早在成立之初的 1970 年就开始介入国际海运立法统一的工作。这一工作的直接产物就是《1978 年汉堡规则》。该规则代表了国际社会重新平衡船货双方利益的立法趋势，代表了第三世界发展中国家的利益和要求，其于 1992 年生效。但因只有少数国家加入，其统一国际海运立法的期望非但没有实现，反而在已有的《1924 年海牙规则》、《1968 年海牙—维斯比规则》之外，又增加了一个并行的国际公约，进一步加剧了国际海运法律的不统一。而这种法律的不统一，造成了国际间货物自由流动的障碍，直接增加了国际贸易的交易成本。因此，贸法会于 1996 年决定重新审查国际海上货物运输法律制度，研究起草“联合国（海上）货物运输公约”。当然，决定启动起草的直接原因是，贸法会发现海上运输单证流通涉及的许多问题：如在提单或海运单的功能、买方和卖方在运输单证上的权利义务，以及为运输提供融资的部门在运输单证流转中的法律地位等方面，都没有统一的国际立法，甚至许多国家没有成文法规定，而电子商务的发展又迫切需要统一上述领域的国际立法。

从 1996 年开始，贸法会委托国际海事委员会起草运输法草案。国际海事委员会于 2001 年 12 月向贸法会秘书处提交了《运输法文书草案》（以下简称《草案》），贸法会立即成立了运输法工作组（第三工作组），计划对《草案》进行三读。截至目前，运输法工作组已对《草案》进行了二读，并取得了一些实质性进展，如：取消承运人航海过失免责；调整范围上确定了既包括港到港运输，也包括“门到门”运输；承运人的赔偿责任基础；文书的适用范围及合同自由问题；电子商务问题；控制权问题；交付货物问题；托运人义务问题等。根据运输工作组第17次会议决定，该《草案》于2007年底完成三读，并将于2008年贸法会大会通过公约草案，随后开放供各国签字加入。

（3）贸法会目前的专题工作。贸法会下面的六个工作组目前从事的专题工作是采购（主要是讨论和研究《贸易法委员会货物、工程和服务采购示范法》的修订）、国际仲裁和调解（研讨对《贸易法委员会仲裁规则》的修订）、运输法（拟定海上货物运输文书草案）、电子商务（研究电子商务法律和各国提交拟议的公约草案的修订）、破产法（讨论破产集团企业对待办法）和担保权益（讨论担保交易立法指南草案）。

（4）贸法会的协调工作。贸法会成立后，除了通过委员会和工作组讨论专题外，贸法会肩负的一项重要任务就是协调联合国系统内外活跃在国际贸易法领域的各组织的工作，鼓励各组织之间的合作，避免重复劳动，提高在国际贸易法的现代化和统一方面的效率、一致性和连贯性。最近几年，有越来越多的制订规则机构拟订了影响国际贸易领域的案文，这使贸法会的协调作用显得越来越重要。如贸法会对国际商会制定贸易惯例的核可工作，就是一个典型的例子，《2000年贸易术语解释通则》，经国际商会秘书处致函申请，贸法会对该版本的术语进行核准，以供全世界使用。不仅如此，贸法会也正在制定有关商业交易的公平而协调统一的现代规则，包括：世界各国可接受的公约、示范法和规则；具有巨大实际价值的法律和立法指南与建议；判例法和统一商法法规的最新资料；对法律改革项目的技术援助；统一商法的区域和国家研讨会。贸法会积极致力于准备并通过新的国际公约、示范法和统一法，促进法典的编纂和更加广泛地采用国际贸易术语、惯例和习惯性做法，并逐步采取有效措施，使发展中国家能够平等参与规则的制定。①

从上述贸法会已取得的成就看，贸法会从成立至今，对于国际贸易领域法律和规则的统一化起到了非常重要的作用，对国际贸易秩序的建立作出了卓越贡献。

2. 国际商会对国际贸易法发展所作的努力

国际商会是为世界商业服务的非政府间组织，是联合国等政府间组织的咨询机构。国际商会于1919年在美国发起，1920年正式成立。其总部设在法国巴黎。国际商会的基本目的是为开放的世界经济服务，坚信国际商业交流将导致更大的繁荣和国家之间的和平。目前，国际商会的会员已扩展到100多个国家，由数万个具有国际影响的商业组织和企业组成，已在59个国家中成立了国家委员会或理事会，组织和协调国家范围内的商业活动。

国际商会职能主要有四个：

(1) 在国际范围内代表商业界，特别是对联合国和政府专门机构充当商业发言人；

(2) 促进建立在自由和公正竞争基础上的世界贸易和投资；

(3) 协调统一贸易惯例，并为进出口商制定贸易术语和各种指南；

(4) 为商业提供实际服务。服务包括：设立解决国际商事纠纷的仲裁院、成立了协调和管理货物临时免税进口的ATA单证册制度的国际局、商业法律和实务学会、反海事诈骗的国际海事局、反假冒商标和假冒产品的反假冒情报局、为世界航运创造市场条件的海事合作中心，并经常组织举办各种专业讨论会和出版发行种类广泛的出版物。

国际商会的工作主要是通过其下属的24个专业委员会，围绕上述四项职能，各专业委员会的具体工作主要表现在：促进对商业惯例的变化提供建议；对影响国际贸易的各种法律的差异提出解决

① 参见 http://www.uncitral.org/uncitral/zh/index.html，2007年10月19日访问。

意见；积极参加有关国际团体特别是联合国国际贸易法委员会的工作；修订已出版的贸易惯例，对跟单信用证统一惯例的解释发表意见，并对案例进行研究；支持和推动国际商会的 INCOTERMS 的普及和推广；促进利用仲裁的方式解决国际商事争议，审查有关多方当事人仲裁的问题，审查国际商会仲裁示范条款和与仲裁条款有关的管辖权问题等。

在国际商会的上述工作中，特别需要提及的是近年来国际商会对《跟单信用证统一惯例》(500 号）的修改。

这次的修改是建立在全面评审国际商会的意见和决定以及 DOCDEX 裁定①、各国司法判例中针对 UCP 的救济措施上，以决定对 UCP500 条款的增减和修改，重点针对 UCP500 的七大焦点条款的修改（因为该七个条款在所有国际商会作出的意见中，有关这七个条款的争议占所有争议的 58%），包括第 9、13、14、21、23、37、48 条。同时也有 17 个条款从未引起争议或最多一两个争议，这次只是在格式和措辞方面稍加调整。在对 UCP500 的修改中还考虑了 UCP500 实施后发展起来的规则与 UCP600 的关系，如：URR525、ISP98、eUCP、ISBP 等。

UCP600 于 2007 年 7 月 1 日起正式生效。与 UCP500 相比，其修改主要体现在以下两个方面：

（1）条文的结构发生变化。UCP600 将原来散落在 UCP500 各

① DOCDEX（ICC Rules for Documentary Instruments Dispute Resolution Expertise，DOCDEX)，全称为“国际商会跟单票据争议专家解决规则”，是由国际商会的银行委员会制定并于 1997 年 10 月公布实施。主要解决因适用“跟单信用证统一惯例”（UCP)、“跟单信用证项下银行间偿付统一规则”(URR)、“托收统一规则”（URC）和“见索即付保函统一规则”（URDG）而引发的争议。根据该规则，信用证当中的任何一方当事人与其他当事人发生争议时，可向国际商会设在巴黎的国际专业技术中心提出书面申请，由该中心在银行委员会提名的专家名单中指定三名专家，根据当事人陈述的案情和有关书面材料，经与银行委员会的技术顾问协商后，就解决信用证争议以该中心名义作出的决定，称为 DOCDEX 裁定。

个条款中的定义解释归集在第2、3两个条款中，而且用词更加清晰和简洁，并补充了一些在UCP500中未加明确的定义。此外，在结构上的另一个变化就是按照信用证交易的各环节——通知、修改、审单、偿付、拒付，在原来UCP500的基础上将原有条款分别进行集中，使得对各个环节的规定更加明确和系统化。这种结构上的调整借鉴了ISP98模式，改变了UCP500在次序排列上的不足。经过结构上的调整，UCP600中条款数量由原UCP500中的49个条款变成现在的39个条款。

（2）内容发生了变化。首先，UCP600删除了原UCP500中7个条款：第5条（开立信用证的指示）、第6条（可撤销与不可撤销信用证）、第8条（信用证的撤销）、第12条（不完整与不清楚的指示）、第30条（运输行出具的运输单据）、第33条（运费到付/预付运输单据）、第38条（其他单据）。其次，UCP600增加了一些条款：增加专门的定义条款，引入了“Honour”（兑付）的概念；增加了实务操作性条款，规定“即使单据遗失，开证行也必须付款”；增加“单据必须满足其功能”的标准；明确了开证行可以作为转让行转让自己开立的信用证；明确了“沉默不等于接受”，规定如果修改信用证时加列了接受或拒绝修改的时限，银行可不予理睬，受益人未表示接受修改，则修改不自动生效（第10条f款）。再次，UCP600修改了一些条款：修改了议付的定义，此外还明确了议付（Negotiation）是对单据（汇票）的一种买入行为，并且明确了是对受益人的融资——预付或承诺预付，同时也将议付行对受益人的融资纳入受惯例保护的范畴，议付行在任何情况下均享有追索权，除非该行保兑了信用证；摒弃了可撤销信用证；开证行、保兑行及指定银行的责任更加清晰、确定，并规范了第二通知行的做法；银行的审单标准更为明确，将审单时间从“不超过7个银行工作日的合理时间”改为“最多不超过5个银行工作日”；明确了交单期限的适用范围；专门规定了“相符交单”，强调单据要与信用证条款、使用的惯例条款以及国际银行标准实务相符合，减少实务中对于单据不符点的争议。

3. WTO 对国际贸易法发展的影响

(1)“WTO 法”与国际贸易法

自 1995 年 1 月 1 日 WTO 成立以来，人们已经习惯称 WTO 所有的协议、规则为“WTO 法”，尽管该名称有诸多不尽如人意之处，但它具有简明自然的特点，笔者即以“WTO 法”来概括 WTO 成员接受的一揽子协议中体现的全部规则。迄今为止，学界对“WTO 法”的定性和定位仍然见仁见智。笔者认为，“WTO 法”应当是国际经济法体系中的一个部分，不仅如此，“WTO 法”还应当是属于国际贸易法，且是国际贸易法公法内容的一个新发展。

从“WTO 法”的立法主体和实施主体来看，国家是唯一的主体（除少数单独关税区外）。由于“WTO 法”涵盖了 GATT1947 和 GATT1994 以及八轮贸易会谈的全部成果，如果将这一成果的取得过程视为一个立法过程的话，那么立法主体是各成员（除少数单独关税区外，主要力量是国家）。从八轮回合谈判的情况来看，由于部长级会议是最高决策机构，每个议题的提起、谈判都是在部长级会议上进行，谈判的成果体现的是各成员政府的意志。而对于 WTO 成员来说，无论是创始成员还是非创始成员，在他们接受或加入 WTO 协定时，就已成为“WTO 法”的立法者并享有相应的权利和承担相应的义务。因此，WTO 各成员也是“WTO 法”实施的主体。从“WTO 法”具体内容来看，“WTO 法”虽然包含众多的协议，但是这些协议内容都是规范国际贸易行为，涉及的范围包括国际货物贸易、服务贸易、与贸易有关的知识产权贸易，此外还包括 WTO 成员间的贸易争端的解决、各成员贸易政策的审议、政府采购等。由此可见，“WTO 法”的体系虽然庞大，但不难看出，其规范的都是贸易活动或与贸易有关的活动。因此，“WTO 法”应是国际贸易法的一个组成部分。从 WTO 成立的目的和各成员的愿望来看，WTO 各协议规范的不仅是贸易活动，而且规范的是国家和政府在对外贸易活动中的行为，协调各成员间的贸易关系，并促成贸易谈判和解决各国贸易争端；不仅如此，WTO 有关协议也对各成员政府在对外贸易领域的政策和管理行为进行规范，如：关税、贸易许可、市场准入、反倾销反补贴、保障措施等，这些政策和措施虽然最终会让各成员企业和个人受益于国际贸易自由化带来的好处，但是它不是为成员企业和个人直接创设权利和义务，因此，"WTO 法"具有明显的公法性质。综上所述，"WTO 法"属于国际贸易法的公法。

传统的国际贸易法包含调整平等主体之间法律关系的私法规范和调整一国对外贸易活动进行管理和管制的公法规范。但是，随着 1995 年 1 月 1 日 WTO 的成立，其框架下的一系列协议构成各成员政府管理和管制外贸活动的行为准则。因此，在原有国际贸易法的公法内容（各国政府对外贸的管理和管制）的基础上，增加了 WTO 对各成员政府的管制的系列规则。对一成员来说，一国政府对内的贸易管理和管制活动必须遵守 WTO 对各成员的义务要求，以避免一国国内贸易政策的制定和实施构成对其他成员国贸易行为的不当妨碍，影响 WTO 贸易自由化目标的实现。

因此，"WTO 法"是对国际贸易法公法的一个新发展。

（2）WTO 贸易救济规则对国际贸易救济规则的影响

贸易救济规则最早表现为国内规则。随着全球经济的一体化，国家之间贸易利益的相互依存，已使各国市场由封闭逐渐转向开放。实行市场开放政策的国家，在享受国际贸易带来的诸多好处的同时，其国内产业也可能受到国际贸易中倾销产品的进口、受补贴产品的进口、外国产品大量进口或者外国不正当或不公平进口限制的损害。国内产业因国际贸易而受到的损害，通常只有借助于政府的力量才能消除，因此，当今世界上大多数国家和地区，都确立了由政府采取适当措施以防止或补救国内产业损害的贸易救济制度。当然，各国制定贸易救济规则，是为了防止或补救国内产业的损害。最早的贸易救济国内规则产生于 19 世纪末 20 世纪初，其内容主要是反补贴和反倾销规则。"二战"以后，随着国际贸易自由化进程的加快，贸易救济国内规则的内容得到了进一步充实和完善。当代各国的贸易救济国内规则，大多由反倾销、反补贴、保障措施和出口救济规则构成。①

在越来越多的国家将贸易救济确立为一项贸易法律制度以后，国家之间又协商制定了共同遵守的国际规则。这些有关贸易救济的国内规则和国际规则，共同构成了贸易救济规则体系。WTO 是世界上唯一处理成员间贸易规则的全球性的国际组织，它通过各成员的谈判签署了一系列约束成员将其贸易政策限制在议定的范围内协议。这些协议建立在双边和多边利益平衡基础上的条约，其内容大体包含两个方面：一是规定成员不得使用贸易壁垒，并规定成员应承担的义务；二是规定国际贸易利害关系方享有的贸易自由化的权利。这些内容的规定，无非是希望通过贸易自由化维护世界利益，增加各成员公共财富及国民福利，减少成员为了自身利益而限制和阻止外国商品的进入而采取的各种限制措施。为此，WTO 设计了一些贸易救济规则，对国际贸易救济规则和制度产生了重大影响。

在 WTO 中，贸易纠纷主体表现为二类：一是贸易商或某贸易集团和成员之间；二是成员彼此相互之间的贸易纠纷。WTO 贸易救济措施就是为了制止、纠正在上述主体之间发生的违法阻碍国际贸易往来、妨碍国际贸易自由化的规则和行为。因此，WTO 体制下国际贸易救济规则的管辖区域只能是在成员领域范围内，是解决成员关税领土范围内国际贸易纠纷的一项制度。

WTO 的贸易救济制度主要体现为以《建立世界贸易组织协定》的附件 2——《关于争端解决规则与程序的谅解》（DSU）为基础，设立的国际贸易争端解决机构（DSB），它是按照 WTO 协议审查当事方行为，解决贸易争端，为受损方提供救济的制度。也就是说，WTO 贸易救济制度不仅包括根据 WTO 相关协议赋予成员采取的一些救济措施，包括征收反倾销税、反补贴税等，它还为成员违反 WTO 协议的行为提供准司法的救济。

据上所述，WTO 的救济规则的实施分两种情形：其一，进口

---

① 赵生祥：《贸易救济制度研究》，http：//www. lichangqi. net/wz/wzl. 2007 年 12 月 19 日访问。

方成员国对该成员国之外的贸易商违反 WTO 有关协议造成的不公平进口的损害，以征收税收的形式给予救济，如构成倾销的，征收反倾销税；构成补贴的，对进口产品征收反补贴税。其二，一成员实施了违反 WTO 协议相关规定，经 DSB 裁决后，要求该成员停止违规行为。这种救济措施不要求损害方对违规行为进行赔偿，即被诉成员无须为其违法行为溯及既往地承担责任①。这种撤销违规行为的救济方式，与早期的国内贸易救济措施大有不同。就 WTO 贸易救济的非溯及既往性而言，WTO 各协议虽然没有对成员违背 WTO 协议所应承担的国际责任作出明确规定，但我们从专家组对大多数案件的裁决中，可以发现其通行的做法是仅建议采取违反 WTO 协议的被诉成员方撤销其违规措施，但并不要求违规成员方对违规措施已经造成的损害给予赔偿，但也有个别的例外。② 究其原因，主要是因为在 WTO《关于争端解决规则与程序的谅解》(DSU) 中有救济的非溯及既往的条款规定。如：第 19 条第 1 款规定“凡专家组或上诉机构认为某措施不符合一个涵盖协议时，它应建议该成员使该措施符合协议”，按照这一规定，专家组和上诉机构不能要求被诉成员就违规措施已造成的损失进行赔偿。另外在第 3 条第 7 款中也体现了这一精神，其规定在当事双方无法通过协商解决案件时，争端解决机制的首要目标通常是求得那些不符合涵盖协议规定的有关措施，只有当马上撤销该措施不现实可行时，才

① 参见张军旗：《论 WTO 国际责任的范围及其发展方向》，载《政治与法律》2006 年第 6 期。

② 在美国对从加拿大进口的冻猪肉征收反补贴税案、加拿大诉美国影响软木进口措施案、芬兰诉新西兰电子变压器案中，专家组作出了追溯性救济的建议，建议被诉方在撤销违法的反倾销税或反补贴税的同时，退回已经多收的反倾销税或反补贴税。但这也只是要求被诉方作有限的追溯性赔偿，因为税收的征收只是损害方损失的一部分，更重要的是贸易机会的丧失而带来的市场占有份额的减少。

诉诸补偿的规定……①

从上述可见，WTO的贸易救济规则在原有国内贸易救济规则的基础上，由于WTO本身建立的相应规则和体系，导致WTO的贸易救济制度有其自身的特点，对国际贸易救济法律规则产生一定的影响。

(3) WTO带来多边投资规则与国际贸易法的融合

在WTO成立之前，没有人能预料多边投资规则会与国际贸易规则相融合，尽管两者有着一定的内在联系。多边投资规则与国际贸易法的融合，主要是因为国际投资自由化的迫切要求。在WTO成立前，国际投资活动主要由东道国法律、双边投资条约、区域性投资条约和两个多边投资条约（《华盛顿公约》和《汉城公约》）调整。除此之外，联合国、经合组织等也努力制定了《跨国公司行动守则》、《多边投资协定》。但终因这些草案没有能够协调好投资国和东道国的利益以及自由化的矛盾，因此没有被发达国家和发展中国家双方共同接受。但是，随着全球范围内贸易自由化的迅速发展，为进一步推进投资自由化并回应经济全球化下的贸易自由化的发展，为跨国投资者创造更有利的投资环境，提供有力的国际法律保障，很多发达国家呼吁加强多边投资立法，这在乌拉圭回合谈判中得到一定的回应。并在乌拉圭回合谈判中，将一部分投资问题纳入WTO管辖之中，导致WTO框架下，产生一系列与贸易有关的投资措施协议。WTO规范国际投资的协议主要包括：《与贸易有关的投资措施协议》（TRIMs）、《服务贸易总协定》（GATS）（因服务贸易的主要形式商业存在属于投资，即必须通过直接设立机构来进行，因而列入多边投资协定范畴）、《与贸易有关的知识产权协议》（TRIPs）等。这些协议都对国际投资自由化的发展和多边投资规则和国际贸易法的融合，产生了积极的影响。特别是TRIMs的产生，使得与贸易有关的投资措施正式纳入新的多边贸易体制的

① 张军旗：《论WTO国际责任的范围及其发展方向》，载《政治与法律》2006年第6期。

法律框架下，从而使得多边贸易体制内所采用的基本法律原则被移植到了国际投资领域，对传统的国际投资法产生了重大变革。其实，严格地说，TRIMs 并不是一部单纯的投资协议，就其性质来说，它是介于投资与贸易之间的国际多边协定。这是贸易与投资具有关联性在多边协定上的一个体现，使长期游离在多边贸易体系之外的国际投资，最终以全球多边谈判的形式予以规范和推动。现在，几乎所有国家都开始承认贸易与投资的关联关系，并认可着两者融合的现实。

上述可见，WTO 多边贸易体制的建立，标志着国际投资规则向多边贸易体制化迈出了坚实的一步，国际投资问题不再是单纯受各国外资法、双边投资条约和多边投资公约的规范，而且还受多边贸易体制的制约。将投资规则纳入多边贸易体制以后，根据 WTO 对各成员的要求，凡是成员方与 WTO 相关协议相违背、造成对贸易扭曲的投资法律法规，都应在规定的时间内消除、修改，并推行广泛的投资国民待遇原则。不仅如此，由多边贸易体制对国际投资规则进行规范，利用 WTO 高效的争端解决机制，也能促使与贸易有关的投资争端能够得到快速有效的解决，在一定程度上，多边贸易体制也促进了国际投资自由化的发展。

虽然说国际投资法在多边贸易体制中的规制向着投资自由化方向发展，但是 WTO 管辖下的国际投资规则的范围还十分有限。发达国家现在仍在努力，继续运用在议题谈判中的优势向发展中成员方施加压力，要求将更多的投资问题纳入 WTO 框架内，同时也不断呼吁 WTO 框架下的“与投资有关的”多边协议的改革，希望扩大现有协议的调整范围并强化它们的投资规则。① 就投资问题是否全面纳入 WTO 的调整范围以及如何纳入 WTO 调整范围，事关 WTO 规则体系的重大变革，这个问题在此不再讨论，但是我们从 WTO 对国际投资多方面议题的提起、WTO 管辖范围的扩大，可以

---

① 刘笋：《WTO 框架下的多边投资协议问题述评》，载《中国法学》2003 年第 2 期。

发现：投资规则在多边贸易体制内，已经和贸易规则融合，并且这种融合的范围有逐渐扩大的趋势。

（三）生物技术的进步与国际贸易法发展

1. 生物技术的进步与贸易

随着生物技术的发展，人类在科技发展史上发生了一次飞跃。据统计，2002 年全球种植转基因生物体的面积为 5870 万公顷，有 16 个国家和地区的 600 万农民以种植转基因生物体为主，其中，美国是转基因技术最强的国家，其种植转基因生物体面积占全球种植面积的 66%，美国最大的孟山都转基因公司在 2002 年的营业额达 48 亿美元；发展中国家和地区及新兴市场国家、地区，如阿根廷、中国、南非、印度占转基因生物体种植面积的 27%，约 1600 万公顷。① 转基因技术在给人类带来高质量、高数量生物产品的同时，也给生态环境和食品安全带来忧患。特别是在转基因生物的全球贸易中（Genetically Modified Organisms，以下简称 GMOs 贸易），由于各国的生物技术水平及转基因生物的生产能力、贸易愿望的差别，各国在对 GMOs 贸易上的态度大相径庭，最为典型的是欧盟和美国。欧盟对待转基因产品的态度非常谨慎，而美国用现行方法证明转基因技术是无害的，因此，对转基因产品采取积极态度，在北美几乎 90% 是转基因产品。

尽管转基因技术已经被联合国粮农组织、世界卫生组织、经济合作组织等许多国际组织以及美国、欧洲和非洲科学家所认可，美国也在 20 世纪 80 年代初，率先开始转基因食品的研究，并于 1996 年将第一批转基因农产品——番茄、大豆、玉米、油菜和土豆投入市场。但是，生物科技产品从诞生之日起就充满着争议。

2. 美国和欧盟对转基因产品贸易的规制

鉴于各国对转基因生物产品的态度不同，各国在对该项产品贸

---

① 张玉卿：《基因产品贸易未来的发展趋势——“WTO 转基因第一案”述评与展望》，载《WTO 经济导刊》2006 年第 12 期。

易的规制上，大体可分为以美国为代表的积极派和以欧盟为代表的消极限制派。

（1）美国：美国转基因生物体的种植面积超过3000万公顷，居世界各国之首，而且每年还有增长趋势。联邦政府批准上市的转基因植物品种有50多个，数千种食品中含有转基因成分。虽然其他国家对转基因生物产品的安全性存有顾虑，但丝毫不影响美国转基因生物种植产业的发展。从美国对转基因植物和产品的管理机构看，涉及三个部门：一是农业部，通过植物保护法、肉类检查法、禽类产品检查法、病毒血清毒素检查法等对植物、植物害虫（包括微生物）、动物疫苗进行管制；二是环境保护局，通过联邦杀虫剂、杀菌剂和沙鼠剂法、有毒物质控制法等对微生物或植物杀虫剂、其他有毒物质、微生物、动物制造的有毒物质进行管制；三是食品和药品管理局，通过公共健康服务法、饮食健康和教育法、食品药品和化妆品法、国家环境保护法对食品、动物饲料、食品添加剂、人和动物药品、人类疫苗、医疗设备、转基因动物、化妆品进行管制。从转基因生物产品的生产环节看，美国食品和药品管理局不强制要求转基因产品加贴特别标签，也就是说，转基因产品一旦经过安全评估并被批准进入市场，生产者可以自愿对含有转基因成分的产品进行标识。

总的说来，美国对GMOs贸易采取开放式、自由的态度，认为GMOs产品是生物技术创新和发展的应用，是经过生物技术加速自然选择的过程，从作物研究开发、种植、加工到销售，都有严格的安全评估程序，认为安全性有保障，因而希望GMOs产品能与非GMOs产品一样无区别地进入他国市场。因而，美国在依据“可靠科学原则”的基础上，在国内对转基因产品奉行自律管制、在国际上推行转基因产品自由贸易并对抗他国的技术贸易壁垒。

（2）欧盟：欧盟与美国的态度截然相反，在转基因产品问题上，欧盟持谨慎、小心的态度，认为转基因产品对人类健康和生态环境的影响尚不能确定，为了预防转基因产品潜在的风险发生，欧盟奉行预防原则，即只要转基因生物产品在科学上尚不能提供确定的基础时，管理当局对新的生物技术产品可不予批准。欧盟对转基因产品的规制可以追溯到1991年的欧共体第90/220/EEC号指令，该指令主要涉及转基因食品、动物饲料、种子和环境安全。此后，欧盟还分别就转基因食品的安全和标签问题、含有转基因成分的添加剂和调味料标签问题以及非转基因食品中出现非有意的转基因污染时的标签问题等做了规定。2001年，欧盟又颁布了第2001/18/EC号指令，取代了原来的第90/220/EEC号指令。新指令对转基因产品的环境释放风险评估、上市后强制性监测和风险管理等问题提出了更加详细的要求。2003年11月，由欧盟议会和理事会发布的欧盟基因修饰食品和饲料规制、欧盟议会和欧盟委员会发布的基因修饰生物体的追溯和标签以及从基因修饰生物体制作的食品和饲料追溯的规则。这些规则比原有的标准更加严格，如原先不需要贴标签的从转基因植物或种子中获得的植物油、动物饲料和添加剂在新规制下必须贴标签。欧盟通过新的规制建立了一套对GMOs的追踪系统，引入了对转基因饲料的标签制度，加强了对现有转基因食品的标签管理，它要求经销商必须转送和保存含有GMOs成分或由GMOs制成的产品在市场上任何阶段的信息。并要求GMOs食品和饲料的转基因成分不能超过0.9%，超过这一水平，所有的产品必须贴标签，哪怕是加工后的产品不再含有可测出的GMOs成分，也必须贴标签。同时欧盟建立了一个权威性的GMOs食品和饲料环境释放程序。不仅如此，上述两个新规制都规定了一个两年的评价条款，要求委员会报告在此期间的执行情况。①

上述可见，由于各国在对GMOs产品的贸易上的利益、立场的不同，导致各自国内对GMOs的贸易管制的手段、方法、程序具有很大的差异性，而且也导致各国对转基因产品的规则各异，互不协调，造成美欧的矛盾和冲突。在经济全球化和贸易自由化的浪潮中，欧盟通过对GMOs实行新的标识从而中止审批新的GMOs产品

① 魏蔚：《国际上对转基因生物技术的规制》，载《中国创业投资与高科技》2005年7月。

进入市场，而美国对欧盟出口的货物中，就包括了未经欧盟批准的转基因类作物品种，由此导致美国对欧盟的出口大大减少，美国因此也大受损失。欧盟对 GMOs 的贸易管制引起了以美国为首的转基因作物生产国的不满。后来，欧盟虽然实行强制性标识制度，允许美国等国家的 GMOs 产品的进入，但因为欧盟坚持的“从餐桌追溯到农田”进行全程的标识制度，大大增加了转基因作物生产国的生产成本，转基因食品的价格相应上升，削弱了转基因作物在欧盟的竞争力，导致在欧盟市场的占有份额越来越小，造成事实上禁止美国等国的转基因作物进口的后果。欧美关于转基因作物贸易的争端也最终由美国提交到 WTO ，要求 WTO 就欧盟禁止进口美国的转基因农产品问题作出裁决。WTO 于 2006 年 11 月 21 日宣布欧盟国家禁止进口转基因产品的做法违反了国际贸易规则。虽然如此，在欧盟取得 GMOs 产品的生产和贸易优势以前，欧美之间的 GMOs 贸易纠纷将不会停止。

3. 产品贸易的国际管理机构及规则

国际上主要有三个国际性的转基因产品管理机构和规则，共同对 GMOs 的贸易和应用进行管理。

第一，世界贸易组织（WTO）。WTO 并没有直接规范 GMOs 的贸易规则，但与此相关的贸易规则主要体现在两个协议中：一是针对 WTO 成员公共健康和福利标准的《实施动植物卫生检疫措施协议》（以下简称《SPS 协议》）；二是针对自由贸易的《技术性贸易壁垒协议》（以下简称《TBT 协议》）。

《SPS 协议》允许成员为了保护公共健康而暂时实行贸易壁垒，但是这些决定必须依据科学证据原则并建立在科学风险评估的基础上。《SPS 协议》允许各成员采取高于国际标准、指南和建议的检疫措施标准，但要求这些措施的采取必须以科学为依据，否则不允许成员对另一成员采取贸易歧视。科学证据是卫生检疫措施的首要标准，是检疫规则的基石。当然，在《SPS 协议》中也规定了科学证据原则的例外，即当科学证据不充分时，成员方仍可根据有关国际组织或其他成员方的卫生检疫信息，采取临时卫生检疫措施。与此同时，《SPS 协议》要求该成员方要尽力获取补充资料以便在合理期限内对风险评估作出客观评价。

《TBT 协议》主要包括技术法规和标准（涉及包装、标志或标签方面的要求），也包括为符合技术法规和标准而制定的测试和认证程序。《TBT 协议》要求成员方保证采取的技术标准所形成的规制措施不对国际贸易造成不必要的限制，鼓励成员采取同一标准或使用国际上已经制定的标准，并要求成员在各自国内有技术标准、政策的改变时，要及时通知各方，保持相互沟通。

第二，国际食品法典委员会（The Codex Alimentarius Commission，CAC）。它是联合国的国际食品标准制定机构，也是联合国粮食及农业组织（粮农组织）和世界卫生组织（世卫组织）的一项联合规划。作为联合国系统最悠久的机构间合作范例，它有 173 个成员国和 1 个成员组织（欧盟），管理着世界上 95% 人口的食品标准，主要目的是保护消费者的健康和维持公平的食品贸易。CAC 制定了大量的食品标准、指导方针和建议。

国际食品法典委员会（CAC）作为联合国粮农组织（FAO）和世界卫生组织（WHO）框架下的农产食品政府间国际标准化组织，其有关转基因作物标准为 WTO 认可，并作为国际贸易仲裁依据，SPS 和 TBT 都参考它的标准。因此，CAC 的标准越来越受到世界各国的重视。2003 年 7 月 1 日，在罗马召开的联合国食品标准署会议上，CAC 通过了三项有关转基因食品安全问题的标准。这三项转基因生物标准的起草工作是由一个政府间生物技术食品特别工作小组负责的。起草工作从 2000 年开始，到 2003 年 3 月完成，全部工作在日本进行。该标准涵盖了目前转基因生物政策方面的争议性问题，包括现代生物技术食品风险评估原则以及重组体 DNA 食品的安全评估实施细则。三项转基因生物标准的出台对于寻求转基因安全立法和建立追溯体系的国家是非常有利的。到 2004 年，占世界人口半数的 35 个国家都将制定相应法规，要求在转基因食品上市前实行强制性的政府安全评估，包括欧盟、中国、日本、韩国、印度、澳大利亚和新西兰等。更为有意义的是，被

CAC 采纳的标准将被自动视为“以科学为依据”。任何执行该标准的国家都可以免予在 WTO 内受到质询，并在解决国际贸易争端方面也有着非常重要的作用。

此外，新通过的国际食品法典标准中规定了一条底线，要求转基因生物产品应该“同与其相应的常规产品一样安全”；同时还规定了玉米、大豆等转基因食用植物及用于生产啤酒和奶酪的转基因微生物的安全评估准则；另外，法典标准中还用好几页的篇幅，详细规定了转基因食品营养学变化的检测程序，用以判断转基因食品中是否含有新的毒素或过敏源，以及是否有可能导致意想不到的后果。新标准中明确指出在转基因产品投放市场前应首先进行安全评估。标准中还对产品追溯也作了具体规定，这是法典标准起草过程中争议最大的问题之一，在 2002 年日本召开的食品法典委员会特别工作小组会议上，这一条最终获得了通过。

标准中还涉及有关转基因食品的其他争议性问题。如规定应该避免对常见的过敏性食品（如花生）进行基因转移，除非能够保证所转移的基因不会导致过敏，这也是一条重要规定。因为一些人，特别是儿童，会出现严重的食物过敏，甚至会导致死亡。新法典标准还反对使用标记基因来对一些对抗菌素产生抗药性的转基因进行标记。国际消费者联盟（Consumers International）指出，抗药性问题是个越来越严重的大问题，很多疾病都对现有药物产生了抗药性，但如果使用标记基因则有可能出现新问题，而法典标准的出台多了一道安全保障。新标准的问世，无论从消费者的角度，还是从科学、法规和常识的角度，都是一个巨大的胜利，特别是针对美国与欧盟之间在转基因食品问题上的争端，CAC 相关标准的出台，为欧盟在 WTO 原则下建立严格的转基因生物安全法规提供了法律基础。

第三，联合国环境规划署和《生物多样性公约卡塔赫纳生物安全议定书》（以下简称《议定书》）。作为联合国的下设机构，环境规划署于 1988 年 11 月召开了生物多样性特设专家工作组会议，以探讨缔结一项生物多样性国际公约的必要性，此后由设立的技术和法律专家工作组拟定了一个保护和可持续使用生物多样性的法律文书，并于1992年5月通过了《生物多样性公约》，在随后的6月联合国环境与发展大会期间开放签字。《议定书》就是根据《生物多样性公约》的有关规定和原则，为确保在安全转移、处理和使用凭借现代生物技术获得的、可能对生物多样性保护和可持续使用产生不利影响的改性活生物体（LMOs）领域内采取充分的保护措施，同时顾及对人类健康所构成的风险并特别针对越境转移问题而制定的一项具有法律约束力的文书。《议定书》于2000年1月在蒙特利尔通过。在其第1条中，即规定制定《议定书》的目的是根据预先防范原则，采取充分的保护措施以确保LMOs①的安全转移、处理和使用，以便尽量避免和减少LMOs在越境转移、过境、处理或使用过程中，对生物多样性保护和可持续利用产生不利的影响。《议定书》关注越境转移，同时也考虑对人类健康构成的风险。在第4条中，规定了《议定书》适用的生物体对象只限于LMOs，适用的活动包括LMOs的越境转移、过境、处理和使用。特别在第5条指出《议定书》不适用于用作人类药物的LMOs的越境转移。

需要特别提到的是，作为其最重要的操作机制，《议定书》提出了AIA程序，即提前知情同意程序和决定程序，它要求出口缔约方有法律义务确保进口缔约方的国家主管部门收到LMOs（改性活生物体）拟越境转移的通知，进口缔约方也有义务在规定的时间内对收到该通知进行确认并对拟进口的LMOs作出决定，有权批准、禁止或限制LMOs的进口。该程序适用于LMOs的跨境转移。

---

① 根据“议定书”的定义（第3条），“改性活生物体”（LMOs）是指任何具有凭借现代生物技术获得的基因材料新型组合的活生物体，而“现代生物技术”意指应用试管核酸技术，包括重组DNA技术、以及超出分类学上“科”以上生物种类间的细胞融合。所以，生物技术改性活体（LMOs），实际就是遗传改性生物（GMOs），即转基因生物（transgenic organisms）。参见周雁：《关于中国加入“卡塔赫纳生物安全议定书”的背景材料》，http：//www. green - web. org/infocenter/show. php? id = 8074，2008年2月19日访问。

此外，《议定书》还规定了风险评估的基本要求和一般原则、具体的操作程序以及风险管理、信息交流与生物安全资料交换等。

上述 LMOs 贸易与应用的规定，对国际贸易规则产生重大影响：提前知情同意程序的规定，使得 GMOs 的进出口手续比过去更加复杂，它需要知会进口国主管当局；进口同意程序则给进口国对 GMOs 产品的进口设置贸易壁垒提供了机会，进口国当局可以根据国家利益的需要作出批准或不批准的决定；出口 GMOs 一方在发给进口方的通知中，《议定书》要求列明资料并确保提供资料的准确性，这种资料评估给进口国拒绝进口提供了借口，进口国完全可以资料不完备或缺少充分而可靠的科学证据为由拒绝进口；而《议定书》的风险评估要求更是赋予进口方有评估的实施权，进口方可以对风险评估施以苛刻条件，使风险评估难以通过，而且进口方可以要求出口方承担风险评估费用或直接要求出口方进行风险评估。可以说，《议定书》是一个与转基因作物利用和贸易直接相关的规则，但是该《议定书》的规定更偏向于程序要求，而不是实体规则。

4. 国际 GMOs 贸易规则的争议和存在的问题

尽管国际上对转基因作物的贸易和应用有一些规则，但由于规则的拟定出于不同的国际组织，且在规则拟定中，各国仍有争议。因此，现有的转基因贸易和应用的国际规则只是各缔约国在可行的基础上达成的一定程度的妥协。目前，有关 GMOs 贸易规则的争议和冲突主要表现在：

(1) 预防原则和科学证据原则在应用中存在的问题

WTO 的《SPS 协议》是与 GMOs 贸易最为密切的一个规则。为了防止各成员借保护国民健康为名而实施实质上的贸易壁垒，因此要求成员在以《SPS 协议》为依据实施贸易壁垒时，必须要有科学证据。在该协议制定当初，为防止协议的滥用而设置的这一前提，无疑对各成员客观、认真地履行自己的义务起到一定的作用。但是，该协议在转基因生物技术发展的今天，忽略了一个客观现实问题：现阶段转基因作物对人类健康和生态环境虽然缺乏可靠的科学证据证明其有危害，但也无法证明其无危害，科学证据原则存在明显的缺陷，由此导致在转基因贸易纠纷中，WTO的争端解决机构将面临着尴尬境地。与此同时，《议定书》却规定了预防原则，要求转基因作物的出口国在出口时要预先知会进口国，并赋予进口国为防止转基因作物带来的不利影响有权禁止、限制转基因作物的进口。[①] 可见，预防原则和科学证据原则对于各缔约国来说，可以各自根据本国在转基因技术上的优势和劣势加以选择适用。而对于这两者的冲突，《议定书》本身虽然在序言的前三段说明了《议定书》与其他国际组织包括与WTO之间的关系，但是，却没有将《议定书》与各国际组织之间的关系说清楚，某些条款的实施范围仍存在不确定性。这就使得在转基因贸易中，纷争不断，至于纠纷解决后果更是扑朔迷离。因此，与GMOs有关的贸易规则需要作进一步的协调。

(2)《议定书》谈判过程中的争议

在《议定书》的谈判过程中，由于各国生物技术水平的差异性，且《议定书》涉及生物技术产品的贸易和生物多样性保护、人类健康、生态环境等重大问题，因此各国对待《议定书》的谈判都极为审慎，各国从各自利益出发，对《议定书》的内容存在众多的分歧，争论也特别激烈。在谈判中，缔约国逐渐分化成5个不同的国家集团：由77国集团和中国组成的“意见一致集团”，他们对GMOs的越境转移表示谨慎和忧虑，主张制定国际法规范来

---

① 2006年9月WTO争端解决机构对美国、加拿大、阿根廷三国诉欧盟对转基因产品审批案作出裁决，认为欧盟在1999年6月至2003年8月暂停生物科技产品的审批申请做法，事实上导致了“不适当的迟延”，不符合《SPS协议》。欧盟在诉讼中辩解其采用谨慎和预防性的方法可能导致审批过程的迟延，但专家组驳回欧盟的辩解，指出审批程序与采用谨慎和预防性方法审批生物技术产品之间不存在内在冲突，并指出“预防性方法”不能吞噬《SPS协议》规定的纪律。由此可见，在该案中，欧盟所奉行的“预防原则”并未得到专家组的认可，体现了《议定书》的预防原则和《SPS协议》的科学证据原则的冲突。

约束 GMOs 的越境转移；以转基因作物主要出口国的“迈阿密集团”，包括美国、加拿大、阿根廷、澳大利亚、智利和乌拉圭，这六国显然希望通过《议定书》确保 GMOs 产品的贸易自由；强调预防原则重要性的“欧盟集团”，他们支持 GMOs 贸易标准化，并认为《议定书》应该和 WTO 协议割裂开来；以经合组织成员为主的“和事集团”，他们往往起中间桥梁作用，提出折中方案；以中欧和东欧国家为主的“中东欧集团”，他们支持实行预防原则，并希望《议定书》更具实用性和广泛的目的用途。

此外，在《议定书》的谈判中，对于 GMOs 的损害与赔偿责任问题始终是争议的焦点。GMOs 产品的出口国认为将损害与赔偿责任问题纳入《议定书》，将使问题复杂化，而进口国坚持认为损害和赔偿责任是实施《议定书》的前提条件，出口国应该对其 GMOs 造成的人类健康和生态环境损害负有赔偿责任。这个问题由于双方分歧太大，至今未能达成一致，留给《议定书》缔约方大会第一次会议解决。在风险评估、风险管理和决定是否进口问题上，发展中国家强调应将社会经济问题与其挂钩，并成为《议定书》条款的一部分。但大多数发达国家认为在风险管理和决定是否进口中将社会经济因素合并考虑，会造成量化上的困难而反对该内容进入《议定书》。

5. 结论

生物科技的进步给国际贸易法提出新的课题，尽管现今已有一些国际组织制定了 GMOs 的贸易规则和标准，但缺乏统一协调，导致在 GMOs 产品的进出口贸易中纠纷不断。如何协调 GMOs 产品贸易将成为各国必须面对的问题。

第二章 国际货物买卖公约及相关法律问题研究

一、国际货物买卖公约

国际货物买卖法由国际公约、国际贸易惯例和相关国内法组成。其内容主要包括国际货物买卖合同的成立、买卖双方的权利和义务、对买卖双方违反合同的救济方法、货物所有权和风险的转移等。国际公约是国际货物买卖法的重要渊源。有关国际货物买卖法的国际公约主要有：1980 年《联合国国际货物销售合同公约》（以下简称 1980 年《公约》）、《国际货物买卖合同时效公约》、《国际货物买卖合同法律适用公约》等。其中，1980 年《公约》是迄今为止有关国际货物买卖合同的一项最为重要的国际条约。它由联合国国际贸易法委员会主持制订，于 1980 年在维也纳举行的外交会议上获得通过，并于 1988 年 1 月 1 日正式生效，截至目前为止，缔约方共 70 个。我国于 1981 年 9 月 30 日签字，1986 年 12 月 11 日交存批准书，并申明不受其第 1 条第 1 款（b）项和第 11 条的约束，也不受公约内与第 11 条内容有关的规定的约束。

（一）1980 年《公约》的特点

第一，1980 年《公约》制定的宗旨就是为了国际贸易法逐渐协调和统一以减少或消除国际贸易流动的法律障碍，特别是影响发展中国家的那些障碍。《公约》的通过有助于所有国家在平等、公正和共同利益的基础上进行普遍经济合作和消除国际贸易方面的歧视，从而促进全人类的幸福。

第二，1980 年《公约》为增强其在货物买卖领域的影响力，既采纳了大陆法系的原则和制度，也吸收了英美法系的原则和制度，如：在要约的效力问题上，特别是载有承诺期限的要约，两大法系的观点截然相反，但是《公约》采纳了大陆法系的观点，规定这种要约对要约人有约束力，一经发出就不得撤销。同时，《公约》也吸收了英美法系的一些原则和制度，如《公约》第 71、72 条的预期违约制度。

第三，《公约》为扩大其适用范围，对大陆法系和英美法系的制度进行了调和，如：针对大陆法和英美法对实际履行的法律地位见解不同，《公约》对实际履行作了折中的规定，表现在：《公约》一方面在第 46 条、第 61 条分别对买、卖双方的实际履行作了规定，另一方面，又在第 28 条折中了两大法系的矛盾。《公约》第 28 条的原则是：当事人一方虽然有权要求他方实际履行合同，但是法院没有义务作出实际履行的判决，而是法院有权根据本国的法律规则，判决实际履行或不判决实际履行，从而使得英美法和大陆法国家可以按各自的法律传统和规则处理实际履行这种救济方法。

第四，《公约》具有一定的“软性”（任意性）特点。表现在《公约》第 6 条规定：“当事人可以不适用公约，或在第 12 条的条件下，减损本公约的任何规定或改变其效力。”这种软性特点的形成是由于各国政治、经济、法律方面存在差异性，《公约》通过本身就需要各国的妥协，《公约》中也包含许多可保留的条款，形成软性规定，而且“当事人意思自治”在现代得到越来越多的尊重。因此，《公约》中条款的适用有一定的任意性。任意性表现在：当事人可以通过选择其他法律而排除《公约》的适用，也可以在买卖合同中约定部分地适用《公约》，还可以对《公约》的内容进行改变。

正是因为《公约》具有的上述特点，有学者认为《公约》虽被誉为国际货物买卖领域的“统一法”，但从统一的程度上看，《公约》并不是一部绝对的“国际货物统一买卖法”。如《公约》第 28 条的折中条款的适用客观上导致实际履行在救济方式中的地位游离于统一法之外；《公约》对于实体法上的“合同及惯例效力”和“对所有权的影响”等重要问题均未作出规定，当事人只能寻求相关的国内法来解决①。《公约》的任意性特点更是使“统一法”的效力大打折扣。

（二）关于《公约》适用范围的几个问题

第一，1980年《公约》适用于国际货物买卖合同。在《公约》中，货物买卖合同“国际性”的判断标准是根据合同双方当事人的营业地。根据《公约》第1条第1款，当事人的营业地须在不同的缔约国（A项）或由国际私法规则导致适用某一缔约国的法律（B项）。“营业地”作为判断合同国际性的唯一标准，排除了以当事人的国籍这个复杂因素作为认定合同国际性的标准，大大减少了法律适用的不确定性，因为自然人和法人国籍认定标准有多种学说，若以国籍作为国际性的判断标准，将会引起混乱。但也有学者认为，考虑到大部分国际货物买卖都需要进行跨国运输，1964年海牙《国际货物销售统一法公约》将主体标准（当事人营业地）与客体标准（要约和承诺发自不同的国家或货物发生跨国运输）两个因素综合考虑来确定买卖合同的国际性更加合理。② 对于《公约》第1条第1款（b）项的规定，我国对此提出保留，但有学者提出应撤回该（b）项的保留，以使当事人的意思表示得以实现。③

尽管“营业地”的概念对于确定国际性的问题至关重要，但《公约》并没有对其进行界定。只是在《公约》第10条对某个特定的当事人有数个营业地，应以哪一个来确定买卖的国际性作出了

---

① 李惠：《从“联合国国际货物销售合同公约”看“统一法”中的不统一》，载《理论前沿》2005年第14期。

② 李巍著：《〈联合国国际货物销售合同公约〉评释》，法律出版社2002年版，第7页。

③ 陈治东、吴佳华：《论“联合国国际货物销售合同公约”在中国的适用》，载《法学》2004年第10期。

规定。根据《公约》第10条的规定：a. 如果当事人有一个以上的营业地，则以与合同及合同的履行关系最密切的营业地为其营业地，但要考虑到双方当事人在订立合同前任何时候或订立合同时所知道或所设想的情况；b. 如果当事人没有营业地，则以其惯常居住地为准。但是，根据国外法院的判决，可以将“营业地”定义为“事实上从事营业活动的地方”，但要求有一段持续时间、一定的稳定性以及一定程度的自主性。另有一国法院则判定联络处不能被视为是本公约意义上的“营业地”。①

在货物销售合同是通过中间人订立的情况下，确定合同是否具有国际性时有必要确认谁是合同的当事人。由于《公约》没有涉及合同的当事人是谁的问题，需要借助法院地的国际私法规则所指向的适用的法律来确定谁是合同的当事人。只有这样，才能确定当事人的营业地，进而确定合同是否具有国际性。

根据《公约》第1条第2款的规定，当事人的营业地在不同国家的事实，如果从合同或从合同订立前任何时候或订立合同时，当事人之间的任何交易或当事人透露的情报均看不出，则不考虑其国际性。该款的规定，表达了《公约》对出现上述情形时不适用《公约》的态度，也透露出《公约》保护双方当事人对交易的国内安排的依赖。但是，根据国外法院的判例，声称由于合同的国际性未显露因而不能适用公约的当事人必须负举证责任。②

第二，由于各国对“货物”的概念、范围的认识并不相同，因此，《公约》并未对“货物”下定义，而是从买卖货物的目的、买卖的方式和货物自身性质三个方面进行排除。即《公约》对适

---

① 参见《贸易法委员会关于“联合国国际货物销售合同公约”判例法摘要汇编》第1条第13项，联合国贸易法委员会网站，2007年11月20日访问。

② 参见《贸易法委员会关于“联合国国际货物销售合同公约”判例法摘要汇编》第1条第16项，联合国贸易法委员会网站，2007年11月20日访问。

用“货物”的判断，采取了排除法，除对列举的六大类货物买卖不适用外，其他货物买卖均可适用。

《公约》虽然没有为“货物”下一个定义，但是根据《公约》第7条第（1）项，对“货物”的概念应当根据《公约》的“国际性”和“促进其适用的统一的需要”自动作出解释，而不需要依靠国内法来进行定义。尽管如此，在有关国家的判例法中，对货物的定义是：可以是“可移动的并且有形的”货物，而不论其是否是固体还是其他形态，也无论其是旧货还是新货，并且不论其是否是鲜活的货物。根据这个定义，一般认为无形的货物，如知识产权权利、在有限责任公司的权益，或者债务转让一直被认为不属于《公约》中“货物”的概念范围。当然，这还是有争议的。因为有其他国家的判决认为，《公约》似乎也适用于无形的货物，因为该法院声称应当“广义地”解释“货物”的概念。对货物有类似定义的还有一些国家的法院，他们认为任何类型的软件都是“货物”，哪怕是订制的软件也是货物。①

第三，《公约》在第3条规定由订购货物一方供应制造或生产所需大部分重要材料、供应货物一方的绝大部分义务在于供应劳力或其他服务的合同不适用《公约》。这是因为随着国际贸易的发展，出现了除传统的货物买卖外，当事人有时还要求提供劳务服务或其他辅助性的工作，此所谓“混合合同”，既包括货物买卖也包括提供服务。《公约》认为，当合同要求卖方履行的绝大部分义务是提供服务时，这种合同不是货物销售合同，因此《公约》将不适用。实际上，《公约》使用的“绝大部分义务”的表述，不甚清楚。有学者认为“绝大部分义务”，指的是提供义务的经济价值占整个合同的绝大部分，即如果服务部分的价值不超过合同总价的

① 参见《贸易法委员会关于“联合国国际货物销售合同公约”判例法摘要汇编》第1条第9、10项，联合国贸易法委员会网站，2007年11月20日访问。

50%，《公约》即可适用。①

第四，《公约》在第4条、第5条规定其只适用于销售合同的订立以及买卖双方因此种合同而产生的权利和义务，但是对合同的效力或任何条款的效力或任何惯例的效力、对所售货物所有权可能产生的影响、卖方所售货物对任何人所造成的死亡或伤害的责任均不适用。

二、国际货物买卖合同成立问题——确认书对合同成立的影响

（一）问题的提出

中国某贸易公司出口一批工艺品到美国某公司。双方通过往来传真件达成协议：卖方提供10万套工艺品，单价6美元，总价款60万美元，FOB厦门港，买方开出不可撤销的即期保兑信用证，且应不迟于4月5日开出。应买方要求，卖方制作销售确认书并寄给买方。当卖方收到买方签字的确认书后，发现买方将开证日期延至4月20日，且将信用证改为远期信用证。卖方认为不能接受，随即给买方发出一份传真件，表示不同意。但买方一直未予理会。4月5日，卖方备齐货物，准备发运，但未能收到买方开出的信用证，为避免损失，卖方将货物转售给另一个公司，并通知买方解除合同，买方不同意解除合同，认为卖方转售货物是严重违约行为。

在上述案情的分析中，对合同是否成立有两种意见：

一是认为合同尚未成立，理由是根据《合同法》第33条的规定："当事人采用信件、数据电文等形式订立合同的，可以在合同成立之前要求签订确认书。签订确认书时合同成立。"认为在本案中，买方要求签订确认书，最终因为双方在确认书中没有达成协议，确认书没有签订而导致本案合同没有成立。

---

① 李巍著：《〈联合国国际货物销售合同公约〉评释》，法律出版社2002年版，第14页。

二是认为合同按照要约、承诺，通过往来传真件达成协议的内容已经成立，卖方对确认书的内容有异议，只是导致买方修改合同没有成功，双方应按传真件达成的协议履行各自的义务。

我们同意第二种意见，认为本案合同已经成立。

（二）国际货物买卖合同成立的分析

1. 国际货物买卖合同成立的判断标准

所谓合同的成立，是指当事人经由要约、承诺，就合同的主要条款达成合意，即双方当事人意思表示一致而建立了合同关系，表明合同订立过程的完结。

合同成立体现了合同自由的原则，体现了当事人的意志，属于合同的订立范畴，解决的是合同是否存在的事实问题，属于对合同事实的判断。对国际货物买卖合同是否成立，应当主要适用1980年《联合国国际货物销售合同公约》（以下简称《公约》）第二部分“合同的订立”以及《中华人民共和国合同法》（以下简称《合同法》）第二章关于“合同的订立”中要约与承诺的有关规定。本案双方当事人通过往来传真件已经达成协议，订立合同的要约、承诺两个阶段已经结束，因此合同已成立。在协议中，双方当事人并没有明确将确认书的签订作为合同成立的条件。因此，在协议达成后，买方要求卖方制作销售确认书，双方因确认书的内容没有达成一致，可视为对已成立的合同内容修改不成功，双方应按原有协议内容履行合同。

2. 国际货物买卖合同制度中体现的立法精神对合同成立判断的影响

买卖合同制度的立法精神之一即是鼓励交易。在买卖合同立法中，只要不违背社会公共利益，不违背法律，双方当事人达成合意，法律就确认合同成立。买卖合同制度中的鼓励交易的立法精神就是鼓励当事人从事更多的合法的交易活动，鼓励当事人从事更多的市场活动，而市场主体越活跃，市场活动越频繁，市场经济才能真正得到发展。

鼓励交易的立法精神在货物买卖法中，清晰可见。如《公约》第19条第2款规定了对发价表示接受但载有添加或不同条件的答复，如果所载的添加或不同条件在实质上并不变更该项发价的条件，发价人又没有在合理的时间内以口头或书面通知反对其中的差异，这仍然构成接受，并导致合同成立，而且合同的内容要以该项发价的条件以及接受通知内所载的更改为准。在《公约》第21条中，对逾期承诺在特定条件下也仍有接受的效力，也可导致合同成立。

在我国现行《合同法》中，对合同成立判断的法律条件也较过去宽松。在三足鼎立时期的合同法中，除了对合同成立和生效不作区分外，还存在过宽地使用合同无效和解除制度，过多地宣告合同无效和解除的现象，这与鼓励交易的立法趋势相违背。而现行《合同法》在借鉴《公约》和国外相关立法的基础上，一改往日对合同成立严格审慎的态度，在条文中对合同成立的规定与《公约》大体相当。

货物买卖法律制度中鼓励交易的立法精神，要求我们在司法实践中对合同成立的判断，要依据法律规定的合同成立条件。当存在合同成立和不成立的两种解释时，一般要确认合同成立。

（三）确认书对合同成立的影响

在我国《合同法》第33条，对确认书作了规定。与1980年《公约》相比，这个条款是我国《合同法》独有的。该条规定："当事人采用信件、数据电文等形式订立合同的，可以在合同成立之前要求签订确认书。签订确认书时合同成立。"笔者对这一条文的理解有三：

一是当事人采用信件、数据电文等形式订立合同，可以在合同成立之前要求签订确认书，也就是在一方承诺前，双方有以签订确认书作为合同成立条件的愿望，那么签订确认书时合同成立。

二是当事人采用信件、数据电文等形式订立合同，如果没有签订确认书，合同也依法成立。

三是当事人采用信件、数据电文等形式订立合同，在达成协议后，又提出签订确认书的，如果确认书的内容与先前达成的协议一致，那么确认书可视为合同成立的最终证据；如果确认书的内容与先前达成的协议不一致，那么在确认书中修改的内容只能视为一项新要约，得等对方表示承诺后，才能作为合同内容的一部分。

在实践中，往往有一种误解，认为只要有一方当事人提出签订确认书，那么就只有等确认书签订时起合同才宣告成立，而不问要求签订确认书的时间。实际上，在《合同法》第33条中，对“签订确认书时合同成立”的规定，有一个前提条件，就是“……可以在合同成立之前要求签订确认书”。因此，适用该条款时，当事人要求签订确认书的时间对于合同成立的判断尤为重要，如果在合同成立前要求签订确认书的，当然“签订确认书时合同成立”，但如果达成协议后再要求签订确认书，那就不能认为签订确认书时合同才告成立。

在本案中，对于确认书的签订是否作为合同最终成立的证据，双方当事人并未明确约定。在这种情况下，根据立法精神，对于以函电达成的交易，法律规定合同可以成立。因此，在合同成立以后，买方在确认书中将信用证的开出时间由“不迟于4月5日”改为“4月20日开出”，且将即期信用证改为远期信用证，这些修改只能视为新要约，必须按照要约、承诺的一般规定来判断其效力。本案中的卖方在接到确认书后，对上述修改及时通过传真提出异议，表明买方在确认书中的修改并未成功，双方就此未达成协议。因此，双方要按原来达成的协议各自履行合同。而买方在4月5日前未开出信用证，已构成违约，卖方可以采取转卖货物、解除合同等救济措施。

三、合同形式问题

合同形式是当事人合意的表现形式，是合同内容的外部表现，是合同内容的载体。在合同形式的发展过程中，经历了从重形式到重当事人意思的一个发展过程。特别是当今，人们在保障交易安全的前提下，越来越追求交易的快捷，体现了合同自由原则在合同形式上的反映。在合同形式问题上，存在争论的问题有以下二个：

（一）关于对《公约》第11条保留的撤回问题

《公约》第11条规定："销售合同无须以书面订立或书面证明，在形式方面也不受任何其他条件的限制。销售合同可以用包括人证在内的任何方法证明。"我国在1999年《合同法》生效之前，曾否认口头形式国际货物买卖合同的效力，因而在核准1980年《公约》时对第11条提出保留。但是现行《合同法》第10条规定："当事人订立合同，有书面形式、口头形式和其他形式。法律、法规规定采用书面形式的，应当采用书面形式。当事人约定采用书面形式的，应当采用书面形式。"很显然，原先对《公约》提出的保留与现行的《合同法》对形式的规定相矛盾。因此，学界一直探讨我国对第11条的保留是否撤回问题。存在两种观点：

一种观点认为应该撤回，因为：其一，保留的基础已经发生变化。我国当时在加入公约时，由于当时国内法对涉外经济合同的签订要求必须用书面形式，对第11条提出保留是为了与国内的法律相吻合。但自1999年《合同法》生效后，在第10条中已允许采用口头形式的合同，因此认为原先对第11条提出保留的基础已丧失。其二，应实现法律的统一。由于没有对第11条的保留撤回，造成与《合同法》不一致的规定，让当事人无所适从，从而造成法律的不统一。其三，应尊重当事人的意志。在现代交易中，越来越尊重当事人的意志自由。意志的自由包括自由选择交易的对象、交易的内容和交易的方式。而合同形式是交易方式的一个组成部分，对合同形式的书面要求是对合同自由原则的违背。基于以上缘由，认为无论从实践需要还是从现实的立法状况来看，我国都应当撤回该项保留。

另一种观点认为不必行使撤回权，认为法律如何规定合同的形式，要从交易的安全性考虑，书面形式的合同对当事人的权利义务记载明确，不容易引起纠纷，即使产生纠纷也容易分清责任；而且从国际法的角度看，缔约国不因国内法的修正而负有撤回保留的义务；再者，由于对第11条的保留还有其他国家，如阿根廷、智利、匈牙利等，即使我国撤回保留，但与营业地在前述国家当事人签订的买卖合同仍然无法回避书面形式的强制要求，当事人也因此仍然没有选择合同形式的自由。[①]

我们认为，对《公约》第11条的保留不必撤回。因为，国际货物买卖合同的当事人的营业地在不同国家，买卖法律关系比较复杂，买卖标的额也较大。这样的买卖合同应该采用书面形式。书面形式合同和口头形式合同的作用依然存在着差别。在大陆法系和英美法系国家，法律对书面形式合同与口头形式合同的效力和执行力的规定有所不同。在大陆法系国家，若违反法定书面形式的合同，认定为不符合要件原则因而不能生效；而英美法系国家在一定条件下将合同的书面形式作为合同的证据，没有书面形式的合同即非无效，也无须撤销，但是不能强制执行。[②] 因此，书面形式的合同对于保障当事人的权益是有利的。

（二）关于书面形式和口头形式合同的效力问题

这一问题与我国对《公约》第11条保留和《合同法》第10条的规定相关联。按照合同订立的形式，分为书面形式和口头形式。在我国签订的国际货物买卖合同的实践中，当事人应如何确定合同形式的效力，是学界一直有争论的一个问题。一种观点认为，我国现行《合同法》对合同形式的规定与《公约》的规定一致，《公约》作为我国的法渊源，属于我国法律的组成部分，根据“新法优于旧法”的法理原则，我国对《公约》合同形式所作的保留在《合同法》生效之后，自动失去效力。因而这种观点认为，我

① 上述观点参见刘超：《保留，抑或撤回——评我国对“联合国货物销售合同公约”第11条的保留》，载《南京经济学院学报》2001年第3期。

② 杨长海：《简论国际货物买卖合同的形式》，载《西藏民族学院学报》（哲学社会科学版）2005年第2期。

国当事人在国际货物买卖合同的订立中，可以将口头形式作为合同有效形式的一种选择。另一种观点认为，既然我国对《公约》第11条的保留尚未撤回，因此，我国对该条提出的保留仍然有效，在国际货物买卖合同中，特别是跟其他《公约》缔约国签订买卖合同时，一定要签订书面形式的合同方为有效。

我们认为，在我国当事人对外签订货物买卖合同时，必须要以书面形式签订合同才符合我国对第11条提出保留。这是因为：其一，根据《维也纳条约法公约》的规定，缔约国声明保留必须以书面形式提出，撤回保留亦同。我国至今没有撤回对该条的保留。根据《民法通则》第142条的规定："中华人民共和国缔结或参加的国际条约同中华人民共和国的民事法律有不同规定的，适用国际条约的规定，但中华人民共和国声明保留的条款除外。"根据这个规定，国际公约有优先适用的效力。因此，《公约》第11条的规定由于我国的保留而对我国不适用。其二，我国《合同法》第10条规定："当事人订立合同，有书面形式、口头形式和其他形式。法律、行政法规规定采用书面形式的，应当采用书面形式。"由于《公约》是我国的法渊源，是我国法律规范的组成部分，因此，我国对《公约》的保留符合该条所指的"法律规定采用书面形式"的要求。其三，从国际货物买卖交易的重要性来看，由于国际货物买卖双方当事人营业地在不同的国家，标的额较大，而且大都涉及跨境运输，交易时间相对也较长。在这种情况下，合同采用书面形式，当事人的权利和义务记载清楚，便于当事人履行义务，即使发生纠纷也容易分清责任。也可能正是因为有这样的原因，我国在《合同法》生效后才一直没有将对第11条的保留撤回。其四，我国当事人与营业地在其他缔约国当事人之间的买卖合同，由于我国对第11条提出保留，因此，如果该双方当事人在解决合同争议时未明确排除《公约》的适用，那么争议就应适用《公约》，这时仍应该考虑中国的这项保留，合同仍要以书面形式订立。

四、货物所有权问题

在国际货物买卖中，卖方交付货物和买方支付价款是买卖各环节中的核心问题，其实质是货物所有权的转移。

各国立法中虽然对所有权的转移都作了规定，但由于各国立法的差异，对所有权转移的规定各异。在国际层面上，也少有公约对货物所有权转移做统一规定，即使是在国际货物买卖领域有深远影响的1980年《国际货物销售合同公约》和国际商会的《国际贸易术语解释通则》也无法面对所有权转移问题。但是，在国际货物买卖中，所有权转移不仅直接关系到买方能否实现订立买卖合同的目的，且在采用“物主承担风险”的国家和地区还决定着风险的负担。此外，在一方当事人破产时，确定货物所有权转移的时间直接涉及双方当事人的切身利益，所有权是否转移决定着买方是以普通债权人的身份参与普通受偿，还是排除其他债权人就货物单独受偿。[①] 因此，对货物所有权转移问题的研究有着重大意义。

（一）各国对货物所有权转移的立法

各国对货物所有权转移的立法有几种体例：

第一，合同成立主义。即以买卖合同成立的时间作为标的物所有权转移的时间。遵循合同成立主义的国家有法国、意大利、日本、埃及、比利时等国。如《法国民法典》第1583条规定：“当事人双方就标的物及其价金相互同意时，即使标的物尚未交付，价金尚未支付，买卖合同即告成立，而标的物所有权即依法由出卖人转移于买受人。”

合同成立主义有助于实现买方取得标的物的期望和订立买卖合同的目的，对买方的利益充分地给予保护。但是，其缺陷亦显而易见。在现代交易中，买卖的标的有可能是待生产之物，在合同订立

---

① 何柏松、田诗洋：《国际买卖中货物所有权转移时间的立法评析》，载《黑龙江省政法管理干部学院学报》2005年第3期。

时，该货物尚不存在，货物所有权便无从谈起。

第二，交付主义。即以货物交付时为所有权转移的时间。在交付主义的基础上又有两种学说：物权行为说和债权行为说。物权行为说认为买卖合同只是赋予买方在支付价款时取得标的物的权利，但本身并不导致货物所有权的转移。所有权的转移必须另外订立物权合同以取得标的物的所有权。如《德国民法典》第929条规定："转让动产所有权需由所有权人将物交付于受让人，并就所有权的转移由双方成立合意。受让人已占有该物的，仅需转移所有权的合意即可。"该条规定表达出所有权的转移必须：一要交付；二要达成所有权转移的合意。我国台湾地区的民法典也采纳此观点。债权行为说认为货物所有权的转移是卖方履行合同义务交付货物的法律后果，因此无须另外就所有权的转移达成合意。遵循此立法例的国家有瑞士。我国立法中也采纳此观点。如我国《民法通则》第72条规定："按照合同或者其他合法方式取得财产的，财产所有权从财产交付时起转移，法律另有规定或者当事人另有约定的除外。"同时，我国在《合同法》第133条规定："标的物的所有权自标的物交付时起转移，但法律另有规定或当事人另有约定的除外。"标的物的交付是一个明确的行为，以此为所有权转移的界限，能够减少纠纷，即使是发生纠纷，也能够提供一个确实的裁量标准。因此，交付主义是一个比较合理的处理货物所有权转移的标准。

第三，意图主义。即按照合同双方当事人的意图来推定所有权转移的时间。如英国《货物买卖法案》第17条规定："一份买卖特定或者确定货物的合同中，货物的财产所有权在合同双方当事人意图转移时，转移给买受人；为确定当事人的意图，应当考虑合同条款、双方当事人的行为以及案件的有关情况。"我国香港地区的《货品售卖条例》由于沿袭了英国货物买卖法，因此，在所有权转移问题上也作了相同规定。意图主义虽然尊重当事人主观愿望，但是在当事人意图不明确时，为确定所有权的转移，需要对当事人的意图进行推测，有一定的不确定性，容易引起纠纷。

第四，区别主义。即以物的划分来确定不同的物采取不同的所有权转移时间。特定物所有权的转移时间为合同成立之时，种类物所有权的转移时间为交付之时。以前《苏俄民法典》为代表，在其第66条规定："物的所有权依让与人与受让人之间所订立契约而转移。对于特定物，自缔结契约时起，受让人取得所有权，依种类规定之物自交付时受让人取得所有权。"

尽管各国对货物所有权的立法有差异，但各国几乎都认识到了自身的缺陷，这对各国立法的统一协调打下基础。从各国立法趋势来看，近些年在货物买卖立法上大都采取"交付主义"，说明"交付主义"的合理性已被各国所认识，而且在货物买卖立法中，各国都强调"意思自治"在所有权转移立法中的优先性。此外，早先立法的国家对所有权转移问题上的立法缺陷也正着手修正，设置了一些补充条款以向"交付主义"靠拢。因此，有学者提出，1980年《公约》从统一实体法角度弥补在所有权转移问题上的不足应当有更光明的前景。①

（二）国际货物买卖中所有权相关问题探讨

1. 提单的转让与所有权的转移

提单是用以证明海上货物运输合同和货物已经由承运人接收或装船，以及承运人保证据以交付货物的单证。从国际贸易发展来看，有两种观点：

第一种观点是，将提单视为物权凭证，提单的转让导致货物所有权的转移。

第二种观点是，提单的交付并不必然导致货物所有权的转移，而是将提单区分为不可转让提单和可转让提单。

不可转让提单指的是记名提单。由于记名提单是在收货人栏内具体填明收货人的名称，因此，货到目的港后只能由提单中记载的收货人提取货物。我国法律对于记名提单项下收货人提货是否需要

① 宋亚坤：《论CISG第四条对货物所有权转移的影响》，载《科技与法制》2007年第5期。

提交提单没有明确规定，但根据国外法律和惯例，在使用记名提单时，承运人只要将货物交给记载的收货人，就履行了运输合同的义务，承运人甚至不需要收回提单。由于记名提单的不可转让性，当买卖双方约定使用记名提单时，货物所有权是在交付给承运人时起转移的。

可转让提单包括不记名提单和指示提单。除当事人有特别约定外，可转让提单的利益又分为受益利益和担保利益。对于不记名提单，卖方以控制提单的方式保留对货物的担保权益。而当提单是指示提单时，特别是以卖方本身或银行为抬头的指示提单时，在提单转让后，买方仅仅享有提单的受益利益（特别财产权），卖方享有提单的担保利益。只有当买方支付了全部货款以后，卖方的担保利益才消灭，买方至此取得提单完整的权益。

上述第二种观点的出现，主要是为了解释货物买卖中卖方所有权保留的性质。由于在国际货物买卖合同中，卖方担心转移货物所有权后，若未收到买方的货款，可能在买方破产时货、款两空，所以在买卖合同中经常订有所有权保留条款。关于所有权保留的性质，各国有附解除条件说、附停止条件所有权移转说、部分所有权移转说以及担保权益说。从所有权保留制度形成和发展的历史看，在国际货物买卖实务中，合同中约定所有权保留条款的初衷是卖方用标的物担保价款债权的实现，而且实践中所有权保留的功能也在于在买方尚未支付货款而破产时，确保卖方优先于破产债权受偿。由此，卖方以标的物为担保，享有担保利益，卖方的利益得到了最大程度的保护，而买方在尚未支付货款时，可以占有和使用标的物，行使了实质上的所有权。因此，担保权益说相对更为合理一些。而且所有权保留制度在美国《统一商法典》中是具有担保权益特征的。如《统一商法典》第2－201（37）条规定出卖人在货物已装船或交付给买受人后对货物进行的所有权保留，在效力上相当于对担保权益的保留。在《统一商法典》第2－401条规定，当货物特定后，买方获得特别财产权，卖方在货物已发运或已交付给买方后所保留的对货物的所有权效力上只相当于保留担保权益。买方获得的特别财产权，是附条件的所有权，标的物上会有卖方的货物价款担保权。而《统一商法典》在第9－107条中更是进一步阐述了这种担保权益是为了担保标的物的价款的部分或全部，构成“价款担保权益”。

2. 承运人在海运货物承运中的留置权与留置物的所有权

承运人对海运货物承运中的留置权是指承运人依据法律或海上货物运输条款，对于其在运输过程中合法占有的货物，当债务人不支付运费、滞期费、共同海损分摊等费用时，承运人可以留置货物，直到债务人履行债务或将留置物拍卖，并从所得价款中优先受偿的权利。

在我国实践中，承运人行使留置权存在的法律问题是留置权行使的条件和范围。我国对海运货物留置权的法律规定主要体现在《民法通则》及其相关司法解释、《担保法》、《合同法》和《海商法》中。

《民法通则》第89条第（4）项规定：“按照合同约定一方占有对方的财产，对方不按照合同给付应付款项超过约定期限的，占有人有权留置该财产，依照法律的规定以留置财产折价或者以变卖该财产的价款优先得到偿还。”在《最高人民法院关于贯彻执行〈中华人民共和国民法通则〉若干问题的意见（试行）》第117条规定：“债权人因合同关系占有债务人财物的，如果债务人到期不履行义务，债权人可以将相应的财物留置。经催告，债务人在合理期限内仍不履行义务，债权人依法将留置的财物以合理的价格变卖，并以变卖财物的价款优先受偿的，应予保护。”《担保法》第82条规定：“本法所称留置，是指依照本法第84条的规定，债权人按照合同约定占有债务人的动产，债务人不按照合同约定的期限履行债务的，债权人有权依照本法规定留置该财产，以该财产折价或者以拍卖、变卖该财产的价款优先受偿。”上述法律均明确规定债权人只能留置属于债务人所有的货物，对于第三人的货物是不能享有留置权的。

但是《合同法》第315条规定：“托运人或者收货人不支付运费、保管费以及其他运输费用的，承运人对相应的运输货物享有留置权，但当事人另有约定的除外”；在《最高人民法院关于适用〈中华人民共和国担保法〉若干问题的解释》第108条规定：“债权人合法占有债务人交付的动产时，不知债务人无处分该动产的权利，债务人可以按照担保法第82条的规定行使留置权”；同时在其第109条规定：“债权人的债权已届清偿期，债权人对动产的占有与其债权的发生有牵连关系，债权人可以留置其所占有的动产”；《海商法》第87条规定：“应当向承运人支付的运费、共同海损分摊、滞期费和承运人为货物垫付的必要费用以及应当向承运人支付的其他费用没有付清，又没有提供适当担保的，承运人可以在合理限度内留置其货物。”从上述条文规定情况看，留置权人留置的货物不是必须为债务人所有的货物，可以是“相应的运输货物”、“与其债权的发生有牵连关系”的货物。对于《海商法》第87条的用语更是见仁见智，第87条中“承运人可以在合理限度内留置其货物”，这里的“其”究竟指代何人，法条本身没有给出明确答案。学者们认为“其”有两种解释：一种观点认为“其”应指“债务人”，即认为第87条规定承运人留置的货物应为债务人所有的货物，即债权人占有的财产仅以属于债务人所有为限才能成立留置权。这种对承运人可留置货物的解释与我国《民法通则》及其司法解释、《担保法》的规定是一致的。另一种观点认为“其”字应为“其运输的货物”，留置物不必是债务人所有的货物。这种观点与《合同法》、《担保法》司法解释相同。

由于法律对留置权的行使条件和范围的不同规定，鉴于此，最高人民法院在2001年7月《全国海事法院院长座谈会纪要》第4条作出了司法解释，规定：关于留置权“沿海、内河货物运输中，托运人或者收货人不支付运费、保管费以及其他运输费用的，依照《合同法》的规定，承运人对相应的运输货物享有留置权，除非当事人之间另有约定；但非中华人民共和国港口之间的海上货物运输，依照《海商法》的有关规定，应当向承运人支付的运费、共同海损分摊、滞期费和承运人为货物垫付的必要费用以及应当向承运人支付的其他费用没有付清，又没有提供适当担保的，承运人可以在合理的限度内留置债务人所有的货物，审判实践中应当就不同的法律就留置权的行使所做的规定不同。”从该司法解释来看，对承运人行使留置权来说，不同的运输适用不同的法律。即：远洋运输货物，承运人留置权行使适用《海商法》第87条的规定，留置的货物一定是债务人所有的货物，而沿海和内河运输，承运人留置权的行使适用《合同法》，可以留置非债务人所有的货物。

尽管最高人民法院对《海商法》中留置权行使的范围作出司法解释，但仍有学者认为承运人在海上货物运输中可以留置托运人托运的货物，即使该货物已归提单受让人所有。他们认为《海商法》设立第87条的目的是为了保护承运人的利益。在一般情况下托运人不是货物的最终所有权人，货物装运后，货物的所有权随提单转让给了受让人。当托运人不履行运输合同的支付义务而成为债务人时，货物所有权早已转移，而承运人对买卖合同及支付条件并不知情，他也没有能力去考察货物在留置前是否属于债务人所有，这样，如果认为承运人只能留置托运人的货物，原先为承运人设立的留置货物的权利就会形同虚设。因此，对承运人可留置的货物范围应规定不局限于托运人所有的货物。从表面上看，这似乎对提单受让人不公平，但实际上，提单受让人持有提单并享有货物的所有权是依据其与卖方之间的买卖合同而产生，因此，卖方应履行其权利担保义务。因为无论是1980年《公约》还是我国《合同法》，都规定卖方所交付的货物必须是第三方不能提出任何权利或要求的货物。那么，由于卖方（货物的托运人）不履行其在运输合同中应尽的支付费用的义务导致货物留置权的产生，影响买方（提单持有人）的利益，是违反了卖方在买卖合同中的权利担保义务，提单持有人完全可以依据买卖合同向卖方要求赔偿。①

① 张高悯：《海运货物留置权中留置标的物的所有权问题研究》，载《珠江水运》2004年第6期。

五、买卖合同的货物风险转移问题研究

现代商事交易的发展越来越发达，不论国内贸易还是国际贸易，其买卖合同货物的交付大多需要较为复杂的过程，特别是国际货物的买卖，其货物的交付，更是要经过海运、空运、陆运甚至联运，在这期间，货物难免要遭受各种意外毁损、灭失，如水灾、火灾、风灾、交通事故、地震、战争等，那么，这种损失究竟应由谁来承担，确实关系到买卖双方的切身利益，成为买卖双方当事人关注的问题，也是货物买卖合同的重要问题。各国的货物买卖法都很重视货物风险转移的立法，对货物风险转移都作了具体规定，但其内容却不完全相同。这是因为在货物风险转移理论上，始终存在争论，导致了不同法系、不同国家对该问题规定的差异，甚至同一国家在不同时期的立法也大相径庭，如美国。这也体现在国际贸易统一法的立法史上。正如著名法学家施米托夫所说："从查士丁尼到拉贝尔，风险转移一直是买卖合同中一个有争议的问题，学者们把它视为自己的特殊领域，其论著无论优劣，都在影响着立法与实践。"① 在国际贸易统一立法上，1980 年《公约》和《国际贸易术语解释通则》，对货物风险转移问题作出了具体规定，并对世界各国有着极大的影响力。我国在《合同法》颁布实施前，除在《涉外经济合同法》第 13 条规定"合同应当视需要约定当事人对履行标的承担风险的界限；必要时应当约定对标的的保险范围"外，对货物风险的转移问题并未作出具体规定。统一后的《合同法》，在吸收《公约》和国外先进合同法律制度的基础上，对货物风险转移作了较为详尽的规定。

---

① ［英］施米托夫著：《国际贸易法文选》，赵秀文选译，中国大百科全书出版社 1993 年版，第 321 页。

（一）货物、风险和风险责任的内涵

1. 货物的定义

买卖合同中的货物，是买卖合同的标的物。明确“货物”范围的重要性在于决定本文的研究对象及研究范围。在各国的买卖法中，作为买卖的标的十分广泛，如：《法国民法典》规定，交易范围内的物品，除特别法禁止出让者外，均为买卖标的；《日本民法典》中买卖标的包括动产、不动产、无形权利的交付；而英国《1893 年货物买卖法案》专门给“货物”定义为凡指“劳务和金钱以外的一切动产，在苏格兰则指除金钱以外的一切有形动产”。《美国统一商法典》中“货物”的概念也是指除作为支付手段的金钱、投资证券和诉物权以外的所有特定于买卖合同项下的可以移动的物品以及尚未出生的动物幼仔、生长中的农作物和有关与不动产分离之货物以及其他附着于不动产但已特定化的物品。[①] 综上所述，能够被称之为货物的，应当具备以下特征：一必须是有形的，即必须具有实物形态，能被触摸或看见，而公司股票、债券、专利权、版权等，是存在于人们观念之中的财产，因而不属于买卖合同的货物范围。二必须是可以移动的，即可以从一地运往另一地，因此，不动产不属于买卖合同中的货物范围。三其可以是卖方已拥有或持有的现货，也可以是正在制造的货物或卖方将获取的货物，即期货。一般说来，买卖合同中的货物就是指所有有形动产，但不包括诉讼标的物。

我国《合同法》在“买卖合同”一章中，使用的是标的物一词，对货物的范围没有作出明确的界定，基于本文所探讨的是“货物风险转移”，而且仅从商事买卖合同的角度探讨，因而，本文的“货物”范围，笔者只是局限在《公约》适用的货物范围内，即不包括《公约》第 2 条所规定的货物。

---

① 王传丽主编：《国际贸易法》（法学本科教材），中国政法大学出版社 1995 年版，第 20 页。

2. 风险和风险责任

风险是一个内涵丰富的概念。在合同法上，广义的风险是指各种非正常的损失，它既包括可归责于合同一方或双方当事人的事由所导致的损失，也包括不可归责于合同双方当事人的事由所造成的损失；狭义的风险仅指因不可归责于合同双方当事人的事由所带来的非正常的损失，这也是本文所探讨的“风险”范围。

我国学者对风险所下定义各异，如“风险是指货物可能遭受的意外损失，如盗窃、火灾、沉船、破碎、渗漏、扣押以及不属于正常损耗的腐烂变质，等等”①；“货物风险主要指货物在高温、水浸、火灾、严寒、盗窃、查封等非正常情况下发生的短少、变质或灭失等损失”②；“风险一词是指买卖合同订立后，不是由于双方当事人的故意或过失而发生的意外毁损、灭失的情况”③；“风险是指在合同订立后货物在储存、运输、装卸等过程中发生的意外损坏和灭失”④。

基于此，我们得出本文所探讨的货物买卖中的“风险”，应当具有以下两个特征：

（1）风险是发生在合同订立后、履行前。研究货物买卖风险的转移，就是研究卖方根据买卖合同向买方转移货物的占有过程中所发生的风险承担问题。这里，将风险的发生界定在这样的期间，是因为如果风险发生在合同订立前或订立过程中，造成意外毁损或灭失，则显然应由卖方自己承担；如果风险发生在合同履行完毕后，货物的意外毁损或灭失，则理应由买方承担。上述情况对于风险的归属是非常确定的，只有合同订立后、履行前的这段期间，风

---

① 沈达明、冯大同编著：《国际贸易法新论》（高等学校法学教材），法律出版社1989年版，第126页。

② 王传丽主编：《国际贸易法》，中国政法大学出版社1995年版，第59页。

③ 汤树梅、应苏萍著：《香港货物买卖法》，河南人民出版社1997年版，第97页。

④ 钟建华著：《国际货物买卖合同中的法律问题》，人民法院出版社1995年版，第84页。

险的归属才是处于不确定状态，这也才是本文探讨风险转移问题的意义之所在。

（2）风险的发生不是货物买卖合同双方当事人的故意或过失所造成，而是指客观原因所造成，包括水灾、火灾、交通事故、地震、战争等人所预料不到的事故。因而，风险是指货物的意外毁损或灭失，是客观原因所发生的一种后果。如果客观原因已发生，但尚未造成货物的毁损或灭失，那么，应当认为风险没有发生，也不存在风险责任的承担问题。

对于风险及其本质，人们的认识并不相同。有两种观点：一是认为风险问题中的主要问题是货物发生毁损或灭失时买方是否有支付价金的义务，这被称之为“价格风险”；① 二是认为风险问题的实质是风险如何承担。前述“价格风险”的概念明确地反映在《国际货物买卖统一法公约》第96条中：“如果风险已转移给买方，他就应支付价金，尽管货物已经损坏或灭失……”② 这种观点在大陆法系国家或受大陆法系影响的国家都得到了肯定，包括我国台湾地区。如台湾学者黄茂荣先生认为：“所谓危险负担，乃指因不可归责于双方当事人之事由，致标的物毁损、灭失时，其价金之危险，由谁负担而言。”③ 我国大陆学者对此也表示认同，在我国的诸多的有关货物买卖的著作中，也常有如下的阐述：“如果货物的风险已由卖方转移于买方，则货物即便遭受损失，买方仍有义务按合同支付价款。如果风险尚未转移时货物发生损坏或灭失，则买

---

① ［英］施米托夫著：《国际贸易法文选》，赵秀文选译，中国大百科全书出版社1993年版，第324页。

② ［英］施米托夫著：《国际贸易法文选》，赵秀文选译，中国大百科全书出版社1993年版，第324页。

③ 黄茂荣著：《买卖法》，转引自王轶：《论买卖合同标的物毁损、灭失的风险负担》，载《民商法学》2000年第4期，第46页。

方不但没有支付价款的义务，而且还可要求卖方对违约承担责任。”① 这种对风险的认识，只有在买卖双方都没有违反合同的情况下，风险所表现出的“价格风险”的特征。但“如果只把风险视为价金风险，则风险这一法律概念的真正特征就没有揭示出来。在买卖双方都未违反合同的一般情况下，风险似乎仅表现为价金风险；但在一方当事人违反合同的特殊情况下，如卖方提供了与合同不符的货物，或者买方未能接收合同项下的货物，情况就不同了，许多国际规则和国内法都规定，在这些情况下，风险应由违约方承担。这样，风险就不仅指价金风险，因为违约方如果是买方，他应支付的就不应是价金，对他采取的一般补救方法都是补偿性的，如损害赔偿金、补偿金或罚金”。② 因此，将风险的实质问题理解为风险如何承担，也即风险责任的承担，更能体现风险的实质内容，价金的承担只是风险责任承担的一种表象，是风险责任承担的次一层面的问题，如果谁来承担风险责任确定了，价金的承担问题便也迎刃而解了。

（二）货物风险转移理论及对各国立法的影响及其评价

在货物买卖合同的履行中，如果买卖双方均未违约，一旦发生风险，造成货物毁损或灭失，就必须要由一方当事人来承担。从罗马法的经典巨著《法学阶梯》到《联合国国际货物销售合同公约》，货物风险转移始终是货物买卖合同争论不休的一个问题。其根本问题就在于风险转移时间的确定。在货物买卖中，确定货物风

---

① 钟建华著：《国际货物买卖合同中的法律问题》，人民法院出版社1995年版，第84页；沈达明、冯大同编著：《国际贸易法新论》（高等学校法学教材），法律出版社1989年版，第126页；崔建远主编：《合同法》（“九五”规划高等学校法学教材），法律出版社2000年版，第362页。

② ［英］施米托夫著：《国际贸易法文选》，赵秀文选译，中国大百科全书出版社1993年版，第324—325页。

险的转移时间，不仅是为了解决各种风险所造成的货物损失的承担问题，同时也可以据以确定向造成损失的第三者过错责任方的追偿权，还可以据以确定保险利益的存在与否并进而确定当事人向保险人的索赔权。可见，确定货物风险转移时间有着多方面的法律意义。迄今为止，有关风险转移时间的理论主要有三种，这三种理论有一个共同点，都是将风险转移与合同交易中的某一特定事件联系在一起，即以买卖合同的成立、货物所有权的转移、货物的交付行为完成作为风险转移的划分点。这三种理论在世界不同国家不同时期的货物风险转移立法中，均被采纳。即使是在今天，不同国家仍依据不同的理论对风险转移时间作出了不同的规定，这说明货物风险转移问题至今仍具有研究和探讨价值。

1. 成立主义

合同成立主义，是指除非当事人双方另有约定，否则货物的风险自合同成立之时由卖方转移给买方，也就是以合同的成立作为买卖合同货物风险转移的时间。世界上奉行合同成立主义的有罗马法和瑞士债务法①。如在罗马法中规定“自买卖契约缔结之时起，买得物的风险以及可能产生的盈利均由买主承担或由他享有”②；“买卖契约一经缔结……即使买卖标的物尚未交付，买受人立即承担其物的一切风险。因此，如果卖出的奴隶死亡或身体任何部分受伤，卖出的建筑物全部或一部焚毁……其损失概由买受人负担，即使他未受领其物，仍应支付价金”③。《瑞士债务法》第 185 条规定：“除因特别关系或约定而有例外情形者，物之收益及风险，于契约成立时转移于买受人。” 在罗马法和瑞士法中，合同的成立是一个

① 冯大同主编：《国际货物买卖法》，对外贸易教育出版社 1993 年版，第 133 页。

② ［意］彼德罗·彭梵得著：《罗马法教科书》，黄风译，中国政法大学出版社 1992 年版，第 375 页。

③ ［罗马］查士丁尼著：《法学总论》，张企泰译，商务印书馆 1989 年版，第 175—176 页。

很重要的法律事实，不仅风险于合同成立之时转移，而且买卖合同标的物的所有权也于合同成立时转移。正因如此，所以有学者认为合同成立主义与所有权主义二种理论之间的差别已经缩小，合同成立主义完全可以纳入所有权主义的范畴①。笔者对此表示赞同，由于以合同成立主义作为立法理论基础的较少，且从风险转移理论的发展和各国立法及贸易实践看，其已被淘汰。仅从罗马法和瑞士法的内容规定来看，作这种理解也未尝不可。

正如上述，由于以合同成立作为买卖双方承担风险的界限，使得买方单独承受风险的期限更长，买卖双方的风险负担极不公平，特别是在出卖他人物品或者发生双重买卖的情况下，买卖的货物一旦遭遇风险，发生毁损或灭失，按照合同成立主义，卖方可以不受任何损失，却有权请求各个买方支付价款，这种对买卖双方风险的分配，极大地阻碍贸易的发展。事实也证明，现代贸易发展到今天，有了今天的辉煌，也是摒弃了该理论的必然结果。现在买方市场的形成，更使得该理论难有生存的空间。在现代各国货物风险转移立法中，大都没有采用合同成立主义，中国便是一个例证。

2. 所有权主义

所有权主义，是指以标的物所有权的转移为标准来决定风险的转移，也即风险随所有权的转移而转移，这主要受传统民法“物主承担风险原则”的影响。在过去的买卖中，由于商事交易不太发达，一般来说，谁占有货物谁就拥有货物的所有权，谁拥有所有权谁就应承担货物的风险，所有权的转移与货物风险转移是一致的，它体现了所有权关系的一种静态，也就是所有权始终处于一人手中②。所有权主义的代表国家是英国和法国。《法国民法典》第1138条第2款规定：“交付标的物之债，自该物应当交付之时起，

---

① 张艳：《双务合同风险负担研究》，载徐学鹿主编：《商法研究》，人民法院出版社2000年版，第506页。

② 汤树梅、应苏萍著：《香港货物买卖法》，河南人民出版社1997年版，第100页。

使债权人成为物之所有人并由其负担物之风险，即使尚未实际进行物之移交，亦同；但是，债务人如已受到移交催告，不在此限；在此场合，物之风险仍由债务人负担。"① 在英国《1893 年货物买卖法案》第 20 条中则规定："除另有约定者外，卖方应负责承担货物的风险直至财产权移转给买方时为止。但财产权一经移转给买方，则不论货物是否已交付，其风险均由买方承担。"② 受英国立法例的直接影响，我国香港特别行政区现行的《货品售卖条例》也采纳了所有权主义，在其第 22 条第 1 款规定："除另有议定外，货品的风险由卖方承担，直至货品的产权转让给买方为止，但货品的产权一旦转让给买方，则不论有否作出交付，货品的风险由买方承担。"③ 上述三个国家和地区的货物风险转移立法，都无一例外地将货物风险转移同货物所有权转移联系在一起，而不论货物是否已交付。其立法用语已清楚地表明立法者将货物所有权的转移与货物毁损、灭失的风险负担的转移相统一的立法意图。

从维护合同严肃性的角度看，以所有权的归属决定风险责任的承担，可以强化合同双方履约的责任心。所有权转移意味着对货物处分权的转移，买方在承担风险的同时，也享有一定的权利（如英国法规定在活动物的买卖中，承担风险的一方可以取得动物所产下的幼仔，这说明英国法既采纳了罗马法中的"物主承担风险原则"，也采纳了罗马法中"风险承担者享有其收益"的原则），因而货物所有权转移后，尽管货物尚未交付，卖方也无权将货物再出售，这有利于买方实现取得标的物的期望，保护了买方的利益。此外，论证所有权主义具有合理性的学者还认为所有权是最完整的物权，所有权人是最终受益人，按照权利义务对等的原则，既然有权

---

① 罗结珍译：《法国民法典》，中国法制出版社 1999 年版，第 288 页。

② 《英国 1893 年货物买卖法案》第 20 条，at http：//go2. 163. com/jackylaw/law/waiguo. htm，2007 年 9 月 26 日访问。

③ 香港《货品售卖条例》，1997 年 6 月 30 日版本，http：//www. Justice. Gov. hk，2007 年 11 月 5 日访问。

享受利益，就应当承担相应的责任；而且，风险和利益都是基于所有权而产生，是所有权的法律后果，是从属于所有权的东西，当标的物的所有权因买卖合同发生转移时，风险自然也应随之转移；风险转移的直接法律后果最终体现在买方是否仍按合同规定支付价金的问题上，在买卖合同关系中，买方承担价金支付义务的根据是卖方转移标的物的所有权，只有当卖方按合同规定将标的物的所有权转移给买方后，风险责任才由买方承担[①]。上述观点有一定的合理性，但比较起来，将风险转移同所有权的转移相联系，弊大于利。所有权主义也有不妥之处。表现在：

（1）上述三个国家和地区对所有权的转移均是采纳当事人意思主义，所有权的转移处在不确定当中，风险的转移的时间和地点就更难以判断，并且在现代交易中，合同买卖的货物总是处于不断的流转当中，在流转中实现其增值，所以，人们更看重所有权的动态关系。在现实社会中，货物的占有人不是所有人的现象极为普遍，特别是在现代交易中，常有分期付款的货物交付、附条件买卖的货物交付和保留所有权的货物交付，在这些买卖中，都完成了货物的交付而转移占有，但都不转移所有权，只转移风险。因而，货物的风险并不总随着所有权的转移而转移，风险转移与所有权转移的分离是实践中的客观存在。

（2）风险负担与所有权是两项不同的法律制度，它们服务于不同的利益。在买卖合同中，所有权转移的时间主要涉及当事人中的债权人的利益，而风险转移则决定买方应在何时无条件地支付价金[②]。这是两个概念，两种法律制度。正因如此，即使那些把所有权转移与风险转移联系在一起的国家，法律也允许当事人通过协议把所有权与风险转移区别开来，这也说明所有权与风险转移并没有

① 孙美兰：《论国际货物买卖中货物损失风险的转移》，载梁彗星主编：《民商法论丛》第8卷。

② ［英］施米托夫著：《国际贸易法文选》，赵秀文选译，中国大百科全书出版社1993年第1版，第329页。

必然联系。

（3）现代交易的发展已经不仅局限于现货交易，期货交易的机会也会越来越多。在合同成立之时，货物尚不存在，还无法确定货物的所有权，如果以货物所有权来决定风险转移的时间，风险的承担更是无法确定。

正因如此，在货物风险转移的时间问题上，又出现了第三种理论，即交付主义。

3. 交付主义

交付主义是指以货物的交付为标准来决定风险的转移，即以货物的交付时间来决定风险的转移时间。《德国民法典》、《美国统一商法典》以及 1980 年《公约》，都采取了将货物风险转移与所有权转移相分离的立场，确立了以货物的交付为风险转移的划分点。如《德国民法典》第 466 条第 1 款规定："买卖标的物一经交付，物的意外灭失或者意外毁损的风险即移转于买受人。自交付之时起，物的收益归属于买受人，物的负担由买受人承担。"①《美国统一商法典》在第 2－509 条第 1 款对双方均未违约时损失风险的承担作了这样的规定："当合同要求或授权卖方通过承运人发运货物时，如果合同未规定卖方在特定目的地交付货物，卖方将货物适当地交付给承运人后风险即转移至买方，即使卖方保留了权利；但是，如果合同规定卖方在特定目的地交付货物，且在货物到达目的地但仍由承运人占有期间作出适当的提示交付，则只要卖方作出此种适当的提示交付，使买方能够取得交付，损失风险即于此时转移至买方。"② 1980 年《公约》也参照了上述各国的立法，采取交付主义，在其第三部分"货物销售"的第四章，对风险转移作了专

① 郑冲、贾红梅译：《德国民法典》（修订本），第 466 条，法律出版社 2001 年第 2 版。

② 《美国统一商法典》第 2－509 条，http：//go2.163.com/jackylaw/law/waiguo.htm. 2007 年 9 月 26 日访问。（下文中引用《美国统一商法典》条文均出于此，不再注释）

章的规定，在第67条规定："如果销售合同涉及货物的运输，但卖方没有义务在某一特定地点交付货物，自货物按照销售合同交付给第一承运人以转交给买方时起，风险就移转到买方承担。如果卖方有义务在某一特定地点把货物交付给承运人，在货物于该地点交付给承运人以前，风险不移转到买方承担。卖方受权保留控制货物处置权的单据，并不影响风险的移转。但是，在货物以货物上加标记，或以装运单据，或向买方发出通知或其他方式清楚地注明有关合同以前，风险不移转到买方承担。"①

从货物风险理论的发展来看，交付主义的产生是多年的买卖经验总结的必然结果。目前，国际贸易中普遍采取的原则是以交付货物的时间作为货物风险转移的时间。其理论依据主要是《美国统一商法典》的"风险支配"思想，即货物风险责任应由能够最好地掌管和控制货物的当事方承担，谁占有货物，谁就处于有利地位，从而就能较好地掌管保护好货物，因为占有人最具有避免风险的能力，也即最具有支配风险的地位。因而，货物交付，风险也就随之转移。史尚宽先生在论及台湾民法风险转移所采取的交付主义理论时，曾论到"……盖以交付主义，系基于互易思想。因交付，标的物处于买受人保护之下，而入其所支配之危险范围，同时出卖人因此已履行其主要义务"②。

就风险转移的确切时间来讲，交付主义比所有权主义更为确切、具体。所有权的转移时间的确定，是一件十分抽象、十分烦琐的事，各国对其立法与规定也都各行其是，其间的分歧非常严重。不仅如此，事实上，国际贸易统一实体法即1980年的《公约》和当代最具影响及权威的国际贸易惯例即2000年《国际贸易术语解释通则》以及示范法《国际商事合同通则》对所有权转移的时间均未作规定，而且，就连有关提单的法律，包括国际提单或国际海

---

① 《全国律师资格考试必读法律法规汇编》（上），法律出版社1997年版，第102页。（下文中引用《公约》条款均出于此。不再注释）

② 史尚宽著：《债法各论》，中国政法大学出版社2000年版，第62页。

上运输合同公约即《海牙规则》、《维斯比规则》、《汉堡规则》和各国的提单法或海商法，如英国1855年《提单法》、我国1995年《海商法》，都对国际货物买卖所有权的转移问题不作直接规定，纷纷采取回避态度。在这种情况下，如果再以所有权转移时间来确定风险转移的界限，无疑是徒劳的。风险转移的时间直接关系到合同双方当事人的利益，因而，其时间概念必须准确。正因如此，美国在起草《统一商法典》时，起草人坚决主张摒弃风险随所有权转移的原则，认为这一原则太难掌握、太不明确，易导致纠纷，不利于货物风险负担问题的解决。卢埃林说，《统一商法典》在货物的风险转移上完全不用所有权的概念，从而使风险转移的规范变得清楚、明确，几乎不可能产生误解。也正如卢埃林所预见的那样，在美国《统一商法典》实施后，极少有因风险转移问题而提起的诉讼案，风险随货物交付而转移原则的确立使这类问题得以简化和明确。①

也正因为交付主义具有如此之优点，该原则才得以在世界范围内被广泛采用。值得指出的是，交付主义的理论基础"风险支配"论，随着贸易手段的发展，其含义亦有了一定的变化。因为随着贸易的发展，运输业、保险业兴起，形成一个独立的行业，在买卖合同的履行中，卖方并不将货物直接交付给买方，而是交付给承运人，这样，随着交付行为的完成，货物并不是由买方实际占有，不由买方实际控制，但却由买方承担风险，表面上看似乎对买方不公平，与"风险支配论"也不相符合，但是，如果货物交由承运人运送给买方，且该货物被投了保险，那么，货物在运输途中的损坏或灭失，就由便于行使追索权的一方承担，即"由有利方承担"，也就是由买方承担。这有利方有利之处突出表现在有利于行使某些权利，如向造成货物损坏或灭失的第三者过错责任方的追偿权；依据保险合同成为保险利益的享有者并进而享有向保险人的索赔权等等。因

① 王利明、崔建远著：《合同法新论·总则》，中国政法大学出版社1996年版，第372页。

而,“风险支配论”和“由有利方承担”理论,均是交付主义的理论基础,两者如出一辙,“由有利方承担”理论是“风险支配论”的发展,笔者认为,前者更能准确解释现代贸易中由于承运人、保险人的介入而使得风险转移复杂化的实践,因而也更有说服力。

但是,交货作为货物风险转移的标准,也有其特定的弊端,“交货的标准可能不适用于解决非特定物和未经确认的货物的风险转移中所产生的特殊问题”,[①] 当然,“从交货作为统一的总标准,优点显然是主要的。从整体上看,这个标准使风险转移明确地从属于买卖合同履行中极易分辨的事项 ……是从根本上避免冲突发生的解决方法”[②]。

(三) 影响货物风险转移的要素

由于货物风险能否正常如期地转移与买卖双方各自的利益密切相关,因此,加强对影响货物风险转移要素的研究,对防止、规避贸易纠纷,保障安全收汇和促进外贸发展,有着不可忽视的作用。

因交付主义在世界范围内的普遍适用,所以本章所探讨的就是在交付主义中影响货物风险转移的要素。

1. 正常情况下影响货物风险转移的要素

前文已述,交付主义以交付货物为风险的划分点,而交付货物涉及交付的时间、地点、交付行为以及货物本身的情况。因而,它们就成为影响货物风险转移的各个要素。

(1) 时间与地点

在买卖双方对货物风险转移未有协议的买卖中,其风险的转移适用法定转移。在采纳交付主义的国家包括《公约》,其法定转移即是交付行为的完成。但是交付行为何时完成以及在何地完成,这都

---

① [英] 施米托夫著:《国际贸易法文选》,赵秀文选译,中国大百科全书出版社 1993 年版,第 347 页。

② 郭寿康、韩立余著:《国际贸易法》,中国人民大学出版社 2000 年版,第 6—7 页。

取决于合同的约定。因而，双方当事人在合同中约定的交货的时间、地点是影响货物风险转移的重要因素。时间、地点约定不明确，将造成风险转移障碍，影响风险法定转移的实现，容易造成合同纠纷；在错误的时间、地点交付货物，还会造成风险转移的“前移”或风险转移的“回转”①。可见，交货的时间与地点对风险的转移起着至关重要的作用。这也可以从《公约》和我国《合同法》中略见一斑。

首先，《公约》第 67 条第 1 款就体现了交付地点对于风险转移的决定性作用：“如果销售合同涉及到货物的运输，但卖方没有义务在某一特定地点交付货物，自货物按照销售合同交付给第一承运人以转交给买方时起，风险就移转到买方承担。如果卖方有义务在某一特定地点把货物交付给承运人，在货物于该地点交付给承运人以前，风险不移转到买方承担。卖方受权保留控制货物处置权的单据，并不影响风险的移转。”该条虽然体现了货物风险随交付转移，但又含有一项前提条件，就是要按照合同约定来确认卖方是否有义务在某一特定地点交付货物，这一“特定地点”是货物风险随交付转移的必不可少的重要的一个要素。

其次，我国《合同法》的“买卖合同”一章，在第 142 条规定“标的物毁损、灭失的风险，在标的物交付之前由出卖人承担，交付之后由买受人承担”，体现了以交付为风险划分的界限，但在此条文规定之前，《合同法》首先对交付的时间、地点作了明确规定。第 138 条规定“出卖人应当按照约定的期限交付标的物。约定交付期间的，出卖人可以在该交付期间内的任何时间交付”，不仅如此，《合同法》还在第 139 条更进一步规定“当事人没有约定标的物的交付期限或者约定不明确的，适用本法第六十一条、第六十二条第四项的规定”。第 141 条对交付地点作了规定“出卖人应当按照约定的地点交付标的物。当事人没有约定交付地点或者约定不明确，适用下列规定：（1）标的物需要运输的，出卖人应当将

---

① 郭寿康、韩立余著：《国际贸易法》，中国人民大学出版社 2000 年版，第 66 页。

标的物交付给第一承运人以运交给买受人；（2）标的物不需要运输，出卖人和买受人订立合同时知道标的物在某一地点的，出卖人应当在该地点交付标的物；不知道标的物在某一地点的，应当在出卖人订立合同时的营业地交付标的物”。《合同法》之所以如此重视标的物交付的时间、地点，是因为立法者已经看到如果交付的时间、地点不明确，以交付作为风险的划分点将无法实施，交付的时间和地点的确定是风险随交付而转移的前置条件。

（2）交付

在过去的贸易中，买方在卖方营业地取货或卖方亲自送货到买方所在地是交付的一种方式。但在现代交易中，特别是商人之间的大宗买卖中，往往不是买卖双方面对面交付。因为买卖双方相距甚远，特别是在国际贸易中，需要由专业承运人将货物从卖方运交给买方，在买卖双方之间加了一个承运人，使交付变得复杂化。且随着贸易的发展，银行业成为买卖双方的中间人（如托收）甚至以自己的信誉为卖方提供付款保证，因而，交付的含义也有了新的变化。如在跟单信用证的买卖中，卖方向议付行提示单据要求议付货款，议付行审单确认无误后垫付货款，再向开证行索偿，开证行向买方提示单据，买方付款赎单。这一系列过程构成象征性交货，对卖方而言，其只要及时把单据提供给买方就是已经履行了交付义务，而无须把货物实物交给买方占有。这种形式也是一种交付行为，但却不是货物风险转移制度中所要研究的交付。

货物风险转移中的交付，实际指的是实物交付，即指买卖双方订立买卖合同后，卖方根据合同向买方转移对货物的占有权。但在承运人介入的买卖中，当卖方按照合同要求将货物交给承运人保管，承运人对其进行实际控制时，货物就是已经交给了买方。“在没有出具提单的情况下，如果货物交给承运人的目的是为了运给买方，即初步推定为交货给买方。”① 如果货物运输涉及两个以上承

① ［英］施米托夫：《出口贸易》，转引自于志宏：《国际贸易中货物风险转移问题探讨》，载《河北经贸大学学报》1998年第3期。

运人，如：陆地运输有两个以上承运人，或既有陆地承运人又有海上承运人，以及海上运输涉及多个承运人，在这种情况下，买卖合同又没有规定在特定地点交货，此时货物的风险就应在交付给第一承运人时起，转移至买方。当然，将货物交付承运人视为交付给买方，也有一个前提条件，即对承运人的条件应作出适当的限制，如果卖方用自己的运输工具运送货物或者卖方雇用车船代为运送，都不能将货物的风险转移给买方。因为卖方用自己的运输工具运送货物，则以双重身份出现，既是卖方又是承运人，运输途中出现的损失很可能由于卖方的不慎所致，而将这种风险转嫁给买方是不合理的。况且，“交付”一词在法律上意味着转移占有，如果卖方使用自有的运输工具运送货物，那就根本不存在转移占有的问题，卖方不可能把货物交付给自己。卖方雇用车船代为运送货物，也不能排除卖方与雇用者串通欺骗买方的可能性。上述两种情况也都不符合国际货物买卖合同中指定的承运人条件。在现代国际贸易中，承运人是指某人或以他的名义制作公路、铁路、航空、海洋或联合方式运输合同的人，一般是独立于买卖双方之外的第三人。在《Incoterms 2000》中，对承运人下的定义是指任何人在运输合同中，承诺通过铁路、公路、空运、海运、内河运输或上述运输的联合方式履行运输或由他人履行运输。[①] 其根本特征是制作、签订了运输合同，并以合同承运人身份承担运输责任。

交付行为如能引起风险转移，导致法律后果的发生，还要求必须是适当的交付。“适当的交付”是指卖方以合理的方式、正确的时间、地点和符合合同要求的货物对买方或承运人交货。

(3) 货物的特定化

《公约》第67条第2款规定：“在货物以货物上加标记，或以装运单据，或向买方发出通知或其他方式清楚地注明有关合同以前，风险不移转到买方承担”；《Incoterms 2000》中也规定风险转

---

① 国际商会中国国家委员会编：《2000年国际贸易术语解释通则》，曲鹏程译，中信出版社2000年版，第29页。

移以“该项货物已正式划归合同项下，即清楚地划出或以其他方式确定为合同项下之货物为限”① 这就是货物的特定化要求，它是风险转移的一项必要条件。将货物确定在合同项下实质上就是把货物予以特定化，即将某一批货物同某一个具体合同联结起来，表明该批货物是为履行某个合同之用或交付给某个买主的。

“作为一项规则，货物只有是，或者已经成为特定物时，风险才能转移”，② 这已为各国及国际规则所接受。由于风险的承担是以货物的特定化为前提，因此，如何将种类物划归合同项下使之成为特定物就变得十分重要。一般说来，将种类物划归合同项下成为特定物一般有以下几种方法：

其一，在货物上加上标记，如在货物上刷制唛头或其他标记；

其二，将货物单独堆放或另行排放；

其三，以货物装运或交付单据如提单；

其四，向买方发出通知或提出货物已经特定化。由于市场的扩大及异地、跨国交易的发展，货物的特定化往往只能由卖方自己进行而不是由买卖双方共同进行，在这种情况下，极有可能发生卖方宣称已特定化的货物意外损坏、灭失以此逃避交付义务的欺诈行为。为防止这种欺诈行为，各国大多要求卖方在单方划拨时，必须以适当、合理的方式通知买方合同项下的货物已经确定。《公约》第 67 条第 2 款也是作了同样的规定，即卖方有义务以合理的方式就划拨到合同项下的货物向买方发出通知，这种通知义务的履行，一方面可以防止欺诈行为的发生，另一方面又为预防纠纷、明确责任提供了有力的证明。

其五，以其他方式将货物拨归或划拨在合同项下。

---

① 在《Incoterms 2000》中，13 种贸易术语的 B5 均有规定，参见国际商会中国国家委员会编：《2000 年国际贸易术语解释通则》，曲鹏程译，中信出版社 2000 年版。

② [英] 施米托夫著：《国际贸易法文选》，赵秀文选译，中国大百科全书出版社 1993 年版，第 348 页。

2. 特殊情况下影响货物风险转移的要素

(1) 合同的订立

合同订立对于风险转移的影响，主要在路货的买卖中。路货买卖，又称在运输中的货物买卖，它是指卖方先把货物装上开往目的地的船舶，然后再寻找适当的买方出售在途货物的买卖。这种在运输途中出售的货物，在国际货物买卖实务中称为“海上路货”。由于对正在运输中的货物进行买卖，因此，货物的交付先于买卖合同的订立，如果买方对货物风险责任的承担要追溯到合同订立之前，对买方是非常不利的。最早，在《国际货物买卖统一法公约》中，对路货买卖中的买方承担风险责任要追溯到货物交付给承运人时，其第99条第(1)项规定：“对于海上运输中的货物买卖，风险自货物交给承运人时转移给买方。”① 但在《欧洲经济委员会共同条件》第1A格式第9.2条规定中，认为海运中的货物风险转移不应具有溯及力，其规定是：“如果合同是在货物于装运港越过船舷后订立的，风险应自合同订立时转移给买方。”② 这个观点在1980年《公约》中得到支持，《公约》第68条规定：“对于在运输途中销售的货物，从订立合同时起，风险就移转到买方承担，但是，如果情况表明有此需要，从货物交付给签发载有运输合同单据的承运人时起，风险就由买方承担。尽管如此，如果卖方在订立合同时已知道或理应知道货物已经遗失或损坏，而他又不将这一事实告知买方，则这种遗失或损坏应由卖方负责。”这作为运输途中销售的货物风险转移的一个原则，如果没有其后“但书”规定的特殊情况，运输途中货物风险的转移就是在合同订立时。我国《合同法》也采纳了该观点，在第144条规定：“出卖人出卖交由承运人运输的在途标的物，除当事人另有约定的以外，毁损、灭失的风险自合同

① 转引自［英］施米托夫著：《国际贸易法文选》，赵秀文选译，中国大百科全书出版社1993年版，第352页。

② 转引自王传丽主编：《国际贸易法》，中国政法大学出版社1995年版，第353页。

成立时起由买受人承担。”可见，合同订立是在特殊情况下影响货物风险转移的一个要素。

（2）违约

在货物买卖合同能得到正常履行的情况下，风险以交付为转移的时间。但是，如果双方当事人任何一方违约，以交付为风险转移的规则将不再适用。如：在正常情况下，货物交付后，风险应由买方承担，但由于卖方违约致使风险又由买方返回由卖方承担，这称之为“风险转移的回转”；另一种情况是，由于买方违约，致使卖方无法按照合同规定的交货时间交货，那么，即使卖方尚未交货，风险也将按照合同规定的交货时间起转移，这又称之为“风险转移的前移”①，这就是违约对货物风险转移的影响。因而，违约这一事实也就成为风险转移的一个要素。

①买方违约时的风险转移

从理论上来说，买方在接收货物的同时就是接受了货物风险。如果买方违约，在该接收货物时却不履行接收货物的义务，造成另一方交货不能，此时，恰遇风险发生，如仍以是否交付为风险划分点，让交货不能且无过错的卖方承担风险责任，有违公平，并且也鼓励了违约方的违约行为，这是不符合立法的价值取向的。因而，对于买方违约行为发生，各国都规定买方违约的时间就是货物风险转移的时间，即风险一般按合同规定的交货地点在交货期届满时转移。

买方违约的形式常见的有以下几种情形：

a. 不协助卖方交货，如不开证、不预付货款、不派船等，使卖方不能如期正常交货。

b. 不适时地收取货物。

c. 不及时付款导致卖方无法按期交货。

在美国《统一商法典》第2－510条的第3款就买方违约之风

① 郭寿康、韩立余著：《国际贸易法》，中国人民大学出版社2000年版，第66页。

险责任的承担作了如下规定:"涉及已特定于买卖合同项下的符合合同的货物时，如果买方在货物风险转移给他之前毁弃合同或以其他方式违约，卖方可就自己有效保险之不足部分，视损失风险在商业上合理的时间内由买方承担。"这项规定在适用时须符合下列条件:

a. 卖方所交的货物必须符合合同的规定;

b. 买方的违约行为发生在风险转移于买方之前;

c. 货物已确定在合同项下，即已特定化;

d. 限于在商业上认为是合理的时间之内。因为买方虽有违约行为，但在出现这种情况时，货物仍在卖方的支配之下，卖方应及时对货物作出适当的处置，如另行销售等，所以不应当在过分长的时间内把风险加在买方身上。

如果符合上述条件，卖方在其货物保险合同所不包括的差额限度内，应认为由买方承担风险。当然，值得提出的是，《统一商法典》规定在买方非法拒收后的"商业上的合理时间内"风险由买方承担，这样的规定是与第 2 - 709 条规定卖方救济相一致的。根据第 2 - 709 条，买方非法拒收时，卖方可以转卖合同货物，然后请求损害赔偿。"合理时间"显然是指卖方从买方拒收时起到卖方转卖出货物时止的这段时间。转卖后，风险自然由新的买方承担。

《公约》在买方违约问题上的规定与《统一商法典》不同。当卖方已经把符合合同规定的货物确定在合同项下，而买方在货物的风险尚未移转给他之前，不接收或不及时接收货物，那么，《公约》第 68 条规定:"……则从货物交给他处置但他不收取货物从而违反合同时起，风险移转到买方承担。"也就是说，买方在应当收货并有条件收货时不收货，他要对货物风险承担责任，即便他没有占有货物，货物仍在卖方手中或卖方代理人手中，买方仍要对货物风险负责。

我国《合同法》通过借鉴《公约》的规定，并在总结我国立法和司法的实践经验基础上，规定了有关因当事人的违约而阻止风险转移的规则。在买受人违约的风险转移问题上，《合同法》主要有以下两条规定：

a. 因买受人的过错造成标的物的受领迟延。

《合同法》第143条规定："因买受人的原因致使标的物不能按照约定的期限交付的，买受人应当自违反约定之日起承担标的物毁损、灭失的风险。"据此，因买受人的过错导致标的物不能按期交付，尽管货物仍然由出卖人占有，但买受人应当承担自约定的交付之日至实际交付时的标的物毁损、灭失风险。买受人不仅有支付价款的义务，还负有接受出卖人交付的标的物的义务，由此也充分体现了过错责任原则的精神。当然，这里所说的买受人的过错，并不是指因为其过错导致标的物毁损、灭失。如果因为买受人的过错导致标的物的毁损、灭失，则缺乏风险的构成要件，不发生风险的承担问题，而应当按照法律的其他规定，如违约责任、侵权责任处理。

b. 买受人违约不受领情况下的风险承担。

《合同法》第146条规定："出卖人按照约定或者依照本法第141条第2款第2项的规定将标的物置于交付地点，买受人违反约定没有收取的，标的物毁损、灭失的风险自违反约定之日起由买受人承担。"这就是说，如果当事人双方在合同中规定了交付的地点，出卖人应当按照约定将标的物送达于交付地点，即履行了交付义务，风险便发生转移。如果买受人违反约定没有及时受领标的物，则构成受领迟延，自迟延之日起，风险应由买受人承担；如果买受人拒不受领标的物，标的物毁损、灭失的风险完全由买受人承担。

②卖方违约时的风险转移

在正常情况下，卖方在交付货物前，要承担货物毁损、灭失的风险，货物交付后风险即由买方承担。但卖方如果所交的货物不符合合同要求，将导致风险不转移或导致已转移至买方的风险又回转至卖方。

卖方违约一般有几种情形：

a. 不按规定的时间、地点、方式交货，如提前交货、延期交货、擅自分批交货等。对于提前交货，由于其违反了交付货物的时间，所以即使交付了货物，在合同规定的交货期到来之前的这段时间里，风险仍由卖方承担；延期交货的，由于卖方违约在先，主观上具有过错，而且又未依约及时交付，在延期交货期间货物发生的意外毁损、灭失当然由卖方承担；擅自分批交货的，属于不按照约定的方式交付。如果交付均在交货期内，对于已交付的货物的风险承担，主要看卖方是否构成根本违约，如构成根本违约，则交付的货物的风险由卖方承担，未交付的部分货物的风险由于尚未交付，风险理所当然由卖方承担；不按照约定的地点交付货物，交付的后果与没有交付货物的后果是相同的，风险也由卖方自己承担。

b. 所交货物与合同不符（瑕疵履行）。

所交货物与合同不符，主要指交付的货物数量（如数量多交或少交）、质量与合同不符。对于在这种情形下货物风险的承担，从现有的国内法律和公约来看，有两种主张：其一，1980 年《公约》第 70 条所规定的："如果卖方已根本违反合同，第 67 条、第 68 条和第 69 条的规定，不损害买方因此种违反合同而可以采取的各种补救办法。"《公约》的这条规定有两层含义：一是卖方违约，无论是根本违约还是非根本违约，风险均随交付货物而转移，因此只要卖方已经交付货物，尽管交付货物的时间、地点、数量、质量等与合同不符甚至严重不符，货物风险仍随交付货物的完成而转移于买方承担，卖方不承担交付货物之后的风险，即《公约》对卖方承担的风险是严格按照交付来划分的。二是在卖方违约的情形下，买方在卖方货物交付后承担货物风险，但对于卖方的履行违反了合同义务，买方可采取一切救济办法给予补偿，包括损害赔偿、要求实际履行、中止履行合同义务、甚至解除合同。其二，美国《统一商法典》和我国《合同法》在卖方违约时所承担的风险问题上，与 1980 年《公约》的规定并不相同。在第 2－510 条有 3 款规定，其中，第 1 款和第 2 款是对卖方违约情形下的风险承担所作的规定："（a）当提供或交付的货物不符合合同，致使买方有权拒收时，在卖方作出补救或在买方接受货物前，风险仍由卖方承担；

(b) 如果买方正当地撤销对货物的接受，他可以就自己有效保险之不足部分，视损失风险从开始即一直由卖方承担。”

根据该条第1款的规定，如果卖方所交付的货物不符合合同规定，则是违约，构成买方拒收的理由。那么，在卖方对有缺陷的货物作出补救，或买方接受货物之前，货物的风险仍由卖方承担。卖方不能将违约货物的风险转移于买方。应当明确的是，在这种情况下，即使货物的实际占有已转移到买方时，并不等于买方已接受了货物。如果买方在接到货物的合理时间内发现卖方所交之货物不符合合同，买方可以按约定或法律规定拒绝接受。当然，这里需要特别指出的是，并不是任何货物不符合合同的情况都可以阻止风险的转移，如果卖方交付的货物仅存在一些小毛病和不足以影响货物正常用途的次要缺陷，而在其他方面基本符合合同的情况下，这些小毛病和次要缺陷可以由卖方矫正，买方就无权拒收货物或退货，这时的货物风险仍应由买方承担。《统一商法典》在这里所指的是卖方所交货物不符合合同的情况足以使买方有权拒收时，也就是说卖方所交货物与合同严重不符即1980年《公约》所说的根本违约时，才使卖方继续承担货物的风险。所以，当买方发现卖方交付的货物严重不符合合同的约定时，应及时收集和保存证据，以便充分证实货物与合同的严重不符。

该条第2款说明的是，如果买方有正当理由撤销他对货物的接受，买方得在保险合同所不包括的限度内，认为卖方自始就承担了货物损失的风险。在这里，买方对保险范围内的风险造成的损失，可以向保险人请求赔付，而对于保险赔偿不足之部分，得要求卖方给予赔偿。

我国《合同法》在第148、149、155条对卖方违约应承担的风险责任也作了规定。其中：(a) 第148条规定：“因标的物质量不符合质量要求，致使不能实现合同目的的，买受人可以拒绝接受标的物或者解除合同。买受人拒绝接受标的物或者解除合同的，标的物毁损、灭失的风险由出卖人承担。”这里的“致使不能实现合同目的”，实际是1980年《公约》中所指的“根本违约”，也即指因卖方违反合同的结果，使买方当事人蒙受损失，以至于实际上剥夺了买方根据合同有权期待得到的经济利益。这一条款所表明的是卖方在根本违约的情形下，买方可以拒绝接受标的物或解除合同，货物的风险并不随交付而转移于买方，其毁损或灭失仍由卖方自己承担。本条的规定与《统一商法典》相似而与《公约》规定不同。(b) 第149条规定："标的物毁损、灭失的风险由买受人承担的，不影响因出卖人履行债务不符合约定，买受人要求其承担违约责任的权利"；第155条规定："出卖人交付的标的物不符合质量要求的，买受人可以依照本法第111条的规定要求承担违约责任。"这两个条款表明：第一，在卖方非根本违约的情形下，即卖方虽违反合同，但尚未给买方造成实质性损害，买方仍可依据合同实现其期待的经济利益。那么，货物风险随卖方交付货物后仍由买方承担；第二，在这种情形下，货物风险虽然随交付货物而转由买方承担，但买方对于卖方违约，仍可要求其承担违约责任，如修理、更换、重作、赔偿等。

显而易见，美国《统一商法典》和我国《合同法》关于卖方违约，风险是否随交货而转移，其关键在于要认定卖方违约是否属于根本违约。如果卖方的违约不属于根本违约，那么，风险将随货物的交付而转移，反之，即使卖方已交付货物，风险仍由卖方承担。

根本违约是国际货物买卖合同法律制度中颇具特色的制度，它是1980年《公约》中的概念，也是吸收了英美法中的违反合同的条件和担保的内容。在《公约》第25条对构成根本违约的条件作了明确的规定："一方当事人违反合同的结果，如使另一方当事人蒙受损害，以至于实际上剥夺了他根据合同规定有权期待得到的东西，即为根本违反合同，除非违反合同一方并不预知而且一个同等资格、通情达理的人处于相同情况下也没有理由预知会发生这种结果。"根据《公约》的这一规定，构成根本违约须具备以下三个条件：(a) 必须存在违反合同的事实，这是构成根本违约的前提条件。(b) 违反合同的行为给对方造成了损害，并且这种损害是实质性的，即实际上剥夺了受害方根据合同规定有权期待得到的东西。(c) 违反合同的一方在订立合同时预见到或者没有理由不预见到会产生这种严重后果。

上述三个条件中，颇有争议的一个问题是“预见到”的认定问题。“预见到”有主观标准和客观标准。主观标准是指事后违约一方在订立合同时就能知道，如果违约就会产生这种严重后果的可预见性。客观标准是指不管违约方如何否定订约时这种严重后果的可预见性，只要一个同等资格、通情达理的人处于相同情况中也能预见违约会产生这种严重后果，那么，违约方就应该预见到违约行为可能产生的严重后果。

根本违约是对违约严重程度的一种描述。在美国《统一商法典》和我国《合同法》中，虽未使用根本违约一词，但条文体现的内容已说明卖方必须有严重违约行为，其与根本违约的含义不谋而合。就我国《合同法》来说，以“致使不能实现合同目的”的表述来说明卖方违约的严重性致使阻止风险转移的情形发生。

可见，违约可致使风险转移发生变化，如前所述，本来由买方承担的风险由于卖方违约而返回卖方承担，但违约的程度又可以阻止风险的转移。那些轻微的或非根本性的违约，买方只能按照卖方违约的实际情况，根据合同和有关法律的规定向卖方提出索赔，而卖方不因其轻微的或非根本性违约承担货物毁损、灭失的风险。

c. 卖方交货前就违约（不能履行或拒绝履行）。

表现为合同签订后就不履行合同义务。在这种情形下，因卖方尚未交货，风险还尚未转移，如果货物已备好，发生风险则理所当然由卖方自己承担。

(四) 合同风险制度与其他相关法律制度的比较

1. 合同风险制度与合同责任制度

合同风险是与合同责任最为紧密相关的一个概念。这里所探讨合同风险是指双务合同中，因不可归责于合同双方当事人的原因致使债务未能得到全面、准确、及时履行时，当事人作为一个整体而共同遭受的意外损失。合同风险制度就是在当事人之间分担风险损失的法律制度。它在买卖法中具有特别重要的意义。“有人甚至认为，全部合同法特别是买卖法的主要目的，就是把基于合同关系所产生的各种损失的风险在各方当事人之间进行适当的分配。”① 合同风险与合同责任相同的是，两者都是以债务不履行为产生前提，都是分配合同不能正常履行所致损害的法律制度，解决的是债务不履行所产生的法律后果，尽管在实行严格责任的国家，风险责任与合同责任更加难以区分，但两者是完全不同的法律概念，它们的差异表现在：

（1）合同风险所要解决的是不可归责于双方当事人的事由致债务不履行时，所遭受的风险损失在当事人之间的分担问题，特别是在双方均未违约的情形下，一方当事人遭受风险损失时，对方是否仍应为对待给付的问题。而合同责任因实行严格责任原则，所要解决的问题是可归责于债务人的事由致债务不履行发生时，如何对债权人给予救济，以便对债权人受到的损失给予公平合理的补偿，因而合同责任产生赔偿义务。

（2）合同风险的分担实行“风险随人，风险随物”和风险与利益相一致的原则。这一原则最明显地体现在买卖关系中。在罗马法中，买卖标的的所有权一般自合同成立时转移，所以，罗马法采用了债权人主义，而英美法及德国、中国等大陆法系国家的买卖法则一般实行买卖标的物所有权自标的物交付之日起转移，所以实行的是交付主义。而合同责任，在大陆法系国家的合同立法中实行的是过错责任，而在英美法系国家，因强调合同义务的决定性和合同必须严守的观念，因而实行严格责任。虽然在我国的《合同法》立法中，曾对我国的民事责任究竟采何种归责原则有过争论，但在本文中，笔者认为无论过错责任还是严格责任，其与风险责任均有区别。

---

① 冯大同主编：《国际货物买卖法》，对外贸易教育出版社 1993 年版，第 132 页。

第一，过错责任与风险责任存在的区别。过错责任存在的前提是合同关系，包括双务合同关系和单务合同关系，而风险责任仅仅以双务合同关系为前提；过错责任适用于一切违约领域，如拒绝履行、不能履行、迟延履行、不完全履行等，而风险责任仅适用于不可归责于双方当事人的原因所造成的不能履行之场合；过错责任以过错为成立条件，而风险责任则以双方当事人对不能履行没有过错为前提；过错责任是国家强制债务人履行合同债务的法律手段，而风险责任是合理分配不幸损害的法律措施；一般认为风险责任有所有权主义、交付主义等，但只要当事人一方有过错，即采取过错人主义，也即由违约方承担风险责任。①

第二，严格责任与风险责任的区别。尽管风险责任与严格责任都是合理分配不幸损害的法律措施，都是基于公平原则而存在，但是，两者仍有一些区别：严格责任只是不考虑违约方是否有过错，只要求有违约事实并无法定免责事由，违约方就应承担责任。它并不否认过错概念及其存在价值，在实务中，违约方很可能是有过错的，而风险责任一般只能产生于双方当事人均无过错之场合，即使在一方当事人有过错时适用风险负担归责，该过错也不是造成货物毁损、灭失的过错，不是酿成风险的过错，而是与风险有间接联系的另外原因的过错；严格责任具有补偿性，其通过责任者支付赔偿金等方式使守约方的损失得到补偿，而风险责任的承担不具有补偿性，填补不了守约方的损失，只是由谁承担不幸损失而已。②

2. 合同风险制度与合同落空制度

合同落空是英美法的概念。在合同关系中，有时区分合同风险和合同落空是非常困难的，两者存在一定的联系，但它们毕竟是两个概念。

在前文的论述中，我们知道，风险的主要问题是：在货物买卖

---

① 刘贵祥：《合同履行与风险负担制度》，http：//www．rmfyb. com.，2007年9月27日访问。

② 王传丽主编：《国际贸易法》，中国政法大学出版社1995年版，第9页。

合同中，当货物已经被划拨在该合同项下，此时如果货物遭受意外而造成毁损或灭失，就有必要决定是由卖方还是由买方承担风险。如果风险由卖方承担，那么，如果货物毁损、灭失的程度很难让他依据原来合同继续交付货物，他将无权向买方收取价款，不仅如此，他还要将他预先收取的部分货款返还给买方。此外，当合同并不当然解除时，如果他不能找到替代物，因合同规定的交货义务没有解除，他还将承担交货不能给买方所带来的损失。相反，如果风险由买方承担，那么货物毁损、灭失以后，买方不仅不能拒收卖方已履行的货物，而且还要支付价款。

而一旦合同落空，将发生解除合同的法律后果。当引起合同落空的事件发生，自那时起，合同立刻、自动解除，合同双方当事人的合同义务也随之被免除。而引起合同落空的事件如果导致货物毁损或灭失，那么应按照合同货物风险制度解决。尽管有很多例子可以说明货物毁损、灭失会造成合同落空，但在一般情况下，造成合同落空的事件不是指货物的毁损、灭失，而是指能阻止买卖合同履行的一切事件。

关于合同落空的含义，施米托夫在“国际货物买卖合同的落空——英国法与比较法”一文中有一阐述：“合同落空是一种现象，指由于某一事件的发生，法律规定免除当事人履行合同义务的责任，该事件：一是合同缔结后发生的；二是任何一方当事人都不承担对该事件的责任；三是法律认为该事件是免于合同履行的正当理由。”① 其中，合同风险与合同落空的相同点在于第一、二两方面，造成合同风险和合同落空的事件都是发生在合同缔结以后，而且对于该事件的发生，合同双方当事人都不承担责任，即事件的发生都是不可归责于双方当事人。两者的区别正是体现在第三个方面。合同落空解决的是事件发生后，合同是否解除，合同双方当事人的义务是否免于履行。而合同风险所关注的是事件本身对货物所

① ［英］施米托夫著：《国际贸易法文选》，赵秀文选译，中国大百科全书出版社1993年版，第289页。

造成的损失应由谁承担。

当然，“如果是特定物的买卖，货物在合同缔结后和风险转移前受到意外损失时，上述两个概念是相近的。在普通法上，这当然作为合同落空的一种情况。但是，风险转移后的情况就不同了：事实上，卖方已履行了交货义务，因而货物的意外损坏不能再作为合同落空事件。”①

3. 合同风险制度与所有权制度

从合同风险制度的历史发展看，合同风险的负担与所有权制度有着密切的联系，如对风险转移采纳所有权主义，这在前文中已有论述。不仅如此，就是对风险转移采纳交付主义的国家，其法律规定的风险转移与所有权也存在一定的联系。如我国《民法通则》第 72 条规定，财产所有权从财产交付时起转移，法律另有规定或者当事人另有约定的除外。我国《合同法》第 142 条规定：“标的物毁损、灭失的风险，在标的物交付之前由出卖人承担，交付之后由买受人承担，但法律另有规定或者当事人另有约定的除外。”有学者认为该条的规定与《合同法》第 133 条关于标的物所有权移转的规则“标的物的所有权自标的物交付时起移转，但法律另有规定或者当事人另有约定的除外”相一致，因而进一步认为“我国的民事立法就标的物毁损、灭失的风险负担的移转，在当事人未有特别约定时，既与标的物的交付一致，同时又与标的物所有权的移转相一致”。② 但大多数学者认为所有权转移与风险转移性质不同，合并处理有欠妥之处。

当然，这两个规则确有重合之处，因为在许多情况下，因交付而转移风险，同时又因交付而转移所有权，所有权与风险一同随交付而转移，这种情况下，所有权转移与风险转移确实是一致的。但

① 王传丽主编：《国际贸易法》，中国政法大学出版社 1995 年版，第 327 页。

② 王轶：《论买卖合同标的物毁损、灭失的风险负担》，载《北京科技大学学报》（社科版）1999 年第 4 期。

是，交付虽然转移占有，但占有并不等于所有，取得占有不等于取得所有。交付是指占有的转移，而不论所有权是否随之转移。所以，风险的交付转移与所有权转移规则并不是一致的。规定风险随交付转移与规定风险随所有权转移在某些情况下，其法律后果也是大不一样的。如在国际贸易中，货物交付承运人后，卖方有权保留代表货物所有权的凭证，特别是在银行介入国际贸易后（如托收），如果买方拒绝付款，代表货物所有权的凭证最终由银行交还给卖方，所有权尚未转移，但货物风险却随着卖方将货物交付承运人而转由买方承担。即使买方违约拒绝付款，根据风险交付主义规则，其仍然要承担货物的毁损、灭失。

可见，在风险转移采纳所有权主义的国家，两者存在着必然的一致性，所有权转移决定风险转移；但在风险转移采纳交付主义的国家，尽管其法律规定所有权也随交付转移，但前后两者的性质是完全不同的。

4. 合同风险制度与保险制度

在买卖中，特别是国际货物买卖，由于货物在存储、装卸、运送过程中可能遇到各种意外损失，合同履行周期也较长，因而货物面临的风险也较大。所以，在国际贸易发展的历史上，贸易的兴起也带动了保险业的发展。与运输业一样，保险业也成为贸易的不可或缺的一个重要环节。

过去，人们对保险和风险的关系认识局限于“如果买方承担风险，则由买方进行保险，就这一点而言，保险与风险是有内在联系的”这一层面上，并认为“如果当事人约定，他们之中的一方当事人负责安排对货物的投保……在正常情况下，就是由该方当事人承担风险的‘有力证据’”。[①] 这种对保险与风险的认识，现已不为人们所接受。对于国际贸易中货物由谁来投保，一般由双方当事人约定或共同选择适用某一个国际贸易术语，以此来决定由谁承

① ［英］施米托夫著：《国际贸易法文选》，赵秀文选译，中国大百科全书出版社 1993 年版，第 358—359 页。

担保险义务。

有必要指出的是，现代国际贸易中的货物保险与一般的人身保险、财产保险不同，突出表现在可保利益原则的适用上。特别是海上运输货物保险，投保时投保人可以没有可保利益，但要求在保险责任事故范围内的保险事故发生时，被保险人必须拥有可保利益，[①] 否则，保险人可以拒赔。而一般的人身保险、财产保险则要求投保人投保时对保险标的必须拥有可保利益。

在国际货物的保险中，当保险事故发生时，衡量买卖双方对保险标的（货物）是否具有可保利益，就是看货物毁损、灭失的风险是否由他承担。特别是对可转让的保险单，当发生保险事故时，由买方还是卖方向保险公司索赔，就在于此时此刻货损风险由何方承担，可保利益由何方享有，这对于确定索赔的主体资格、索赔是否成功将起关键作用。

有这样一个案例：我国一家外贸公司从美国购买了一批水泥，合同采用 CIF 价格条件，卖方投保了一切险，自美国内陆仓库起，直至我国外贸公司为止。但是这批水泥从卖方仓库运往码头装船以前，发生了承保范围内的损失。事后，我国外贸公司凭卖方转让的保险单向保险人索赔时，保险人拒绝赔偿，其理由是我外贸公司在保险事故发生时对该批水泥没有保险利益。[②] 在这个案例中，根据《Incoterms 2000》对 CIF 的解释，由卖方负责保险，风险划分的界限是“装运港的船舷”。这就是说，货物在装运港越过船舷以前，货物毁损、灭失的风险由卖方承担，从而卖方在此期间对货物享有可保利益。在本案中，货物的损失发生在装船之前，该损失按照 CIF 术语，应由卖方承担，因而，对于承保范围内的货物损失，卖方享有可保利益，应由卖方向保险公司提出索赔。对于买方的索赔

① 郭寿康主编、罗玲聪编著：《国际货物贸易法律与实务》，人民法院出版社 2000 年版，第 326 页。

② 郭寿康、韩立余著：《国际贸易法》，中国人民大学出版社 2000 年版，第 327 页。

请求，保险公司当然可以拒绝赔偿。笔者认为，在本案的情况下，我国外贸公司对于发生在装船前的货物损失，仍有权依据 Incoterms 对买卖双方在 CIF 中风险划分的解释，向卖方提出索赔。因为在货损发生期间，是由卖方承担风险。据此，买方完全可以通过向卖方提出索赔而不必在保险公司那儿碰壁。

笔者认为，在货物买卖中，可保利益不仅体现为投保人或被保险人对货物所拥有的现实的所有权，而且体现为对货物所具有的经济利益、风险和责任。因此，可保利益在买卖双方之间的转移必须与风险转移相一致。

（五）《Incoterms 2000》对货物风险转移的规定及其评述

Incoterms 全称是 International Rules for the Interpretation of Trade，它是国际商会为避免和解决国际贸易中对最普遍使用的贸易术语发生的纠纷而提供的一套解释的国际规则。从其性质上来说，其规定的是货物贸易中的交货条件，涵盖的范围只限于销售合同当事人的权利义务与已售货物的交货有关事项。如货物的装卸由谁负责、费用由谁支付、风险由谁承担等。其中，对风险转移的规定是 Incoterms 的一项重要内容。

1. 《Incoterms 2000》对货物风险转移的规定

在 Incoterms 中，对货物风险如何在买卖双方当事人间转移，作了与《公约》相同的规定，即以交货为风险转移的划分点。在《Incoterms 2000》中，共有四组 13 种贸易术语，每一种术语项下买卖双方的义务均用 10 个项目列出（A1 - A10），卖方在每一项目中的义务对应了买方在同一项目中的义务（B1 - B10）。风险转移这一项目被列为第 5 项，因而，A5 代表卖方的风险承担义务，而 B5 则代表买方的风险承担义务。

（1）E 组

在 E 组中，只有一种贸易术语，即 EXW 工厂交货，它是指当卖方在其所在地或其他指定的地点（如工场、工厂或仓库等）将货物交给买方处置时，即完成交货，卖方不办理出口清关手续或将货物装上任何运输工具。

在该术语中，由于交货地点在卖方所在地或指定地点，所以，卖方承担的只是在其所在地或其指定的地点将货物交给买方之前的风险，而买方则必须承担在卖方所在地受领货物后的全部风险。可见，在EXW术语中，买方承担的风险较大，其要承担从卖方所在地或指定地点装货起至货物运抵目的地的运输全过程的风险。

（2）F组

F组术语要求卖方按照买方的指示将货物交运。F组包含三种术语：

① FCA 货交承运人（……指定地点）

它是指卖方只要将货物在指定的地点交给由买方指定的承运人，并办理了出口清关手续，即完成交货。在FCA术语中，当事人各方所希望的交货点由于具体合同的履行会遇到各种各样的情况，货物可能装上买方派往卖方所在地提取货物的车辆；或者货物需要从卖方派往买方指定的交货地点的车辆上卸下。因而，买卖双方承担货物风险的大小需视具体的交货地点来确定。

a. 如果合同规定的交货地点是卖方所在地，当货物装上买方的装货车辆时即完成交货义务。也就是说，卖方在这种情形下，其承担的风险是在其所在地交货完成之前，包括装货过程中可能遇到的各种意外损失，而货装车辆后的一切风险均由买方承担。

b. 如果在其他情况下，当货物在卖方的车辆上尚未卸货而交给买方处置时，即为完成交货义务。在这种情形下，卖方承担的风险是货物在卖方所在地直至运到买方指定的交货地点卸货前的一切风险，但不承担在该地点卸货时的风险，买方则相应承担自货物在指定地点卸货时以及此后的一切风险。

②FAS 船边交货（……指定装运港）

它是指卖方在指定的装运港将货物交到船边，即完成交货。在FAS术语中，卖方承担货物风险直至货物在约定的日期或期限内，在买方指定的装运港、装货地点按照该港口习惯将货物交到买方指定的船边。而买方则承担货物装船及货运全过程的货损风险。

③FOB 船上交货（……指定装运港）

它是指当货物在指定的装运港越过船舷，卖方即完成交货。这也就意味着买卖双方以船舷作为风险承担的分界点。与 FCA 相比，卖方承担风险的期限要延长一些，即卖方在 FCA 中，承担风险的终结点是货物越过船舷之前，而 FOB 中的卖方承担风险则是货物越过船舷之后。

在对《Incoterms 1990》修订过程中，对于“货物越过船舷”这一风险划分的标准是否要取消曾有激烈的争论，主要原因是当代运输方式的发展，滚装滚卸和集装箱运输已为贸易界广泛使用，“货物越过船舷”这一风险划分标准在实际中已失去意义，所以一种意见认为应取消。但该风险划分标准已为人们熟悉和习惯使用，因而，《Incoterms 2000》采取了折中的方法，最后确定为：“当事人如无意采用‘货物越过船舷’标准时，可以采用 FCA。”

上述可见，同属 F 组的术语，由于交货方式、地点的不同，买卖双方承担风险的界限也是略有差异的。

（3）C 组

C 组术语要求卖方按照通常条件自负费用订立运输合同。它包含四种贸易术语：

① CFR 成本加运费（……指定目的港）

它是指在装运港货物越过船舷卖方即完成交货，卖方必须支付将货物运至指定的目的港所需的运费和费用，但交货后货物灭失或损坏的风险，以及由于各种事件造成的任何额外费用，都由卖方转移到买方。从该概念中，可以看出在 CFR 中，买卖双方承担的风险划分点与 FOB 相同，均以船舷为界。

② CPT 运费付至（……指定目的地）

它是指卖方向其指定的承运人交货，但卖方还必须支付将货物运至目的地的运费。该概念表明 CPT 的交货地点是卖方订立运输合同向承运人交付货物的地点，在向承运人交付货物之前的货物风险由卖方承担，交货之后的风险包括货运途中的风险由买方承担。

③ CIF 成本、保险费加运费（……指定目的港）

它是指在装运港当货物越过船舷时卖方即完成交货。在 CIF 术语中，买卖双方风险的划分以船舷为界，与 FOB 相同。即货物越过船舷前的风险由卖方承担，越过船舷后由买方承担。

④ CIP 运费和保险费付至（……指定目的地）

它是指卖方向其指定的承运人交货，但卖方还必须支付将货物运至目的地的运费。在 CIP 术语中，卖方负责签订运输合同，并按照运输合同中约定的地点向承运人交付货物，此后货物的风险便由买方承担。

（4）D 组

D 组术语中，卖方负责将货物运至边境或进口国内的约定目的地或点。卖方在 D 组术语中必须承担货物运至该地前的全部风险。D 组包含五种术语：

① DAF 边境交货（……指定地点）

它是指当卖方在边境的指定的地点和具体交货点，在毗邻国家海关边界前，将仍处于交货的运输工具上尚未卸下的货物交给买方处置，办妥货物出口清关手续但尚未办理进口清关手续时，即完成交货。该术语表明卖方对货物承担直至运到边境指定地点的风险，但不承担卸货的风险；买方承担自边境指定地点交货的运输工具卸货起至运往目的地的一切风险。

② DES 目的港船上交货（……指定目的港）

它是指在指定的目的港，货物在船上交给买方处置，但不办理货物进口清关手续，卖方即完成交货。该术语表明，卖方必须承担货物运至指定的目的港卸货前的一切风险；而此后的卸货及其他运输风险均由买方承担。

③ DEQ 目的港码头交货（……指定目的港）

它是指卖方在指定的目的港码头将货物交给买方处置，但不办理进口清关手续，即完成交货。该术语表明卖方应承担将货物运至指定的目的港并卸至码头的一切风险；此后，货物从码头运至港口以内或以外的其他地点，如遇风险则由买方承担。可见，DEQ 的卖方比 DES 的卖方多承担将货物从船上卸至码头的风险。

④ DDU 未完税交货（……指定目的地）

它是指卖方在指定的目的地将货物交给买方，不办理进口手续，也不从交货的运输工具上将货物卸下，即完成交货。该术语表明，卖方承担货物运至指定目的地的一切风险，但不承担办理进口海关手续的风险，也不承担卸货的风险。此后，货物如需从指定目的地再运往其他地方，一切风险均由买方承担。

⑤ DDP 完税后交货（……指定目的地）

它是指卖方在指定的目的地，办理完进口清关手续，将在交货运输工具上尚未卸下的货物交与买方，完成交货。该术语表明，卖方必须承担将货物运至目的地的一切风险，包括办理进口海关手续的风险。此后，卸货或货物如需转运，风险均由买方承担。

从上述四组术语对买卖双方承担的风险规定来看，E 组术语中，卖方承担的风险最小，买方承担的风险最大，而 D 组术语中的买方承担风险最小，卖方承担的风险最大。

2. 对《Incoterms 2000》货物风险承担规定的评述

Incoterms 译为国际贸易术语，主要是说明买卖双方在交易中的责任、费用、风险划分和明确买卖双方各自的权利义务的短语。在国际贸易中，采用 Incoterms 可以简化合同的磋商程序，节省交易双方的谈判时间，降低交易成本。对 Incoterms 中风险转移规定的研究，对于当事方认清自己所承担的责任，预防风险、规避风险将起到很好的作用。

（1）以货物的交付为买卖双方风险承担的分界点

《Incoterms 2000》中的 13 种贸易术语项下的风险转移规则，都无一例外的同《公约》中的风险转移规则相一致，即以货物的交付为风险承担的划分点。因而，交货地点的确定就变得十分重要。但在一些情况下，订立销售合同时可能还无法准确确定卖方将货物交运的点或者是地点，如“FOB Chinese ports”，这种情况下，通常规定买方有权或有义务在这一范围内指定更准确的地点，如果买方有义务提供准确地点而他没有做到，则买方就要承担由此而造成的任何额外的风险；此外，如果买方没能行使自己的权利指示交货点，则卖方可以选择在对卖方最合适的点交货。在《Incoterms 2000》的 FCA 的 A4 中，就有上述规定："若在指定的地点没有约定具体交货点，且有几个具体交货点可供选择时，卖方可以在指定的地点选择最适合其目的的交货点。"①

（2）关于货物的"划出"

在国际贸易领域里，《公约》无疑是一项根本性的法律文件。在对《Incoterms 1990》的修改中，力求使用《公约》中已有的表述，引入《公约》的概念，使对国际贸易领域中影响最大的这两项贸易规则能够最大限度的统一。"划出"便是其中一例。

在《Incoterms 2000》的货物风险转移的规定中，原则上货物灭失或损坏的风险在卖方交货后转移，但是，当买方没有按约定受领货物或没有给予卖方完成交货义务的必要指示（有关装船时间或交货地点）时，风险在交货之前就可以转移。这种提前转移风险的前提就是货物已为买方准备好，正如术语所规定的"已清楚地划出"。这一点在所有的贸易术语的 B5 都作了规定："由于买方未能按照 B7 规定通知卖方，则自约定的交货日期或交货期限届满之日起（或：买方必须从约定的装运日期或装运期限届满之日起），承担货物灭失或损坏的一切风险，但以该项货物已正式划归合同项下，即清楚地划出或以其他方式确定为合同项下之货物为限。"这就是"划出"的很重要的法律概念。在货物尚未装运之前，如果货物在卖方的仓库里发生了意外毁损、灭失，在买方没有按约定受领货物或没有给予卖方必要指示的前提下，该损失是由买方还是由卖方承担，判断的依据就是看货物是否有明显的标志标出，凡是标出的则视为"已划归合同项下的货物"，其损失由买方承担；如果尚未区分出来，则作为卖方的损失，由卖方承担。

《Incoterms 2000》的 B5 的规定，正是依据了《公约》第 67 条

① 国际商会中国国家委员会编：《2000 年国际贸易术语解释通则》，曲鹏程译，中信出版社 2000 年版，第 31 页。

第2款、第69条第3款:“但是，在货物以货物上加标记，或以装运单据，或向买方发出通知或其他方式清楚地注明有关合同以前，风险不移转到买方承担”;“如果合同指的是当时未加识别的货物，则这些货物在未清楚注明有关合同以前，不得视为已交给买方处置。”这里的两款实质上指的是货物在特定化之前，风险不转移给买方承担，与《Incoterms 2000》中的“划出”有着相同的含义。

(3) 关于装运合同和到货合同

所谓“装运合同”是指卖方在装运国或发货国完成合同履行，其特点是：卖方要支付将货物按照惯常航线和习惯方式运至约定地点所需的通常运输费用，而货物在以适当方式交付运输之后因意外而发生风险和额外费用均由买方承担。而“到货合同”是指卖方要承担货物实际被运到约定地点之前的全部风险和费用。

在《Incoterms 2000》中，F组中的三个贸易术语，由于卖方没有订立运输合同的义务，卖方只需在合同约定的出口国的某一交付货物的地点将货物交给买方或其指定的代理人就完成了交货义务，因而，使用F组术语订立的合同是装运合同，这是毫无疑问的。容易被人误解的是C组术语。由于C组术语要求卖方按照通常条件自付费用订立运输合同，因此，卖方支付运费运到的地点，必须在C组每一项术语后指明。由于在C组术语中费用划分的地点是目的地国家的某个点，因而，C组术语常被误认为到货合同。实际上，正如《Incoterms 2000》中所阐述的那样，C组术语中的买卖双方风险的划分点是在出口国的装运港或装运地，卖方将货物交给承运人后，风险即转移给买方承担，而这恰好是装运合同的实质所在。因此，在C组术语中必须严格区分其区别于其他所有术语的两个分界点：一是卖方必须安排运输，并承担其费用的点（C组术语后面所跟的地点正是卖方承担费用的点）；二是风险的划分点（交货地点）。因而，C组术语与F组一样，都是装运合同。

在《Incoterms 2000》中，D组术语要求卖方负责将货物运至边境或进口国内的约定的目的地或点，卖方必须承担货物运至该地前的全部风险和费用。因此，D组术语符合到货合同的特征。在D

组术语中，每一术语后面所跟的地点有两重含义，它既是买卖双方承担风险的划分点，又是卖方承担费用的点，两者完全相统一。在D组术语中，由于卖方要承担货到目的地或点的一切风险，因而，卖方为了自己的利益为自己投保，使自己成为保险受益人，这一点与C组中卖方为买方的利益而投保是大不相同的。

(4) 风险和费用

在《Incoterms 2000》中，买卖双方承担的风险和费用，在每一术语的后面都有所体现，只不过需要特别注意的是C组术语后面所跟的地点是卖方承担费用的划分点，而非风险的划分点。这一点与其他三种术语有着很大的区别。也就是说，E组、F组、D组术语后的地点既是风险的划分点，也是费用的划分点。

此外，在《Incoterms 2000》中，注意到了Incoterms的变体。所谓“变体”是指合同双方当事人在Incoterms的基础上添加词句以求得比术语更加精确的约定。在贸易实践中，常用的一些术语变体如：FOB Stowed（船上交货并理舱）、FOB Trimmed（船上交货并平舱）、EXW装车等。这些变体将卖方的义务扩大到要负担将货装到车上或船上。《Incoterms 2000》对这些术语变体并无任何解释，在实践中，如没有特别约定，买卖双方当事人在履行合同中，可能会就这些变体是仅指卖方承担装车、装船费用还是也包括承担装车或装船的货损风险而无法达成一致的理解。因而，《Incoterms 2000》在引言中，建议当事方在使用这类附加语时，有必要在销售合同中明确额外的义务只限于费用还是包括费用和风险。

（六）对我国《合同法》货物风险转移条款的探讨

在货物买卖中，当货物遭受意外损坏或灭失的风险时，就存在应当由谁来承担风险责任的问题，而此一问题的前提，就是该风险是否已由卖方移转给买方。在货物买卖中，如果货物风险尚未转移，当货物遭受意外损坏或灭失的风险时，就应由卖方承担责任，买方不但没有支付价款的义务，而且还可要求卖方对违约承担责任；如果货物风险已由卖方转移给买方，则货物即便遭受损失，虽买方未见到货物但仍有义务按合同支付价款。由此可见，货物风险转移在货物买卖中，确实是买卖双方当事人非常关心的一个问题。它关系到买卖合同双方当事人的权利、义务和责任的划分。各国对此问题，一般有协议转移和法定转移两种，且规定协议转移优先，未有协议的，才按法定转移来承担风险责任。但在货物买卖中，除了国际货物买卖双方当事人通过在合同中约定适用某种价格术语来解决货物风险的承担外，一般买卖合同中并未有风险转移的约定，这就使得法定风险转移条款的规定十分重要。

1. 我国《合同法》相关条款对货物风险转移的基本规定

我国《合同法》对货物风险转移相关条款的规定，是《合同法》的先进性表现之一。它吸收了1980年《公约》和其他国家的先进制度，这在货物风险转移的条款中，同样有着突出的表现。综观《合同法》的货物风险条款，其内容有：

(1) 协议优先

在货物风险转移问题上，各国的法律规定均属任意性条款，允许当事人通过协议排除其适用。这是因为当事人的意思自治是合同法的一项基本原则，除一国公共政策规定的限制外，当事人可以在法律规定的范围内自由地就他们之间的合同条款作出安排。因此，我国《合同法》在第142条，也规定了当事人对货物风险转移条款的协议优先于法律规定。

(2) 交付为承担风险责任的划分点

在货物风险转移理论的发展历史上，有三种理论：一是认为特定物的风险一般在买卖合同订立时转移，风险界限划分以合同订立生效时为准；二是法国民法典和英国等普通法国家采纳的“物主自担风险”，认为特定物的风险随货物所有权的转移而转移，二者划分的界限是一致的；三是美国和1980年《公约》等采用的“风险随交货转移”，认为特定物的风险随卖方交货责任的完成而转移给买方，风险划分以卖方交货点为准。[①] 上述三种理论，都是关于风险的分配问题。我国《合同法》颁布实施前，对货物风险的转移有两种主张：一种是传统的将所有权概念与风险概念联系在一起，即“物主承担风险”，以货物所有权转移时间作为风险转移时间；二是主张货物风险随交付转移。[②] 由于“物主承担风险”理论不能适应现代贸易中出现的复杂情况，如承运人的出现、单证交易、保留货物所有权的买卖、分期付款的货物交付等，都可能使得货物风险与所有权的转移分离开来，因而，过去的那种“物主承担风险”理论随着贸易的发展、技术的进步，已不能为大多数国家接受。

当今各国在货物风险转移的立法中更倾向于采纳“货物风险随交付转移”，风险由能够对货物提供最安全保护的一方当事人承担，即由“有利方承担”，而占有或控制货物的买方通常处于最能有效地保护货物免受损失的地位。

风险与所有权毕竟是两项不同的制度，它们服务于不同的利益，所有权转移的时间主要涉及当事人中的债权人的利益，而风险转移则决定买方应何时无条件地支付价金。[③] 例如，在卖方保留所有权的买卖中，买方实际占有货物。在此种情形下，我们假设一：买方破产，此时该批货物就不能列为破产财产，卖方可以物主身份追偿货物，而不是作为破产债权人参与破产财产的分配。假设二：买方遭意外，货物发生毁损或灭失，该风险应由买方承担，其仍有义务支付价款。

正因为风险和所有权是不同的两项制度，因而在我国的《合

---

① [英] 施米托夫著：《国际贸易法文选》，赵秀文选译，中国大百科全书出版社 1993 年版，第 321—322 页。

② 崔建远著：《合同法》（修订本），法律出版社 2000 年 4 月第 2 版，第 362 页。

③ 王传丽主编：《国际贸易法》，中国政法大学出版社 1995 年版，第 329—330 页。

同法》中，摒弃了“物主承担风险”理论，采纳了“风险随货物交付而转移”。这是我国《合同法》立法上的一大进步，也符合国际货物买卖的发展趋势。此外，《合同法》对于不需要运输的货物，规定风险在约定交付的时间、地点由卖方转移给买方；对需要运输的货物，《合同法》规定交付给第一承运人时，风险即随之转移给买方。上述规定，对于买卖双方以“交付”来承担风险的划分点应是明确的，较过去的《涉外经济合同法》有明显的进步。

(3) 风险划分原则的过失例外

几乎所有国家的国内立法和国际贸易规则都认为，只有货物与合同相符时，风险才能按规定自卖方转移给买方。而当一方未能按合同约定履行义务时，恰遇意外发生，造成货物的毁损与灭失，则理应由违约方承担风险责任，这也是法律公平、正义的应有之义。我国的《合同法》从出卖人和买受人两个角度，对因买受人的原因致使标的物不能按照约定的期限、地点交付的，买受人应当自违反约定之日起承担标的物毁损、灭失的风险；而对出卖人违约，则规定出卖人因标的物质量不符合要求以至发生根本违约时，买受人可以拒绝接受标的物或者解除合同，同时标的物毁损、灭失的风险由出卖人承担。① 否则，对于出卖人的一般违约，风险仍自货物交付时转移。

从买受人违约承担的风险条款看，我国《合同法》规定与1980年《公约》相同，即自买受人违约之时起，承担货物的全部风险，即使其未占有货物，货物仍在卖方或其代理人手中，货物的全部风险均由买方承担。但对于出卖人的违约所引起的风险转移问题，我国《合同法》的规定与《公约》不同，《合同法》只规定了买方拒绝接受标的物或解除合同的条件是标的物质量不符合要求，致使不能实现合同目的（即根本违约），标的物毁损、灭失的风险由出卖人承担，风险不以交付而转移，除此外的其他情形，风险仍按一般转移原则，即按交付转移。而《公约》规定即使卖方

① 《中华人民共和国合同法》第143、146、148条。

根本违约，也不影响货物的风险以交付转移给买方，也就是说，即使卖方根本违约，风险仍以交付转移，只是风险的转移不损害买方因此种违反合同而可以采取的各种补救措施。①

（4）运输在途标的物的买卖

所谓“运输在途标的物的买卖”，又称路货买卖。我国《合同法》采用的是前一表述，它是指卖方先把货物装上承运人的运输工具运往目的地，然后再寻找适当的买方出售在途货物的买卖，有时也指第一买受人在货物尚未到达目的地时的转售。我国《合同法》对在途货物的买卖，规定风险自合同成立时起由买受人承担。这是受到海运中的货物的风险转移不应具有溯及力观点的影响。在《国际货物买卖统一法公约》中，对于海上运输中的货物买卖，规定风险自货物交给承运人时转移给买方。这种风险具有溯及力的观点在后来的美国《统一商法典》和《联合国欧洲经济委员会共同条件》中都没有得到支持。在1980年《公约》中也摒弃了上述观点，对运输途中货物买卖的风险采纳合同订立时转移的观点。在这一点上，我国《合同法》与《公约》的规定是一致的。

2. 对我国《合同法》货物风险转移条款的探讨与建议

我国《合同法》在制定时引进了国外和国际的一些先进的合同法律制度，应该说，我国现行《合同法》较过去三部合同法有明显的先进之处，但笔者认为，在货物风险转移条款的设计上，尚欠明确具体，有的条款可操作性较差。笔者对此作一些探讨。

(1)《合同法》第144条，规定的是在途货物的买卖，其风险以“合同成立”为转移的时间

从理论上来讲，正如前文所述，要求买方对合同成立前的在途货物承担风险，对买方是不公平的。所以对于在途货物的风险转移，现大多数都倾向以合同成立为划分风险的界限。但在实践中，特别是国际贸易实践中，由于运输时间长，卖方在将货物交付承运人后，对货物失去实际控制、照管的权利，而买卖双方大多是单据

① 1980年《国际货物销售合同公约》第70条。

买卖，只能凭单据上的记录来判断货物的状况。当货抵目的地后，一旦发现毁损、灭失，要判断该货物毁损、灭失是发生在合同成立前或是成立后，有时是非常困难的。这样，仅以“合同成立”为风险的划分点就显欠缺。正因如此，在1980年《公约》第68条有但书的规定，“如果情况表明有此需要，从货物交付给签发载有运输合同单据的承运人时起，风险就由买方承担”。这表明在某些特殊情况下，在途货物运输的风险转移规定是以合同成立为原则，以交付承运人为补充。这对于买方来说是在不得已情况下的风险承担。在这种情况下，如果货物已经投保，买方可作为保险利益的享有者，凭保险单向保险公司请求赔付，如果货物未经投保，那么，该风险最终由合同约定的有义务投保的一方来承担。《公约》的这种规定显然比《合同法》的规定要严谨得多。

此外，《合同法》对于在途货物的买卖，如果出卖人在买卖合同成立前，就已知或理应知道货物已经毁损或灭失，但出卖方不将这一事实告知买受人而与买受人签订合同的，对于货物毁损或灭失的风险由何方承担，法律并未作出直接的规定，这不能不说是一大缺憾。当然，实践中可以根据诚实信用原则来裁判，但是，诚实信用作为民法的基本原则，贯穿在民商事活动的始终，作为基本原则，它体现了民商事立法的基本价值取向，是民商事立法的总的指导思想，当然它也是解释、补充、评价合同的依据。但对于立法来说，本身要求具有前瞻性，在立法中可以预见到的和可以借鉴的，立法应尽量以条文的形式予以直接、明确的规定，这是法应具有公示性、可操作性的要求，也有利于法的实施。

（2）《合同法》第146条规定了因买受人违约，货物毁损、灭失的风险自违约之日起由买受人承担

“买受人违约”主要指一是拒收货物，二是拒付价金。但本条款规定的“买受人违约”而导致货物风险的转移，则是指买受人拒收货物的违约情形。该条款内容表明，买受人违约的时间就是风险转移的时间，并且买受人是承担无限风险责任。但在《合同法》第119条中，规定了当事人一方违约后，对方应当采取适当措施防

止损失的扩大。该条款包含两层含义：一是指当事人一方违约后，当货物发生损失时，另一方应采取措施防止损失扩大；二是指当事人一方违约后，尚未发生货物损失，另一方为避免损失或防止损失扩大，应积极履行某种义务，即积极的作为。笔者认为，寻找新的买受人、妥善保管好货物等都是第119条所包含的出卖人应履行的义务。如果买受人违约，出卖人未能履行《合同法》第119条规定的义务，那么货物的风险如何分配，这在《合同法》中并没有规定。对于因买受人违约仅仅简单规定货物风险自违约之日起由买受人承担，规定了买受人承担无限风险责任，这对买受人也是不公平的。且存在《合同法》第119条和第146条如何协调、衔接问题。在这一问题上，美国《统一商法典》的规定值得我们借鉴。《统一商法典》第2-510条第（3）项对买受人违约而承担风险的期限规定为“一段商业上合理时间内”，承担责任的范围是“出卖人的有效保险所不包括的差额”①。

首先，这里的“一段商业上合理时间”是指从买受人违约之日起至出卖人寻找新的买受人为止的一段时间，在这段时间内发生的毁损、灭失的风险，由买受人承担，在出卖人找到新的买受人之后，货物随着交付行为的完成，风险转由新的买受人承担。把买受人因违约而承担风险的责任限制在“商业上合理的时间内”，对于鼓励交易，促进社会资源的最大化利用都有重要意义。当然，与此相适应，除了《合同法》第119条的规定外，在我国的《合同法》中，也应明确规定出卖人在买受人违约后可以采取转卖（即寻找新的买受人）的救济措施。出卖人寻找新的买受人转售货物，如有利益损失，其仍可以要求违约的买受人承担赔偿责任。

其次，买受人承担责任的范围是“出卖人的保险合同所不包括的差额”。在贸易发展的历史上，贸易的产生、发展带动了运输业、保险业的兴起，与贸易形成不可分割的有机联系的整体，是贸

---

① 美国《统一商法典》第2-510条，http：//www.law.cornell.edu/ucc/2/2-510.html，2007年9月28日访问。

易全过程不可或缺的环节。因而，在货物贸易中，特别是国际货物贸易中，对于保险一般都有约定。当按照合同约定，出卖人对货物保险后，发生了保险事故，造成货物毁损、灭失，出卖人的损失可以从保险公司获得赔付，赔付不足部分才是出卖人真正受到的损失，对该损失买受人要承担违约赔偿责任。这是因为在英美法中，违约的救济形式主要是损害赔偿，以足以弥补对方损失为宗旨。因此，在美国《统一商法典》中，由于买受人的违约，货物因意外造成毁损、灭失的，对于出卖人的保险合同所不包括的差额，买受人才承担赔偿责任，以实现合同双方当事人在平等、自愿、等价有偿原则下各自的权利和义务，防止出卖人利用合同牟取不正当利益。我国《合同法》在违约金制度上，也确定以损害赔偿为主，这基本采纳了英美模式。

因此，在我国的合同立法中，对买受人违约应规定在一定的期限和一定的范围内承担责任。

(3) 在《合同法》中，对货物风险的转移，并未明确指明该货物是否是特定物

正如前文所述，货物特定化作为货物风险转移的一项规则，其已被世界各国及国际社会普遍承认与接受。货物特定化（或称之为划拨）有多种方法，如在货物上加标记、向买方发出通知、提交装运单据等。

但在我国的《合同法》中，并没有区分特定物和非特定物，而是通篇以标的物一词表述，并且对货物风险转移是否要求特定化以及特定化的方法等均未提及。就“买卖合同”一章的条款内容来看，应该是在特定物的前提下对货物的风险转移作出的规定。不仅如此，《合同法》在“买卖合同”一章对非特定化的货物的风险转移更是忽略不提。在理论上，一般认为货物特定化是交货和风险转移的前提条件，因而对特定物的风险转移问题，各国都很重视。而对非特定物的风险转移，一是因为其涉及所有权，二是因为非特定物买卖非常化，因而一些国家立法和国际公约对此并不关注。但是在实践中，如果卖方交货后，因故无法具体划拨（如冷藏仓装

运了不同货主的相同的鱼），那么风险的转移、对该批货物有利益的各方当事人风险的分担就成了急需解决的问题，《合同法》对此进行了回避。从这一角度来说，《合同法》也有待完善。

（七）结论

货物风险转移是买卖合同中涉及双方当事人权利、义务和责任的重要问题。通过对国际、国外及国内货物风险转移法律制度的比较研究，我国《合同法》的货物风险转移条款，从内容上看吸收了国外先进的合同法律制度，体现了与国际接轨的立法态度。在外贸实践中，可以适用或应该适用中国法的时候，我们能够有法可依；在遇到法律冲突需要选择合同准据法的时候，我们也有法可供选择。然而，对于一项制度的法律规定来说，条文体现内容尚欠完整。在内、外贸统一适用的情况下，现有的规定还不能满足对外贸易中出现的复杂情况，为鼓励国际货物买卖合同的双方当事人选择中国法律作为准据法，我国《合同法》中的货物风险条款还需不断完善。

六、卖方对货物权利担保义务

在国际货物买卖合同中，卖方对货物的权利担保是其重要的一项义务，它要求卖方必须保证所交付的货物没有“法律上的瑕疵”或“法律上的障碍”。这是一项默示担保义务，是各国法律上的规定，无须买卖双方在合同中明文规定，卖方必须遵守。由于买卖合同是转移标的物所有权的合同，保证转移的标的物所有权完整并在标的物之上不附有任何担保权利是卖方的基本义务。如果卖方转让的标的物上附有其他权利，买方就不能取得标的物完整的所有权，而且会影响买方对标的物的占有和使用，进而危及买方订立合同目的的实现。因此，为了维护交易安全，保护买方的合法权益，卖方必须对货物承担权利担保义务。该权利担保义务的特点有二：其一，卖方对货物的权利担保是法定责任和义务，因为其出于法律的规定，而非当事人的意思表示。当然，民法上的权利担保义务的规定是非强制性的，当事人可以通过意思自治对卖方的该项义务进行免除、限制或加重；其二，卖方的权利担保义务是卖方对所出售的货物的权利应负的责任，它属于无过失责任，只要出售的货物有权利上的瑕疵就需要负责任，无论卖方是否有过失。

卖方对货物的权利担保义务，在大陆法系和英美法系国家都有立法规定。大陆法系国家关于权利担保义务的立法源于罗马法，在大陆法系各国的民法典中均有相应的规定。如《法国民法典》的1626－1640条、《德国民法典》第434－437条、第439－445条、《意大利民法典》在第1476－1489条都对权利担保义务作了规定。不仅如此，在大陆法系国家的法典中还规定当事人可以通过协议免除卖方的权利担保义务，如《德国民法典》第443条规定买卖双方可以协议免除或者限制出卖人的权利担保义务，但出卖人故意隐瞒其瑕疵时，该协议无效。而《意大利民法典》则加重了卖方的义务，其规定即使有特约免除出卖人的担保义务，如果发生追夺，买受人仍然可以要求出卖人返还支付的价金并偿还费用，而只有在买卖双方对买受人承担的风险和危险达成合意时，出卖人的这项义务才得以免除。① 英美法系国家对卖方的权利担保义务也以成文法的形式予以确认。如美国1906年《统一货物买卖法》第13条规定卖方负有担保买方安宁的占有标的物而不受第三人干扰的义务。英国《1893年货物买卖法案》也有类似规定。

卖方对货物的权利担保义务的内容有两个方面：一是物权担保，二是知识产权的担保。

（一）卖方对货物的物权担保义务

卖方对货物的物权担保义务是指卖方应保证其所出售的货物享有所有权或经授权有权出售该项货物，并保证出售的货物不存在未告知买方的第三方的任何权利，如抵押权、留置权等，即要求卖方

① 吴志忠：《论出卖人的权利瑕疵担保责任》，载《中南财经政法大学学报》2006年第3期。

向买方保证其出售的货物不侵犯第三人的所有权、抵押权及其他物权方面的权利，任何第三人不因物权方面的权利而向买方提起请求。

从国际货物买卖统一实体法来看，罗马国际统一私法协会在20世纪30年代起草的并于1972年生效的《国际货物买卖统一法公约》（The Uniform Law on Intenational Sale of Goods，简称ULIS）曾就卖方对货物的物权担保义务作出规定，在其第52条规定卖方有担保买方对货物的使用不受任何第三人权利和要求骚扰的义务。1980年《公约》沿袭了ULIS对卖方应承担的货物物权担保义务，在其第41条规定：卖方交付的货物，必须是第三人不能提出任何权利或要求的货物，但如果买方知道这种权利或要求，并同意接收货物的情况除外。该条规定实质上就是要求卖方保证对所出售的货物享有合法的权利，在有任何第三人对买方就货物提出物权方面的请求，卖方应对买方负责。

尽管《公约》第41条对卖方的出售货物的物权负担保义务，但是根据《公约》第4条的规定，《公约》调整的范围不涉及货物所有权，因此，卖方如果把非享有所有权或未经合法授权出售的货物出售给了买方，买方又因不知情而接受了货物，如日后享有所有权的第三方向买方提出权利和要求时，该善意的买方是否能够得到法律的保护以及第三方能否将自己的货物追回、卖方是否应对买方承担责任以及承担什么样的责任等问题的判断，《公约》是无能为力的，只能按照当事人约定适用的法律或根据国际私法冲突规范所指向的某国内法律来解决。

（二）卖方对货物的知识产权担保义务

卖方对货物的知识产权担保义务是指卖方应保证对其交付的货物享有合法的、没有侵犯任何第三方的知识产权，并且任何第三方也不会就该货物向买方主张任何知识产权。在1980年《公约》以前，没有任何一部公约对卖方的知识产权担保义务作出过明确的规定，即使ULIS对卖方的权利担保义务曾作出规定，但该权利担保义务是否包含对知识产权的担保义务，ULIS 本身没有作出明确的规定，学界一般认为 ULIS 中的“权利担保义务”仅针对所有权瑕疵。在 1980 年《公约》制定初期，卖方的知识产权担保义务问题也没有引起《公约》起草者的重视。而且《公约》1977 年草案更是明确规定不调整基于第三人提起的知识产权要求问题。但到了《公约》起草的最后阶段，发达国家提出知识产权保护问题在国际贸易中必须引起注意，这是国际贸易发展的必然要求，在国际货物贸易中卖方必须对自己所售货物保证不能侵犯第三人的知识产权。于是，联合国国际贸易法委员会成立了专门的工作小组，开始起草关于卖方的知识产权担保义务条款，该条款最后被接纳为《公约》正式文本的第 42 条。

从第 42 条条文的结构看，该条共有 2 款，在第 1 款中首先对卖方交付的货物，要求必须是第三方不能根据工业产权或其他知识产权主张任何权利或要求的货物，但紧接着，第 1 款对卖方的该项知识产权担保义务进行了一个限制，即：承担该担保义务的条件是“以卖方在订立合同时已知道或不可能不知道的权利或要求为限”，而且这种权利和要求是以下列国家的法律规定为基础：一是双方当事人订立合同时预期货物将转售或作其他使用的国家的法律；二是在其他情况下，根据买方营业地所在国家的法律。在第 2 款中继续对卖方承担知识产权担保义务从两个方面进行限制，规定：买方在订立合同时已知道或不可能不知道此项权利或要求，卖方不必承担知识产权担保责任；第三人提出的知识产权的权利或要求，是由于卖方遵照买方所提供的技术图样、图案、款式或其他规格而造成，那么卖方同样不必承担知识产权的担保责任。

从上述规定来看，《公约》第 42 条虽然将卖方对所售货物承担知识产权担保义务以专门条文进行规定，避免了 ULIS 中对卖方要求承担权利担保义务范围的不确定性，使得卖方在通常义务之外增加一项强制性的义务要求。但是，第 42 条在规定卖方承担知识产权担保义务的同时，更加偏重于对卖方知识产权担保义务进行限制，以避免卖方承担过重的知识产权担保义务，从而影响国际贸易的顺利发展。

在第42条中，也仍然存在用语的模糊问题，学界讨论较多的是对“工业产权或其他知识产权”范围的界定问题。因为第三人提出的权利或要求只有符合“工业产权或其他知识产权”概念的范围，买方才可以适用第42条。国际贸易法委员会秘书处评论认为，工业产权或知识产权一词可以参照《建立世界知识产权组织公约》（WIPO）的界定。根据《建立世界知识产权组织公约》第2条第8款的规定，知识产权包括下列项目的权利：文学、艺术和科学作品；表演艺术家的表演以及唱片和广播节目；人类一切活动领域内的发明；科学发现；工业品外观设计；商标、服务标记以及商业名称和标志；制止不正当竞争以及在工业、科学、文学或艺术领域内由于智力活动而产生的其他权利。但我国学者认为应该根据WTO的《与贸易有关的知识产权协议》（TRIPs）所规定的对知识产权保护的最低标准来界定知识产权的范围，认为TRIPs是知识产权保护的国际标准。TRIPs涉及的知识产权共有八个方面：著作权及其相关权利、商标、地理标记、工业品外观设计、专利、集成电路布图（拓扑图）设计、对未披露信息的保护权和对许可合同中限制竞争行为的控制。将WIPO与TRIPs各自对知识产权的界定进行比较，我们不难看出，TRIPs对知识产权的界定范围比较宽，它包含了WIPO中不曾提及的地理标记、集成电路布图设计，特别是对未披露信息的专有权保护。“未披露信息”就是我们通常所说的“商业秘密”，它包括对know-how的保护。过去在知识产权理论界以及司法界，对商业秘密究竟能不能作为一种财产权对待，一直是有争议的，但TRIPs在国际贸易领域内首先对其财产权性质进行了肯定。从TRIPs对知识产权范围的界定来看，由于受协议名称的限制（“与贸易有关的”），因此，一些与贸易关系不大的知识产权，如科学发现权、实用技术专有权（实用新型专利）在协议中均未涉及。可见，TRIPs的知识产权有它自身特定的范围，是由国际贸易实践的需要决定的，它与广义和狭义的知识产权范围都有区别。

尤其值得注意的是，第 42 条第 1 款中的另一用语“第三人的任何权利或权利要求”，这一用语由于在第 42 条中没有任何的限制，表明《公约》对第三人提出的任何权利或要求，无论其是否有根据或具有正当性，卖方都违反了他所承担的知识产权担保义务。《公约》的这一条规定，主要基于一旦第三方对货物主张权利和权利要求，买方就会因购买了该货物而面临着第三方对其提起的诉讼，这种情形还会影响买方对货物的转卖或使用，而这样的局面是由于卖方造成的。因此，为保护买方的利益，使其免受第三方提起权利或要求的困扰，《公约》要求卖方承担知识产权担保义务不以第三方提起权利或要求的正当性为前提。对卖方来说，在买方面临第三人对其提起权利要求时，卖方就必须采取适当措施使买方免受困扰，要么让第三方放弃权利要求，要么替换货物，要么对买方进行全额的赔偿，包括现实的和潜在的损失。

《公约》第 42 条第 2 款对卖方的知识产权担保义务进行了免除，规定：买方在订立合同时已知道或不可能不知道存在第三方的权利或要求；或者第三方权利、要求的发生是由于卖方遵照买方所提供的技术图样、图案或其他规格出售的货物，那么，卖方的担保义务不适用第 42 条第 1 款的规定。这款规定表明，《公约》对由于买方的原因造成第三人权利或要求的产生，买方应自己承担行为后果，卖方在此情况下是免责的。

第三章 与买卖合同有关的法律制度研究

一、海上货物运输法律制度

(一) 海上货物运输公约

国际贸易最早从海上贩运开始，英国商船在海上航运中曾产生过巨大影响。按照普通法，早期从事海上货物运输的承运人，他们对在装运港收取的货物，负有在目的港完好交付的义务。在海运途中，除了发生天灾或货物自身潜在缺陷、托运人的过错行为外，因其他任何原因发生的货损，承运人都应负绝对的赔偿责任。那时候承运人身上的责任是非常重的，这有利于保护货方的利益，但是却对刚刚兴起的海运行业产生极大的束缚。随着契约自由原则的产生和兴起，承运人开始在一纸货物收据中，列入各种免责条款。随着海上航运业的发展，承运人的势力不断增强，免责条款越来越多，到了19世纪80年代，提单中的免责条款达六七十项。对承运人来说，在收取运费之外似乎对货物无须承担任何责任。这种状况危及到了提单的法律地位，使货方、货物保险人和银行的利益不能得到保障。美国作为当时的贸易大国，为了维护自身的利益，在1893年制定了《哈特法》(Harter Act)，明确规定了承运人应承担的最低限度的义务和责任。《哈特法》中除了规定承运人应恪尽职责使船舶适航外，也规定了承运人可获免责的事项，包括驾驶或管理船舶的过失造成货物的灭失或损坏等。《哈特法》实施后获得了极大的成功，以至于其他国家纷纷效仿并进行各自的立法，随即在国际航运界出现法律适用的混乱。各相关当事方包括银行、保险人、货主等强烈要求提单条文标准化，在国际海事委员会的倡议下，各航运和贸易大国开始讨论海上货物运输统一法的制定，于 1924 年 8 月 25 日在布鲁塞尔正式通过，并正式命名为《关于统一提单若干法律规定的国际公约》，由于该公约在海牙起草的，所以简称为《海牙规则》（Hague Rules），有包括欧美许多国家在内的 50 多个国家都先后加入了这个公约。1936 年，美国政府以这一公约作为国内立法的基础制定了 1936 年《美国海上货物运输法》。《海牙规则》的制定，使得海上货物运输中有关提单的法律得以统一，缓解了承运人和货方的矛盾，并规定了承运人的最低责任和义务、应享有的免责范围、承运人承担货物灭失和损害的最高赔偿限额，从而使得各当事方的利益达到平衡，促进了国际贸易和航运的发展。

随着海上航运业的发展，《海牙规则》在实施中也暴露出一些缺陷，如赔偿责任限额太低、偏重于承运人利益的保护等。国际海事委员会于 1959 年在南斯拉夫的里吉卡举行的大会上决定成立专门的委员会负责修改《海牙规则》，修改的议定书草案在 1968 年 2 月的布鲁塞尔外交会议上获得通过，并正式命名为《修订统一提单若干法律规定的国际公约议定书》，简称《维斯比规则》，该规则于 1977 年 6 月生效。修改后的《海牙规则》称为《海牙—维斯比规则》。《维斯比规则》是在第三世界国家的强烈要求下，并且修改意见也为北欧和英国等航运发达国家所接受，但他们认为不能急于求成，以免引起混乱，主张折中各方意见，只对《海牙规则》中明显不合理或不明确的条款作局部的修订和补充，如：提高了承运人的责任限制的最高数额。《维斯比规则》采用双轨制，规定承运人的责任限额为每件或每装运单位 10000 金法郎，或按照毛重计算每公斤 30 金法郎，以高者为准。这一赔偿限额与《海牙规则》的 100 英镑相比有了一定的提高。《维斯比规则》也增加了责任限制权利的丧失条款，规定如经证明，损害是由于承运人故意造成的，或是承运人明知可能造成损害而轻率地作为或不作为引起，承运人或船舶均无权享受责任限制的权利。此外，在《维斯比规则》的适用范围、集装箱条款、承运人的代理人、受雇人的法律地位、诉讼时效等方面都有了新的规定。

《维斯比规则》虽然对《海牙规则》作了一定的修改，但是《维斯比规则》中对承运人免责范围、对货方利益保护等规定仍然未能满足许多第三世界国家以及代表货方利益的美国、加拿大等国家利益的要求，因此，上述国家强烈要求对《海牙规则》进行全面的实质性的修改。因此，在 1978 年联合国贸法会海上货物运输会议上通过了《1978 年联合国海上货物运输公约》（简称《汉堡规则》），该公约于 1993 年生效。《汉堡规则》重新调整了船货双方的权利和义务，尤其加重了承运人的责任：延长了承运人的责任期间；承运人的赔偿实行完全过失责任原则；提高了承运人的最高赔偿限额；增加了承运人迟延交付的规定等。此外，《汉堡规则》增加了实际承运人的概念、明确了保函的效力、延长了诉讼时效等。

尽管《汉堡规则》代表了国际社会重新平衡船货双方利益的立法趋势，但因只有少数国家加入，其统一国际海运立法的期望非但没有实现，反而在已有的《海牙规则》、《维斯比规则》之外，又增加了一个并行的国际公约，进一步加剧了国际海运法律的不统一。而这种法律的不统一，造成了国际间货物自由流动的障碍，直接增加了国际贸易的交易成本。因此，联合国贸法会在 1996 年重新审查国际海上货物运输法律，并决定起草《联合国海上货物运输公约》，要求国际海事委员会收集有关海上运输领域现行惯例和法律方面的资料，为统一立法做准备。2001 年 12 月，国际海事委员会向贸法会秘书处提交了《运输法文书草案》。随后贸法会成立了运输法工作组，又称第三工作组，对该草案召集各国讨论。工作组经过 2002 年 4 月的第 9 届会议至 2003 年 3 月的第 11 届会议，完成了对文书草案的一读。一读取得了一些实质性进展：如取消承运人航海过失免责；初步认可和明确了文件各章节设置和调整内容：包括决定增加有关管辖权、仲裁等新章节；在调整范围上确定了既包括港到港运输，也包括“门到门”运输。贸法会秘书处根据文书草案一读情况准备了文书草案的修订案，提交运输法工作组

2003年10月的第12届会议讨论。这次会议将议题集中在核心问题和尚未决定的问题上，如适用范围、国际法和国内法的冲突问题，以及海运期间承运人的责任和义务问题等。从2003年10月的第12届会议至2006年4月的第17届会议，工作组就文书草案的二读进行了认真讨论与研究，最终在若干重要问题上取得了进展，包括：承运人的赔偿责任基础问题，文书草案的适用范围及合同自由问题、管辖权和仲裁问题、电子商务问题、控制权问题、交付货物问题、托运人义务问题等。在2008年1月14日至25日在奥地利维也纳联合国贸法会运输法公约工作组第21届会议上，对《联合国运输法公约草案》（以下简称“公约草案”）进行最后的三读讨论。会议由西班牙奥帝斯先生担任主席，贸法会成员国、观察员国、亚非法协会组织、欧盟等政府间组织，以及国际海事运输商会、国际货代协会联盟、国际多式运输协会、国际海事委员会、保赔协会国际集团等非政府间国际组织派员参加了会议。中国政府代表团由商务部牵头，成员包括交通部官员，大连海事大学与上海海事大学的专家，以及中国船级社、中国远洋运输总公司的企业代表。会议经讨论后，公约题目确定为《联合国全程或部分海上国际货物运输合同公约》（UN Convention on the Contracts of International Carriage of Goods Wholly or Partly by Sea），并计划在2008年年底提交草案文本给联合国大会通过。该公约在国际运输法律统一方面将起到的重要作用为世人所瞩目。

（二）海上货物运输法律问题研究

1. 记名提单法律问题

承运人凭正本提单放货在国际航运界是惯例，也为各国立法所确认。然而，随着航运的发展特别是近海运输速度的提高，在航运中，货物往往比提单更早到达目的港。提货人若等待提单到达后再凭提单提货，常会造成港口拥挤、堵塞，同时，承运船舶为了加快周转，避免支付将货存放码头仓库的费用，也急于交货。因此，在航运实践中就出现了承运人凭收货人的副本提单和保函予以放货的做法，这就是无单放货。对于承运人无单放货的责任，得区分两种情形：一是记名提单的无单放货责任；二是非记名提单的无单放货责任，包括指示提单和不记名提单的无单放货责任。第二种情形下，对承运人应承担的责任在理论界和司法实践中均无异议，而对记名提单的无单放货责任，则存在争论。争论主要集于两个方面：一是记名提单是否是物权凭证；二是记名提单是否无须凭单放货。这两个方面的问题具有相互关联性。

一种观点认为，记名提单无须凭单放货。持此观点者认为：记名提单因其不可转让性，因此是非物权凭证，认为记名提单实际上已经不具有提单的性质，而是海运单的别名而已。① 因此，对于记名提单，承运人可不要求提货人提供正本提单，而只需交给记名提单中记载的收货人，就已履行了运输合同的义务。持这种观点的其他学者认为：承运人在目的港向谁交货，源于托运人的指令，这种指令通常通过在提单正面“收货人”一栏的记载以及其后的行使控制权的行为。在记名提单中根据托运人的交货指令，承运人将货物交给记名的收货人，至于记名收货人是否持有正本提单，并不能证明或推翻托运人已经下达给承运人的交货指令。因此，要求承运人在签发记名提单时也要凭单交货，没有理论依据。②

另一种观点认为，记名提单和非记名提单一样，必须凭单放货。持此观点的学者认为：无论记名提单是否是物权凭证，在运输领域中，记名提单同样发挥着其提单的功能，即运输合同的证明、货物收据和承运人凭提单记载交付货物的保证，它体现的只能是一种债（非物权）的法律关系，体现的是有关合同之债的权利和义务。提单持有人向承运人主张交付货物，依据的就是这种合同权利，而不是物权。因此，记名提单是否是物权凭证，都不影响凭单

① 辛玉兴：《一种新型的运输单据——海运单》，载《国际商务》1995年第5期。

② 司玉琢著：《海商法专论》，中国人民大学出版社2007年版，第280—281页。

交货这一原则的法律效力。① 此外，也有其他学者认为，在格式提单中大多有“一份提货。其余时效”的字样，这种印刷字体并不因提单被作为记名提单使用而有所删改，因此，即使撇开记名提单的物权性不谈，它所产生的债法效力也是显而易见的，签发提单的承运人自当受其约束。② 并且，记名提单转让次数的有限性并不影响它作为提单应当具有的物权效力和债权效力。③

综上所述，有学者认为，对于上述的争论，关键在于首先要从法律上明确界定“物权凭证”、“记名提单”、“提单的转让与流通”的法律含义，在缺乏法律明文定义、理论界多种学说并存的现今，要考察记名提单下承运人的交付义务，实非易事。④

对于理论界的争论，我国审判实践中也一度极不统一。直到最高人民法院对“东方海外货柜航运有限公司”的申诉案作出“记名提单必须凭单放货”的判决后，在我国司法实践中才获得了统一。我国《海商法》第 71 条规定：“提单，是指用以证明海上货物运输合同和货物已经由承运人接收或者装船，以及承运人保证据以交付货物的单证。提单中载明的向记名人交付货物，或者按照指示人的指示交付货物，或者向提单持有人交付货物的条款，构成承运人据以交付货物的保证。”在该条规定中，“构成承运人据以交付货物的保证”指的是对承运人而言，提单是其交付货物的保证，这个保证包括“提单中载明的向记名人交付货物，或者按照指示人的指示交付货物，或者向提单持有人交付货物”，即：记名提单的交付、指示提单的交付、不记名提单的交付均以提单作为承运人

---

① 高艳锋、李晓龙：《对记名提单下无单放货合法性的探讨》，载《黑龙江对外经贸》2003 年第 10 期。

② 李道峰、李唯军：《对记名提单下承运人交付义务的考察》，载《中国律师》2004 年海商法研讨会论文集。

③ 王军、高建学：《关于国际经济法与国际商法的学科设置的思考》，载《山西大学学报》（哲学社会科学版）2004 年第 4 期。

④ 同②。

交付货物的依据或保证。根据该条规定，在我国的记名提单项下货物的交付不仅要交给提单中记载的收货人，同时收货人也必须提交提单。

尽管如此，有学者仍然认为记名提单项下货物的交付无须提交提单，并建议对《海商法》第 71 条进行修改，修改后条文表述为："提单是指用以证明海上货物运输合同和货物已经由承运人接收或装船的单证。指示提单和不记名提单是承运人保证据以交付货物的单证。提单中关于货物应按记名人的指示交付，或者按照指示交付，或者向提单持有人交付货物的条款，构成此种保证。"①

虽然记名提单项下的货物需凭单交付，但是记名提单不具有物权凭证的特性在司法实践中却获得了共识。在最高人民法院审理的"美国总统轮船公司与万宝集团广州菲达电器厂"的申诉案中，虽然最终依据美国 1936 年《海上货物运输法》及美国《联邦提单法》对一审、二审进行了改判，但在判决书中明确指出："本案提单是记名提单，不具有物权凭证效力。"统一了司法实践中的认识。

2. FOB 合同相关法律问题

(1) 承运人签发提单的对象

就常用的三个术语 FOB、CIF、CFR 来说，FOB 与其他两个术语在承运人签发提单的对象上有所不同。CIF、CFR 术语项下的合同，租船定舱是卖方的义务，因此，和承运人签订运输合同和向承运人实际交付货物的都是卖方，在此情况下，卖方是唯一的货物托运人，只有卖方有权要求承运人对其签发提单。所以，CIF 和 CFR 术语项下，承运人签发提单的对象不会有争议。但是 FOB 术语项下的合同，租船定舱是买方的义务。因此，和承运人签订运输合同的是买方，而实际交付货物的又是卖方，按照我国《海商法》和《汉堡规则》对托运人的定义，在 FOB 术语合同中，卖方和买方都

---

① 司玉琢著：《海商法专论》，中国人民大学出版社 2007 年版，第 285 页。

被定义为托运人。那么，承运人应当向谁签发提单呢？

一种观点认为，承运人应将提单签发给买方。理由虽有很多，但核心理由是在 FOB 术语合同下，买方与承运人签订运输合同，是合同的缔约人，根据合同相对性原则，依据运输合同有权取得提单的只能是买方。①

另一种观点认为，承运人应将提单签发给实际交付货物的卖方。理由是根据《海商法》第 42 条的规定，FOB 合同下卖方作为托运人的地位是法定的，且不以其名称在“托运人”一栏载明为前提。并认为 FOB 合同在实务中表现为三种情形：第一，典型的 FOB 合同，即买方租船定舱，卖方实际交货者；第二，由卖方代买方办理租船定舱，并由卖方实际向承运人交货；第三，买方指定其在装运港的代理订舱，合同约定卖方交货后取得大副收据，并交给该买方代理，由该代理凭大副收据获得提单。在这三种合同中，认为只有第三种情形下的 FOB 合同，买方才是托运人，认为这种情形已不是国际贸易中的 FOB 合同条件，而是国内贸易的 FOB 条件。在第一、二种情形下，托运人都应是卖方。② 此外，也有一些学者认为，在 FOB 条件下，承运人有优先要求签发提单的权利，认为从交易安全出发，如果承运人将提单签发给买方，可能使卖方完全丧失对货物的控制权，买方在取得提单并拒付货款的情况下，卖方将丧失起诉外的一切贸易救济权利。③

针对上述争论，学者们分析得出：我国《海商法》第 42 条来源于《汉堡规则》第 1 条第 3 项的规定，但与该项规定又有差异。《汉堡规则》该项规定：“托运人是指由其本人或以其名义或代其与承运人订立海上货物运输契约的任何人，或是由其本人或以其名

① 梁宇贤著：《海商法论》，三民书局 1989 年版，第 489 页。

② 郭国汀：《论 FOB 合同下承运人签发提单的义务》，中国涉外商事海事审判网，2006 年 9 月 6 日访问。

③ 刘宇：《论 FOB 条件下发货人权利的完善》，载《世界海运》第 28 卷第 6 期。

义或代其将海上货物运输契约所载货物实际提交承运人的任何人。”根据这个定义，成为托运人的只能有一人，要么是与承运人订立运输合同的人，要么是实际提交货物给承运人的人。而按照我国《海商法》第 42 条规定，必然会出现两个托运人，即签订运输合同的买方和实际交付货物的卖方均可成为托运人，导致实践中的争议。有学者指出这实际上是立法缺陷，并非立法者本意。

即使如此，在司法实践中，笔者认为：在《海商法》第 42 条修改之前，FOB 术语项下承运人应当将提单优先签发给实际交付货物的卖方，除非：买卖双方在合同中、买方和承运人在运输合同中明确约定由买方从承运人处获得提单。没有约定的，应由卖方优先获得提单。因为 FOB 是象征性交货合同，交付单据等于交付货物，买方在接到单据时即要支付价款。而提单是最为重要的单据之一，卖方若不能从承运人处获得提单，就不能以提单为担保向买方收取货款。买卖双方在买卖合同中若有特别约定，应视为卖方放弃提单的担保权益，这种担保权益的放弃，必须有明示的意思表示，即在买卖合同中约定由买方获得提单。

FOB 合同下承运人签发提单的义务，在我国是个立法上有瑕疵，理论上比较混乱，司法审判实践有误区的问题。为了解决这一问题，联合国贸易法委员会的《运输法草案》区分了托运人和发货人两个概念，对在 FOB 条件下，发货人有权获得提单设定了几个条件：一是实际交付货物；二是发货人的名字反映在提单托运人栏目中；三是托运人指示承运人将提单签发给发货人。发货人若取得提单，是否要同时满足上述三个条件，由于各国观点不一，最终草案如何通过现在还未可知。但是该草案已经过三读，有望在不远的将来即将通过。该草案对海上运输各方当事人的权利和义务有一些新的规定，对海上运输各方的权利和义务将产生重大影响。

（2）FOB 合同中卖方的诉权

在 FOB 合同中，买方是否享有诉权主要体现在以下两种情形：第一，当卖方将货物交给买方指定的承运人，承运人签发了一份托运人为买方且凭买方指示的提单，当采用托收或信用证方式付款时，买方若拒绝付款赎单，而承运人又无单放货，此时卖方仍然持有提单，那么，卖方是否对承运人享有诉权？第二，托运人在取得承运人签发的正本提单并将提单转让给买方，提单受让人（买方）凭单取货，但却发现所提货物与提单记载不符，根据提单法律关系，提单受让人有权要求承运人索赔，但在实践中，由于多种原因，提单受让人往往依据买卖合同向卖方（托运人）索赔。卖方赔付后，转而向承运人索赔。那么，在这种情形下，卖方对承运人是否享有诉权？

对于第一种情形，有学者认为：在FOB术语项下，买方是缔约托运人，卖方是实际托运人，根据我国《海商法》的规定，卖方在此种情况下成为托运人，主要是为了保护其利益，因此这就要求卖方的名称应在提单的托运人栏的记载中体现出来，以便承运人对日后有可能受到的起诉做到心中有数，如果卖方在托运人栏内没有体现，那么，即使提单因某种原因又退回到其手中，无论是作为托运人还是提单持有人，他都不能对承运人享有诉权。[①] 这种观点对司法实践也产生了一定的影响，以“和田”轮案为代表。法院在该案的判决中认为：原告（卖方）虽然持有正本提单，但由于该提单是凭买方指示提单，未经提单上的托运人背书，其不能证明具有提单合法当事人的地位，与被告（承运人）不存在权利义务关系，对被告无诉权，驳回原告的起诉。

笔者认为，上述观点值得商榷。在FOB术语项下，卖方虽然与承运人之间不具有运输合同法律关系，但依据我国《海商法》的规定，卖方取得托运人的地位是法定的。因卖方具有托运人的法律地位，因此其可以依据法律而取得提单。尽管我国《海商法》使用了“提单持有人”概念而未对“提单持有人”作出解释，但笔者认为：提单持有人是指提单签发后，经合法途径取得提单、占有提单并享有提单权利的人。我国《海商法》将向承运人交付货

---

① 张明远：《论提单项下两种托运人诉权的区别》，载《中国海商法协会通讯》1996年第2期。

物的卖方定义为“托运人”之一，规定其可以取得提单。撇开学界对该条文的评价和争议，从实际效果上看，该规定从一定程度上保护了卖方依据提单而享有对货物的权利（如卖方保留提单作为买方付款的保证）。因此，只要提单尚未转让或由于某种原因又退回至卖方手中，卖方就是合法的提单持有人，这与占有提单却不享有提单权利的人是有区别的。提单是物权凭证，卖方持有提单意味着其对提单项下的货物享有所有权，卖方可以以提单持有人的身份对承运人享有诉权。但是在诉讼中，卖方应证明自己就是实际向承运人交付货物的人，是该批货物买卖合同的卖方。

对于第二种情形，在 FOB 术语项下，由于买方是运输合同的缔约人，当卖方取得提单并转让给买方后，因货物与提单记载不符，卖方由此对承运人是不享有诉权的。因为卖方手中已没有提单，提单转让后，卖方不再是提单法律关系的当事人，因此，无论依提单法律关系还是依运输合同法律关系，卖方对承运人都不享有诉权。而且卖方在转让提单后，除非另有约定，其对货物也不享有所有权，因此，卖方对承运人也不能提起侵权之诉。因此，FOB 术语项下，如果买方提取的货物与提单记载不符，应由买方向承运人索赔。

(3) FOB 合同风险的防范

在 2000 年版本修订过程中，国际商会秘书处从 37 个国家收到 649 份反馈的信息中，得出 13 个术语使用频率最多的是 FOB，大约占 91.46%。但是 FOB 术语项下由买方签订运输合同，由此也决定了 FOB 合同的卖方比 CIF、CFR 合同卖方承担的风险更大。风险主要表现在以下两个方面：

第一，无船承运人的无单放货风险。在 FOB 合同中，一般情形下由买方负责指定承运人，与承运人签订运输合同。但从 FOB 合同的实际使用情况看，买方出于多种考虑，如为了准确把握货物的交付和运输情况、为了获得优惠的运价等，往往指定境外货运代理，而不指定船公司。若买方是不法商人，他就会利用货代或与货代串通骗取卖方货物。在实践中，买方利用其指定承运人的优势，先与无船承运人订立运输合同，通知卖方将货交给无船承运人在装运港口的代理人，并取得无船承运人签发的提单，该份提单通常被称为 House B/L，卖方以托收或信用证付款方式向买方提交 House B/L，以取得买方支付的价款。无船承运人在收到卖方交付的货物后，由于自己并不实际从事货物运输，因此，无船承运人与实际承运人签订货物运输合同，以便将货物通过实际承运人运往买方指定的港口，同时取得实际承运人签发的提单，该份提单被称为海运提单（Ocean B/L）。货到目的港后，无船承运人凭海运提单向实际承运人换取提货单。买方若支付价款，取得 House B/L 后，由买方以 House B/L 向无船承运人换取提货单，以便提取货物。但买方若是不法商人对卖方进行欺诈，买方就不会付款赎单，然后买方与无船承运人串通，由无船承运人无单放货给买方，造成卖方货款两空。

从上述情况来看，House B/L 与 Ocean B/L 虽然均为提单，但两者流转的程序是不同的，House B/L 具有完整的提单流转程序，与其他术语项下运输合同中的 Ocean B/L 具有相同的程序。但在上述中，Ocean B/L 只是在无船承运人和实际承运人之间内部流转，卖方与 Ocean B/L 之间因无船承运人的阻隔而变得毫无关系，这是造成卖方货款两空的一个重要环节。因此，FOB 合同的卖方在接收 House B/L 前，应严格审查了解买方指定的该无船承运人的资信状况。

无船承运人无单放货的风险还会因卖方要求签发“仅供议付”提单而发生。“仅供议付”提单出现在这样两种情形下：一是为了买方尽快拿到提单提取货物，买卖双方约定卖方凭“仅供议付”提单结汇，并向承运人申请办理待电放手续，使得买方无须凭正本提单提货；二是卖方要求承运人就同一批货物签发两份提单，一份给卖方结汇，另一份由卖方直接寄给买方提取货物。由于“仅供议付”提单不是一种规范的运输单证，因此，“仅供议付”提单会给卖方带来较大的风险，表现在：一旦卖方在结汇中，由于单证不符或买方拒付货款，卖方手中的提单不再具有担保买方付款的作用，使得卖方面临货款两空的风险。此外，若卖方希望凭单押汇，银行也会因“仅供议付”提单而拒绝放款。“仅供议付”提单对承运人没有不利影响，因此，FOB中的买方若与无船承运人串通欺诈卖方，当卖方要求承运人签发“仅供议付”提单时，承运人更不会拒绝，因而无船承运人无单放货的可能性也更大。

第二，卖方向承运人交付货物途中的风险。在FOB合同中，买方一般对运输中的货物进行投保，按照保险的一般做法，保险期间实行“仓至仓”条款。但是，卖方在将货物从自己的仓库运往码头路途中的风险不能依靠买方的投保获得保险，因为卖方不是被保险人，所以尽管买方已投保，但买方在货物运往码头途中对货物并不享有保险利益，因此保险公司承担的实际上是“船至仓”责任。因此，在货物运往码头的途中，为减免风险发生的损失，卖方应当自行投保。

二、海上货物运输保险法律制度

（一）海上货物运输保险法律规范

国际货物买卖多数要经过长途跨越国境的运输，为了减免在运输途中可能遭受的风险而使货物受损，买方或卖方一般要对货物进行保险。国际货物运输保险主要有海上货物运输保险、铁路货物运输保险、航空货物运输保险。其中，海上货物运输保险是使用最多的一种保险，这与早期的海上贸易的发展不无关系，而且，在现代贸易中，海上运输虽然成本低、运量大（海上货物运输占货运总量的3/4），但也受季节、气候、风浪等自然条件的影响，存在着许多人力难以控制的风险。因此，海上保险也就更为发达。在贸易中，买卖双方为了把货物在装卸、运送、存储的过程中可能遇到的各种意外损失降低到最低的程度，为了在货物遭受损失时能够得到及时的补偿，从事国际货物买卖的当事人往往在航程开始之前，以预先支付一定费用为条件，要求保险人对其在国际间运输的货物可能发生的损失，承担约定的赔偿责任，这就是国际海上货物运输保险。

国际海上运输保险的法律规范主要表现为各国的国内法，由于历史原因，至今没有海上运输保险的国际公约。因此，在国际保险市场中，各国的保险组织都有各自的保险条款，如“美国协会条款”、英国的“伦敦协会条款”，“中国人保条款”等。但是，对各国保险组织影响最大的是英国的“伦敦协会条款”，许多国家的保险条款都以此为范本制定的。至1982年1月1日开始英国实行新的协会货物保险A、B、C条款。目前世界上有船舶保险和货物运输保险的国家中几乎有2/3的保单内容采用英国保险条款，或者是既采用英国保险法的规定又采用英国保险单条款。① 因此，虽然国际上没有一部像海上货物运输的《海牙规则》那样具有统领作用的海上货物运输保险公约，但各国的保险条款也有一定程度的统一。

我国海上保险合同签订的法律依据是我国《海商法》第十二章的规定，这是我国关于海上保险的一部重要法律。若《海商法》中没有规定的，可参照我国的《保险法》、《合同法》、《民法通则》的规定执行。在英国，规范海上运输货物保险的主要是其《1906年海上保险法》。值得注意的是，英国《1906年海上保险法》虽然在国际海上保险领域起着重要作用，但由于海上保险业的迅猛发展，《1906年海上保险法》也被学者特别是英美法系学者和保险业界人士提出质疑。

由于国际保险领域缺乏统一的海上保险公约，而各国在海上运输货物保险适用的法律上、货物保险单的内容上仍然存有差异，表现在碰撞船舶的赔偿责任、货物保险的责任起讫甚至是保险领域中的一些条款、名词的概念都存在差异，因此有学者提出应对海上保险法进行国际协调，如：国际海事委员会海上保险问题工作组主席John Hare认为始于中世纪商事习惯法的海上保险法在经历了两个

① 司玉琢主编：《国际海事立法趋势及对策研究》，法律出版社2002年版，第349页。

多世纪的国内法发展时期之后，现在是它重归国际主义的阶段，海上保险法的国际协调是海上保险法发展的历史必然。① 但是，英国、美国的学者则认为海上保险法的发展，主要是通过法院判例对市场进行引导并对市场机制自然形成的规则进行确认，在成文法方面，无论在国内法层面对本国海上保险法进行大规模修改，还是在国际法层面上尝试制定有关海上保险的国际公约，都是不适宜的。② 可见，海上运输保险的国际法协调之路还很漫长。

（二）海上货物运输保险法律问题研究

1. FOB 和 CFR 的货物运输保险问题

在 FOB、CFR 术语中，两者共同的特点之一是卖方对货物没有投保的义务。但是这两个术语合同下的货物风险转移都是在货物越过装运港船舷后由卖方转归买方，因此，在这两个术语合同项下，买方为了避免承担海运途中风险所致的货物损失，一般都对货物投保“仓至仓”条款的保险，即保险公司的保险责任自该保险货物运离保险单所载明的启运地仓库时起生效，直至该货物到达保险单所载明的目的地仓库为止。因此，卖方往往认为货物自运离其仓库至港口船上的这段运程已由买方投保，自己也就不用再为货物投保了，导致在这段运程中货物发生风险所致的损失往往不能向保险公司得到索赔。这是因为，在海上保险中，保险人理赔的条件除了判断是否发生了承保范围内的风险外，索赔人在保险事故发生时还必须对保险标的享有保险利益以及保险公司和索赔人之间一定存在合法的、有效的保险合同关系，这三个条件缺一不可。在上述运程中即使发生了保险事故，但由于卖方与保险公司之间没有合法而有效的保险合同关系，同时买方与保险公司签订的保险合同中所载

① 转引自谷浩：《海上保险法国际协调的必要性及前景分析》，载《大连海事大学学报》（社会科学版）2007 年第 1 期。

② 郭寿康、韩立余著：《国际贸易法》，中国人民大学出版社 2000 年版，第 6—7 页。

明的启运地仓库也并非一定是卖方的货物储存地，因此，保险公司可以拒赔。卖方此时可能会请求买方向保险公司索赔，但即使保险合同载明的货物启运地仓库就是卖方的仓库，保险公司往往会以保险事故发生时买方对保险标的不享有保险利益而拒赔。因此，自货物运离启运地仓库至港口船上这段运程中，FOB、CFR 合同中的卖方是无法享有保险单中的权利的。

此外，货物装船后风险由买方承担，卖方一般也不会为货物投保。但是，当采用托收方式支付货款时，如果货到目的港后买方拒绝付款赎单，那么卖方面临货、款两空的风险；当采用信用证方式付款时，如果单证不符、单单不符，卖方的货物同样也面临银行拒付和买方解除合同的风险。

因此，FOB、CFR 中卖方不仅在货物装船前的运输中存在风险，在海上货物运输中仍然存在风险，“无风险无保险”，保险与风险同在。因此，卖方在货物装船前对货物必须另行投保，在运输途中也可以对货物投保“卖方利益险”，以规避风险的发生。

2. 海上运输保险的责任期间

在现代海洋运输中，各国海上保险人对海上运输保险的责任期间都广泛采用“仓至仓”条款。根据 1981 年 1 月 1 日修订中国人民保险公司海洋运输货物保险条款关于责任起讫的规定：“本保险负‘仓至仓’责任，自被保险货物运离保险单所载明的启运地仓库或储存处所开始运输时生效，包括正常运输过程中的海上、陆上、内河和驳船运输在内，直至该项货物到达保险单所载明目的地收货人的最后仓库或储存处所或被保险人用作分配、分派或非正常运输的其他储存处所为止。如未抵达上述仓库或储存处所，则以被保险货物在最后卸载港全部卸离海轮后满六十天为止。如在上述六十天内被保险货物需转运到非保险单所载明的目的地时，则以该项货物开始转运时终止。”

上述“仓至仓”责任，在实践中易被误解为保险人的责任从货物运离卖方的仓库开始直至抵达目的地收货人仓库，在任何阶段发生的保险事故引起的损失，保险人均需赔偿，但其实不然。虽然保险合同订有“仓至仓”款，但保险人的责任的起始时间和终止时间得视具体情况而定：

(1) 首先，保险人的责任必须开始于货物的“运离”仓库。这里的“运离”是指货物开始运输，而不是为了其他的目的运离，如为了给货物包装、货物的再加工等而将货物运离原来储存的仓库。此外，货物必须“运离”了仓库，如果货物在仓库内的搬运、装车，如果发生保险事故，保险人也是不承担保险责任的。

(2) 保险人开始承担责任是货物运离“启运地仓库”。该启运地必须是保险单中所载明的地点，如果卖方的仓库所在地不是保单中载明的启运地，那么货物从卖方仓库运离，保险人并不开始承担保险责任。

(3)“仓至仓”责任的定义中规定保险人承担责任的条件必须是在“正常运输过程中”，该项规定要求按照正常的运输路线、正常的运输方式和正常的速遣，如果保单未对运输路线作出特别约定，运输路线应遵从习惯航线。[1] 这里的“正常运输过程”也可理解为被保险标的被运送到保单载明目的地必经的运送过程。当然，如果保单签订后，被保险人和承运人擅自变更航程，这也违背了“正常运输过程”，所以即使运输开始后，保险人也不承担保险责任。

(4) 保险人的责任终止于“该项货物到达保险单所载明目的地收货人的最后仓库或储存处所或被保险人用作分配、分派或非正常运输的其他储存处所为止”，这个条款强调的是三个问题：一是该地点须为保单载明的地点；二是该地点须有收货人的仓库、储存处所；三是即使不是收货人的仓库或储存处所，但是为被保险人用于分配、分派或非正常运输的其他储存处。上述第一个条件不可或缺，第二、三两条件是并列关系，即只要符合第一、二或第一、三两个条件，保险人的保险责任即为终止。所谓“收货人的仓库”是指收货人所有的仓库或收货人控制的仓库（如租赁的仓库），如

---

① 朱秀根：《仓至仓条款实务浅探》，载《上海保险》2007 年第 9 期。

果货物到达保险单所载明的地点，但该地点没有收货人的仓库或储存处所，而是将货物存入海关仓库或港口仓库，那么尽管货物已经抵达保单载明的目的地，保险人的保险责任并未终止，直至收货人将货物转运、分派，保险人的责任才终止。

（5）保险人保险责任终止的另外一种情况就是被保险货物已抵达保单载明的目的地，但并非收货人的最终目的地，那么自被保险货物卸离海轮60天后或转运日后，保险责任终止。

3. 关于承运人对运送货物的保险利益问题

承运人在运输过程中，对于所承运的货物有谨慎照管义务，如果因疏忽而造成货物的损失，承运人不得享有免责，必须承担货物损失赔偿责任。由于货主对运输中的货物大都投保，因此，在实践中承运人签发的提单上常有这样的条款："若因承运人的过失导致船载货物灭失或损坏，同时该货物又向保险人取得了保险，则承运人对货损不予负责。"（以下称"保险利益条款"）承运人利用该条款实际上享受了货主的保险利益，在货主对该批货物已投保的情况下，承运人在照管货物期间一旦因疏忽造成货损，承运人即可享受免责，并因而导致保险人对被保险货物在第三人（承运人）保管期间所发生的灭失或损坏不能行使代位权。该条款在实践中常引起争端。从被保险人的角度看，当货损发生时，只要符合保险人的赔偿责任范围，被保险人向保险人请求赔偿比向承运人要求赔偿要容易得多，同时承运人受提单中责任限制条款的保护，被保险人（货方）即使得到承运人的赔偿也是不充分的。因此，一般情况下，被保险人都向保险人请求理赔。由于货损是因承运人的疏忽造成，而承运人对此疏忽造成的货损或灭失要承担赔偿责任，因此，保险人在对被保险人理赔后取得代位权，从而向承运人追偿，但承运人以上述条款为由，拒绝向保险人赔偿。于是，保险人又以货主损害了保险人的代位权，要求货主返还其已支付的赔偿金。

提单中的上述条款在实践中常有争议，我们从各国的法律上去考察其效力，发现各国对该条款的态度也大相径庭。

美国是判例法国家，在美国的判例中，承认提单中的"保险利益条款”的效力，认为承运人可以对运输中的货物享有保险利益，其既可以自己依法取得责任保险，也可以依法在运输合同或提单中与货主约定，允许自己享有托运人投保的利益，这个约定不能阻止货主按保险合同的规定获得全部损失的补偿，但它能阻止货主、保险人以同该约定不一致的任何理由向承运人行使追偿。[①] 这意味着保险人在对货主理赔后，不能按照保险法的相关规定取得代位权，因为依据该条款，既然货主不享有对承运人的索赔权，那么保险人在理赔后若向承运人行使代位权，承运人可以用对货主的抗辩理由来对保险人提出抗辩。类似规定的国家还有澳大利亚。

我国《海商法》否认“保险利益条款”的效力。《海商法》第 44 条规定：“……将货物的保险利益转让给承运人的条款或者类似条款，无效。”该条规定并不否认承运人对承运的货物享有保险利益，它不阻止承运人对承运中的货物向船东保赔协会或保险人投保责任保险，但是承运人不得直接享受货主的保险利益。同时，根据《海商法》第 252 条的规定：“保险标的发生保险责任范围内的损失是由第三人造成的，被保险人向第三人要求赔偿的权利，自保险人支付赔偿之日起，相应转移给保险人。”从该条规定可以看出我国保险人的代位权采取的是法定转移。如果货主（被保险人）放弃向承运人的赔偿权，根据《海商法》第 253 条的规定：“被保险人未经保险人同意放弃向第三人要求赔偿的权利，或者由于过失致使保险人不能行使追偿权利的，保险人可以相应扣减保险赔偿。”所以在我国，货主（被保险人）一旦放弃对承运人的索赔权，在保险合同订立前又未告知保险人的，将直接导致保险人免除对被保险人的保险赔偿义务或扣减相应的保险赔偿金。

鉴于承运人在提单中任意加入“保险利益条款”会损害货主的利益，也损害保险人的利益，因此，《海牙规则》、《汉堡规则》对这一问题持否定态度，否认该提单条款的效力。《海牙规则》第

① 姚新超：《国际海上货物运输合同或提单中的“保险利益条款”分析》，载《对外经贸实务》2005 年第 4 期。

3 条第 8 款规定了承运人不能利用订约自由（即使托运人或货方同意）来减低自己所应承担的责任和义务，其中就规定了承运人利用“保险利益条款”来免除自己责任是无效条款。《汉堡规则》在第 23 条第 1 款更是明确规定：“……将货物的保险利益让给承运人的条款，或任何类似条款，均属无效。”

由于各国对“保险利益条款”的效力持不同的态度，因此，我国外贸进出口企业在选择承运人时应当了解该条款在各国态度，应考虑到该条款将会给自身带来的不利影响。

三、贸易支付法律制度

（一）国际贸易支付法律规范

1. 票据的法律适用

（1）票据的国内立法

票据在国际支付中有着重要的作用，为了保障票据的支付安全，各国都制定票据法。但从各国的票据立法来看，票据法的编制体例并不相同，有的采取单行立法的形式，制定了专门的票据法，如英国、德国、中国。有的国家将票据法编入商法典，成为商法典的一个组成部分，如法国和美国。美国各州在采用《统一商法典》之前，都有各自的票据法。但自各州相继采用《统一商法典》后，由于该法典第三篇是有关商业单据的规定，因此，对票据的规范，美国现在统一适用《统一商法典》。

（2）有关票据的国际公约

世界各国的票据法，无论是在编制体例上还是在内容上均存在着较大差别，有法国法系、德国法系、英国法系之分，这对票据在国际上的流通使用与国际贸易的发展极为不利。因此，从 19 世纪末开始就有一些国际组织主张统一各国票据法。

国际票据法的统一先后经历了海牙统一票据法、日内瓦统一票据法和联合国统一票据法三个发展阶段，特别是日内瓦统一票据法这一发展阶段影响甚大。该系列公约是一战以后，在国际联盟支持下于20世纪30年代初在日内瓦通过的，包括1930年关于《统一汇票和本票的日内瓦公约》、1930年关于《解决汇票与本票的若干法律冲突公约》、1931年《统一支票法的日内瓦公约》、1931年《解决支票的若干法律冲突公约》。这些公约对于调和德国法系和法国法系的票据法起到相当大的作用。现在大多数欧洲国家及日本和拉美某些国家已采用这些公约。但由于公约体现的是大陆法传统，特别是德国法传统，而英美等国家认为，如果参加日内瓦公约，将会影响英美法系各国已实现的统一。因此，英美等国一直拒不接受或部分接受。目前在西方国家主要存在着日内瓦公约的统一票据法的日内瓦法系和英美法系之区别。

1988年，联合国第43次大会上，通过了《联合国国际汇票和本票公约》，考虑了日内瓦统一票据法和英美票据法的差异，但并不试图加以调和，而仅着眼于解决国际贸易中汇票、本票使用上的不便，其适用范围仅限于“作为国际贸易结算手段”而使用的“国际票据”，并且对票据也不具有强制适用的效力，而是由出票人或者承兑选择是否适用。

2. 国际贸易支付的法律适用

(1) 托收的法律适用

调整托收的法律主要依据国际商会（International Chamber of Commerce，简称ICC）的《托收统一规则》。国际商会为了统一托收做法，减少托收业务当事人间可能产生的矛盾和纠纷，曾于1958年草拟了《商业单据托收统一规则》。此后，为了适应国际贸易发展的需要，国际商会在总结实践经验的基础上，于1978年对该规则进行了修订，改名为《托收统一规则》（The Uniform Rules for Collection，ICC Publication No. 322）。1995年再次修订，称为《托收统一规则》国际商会第522号出版物（以下简称《URC522》），1996年1月1日实施。《托收统一规则》自公布实施以来，不仅统一了各国之间对于有关托收的惯例和程序的理解和做法，而且通过不断修改，及时反映这一领域业务实践的变化和商事活动发展的需要。作为托收业务领域唯一现行有效的国际惯例，

《URC522》自生效以来，被各国银行普遍采纳，得到广泛的遵守，在很大程度上减少了托收业务中的争议，极大地促进了托收业务的发展，是进出口公司和银行应当掌握和遵循的国际惯例。

《托收统一规则》共 7 个部分 26 条，包括总则与定义、托收的形式和结构、提示方式、义务与责任、付款、利息、手续费和开支、其他规定。

由于《托收统一规则》是国际惯例，所以只有在当事人自愿采用或没有明示排除时对当事人有法律约束力。

(2) 信用证的法律适用

信用证不是法律的创造物，它是商业习惯的产物。世界范围内有关信用证交易的成文法并不多见，一般散见于有关的商法典中。大陆法系国家如：1971 年《哥伦比亚商法典》(第 1408 -1415 条)；1970 年《萨尔瓦多商法典》(第 1125 -1137 条)；1923 年《希腊关于上市股份公司的特别规则》；1970 年《哥地马拉商法典》(第 758 -765 条)；1950 年的《洪都拉斯商法典》(第 898 -910 条)；1942 年《黎巴嫩商法典》(第 313 条)；1932 年《墨西哥流通票据与信贷操作共同法》(第 317 -320 条) 及 1941 年《墨西哥关于银行、其他信贷机构及附属组织的共同法》(第 113 条) 等。普通法系国家只有美国在《统一商法典》的第 5 编专门对信用证做了较为全面的规定。在社会主义国家中，只有南斯拉夫《国际贸易法典》和前民主德国《国际经济合同法》，有关于信用证的成文规定，两德统一后，现在就只有南斯拉夫一个国家有成文法可遵循了。[①] 上述国家中，除了美国对信用证有较为系统的规定外，其他各国对信用证规定甚少，而且这些规定对商事交易也没有什么影响力。[②] 美国在《统一商法典》

① 参见左晓东著：《信用证法律研究与实务》，警官教育出版社 1993 年版，第 156 页。

② 希腊和墨西哥对信用证有一些规定，但由于国内立法的规定置信用证商业惯例于不顾，因而在实践中影响力甚小。因此，这些国家的银行和法院仍将商业习惯法视为信用证的第一位法律。

第5编，对信用证做了规定，它以示范法的形式将大量判例所确定的关于信用证法律适用的基本原则确立下来，供各州采用。

由于各国立法对信用证的规定不尽相同，鉴于信用证在国际贸易中已经得到广泛的使用，国际商会为了统一各国对跟单信用证的解释和做法，于1929年7月，在阿姆斯特丹会议上正式通过《商业跟单信用证统一规则》（Uniform Regulations for Commercial Documentary Credit），并建议各国于1930年5月15日起实施，这是UCP的第1个版本，使跟单信用证业务摆脱了无章可循的状况。1933年5月，国际商会在维也纳会议上将其修订并更名为《商业跟单信用证统一惯例》（Uniform Customs and Practice for Commercial Documentary Credits）。1951年6月，为协调美国和其他国家的意见，国际商会在里斯本会议上通过了第2个修订本，该修订本一定程度上协调了各个当事人之间的矛盾，明确了各方的权利义务，对许多条款和术语作了统一的规定，逐渐为欧洲大陆和美国的银行所接受。1962年4月，国际商会在墨西哥会议上通过了第3次修订本，更名为《跟单信用证统一惯例》（以下简称UCP）（Uniform Customs and Practice for Documentary Credits），此次修改为英国及英联邦国家所接受，《跟单信用证统一惯例》成为国际上普遍接受和使用的统一惯例。1974年12月，国际商会对UCP作了第4次修订。该修订本吸收了集装箱运输及其运输单据的最新发展，并对信用证各方之间的关系作了更明确的区分和界定。1983年6月，国际商会对UCP作了第5次修改（即UCP400），该版本的最主要修改就是增加了备用信用证的内容，并将体现运输业发展的新技术标准以及电子传输方面的最新发展包含其中。1993年4月，国际商会第6次修订了统一惯例，并于1994年1月1日生效实施，这就是在2007年7月1日前一直适用的UCP500。

由于UCP500在条款的全面性、实务的针对性，内容与现实发展不同步性，乃至近年来有关跟单信用证的诉讼案激增，导致了UCP500已经不能适应时代发展的需求。因此，国际商会决定对UCP500进行修改，并于2006年10月25日在巴黎举行的ICC银行委员会会议上通过《跟单信用证统一惯例》(UCP600),该惯例于2007年7月1日开始实施。在修改过程中,国际商会全面地回顾UCP500实施以来ICC发布的各类出版物、意见及决定,吸收了其中的合理条款;全面地反映了近年来国际银行业、运输业和保险业出现的变化,并体现了一定的前瞻性;在结构上改变了UCP500分类不科学,次序排列不足,语言繁杂欠精炼等。UCP600比UCP500减少了10条,共39个条款。

在国际贸易和结算领域,以UCP为核心,还有许多配套的规则。由于UCP600的实施,配套规则必然会做相应的改变,其中最主要的是以下三个规则:

第一,eUCP(the Uniform Customs and Practice for Documentary Credits for Electronic Presentation,即《跟单信用证电子交单统一惯例》)。根据ICC国家委员会的建议,由于eUCP使用有限,升级后的1.1版eUCP仍作为UCP600的补充。eUCP1.1版是专门对UCP600所做的升级版本。如今后技术发展而需要修订,可以早于UCP600而单独进行修改。所以使用1.1版本的名称,为的是方便以后的版本升级。需要注意的是UCP很多条款并不对电子交单产生影响。所以要与eUCP一起使用。在电子交单或电子和纸制单据混合方式提交单据时,要同时使用eUCP和UCP两个规则。

第二,ISBP(International Standard Bank－ing Practice,即《国际审单标准银行实务》)及其修改。原先的ISBP是针对UCP500制订的,对UCP600不适用。2007年7月1日前通过与UCP600精神相一致的新版ISBP。在2006年国际商会巴黎秋季会议上,UCP修订小组主席Gary Collyer先生做了ISBP修改工作的第一次介绍。新版ISBP全文199条,非常全面。

第三,SWIFT的升级。SWIFT是为国际结算提供电讯服务的,所以它的修改一直同步跟进,并且得到了UCP修改小组的具体指导。SWIFT修改已得到SWIFT各国家用户小组和SWIFT董事会的批准,并将于UCP600生效时同时上线(goes live)。SWIFT修改原则是“最小的影响,最少的费用”。升级包括在SWIFT的开证格式中增加 40E 场，来规定信用证适用的 UCP 规则等，这些改变都是与信用证的使用者息息相关的。

(3) 国际保理的法律适用

①《国际保付代理公约》（Convention on International Factoring）

鉴于国际保理业务的迅速发展，而各国目前还很少有关于保理的法律规范，为了在国际贸易中平衡不同当事人的利益，促使国际保理在国际贸易中发挥更大作用，国际统一私法协会经过十多年的研究和协调，于 1988 年 5 月在渥太华会议上通过了《国际保付代理公约》。根据该公约的约定："本公约自第三份认可、接受、批准或加入文件交存之日起 6 个月后的第一个月的第一天生效"，在尼日利亚继法国、意大利成为第三个缔约国后，该公约已于 1995 年 5 月 1 日生效。现该公约的缔约国包括法国、意大利、尼日利亚、匈牙利、德国和拉托维亚等国。由于中国尚未加入该公约，因此我国当事人和其他国家当事人间的国际保理业务不能直接适用公约的规定。

《国际保付代理公约》共 4 章 23 条，第一章规定了保理的定义、公约的适用范围和总则；第二章规定了当事人各方的权利和义务；第三章规定了应收账款再转让的法律适用；第四章为最后条款，规定了公约的接受、批准、加入、生效、保留等事项。

②《国际保理业务惯例规则》（Code of International Factoring Customs）

《国际保理业务惯例规则》是由国际保理商联合会（Factors Chain International，FCI）制订。国际保理商联合会 1968 年成立，该组织的会员现在遍及欧洲、美洲、亚太地区、非洲和大洋洲等 59 个国家和地区，其成员国国际保理服务营业收入超过全球国际保理业务营业收入总额的 50%。由于 FCI 在国际保理业界影响日益扩大，加上《国际保理业务惯例规则》比较全面，具有相当的可操作性，该规则已成为 FCI 会员所必须遵循的法律依据，也是国际保理业界所推崇的首要国际惯例，其影响已经超出其成员国，许多非国际保理联合会成员在签订保理合同时也选择适用该规则。

③《仲裁规则》(Rules of Arbitration)

《仲裁规则》是 FCI 于 1980 年制订的。根据《仲裁规则》之规定，国际保理商联合会成员们必须将他们之间的关于相互保理安排的、并不能通过友好协商解决的争端提交国际保理商联合会进行仲裁，仲裁程序依照该《仲裁规则》进行。仲裁员在仲裁时不受任何严格的法律条文的约束，可以根据他所认为的在当事人之间公正合理的商业惯例和《国际保理业务惯例规则》作出裁决。

④《联合国国际贸易中应收款转让公约》(United Nations Convention on the Assignment of Receivables in International Trade)

该公约于 2001 年 12 月 12 日在纽约订立公约草案，并在交存五份批准书、接受书、核准书或加入书时生效。该公约适用于符合规定的国际应收款的转让和应收款的国际转让，前提是转让合同订立时转让人所在地在一缔约国内；若是后续转让，条件是先前的任何转让受本公约管辖。公约不影响债务人的权利和义务，除非在原始合同订立时债务人所在地在一缔约国内或管辖原始合同的法律是一缔约国法律，同时明确当事方意思自治，在不违反公约规定的情况下，转让人、受让人和债务人可通过协议删减或更改公约对其各自权利和义务的规定。

(二) 国际贸易支付法律问题研究

1. 信用证的当事人及法律关系

信用证有四个最基本的当事人，即开证申请人、开证行、通知行和信用证受益人。此外，因具体交易情况的不同，当事人还有增加，如保兑行、议付行、付款行等。

(1) 开证申请人 (Applicant)：指向银行申请开立信用证的进口方，也就是国际货物买卖合同的买方。

(2) 开证行 (Issuing Bank)：指接受开证申请人委托，开出信用证的银行，一般是进口方所在地的银行。

(3) 通知行 (Advising Bank)：指接受开证行的委托，将信用证通知给出口人的银行。通知行一般是设立在出口方所在地的开证行的代理行。通知行除应合理谨慎地审核所通知的信用证及其相关修改的表面真实性外，它还负有及时、准确地将信用证和修改通知受益人。除此之外，别无他项义务。

（4）受益人（Beneficiary）：指根据信用证有权享受信用证上的利益的出口方，也就是买卖合同的卖方。其所承担的义务就是要取得符合信用证要求的单据，然后按照信用证中载明的付款行要求其付款。

（5）保兑行（Confirming Bank）：指在开证行开出的不可撤销信用证上加上自己保证兑付责任的银行。保兑行往往由通知行担任。在这种情况下，通知行的法律地位就会随之发生变化，它既负有将信用证通知给受益人的责任，又承担了首先付款的责任。保兑行与开证行具有相同的地位和责任，保兑行在信用证中加具保兑责任后，其对受益人将承担独立的责任，不论开证行发生何种变化，保兑行都不能自行取消保兑责任。而且保兑行在已经付款或议付之后，即使开证行倒闭或无理拒付，保兑行都不能向受益人行使追索权。

（6）议付行（Negotiating Bank）：即愿意买入或贴现受益人交来的跟单汇票的银行。议付行可以是通知行，也可以是其他银行；可以在信用证中指定，也可以不加以指定。议付行在议付跟单汇票后，如果向付款银行索偿时，被付款银行拒付，那么，议付行处于汇票合法持票人的地位，可以行使票据法上的追索权，向受益人追回已议付的款项。

（7）付款行（Paying Bank）：指开证行指定的承担信用证项下款项支付的银行。它通常就是开证行，当然也有可能是保兑行或其他的银行，具体要看信用证的规定。付款行若是开证行以外的其他银行担任，在其审核单据付款后，如果因单证不符遭到开证行的拒付，付款行就只能出卖单据或货物来取得补偿，其不能向受益人、议付行等行使追索权。

信用证交易可能涉及多个当事人，而且同一家银行在同一个信用证中又可能担任不同的角色处于不同的法律地位，因此他们之间具有不同的法律关系。

（1）开证行与开证申请人之间的关系：两者之间是依据开证申请书而形成的委托代理合同关系。在开证申请书中，明确开证行被授权付款以及开证申请人保证向银行偿还垫款的一切条件。与此同时，开证申请人要在开证行预先存入一定数额的备付保证金。对开证申请人的这项存款，开证行不得挪作他用。即使此后开证行破产了，开证申请人预交的备付保证金，也应在银行破产时退还开证申请人，而不应视为破产债权。因为，开证行在收取这些资金时，只能算是代企业保管。当然有的企业信誉卓著，在向银行申请开证时，往往不预交保证金，而是由银行授予一定的开证信用额度。开证申请人在开证申请书中应当写明信用证的种类、有效期限、商品名称、对单据的要求及付款条件等内容。依据开证申请书，开证行的义务一是按照要求开出信用证；二是合理谨慎审核单据，从单据表面判断其是否和信用证条款相符。但是开证行对单据的真实性、正确性和完整性及对货物的状况概不负责。开证申请人的义务除了支付开证费用、办理开证手续外，在单证相符时，他还必须承担付款赎单的义务。需要强调的是，开证申请人与开证行的关系，完全由两者之间的合同决定，不受任何与信用证交易相关的其他合同影响，特别是买卖双方之间的买卖合同的影响。一旦开证行开出了不可撤销的信用证，买卖双方在履行合同中发生任何纠纷，开证申请人都不能要求开证行撤回其对卖方开出的信用证。

（2）开证行与信用证受益人之间的关系：受益人在收到信用证后，两者之间依据信用证形成了合同关系。特别是受益人收到不可撤销信用证后，就取得了对开证行的特定权利，在其根据信用证条款提交了单证相符的单据后，即有权要求开证行付款，而开证行也有义务付款。假如发生了开证行违背信用证项下的承诺，对受益人作出拒付的情况，只有一种情况开证行可以免责，即在可撤销信用证项下，开证行在受益人交单之前已经撤销了该信用证，则受益人不能要求开证行付款。此外，在双方的合同关系中，开证银行不得以买卖双方的合同纠纷或买方是受骗开出信用证或买方已无偿付能力为由拒绝按照信用证承诺的付款条件付款。当然，如果开证银行在审单时发现单据不符，并在合理时间内向对方提出，也就解除了自身的付款责任，可以拒付。

(3) 开证行和通知行之间的关系：在信用证交易中，开证行一般通过通知行将信用证转交给受益人。开证行和通知行之间是委托代理关系，两者根据双方往来协议或代理协议履行各自的义务。为了防止欺诈，双方一般都相互交换签字样本和密押。通知行的义务就是接受开证行的委托，将信用证通知给受益人并证明它的真伪。

(4) 通知行与受益人之间的关系：在通知行和受益人之间，并不存在合同关系。按《跟单信用证统一惯例》的规定，通知行对由于任何通知、信件或单据在传递过程中发生的延误或遗失所引起的后果，以及对电报、电传通知过程中发生的延误、残缺或其他错误，概不负责。

(5) 通知行和开证申请人之间的关系：由于通知行是由开证行指定的，因此，通知行只是开证行选择的代理人。在通知行和开证申请人之间不存在任何关系。

(6) 开证申请人和受益人之间的关系：开证申请人和受益人分别是买卖合同的买方和卖方。当买卖合同中约定采用信用证方式付款的，买方首先就要承担申请开证的义务，卖方在收到信用证前可以拒绝装运货物。

2. 信用证和买卖合同关系分析

信用证的“客观独立原则”常使人们认为信用证和买卖合同是两种彼此独立的法律关系，信用证关系虽然基于买卖合同关系而产生，但信用证一旦产生之后，便与买卖合同关系分离，而成为一种独立的法律关系。这种对信用证和买卖合同关系的认识，虽然不算是错误，但至少是不全面的。应该认识到，对上述两者之间关系的阐述，只是从银行的角度而言。因为银行在信用证的单据审核中，必须严格恪守“客观独立”原则，他们对受益人提交的单据，只是根据信用证的要求去审核，而置买卖合同于不顾，即受益人是否已实际交付货物、交付的货物是否符合买卖合同的要求、买卖双方之间是否存在纠纷等在所不问。由于独立性原则的存在，使得信用证与买卖合同等基础交易隔离开来，并保证银行只负责处理信用证下代表着货物或服务的单据和付款事项，而将基础交易中的货物或服务本身的问题留给商人们负责和处理。因此，在信用证关系中，只要卖方（信用证的受益人）提交的单据符合信用证的要求，银行就一定会按照信用证关系承担对受益人付款的义务。但是，对买卖双方而言，信用证和买卖合同之间的关系却远非如此。

从买卖双方的关系看，如果买卖双方在合同中约定使用信用证支付货款，那么信用证条款对于保障买卖合同双方权利的实现起着重要的作用。

（1）信用证条款有变更合同条款的效力

关于信用证条款的这一效力，常出乎出口商的意料。在实践中，由于买卖合同签订在前，信用证签发在后，从常理上说，信用证条款应当与双方当事人已达成协议的合同条款一致。但实践中进口商由于种种原因在申请签发信用证时，往往在信用证中规定了一些不同于买卖合同条款的内容。当买卖双方为此发生争议时，由于信用证条款形成在后，出口商在接到信用证时没有对此提出异议，从合同法的角度看，只能认为出口商同意进口商以信用证条款的形式变更了原合同的内容。因此，对卖方来说，当接到信用证时，首先得审查信用证条款并及时提出异议，以免日后处于被动地位。

（2）信用证条款有增强、补充合同条款的效力

在采用信用证付款的方式下，同一事项在合同和信用证中均有规定的，信用证条款的效力能更快地体现出来。如对装运期限的规定：如果出口商迟延装运货物，提交的装运单据的日期与信用证规定的装运期不符，将直接导致拒付后果的发生；但如果采用其他付款方式，装运的延迟并不必然导致货款的拒付，这就是信用证条款所具有的增强买卖合同条款的效力。而且，如果合同中没有装运期限条款，信用证有装运期限的规定，那么，出口商必须按照信用证

中载明的装运期履行装运义务，否则也将导致拒付的后果，这就是信用证条款所具有的补充买卖合同条款的效力。

当然，如果买卖双方对某一事项在买卖合同中作了约定，但在信用证中却没有规定，买卖双方也应当按照买卖合同的约定履行各自的义务，否则承担违约责任。

3. 评 UCP600 的审单标准

《跟单信用证统一惯例》（Uniform Customs and Practice for Documentary Credits，简称 UCP）是国际商会制定的为各国银行界、国际贸易界普遍遵守的重要的"法律"。在 UCP500 适用的 13 年里，国际贸易的信用证结算方式遇到了越来越多的障碍，其中不乏因时代发展、科技进步原因。但 UCP500 自身在实践中也暴露出一些缺陷，如用词晦涩；有些条款易造成误解，因而在诉讼或仲裁中律师们常因某些条款如："合理关注"、"合理时间"、"在其表面" 等而花费大量的时间和精力进行论证；有些条款在贸易实践中也透露出其规定的无意义性，如 "可撤销信用证"、"货运代理单" 等；此外，UCP500 在各国银行界的适用中，也存在一些不方便开证行和开证申请人、受益人适用的问题，如对银行拒付后单据的处理、单据在寄送途中遗失后开证行、保兑行对丢失单据的责任等。上述 UCP500 的缺陷，在 UCP600 中都得到校正。UCP600 的规定更加贴近贸易与结算的实际需要，大大便利了国际贸易及结算的顺利运行。

UCP600 自 2007 年 7 月 1 日开始正式实施，这对国际贸易的商人、银行都将产生重大的影响，而其中的 "银行审单标准" 的新规定对相关当事人的权利、义务的影响更是不容忽视。"银行审单" 是信用证流转中最为重要的一个环节，而 "审单标准" 就是银行审单必须遵循的规范，是受益人制作单据的依据，也是开证申请人利益保护的屏障。因此，对 UCP600 的审单标准进行分析和研究，其意义不言自明。

（1）审单标准在国际贸易支付中的地位

信用证是银行介入国际货物买卖价款结算的产物。在国际贸易史上，信用证在国际贸易结算中对卖方起到安全保证付款和资金融通的作用，在国际贸易中被广泛使用。据统计，在20世纪60、70年代，国际贸易中有85%以上的贸易运用信用证方式结算①。在信用证方式结算中，银行的付款保证构成受益人履行买卖合同的信赖，其中最核心问题就是银行对受益人提交单据的审核，即“审单”。所谓“审单标准”是指开证行、保兑行或按指定行事的指定银行对信用证受益人或单据合法持有人所提交的货运单据、汇票、商业发票、保险单据、集装箱、原产地证、检验证书等（统称“单据”）进行审核，确定单据与信用证的规定和相关要求是否相符的法律行为。② 在信用证法律关系中，各方交易的对象不是基础合同约定的货物或服务，而是单据。受益人向银行提交单据后，银行有义务认真审核单据。只要受益人提交的单据符合信用证的规定，付款行就负有支付义务，受益人即享有获得信用证项下款项的权利，进口商也有义务接受单据并向付款行付款赎单。相反地，如果受益人提交的单据与信用证条款规定不一致，或者单据之间不一致，都将被认定为单证不符，银行就没义务对外付款，开证申请人也没义务付款赎单。由此可见，信用证审单结果直接决定各方的权利、义务。作为银行审核单据、判断单证是否相符依据的信用证审单标准，其具体规定如何，直接关系着信用证各方当事人的切身利益。可见，银行的审单标准对信用证当事人的利益影响至关重大。

然而，从20世纪90年代起，信用证的拒付率越来越高，造成信用证的使用比例越来越低，甚至有一部分企业根本不再采用信用证的付款方式。这种结局与国际商会制定的UCP和银行对审单标准的掌握不无关系，有违国际商会制定规范的初衷。因此，在全面评审国际商会的意见和决定、DOCDEX的裁定以及各国司法判例

---

① 彭一峰：《合理利用结算方式 促进我国出口贸易》，http://www.cmo.com.cn/0610x/jyyd/pyf.htm，2007年12月13日访问。

② 徐冬根著：《信用证法律与实务研究》，北京大学出版社2005年版，第168页。

的基础上，国际商会决定对 UCP500 进行修改，其中包含了对审单标准的修改。

（2）UCP600 对 UCP500 审单标准的修改

① 对银行审单判断“相符”依据的重新定义

在 UCP500 中，仅规定“银行必须合理小心地审核信用证上规定的一切单据，以便确定这些单据是否表面与信用证条款相符合。本惯例所体现的国际标准银行实务是确定信用证所规定的单据表面与信用证条款相符的依据”。该项规定意味着银行在审核单据时，只要根据信用证的条款来审核单据是否与其相符，而确定两者相符的依据是“国际标准银行实务”，即 ISBP。在 UCP600 中，明确将银行审单判定相符的依据定义为“与信用证中的条款及条件、本惯例中所适用的规定及国际标准银行实务相一致”。据此，银行按照 UCP600 的这一规定，在判断单据是否“相符”时，不仅要按照信用证本身的条款和条件，而且还要根据 UCP600 的规定和 ISBP 对单据是否相符作出判断，为银行审核单据提供了明确的依据。

② 银行审单标准之一——对“相符”与“一致”的修改

审单标准的修改对银行审单的影响极为重大，这是 UCP600 对 UCP500 最为重要的一项内容修改。

UCP500 第 13 条 a 款规定：“银行必须合理谨慎地审核信用证规定的一切单据，以便确定这些单据表面是否与信用证条款相符合。”“单据之间表面不一致，即视为表面与信用证条款不符。”根据 UCP500 第 13 条 a 款的规定，相符交单应符合两方面的要求：一是受益人或单证合法持有人交付的单据必须在表面上与信用证的要求完全相符；二是受益人或单证合法持有人交付的单据之间在表面上必须互相一致。即相符交单包括单证表面相符和单单表面一致。对单证、单单是否相符的审查，是以单据表面为依据，即只要表面相符即可。银行拒绝单据的理由只能来源于单据本身并且是单据表面，而不能是其他任何单据外的事由。

对于银行审单的内容，UCP500 只做了原则性的规定即“单证表面相符、单单表面一致”。但何谓“相符”？何谓“一致”？是单证、单单表面上没有丝毫差异、绝对一致，还是允许存在“无危害错误”比如明显笔误？UCP500没有做出明确规定。

在司法实践中存在着两种信用证审单标准：严格相符原则和实质相符原则。所谓严格相符原则，是指受益人向银行提交各种单据请求银行依信用证付款时，这些单据从表面上看必须严格符合信用证的要求，银行才予付款；银行有权拒收没有严格符合信用证条款的单据。[①] 这一原则是在1926年纽约信托公司诉道森合伙有限公司案中萨姆那（Sumner）法官确立的。其在该案中的经典判词原文为“在类似本案的信用证交易中，接受单据的银行只有严格遵守了所受授权中规定的各项条件，才能请求获得偿付。就单据而言，不存在几乎一样或作用差不多的余地，商业交易欲顺利安全地进行唯此一途……提交的单据和被告买方开始保证的没有严格相符，买方方有权拒绝偿付”。[②] 所谓实质相符标准，是指单据之间和单证之间记载的内容实质上相符合，亦即单据之间和单证之间的相关记载，虽然在文字形式上有些许不同，但只要文字内容上实质相符，应视为单单、单证相符。[③] 实质相符标准要求银行要抛开信用证条款的字面意思去审核买卖双方基础合同的实际履行情况。这种做法与信用证的客观独立原则相违背，增加了银行审单的业务量，也与银行的业务范围相悖，在实践中造成审单的延误，对受益人按期结汇有不利影响。

UCP500第13条a款规定“单证表面相符”，这意味着银行不能越过信用证的四个角之外，在信用证其上或其下或信用证的背后即信用证的基础交易中去判定单据是否相符。分析UCP500的条文

---

① 转引自徐冬根著：《信用证法律与实务研究》，北京大学出版社2005年版，第172页。

② 伏军编著：《英美信用证案例选评》，对外经济贸易大学出版社2006年版，第39页。

③ 买万林：《跟单信用证审单探析》，载《河南省政法管理干部学院学报》2002年第2期。

可见，UCP500 在审单标准的规定上虽没有明确采用“严格相符”的表述，但其规定的审单标准实质上为严格相符原则。世界上大多数法院都确认 UCP500 采用的审单标准为严格相符原则。我国最高人民法院和各地的高级人民法院也都在判决中对此作过确认。① 但是单单、单证之间到何种程度才是“严格相符”？是没有丝毫差异的镜像标准，还是允许存在“无危害错误”的有例外的严格相符？② UCP500 没有做出明确规定。

鉴于单证相符、单单一致认定标准的不明晰，信用证相关从业人员向国际商会发出质疑意见。国际商会在第 251 号意见（以下

---

① 在“颂佳实业有限公司诉中国农业银行江西省分行国际业务部兑付同一信用证项下货款纠纷案”中，最高人民法院确认了江西省高级人民法院的如下一审判决理由：“信用证交易的原则是单证严格相符……江西农行据此确定拒收并退回单据，符合《跟单信用证统一惯例》之要求。”参见金赛波：《中国信用证法律和重要案例点评》，对外经济贸易大学出版社 2002 年版，第 18 页。

另外在“中国银行福建省分行诉东亚银行有限公司信用证不符点纠纷案”中，福建省高级人民法院在二审判决书（126、127、128 号）中阐明：“《UCP500》第 13 条规定了审核单据的标准：银行必须合理谨慎的审核……信用证交易是单据交易，信用证交易的原则是单证严格相符，在信用证关系中，开证行负有严格的审单义务，以单据为依据，以单据表面与信用证条款是否相符为付款条件，只有在单证相符、单单相符的情况下开证行才对外支付信用证项下的款项。”参见金赛波编：《中国信用证和贸易融资法律案例和资料》，法律出版社 2005 年版，第 76、92、107 页。

② 各国司法实践对信用证严格相符原则的掌握有以下两种标准：(1) 镜像标准，(2) 有例外的严格相符。镜像标准要求信用证项下的单据与信用证条款的描述完全一致、分毫不差即镜像相同，任何偏差即使是细微的，也是不被接受的。有例外的严格相符是指开证行是否兑付信用证，要根据交单人提交的单据和信用证本身规定条件或条款是否严格相符，开证行必须仅仅根据单据表面和单据本身来决定是否接受或拒绝，不能越过信用证去看信用证背后的基础交易或者其他额外的证据来决定，这里的严格相符不等同于绝对的字面相符，而是允许单证之间、单单之间存在细微的差异，只要这些差异不会导致错误理解，即允许存在“无危害的错误”。

简称 R251）中对此作了解释："相符"是指所交单据符合信用证条款的要求，以及符合该单据所适用的 UCP 相关条款的规定；"一致"是指一份单据上所显示的信息应以相同的细节出现在其他的所需单据当中（如货物的重量、体积等），而无论信用证或其他单据是否要求显示该信息。① 国际商会银行委员会关于信用证问题的咨询意见与 UCP500 本身是独立的，前者并不是后者的组成部分。信用证选择适用 UCP500 后，UCP500 就如同当事人选择的法律或订立的合同条款一样，成为管辖该项法律关系的规则，在不与适用的强行法冲突的情况下，法院应当适用该规则判断当事人的权利义务。而国际商会银行委员会关于信用证问题的咨询意见，是为指导人们正确适用 UCP500 而出具的，不是规则本身，也不是国内法范畴里的司法解释，故不能自动适用于特定的信用证关系。但是，由于它代表国际商会的意见，又是规则制定机构所作出的，在全球范围内可以说没有哪一家机构或个人在这一领域出具的意见比其更具代表性。从这一意义来说，它具有普遍的参考意义。事实上，各国法院在审理此类案件时，在无其他法律或适用的规则的情况下，一般均参照国际商会银行委员会就有关问题出具的意见。② 按 R251 解释，如果商业发票上显示"60 BOXES"而产地证上显示却是"60 PACKAGES "，即使两份单据都显示了发票号码，也会因为"BOXES"与"PACKAGES"在细节上不同而被认为不一致。③ 这显然是极其不合理、极其荒谬的。实践中在参照该意见会出现明显

---

① 转引自王善论：《ISBP 解读》，http：//www. guomaoren. com/dvb/dispbbs. php？ boardid = 4&id = 440&page = 1，2007 年 5 月 12 日访问。

② 国际商会中国国家委员会编：《ICC CHINA 银行委员会意见汇编》（1998—2003），中国民主法制出版社 2003 年版，第 133 页。

③ 程军：《信用证案例分析》，http：//down. mbahome. com/down_ list. asp ？id = 3625，2007 年 5 月 12 日访问。

不公的判决时，部分法院会摒弃该解释。[①] 实践中，不同的法院对“相符”、“一致”含义理解不同，具体掌握的尺寸也不一致，于是导致了相互冲突的判决和不公平的结果。

鉴于 UCP500 对单证相符、单单相符程度规定的空白以及司法实践中“相符”把握程度的不确定，银行怕对外付款后开证申请人会拒绝付款赎单，谨慎起见，银行在审单相符问题的把握上都会倾向于坚持较严苛的标准[②]，特别是在开证申请人破产、或资信状况恶化失去了偿还开证行垫付能力或有可能影响这一能力时，恶意的开证行为求自保，摆脱付款责任，通常会对审单标准持极度严格态度，对受益人提交的单据提出吹毛求疵的不符点。或者有时开证申请人为了摆脱市场下跌的不利局面，会要求开证行尽可能找出极为勉强的不符点予以拒付，开证行怕开证申请人会拒绝付款赎单，也会倾向于损害受益人的利益以自保。更有甚者专在单据上找毛病，借以延期付款。“大量的全球性调查显示，因为不符点问题，近 70% 的信用证项下提交的单据在第一次提示时就遭拒付。”[③] 这严重损害了出口商的利益。其次，UCP500 对单单、单证严格相符

---

① 如“中国银行福建省分行诉东亚银行有限公司信用证不符点纠纷案”，福建省高级人民法院在二审判决书（126 号）中确认：“提单中货物数量记载为‘共计 575 PACKAGES’，虽然与信用证的要求在字面上不一致，但重量备忘录/集装箱中附有计算公式和‘计 575 PACKAGES，116，711YDS’的表述，可以合理地得出‘116，711YDS’即是‘116，711YARD’的结论，‘575 PACKAGES’与‘116，711YARD’并不矛盾，不能以此认为提单与其他单据之间不符、提单与信用证要求不符。”参见金赛波编：《中国信用证和贸易融资法律案例和资料》，法律出版社 2005 年版，第 77 页。

② 举一典型例子：有一份印度银行开来的信用证，购置立德粉，规格为含硫化锌 28% 以上，硫化锌的化学符号为 ZnS，来证却都错打为 2nS，受益人提交的单据上使用正确的写法即 ZnS，银行以受益人提交的单据与信用证不符，拒绝付款。参见沈木珠著：《国际贸易法研究》，法律出版社 2002 年版，第 258 页。

③ 何家宝：《UCP600 前言》，http：//ibdaily. mofcom. gov. cn/show. asp? id = 148751，2007 年 5 月 7 日访问。

中“严格”程度规定不明确，实践中，不同的法院对严格的程度把握不一，导致了相互冲突的判决。再者，UCP500所确立的审单标准相符程度规定的空白、司法实践中“相符”把握程度的不确定、以及高额的诉讼成本使得出口商在自己利益受损时倾向于默然承受。[①] 这造成了极其不公的结果。

针对UCP500第13条a款规定的严苛与不明确，UCP600作了修订。UCP600第2条“定义”中规定“相符交单指与信用证条款、本惯例的相关适用条款以及国际标准银行实务一致的交单”。第14条d款规定“单据中的数据，在与信用证、单据本身以及国际标准银行实务参照解读时，无须与该单据本身中的数据、其他要求的单据或信用证中的数据等同一致、但不得矛盾”。

UCP600强调单内一致、单证一致、单单一致不应拘泥于数据内容的完全同一，而只要不相矛盾即可。在此规定下，前面所举的商业发票上显示“60 BOXES”，产地证上显示却是“60 PACKAGES ”，但两份单据都显示了发票号码的案例中，因为“BOXES”与“PACKAGES”虽然数据内容不完全同一，但明显的两者并不矛盾，因此该商业发票与该产地证构成相符交单。再比如，如果提交的单据中记载的货物计量单位与信用证的要求不完全一致，如信用证上用“码”而提单上用“捆”，在UCP500规则下，坚持镜像标准的银行或法院很可能会直接参照第251号意见，认定为单据表面不一致，为不符交单。但在UCP600新规定下，提单上的计量单

---

① 举一典型事例：我国作为出口方向西欧销售重晶石粉，出口合同使用的品名为“Barytes in powder”，收到的信用证中规定的品名为“Baryte in powder”，少了一个“s”。“Barytes”与“Baryte”原本可以通用，我方按照合同品名缮制发票，并以此向开证行索偿，却遭到拒付，其理由是开证申请人不接受“商品的描述与信用证的品名不同”的发票。实际情况是，装运时，西欧的重晶石粉的价格有较大幅度的下降。后几经争取，我方被迫同意降价后进口人才付款了案。参见刘刚：《关于信用证单证审核中的风险问题探讨》，http：//www.eduboss.com/content/2005－1－4/1325.html，2007年5月11日访问。

位虽与信用证上不等同一致，但是只要二者相互换算后可以得出一致的结论的，就证明二者不矛盾，此时就构成相符交单。再如货物描述问题。在 UCP500 规则下，受益人制作发票时，发票的货物描述都尽量照抄信用证关于货物的描述，因为如果受益人提交的发票的货物描述与信用证上的货物描述不等同一致，就很容易被银行认定为“单证表面不一致”，而遭到银行拒付。在 UCP600 规定下，发票的货描无须与信用证的货描等同一致，只要二者的记载不相矛盾即可。在 UCP500 规则下，如果某一信用证规定了运输单据、保险单据、商检证、产地证等单据，这些单据上关于货物规格、类别、成分、颜色等方面的描述比该信用证的货描更详细，持严苛审单标准的银行很可能会以此认定单证不符。但在 UCP600 规定下只要运输单据、保险单据、商检证、产地证等单据上更为详细的货描记载不与信用证的记载相冲突，其更为详细的货描不是对货物的不利描述，就仍将被认定为相符交单。比如在货物规格上信用证未作描述，而在运输单据上却做了表示装箱数量的记载，运输单据上装箱记载显然不是对货物的不利记载，此时就不应当认定为不符点。

可见，UCP600 确立相符交单是单内相符、单单相符、单证相符；并明确相符的程度是“无须等同一致、但不得矛盾”。

③ 银行审单标准修改之二——UCP600 确立了“单据必须满足其功能”的新审单标准

UCP600 在第 14 条 f 款规定：“如果信用证要求提交运输单据、保险单据或者商业发票之外的单据，却未规定出单人或其数据内容，则只要提交的单据内容看似满足所要求单据的功能，且其他方面符合第十四条 d 款，银行将接受该单据。”

在信用证未对出单人或单据内容作出规定的单据的审核问题上，针对 UCP500 第 21 条的明显不足，UCP600 增加了更加符合实务的规定——“单据必须看似满足其功能”。所谓“单据必须看似满足其功能”，是指单据表面看起来必须为合格单据，符合法规及常规，能实现其功能。因此，“单据必须看似满足其功能”的新审单标准也称为“合格单据”的新审单标准。①

国际贸易中涉及的单据很多，主要包括两大类：资金单据和商业单据。信用证下的资金单据主要为汇票。汇票的功能就是保证付款人在见票时或者指定日期无条件支付确定的金额给收款人或持票人。“单据必须看似满足其功能”的审单标准对汇票而言，就是要求汇票要看似有效，即汇票要具备我国《票据法》所规定的七个要式项目，并且不违反会导致汇票无效的其他强制性的规定，如汇票金额的大小写要一致。满足了这些条件，汇票才能成为有效的汇票，才能成为合格单据。此外，对商业单据而言，“看似满足其功能”就是要求单据要有效地将它所代表的信息体现出来，如原产地证明书的功能就是要证明货物系在某地制造或生产。其内容应包括出口商、收货人、运输方式和路线、唛头和包装编号、货描、数量重量以及发票日期和号码等。只有全部具备了这些内容才能判断该产品的原产地，即一份原产地证明书只有全部具备上述内容才能成为合格单据。

④　银行审单标准修改之三——关于银行审单期限

UCP500 对审单期限规定：银行必须在“不得超过收单翌日起7个工作日的合理时间”内审单完毕并将接受或拒绝该单据的决定通知寄单方；如果银行审单后发现单证不符，其必须“不延误”的发出拒付通知，并在该通知中列出全部不符点、告知单据处理方式。如此在单证不符情况下银行的付款义务才予以解除。

首先，何谓“合理时间”，UCP500 以及随后 ICC 的相关出版物都没有给出明确的界定方法。自 UCP500 生效以来，国际商会收

① 王善论：《UCP600——信用证领域的新规则》，http://www.guomaoren.com/dvb/dispbbs.php? boardid=4&id=1230&page=1，2007 年 5 月 13 日访问。

到了大量关于该条款的确切含义的询问。[①] 国际商会银行委员会著名专家 Carry Collyer 在 2001 年北京信用证法律和实务国际研讨会上的讲稿“Review of ICC Opinion” 中关于第 13 条作出如此答复，“合理时间将根据本地实务、受益人的期望以及法院决定。统一惯例只是给出一个最大的期限。”[②] 制定 UCP500 的国际商会意图将“合理时间” 留给各国的银行实务和司法实践去确定，但是到目前为止，关于合理时间的界定很多国家还没有形成自己确定的一致看法，比如我国。[③] 因为在界定审单时间是否“合理” 时要考虑的因素很多。单据的数量、复杂程度、单据必须具备的细节、这些细节的详细程度、单据的不符点是否显而易见以及银行的规模的大小、信用证业务的繁忙程度、审单人员是否使用习惯的语言等都会影响审单速度。这些具体情况都会影响对审单时间是否合理的判断。“合理时间” 这种措辞过于模糊，缺乏指导意义，并且引发了很多纠纷。[④] 另外，当受益人和银行就审单时间是否合理发生争议诉诸法院后，根据我国的《民事诉讼法》，受益人有义务证明银行的审单超过“合理时间” 的期限限制。但影响审单时间是否合理的因素很多且有些因素受益人很难掌握，比如银行的业务是否繁忙。受益人很难举证证明银行的审单超过合理时间限制。

---

① 转引自周春、靳云丽：《从“合理时间” 到 5 个工作日——对 UCP600 银行审单时限的变化的法律分析》，http：//www. foreigntradelawyer. com/Article_ View. asp? id = 785，2007 年 5 月 8 日访问。

② 金赛波编著：《中国信用证法律和重要案例点评》，对外经济贸易大学出版社 2002 年版，第 21 页。

③ “制定 UCP500 的国际商会意图将此条（指合理时间）留给各国的银行实务和司法实践去确定，但是到目前为止，中国的银行界和司法界并没有形成确定的一致的做法或看法。” 参见金赛波：《中国信用证法律和重要案例点评》，对外经济贸易大学出版社 2002 年版，第 21 页。

④ 举一典型案例：瑞士纽科货物有限责任公司与中国建设银行吉林省珲春市支行拒付信用证项下货款纠纷上诉案，http：//www. court. gov. cn/popular/200304010033. htm，2007 年 5 月 8 日访问。

其次，UCP500 规定拒付通知必须“不迟延”发出，“最迟不超过翌日起 7 个银行工作日”。何谓“不迟延”，UCP500 同样没有给出明确的答复。

针对 UCP500 确立的“合理时间”、“不迟延”不确定引发的诸多问题，UCP600 对信用证审单时限重新作出规定。

UCP600 第 14 条 b 款规定：“按指定行事的被指定银行、保兑行（如有的话）及开证行各有从交单次日起至多五个银行工作日用以确定交单是否相符。这一期限不因在交单日当天或之后信用证截止日或最迟交单日届至而受到缩减或影响。”第 16 条 d 款规定：“第十六条 c 款要求的通知必须以电讯方式，如不可能，则以其他快捷方式，在不迟于自交单之翌日起第五个银行工作日结束前发出。”

UCP600 摒弃 UCP500 中“合理时间”、“不迟延”等含义模糊的规定，而将审单及发出拒付通知的时间都明确地界定为“至多收单翌日起 5 个银行工作日”。这意味着银行只要在 5 个工作日内审核完毕单据、做出决定、发出通知就符合了所有对银行的时间限制，而不论其所用时间是否合理、有否延误。如果银行在第 3 天审单完毕，其可以拖至第 5 天再对外付款。

（3）对 UCP600 审单标准修改的评价

① 银行审单标准之一——关于对“相符”与“一致”修改的评价

UCP600 要求相符交单明确规定为“无须等同一致、但不得矛盾”，这大大放宽了审核的标准，减少了实践中对相关利害关系人影响不大、单据表面微不足道的差别而引起的银行拒付现象。这一规定可以在 ISBP 找到渊源。作为 UCP500 补充的 ISBP 第 24 条规定：“信用证项下提交的单据在表面上不得相互矛盾。该原则并不要求数据内容完全同一，而仅仅要求单据不得相互矛盾。”ISBP 将“单单一致”的标准阐释为“不要求数据内容完全同一，而仅仅要求单据不得相互矛盾”大大放宽了单单相符的标准。但是 ISBP 不能脱离 UCP500 单独使用或直接在信用证中予以援引，并且 ISBP 的效力低于 UCP500。UCP600 将 ISBP 所确立的单单一致标准——

“无须等同一致、但不得矛盾”确立下来，让这一审单标准成为惯例，提高了它的效力。另外，ISBP第24条所确立的“不要求数据内容完全同一，而仅仅要求单据不得相互矛盾”仅适用于认定“单单一致”，并不适用于“单证相符”中相符的认定。UCP600在此基础上将单证相符标准也确定为“无须等同一致、但不得矛盾”。这极大维护了受益人的利益。同时“不得矛盾”又要求银行审单时要保障单证本质内容上相符，确保受益人提交的单据满足进口商的要求，这种做法又保障了进口商的利益。这样明确的放宽要求可以有效地减少信用证的拒付，让信用证真正成为国际结算的支付工具，让买卖双方能本着诚实守信的原则履行自己的契约。在“无须等同一致、但不得矛盾”的新审单标准下，银行将受益人提交的一些明显文字表达不一致但意思并不矛盾的单据，认定为相符交单并对外付款，就有明确的法律依据，无须担心恶意开证申请人会对单据提出吹毛求疵的不符点而拒绝付款赎单。银行可以本着公正原则审单，维护自身的商业信誉。

② UCP600审单标准修改之二——“单据必须满足其功能”的审单标准对当事人权利义务的影响

第一，对开证申请人的影响：

“单据必须满足其功能”的审单标准保证了开证申请人收到合格单据，避免开证申请人接受没有原产地的产地证、没有检验结果的检验证明等极不合理情况的发生，极大地维护了开证申请人的利益。

第二，对银行的影响：

在此项规定下，银行需要了解各类单据的作用及功能，按照各类单据自身的功能及用途审单，审单任务极大地增加了。银行需提升相关工作人员的审单水平，降低接受不合格单据的风险。

第三，对受益人的影响：

合格单据的审单标准意味着在信用证对出单人和单据内容未规定的情况下，受益人需要本着诚实信用的原则，制定合格单据，否则将遭到银行的拒付。

但是，UCP600所确立的“单据必须看似满足其功能”的审单标准的认定依据不明确。一项信用证涉及的单据数量多、种类繁多，对各类单据“满足其功能”的标准各国规定也不同。UCP600未对“单据必须看似满足其功能”的认定依据作出规定，这在实践中可能会引发很多纠纷。

以汇票为例。按照我国《票据法》规定，汇票要成为有效汇票，汇票价值的金额数目中的阿拉伯小写数字和文字大写数字要一致。如果汇票价值的金额数目中的阿拉伯小写数字和文字大写数字两者不一致的，该票据无效。① 英国则规定当汇票金额的大小写不一致时，该汇票仍有效，汇票金额以文字大写数目为准。② 可见，一张具备7个要式项目的汇票，如其汇票金额的阿拉伯小写数字和文字大写数字两者不一致，按我国的法律它将被认定为无效，即单据未能满足其功能，而在英国，它将被认定为有效，即单据满足其功能。这里就存在一个问题。举个例子，如果我国的A公司与英国的B公司签订产品购销合同，A公司为进口方，B为出口方，双方采用信用证付款，开证行为我国的C银行，但信用证对汇票的出票人和内容未作出规定，当B公司以该汇票向英国的保兑行要求付款时，英国的保兑行是以我国的标准来判断单据是否满足其功能呢？还是以英国的标准来判断？UCP600并未作出明确指示。

从单据的功能角度来说，该汇票最终要在我国银行提示付款，所以对该汇票是否满足其功能的审查应该立足于我国的标准，否则“看似满足其功能”的审查将丧失其意义。但是审核单据的是英国的银行，英国银行的工作人员不可能知悉我国法律对各种单据“满足其功能”的规定。那么，英国的保兑行该以何种标准来判

① 《中华人民共和国票据法》第22条。

② 《英国票据法》第9条第2款规定“如应付金额的文字和数字同时表示，而两者有差异，应以文字所表示之金额为准”，《英国票据法》，1982年颁布，http：//article. zhaopin. com/pub/hrclub/view. jsp？id = 21722，2007年5月7日访问。

断？如果英国的保兑行按英国的标准认定一张金额中文大写和数码记载不一致的汇票为合格单据，在单证相符的情况下进行了保兑。但在该保兑行向我国银行索偿时，我国开证行又会依据我国的标准认定该汇票无效，不符合“单据必须满足其功能”的要求而拒绝偿付。英国保兑行的利益如何维护呢？

UCP600 对“单据必须看似满足其功能”的认定依据规定不明确，受益人、银行、开证申请人对“单据必须满足其功能”的认定依据会有不同的看法，UCP600 实施后，在实践中很可能会引发诸多问题。

③ 银行审单标准修改之三——“至多 5 个银行工作日”对当事人权利与义务的影响

第一，对受益人的影响：

审单期限的总体缩短意味着在相符交单情况下，受益人可以提前两天取得货款，在提交的单据存在不符点的情况下，可以有更充足的时间修改不符点，在信用证规定的交单期以及信用证有限期内再次提交单据。这进一步维护了受益人的利益。

第二，对银行权利义务的影响：

UCP500 确定的审单标准——“合理时间”会受到当地行业惯例的影响，而一旦诉诸法律，还受到法官主观判断的影响，合理时间很不确定。UCP600 把单据处理时间的双重判断标准简化为单纯的天数标准，使得判断依据简单化，从根本上消除了 UCP500 规定的不确定性及过于理想化给银行带来的困扰，同时也消除了法院以“不合理”为由轻易地干涉银行业务的隐患。但是审单时间底限的减少，总体来说还是缩短了审单时限，银行要加紧审单速度，避免审单超过时限，丧失主张单证不符而拒付的权利，特别是在银行的审单任务增加（UCP600 下银行还需审核单据是否从表面上看似满足其功能）的情况下，银行审单超过时限的法律风险就增大了。银行要注意提升审单水平，避免审单超过时限。

第三，对开证申请人（即进口商）权利义务的影响：

审单时间底限的减少意味着进口商要提前两天付款，总体而言，进口商的原有利益受损。但是当货物为热销产品并已到港的情况下，银行审单期限的缩短意味着进口商能较快地付款赎单，取得信用证项下单据以提取货物，把握住良好的商机。

UCP600 的“至多 5 个银行工作日”的规定使得信用证付款时间确定，可以减少实践中关于审单时间是否合理的纠纷；总体而言，将支付底限缩短了，受益人可以提前两天收取货款，利益得到了进一步的维护；审单时限的总体缩短，意味着银行对外付款更为迅捷，符合信用证迅捷付款的基本原则。

4. 国际保理若干法律问题探讨

（1）国际保理的产生

保理业务产生至今已有几百年的历史，但是现代保理却是在最近几十年才得到真正发展。它起源于采用寄售方式的商务代理制。由于当时交通、通讯的不便利以及对异地市场的不熟悉，商人们为降低风险，往往在售货地雇用商务代理。商务代理收到委托人的货物，以寄售方式为其推销，然后收取一定的佣金。商务代理还可以根据实际情况提供收款、坏账担保和预付款融资。随着交通、通讯的发展，商人们不再采取寄售方式，商务代理转变成保理商，接受卖方的应收账款债权的转让而成为应收账款的债权人，这就是现代保理。

现代保理的产生是在汇付、托收、信用证付款方式后的一种新型的付款方式。在 20 世纪 60 - 70 年代，国际贸易中有 85% 的贸易额采用信用证方式支付。但进入 90 年代以后，由于信用证欺诈盛行和国际买方市场的形成，国际市场特别是欧美市场采用信用证方式付款的比例大大降低，付款交单（D/P）、承兑交单（D/A）以及赊销（O/A）等商业信用的付款方式逐渐成为国际贸易中付款的主要形式，但与此同时也带来了坏账、呆账的增加。对于进出口商来说，买卖既要能获取利润，又要能在交易中减少货款收付风险，简化交易程序、降低交易费用并能获得融资担保。因而到了 20 世纪 80 年代起，世界各国都开始发展本国的保理业务，以提高本国出口商品在国际市场上的竞争能力。

（2）国际保理的概念

国际保理目前尚没有一个统一的定义。根据《国际保付代理公约》的规定，保理是指卖方（供应商或出口商）与保理商之间存在的一种契约关系。根据该契约，卖方（供应商、出口商）将其现在或将来的基于其与买方（债务人）订立的货物销售、服务合同所产生的应收账款转让给保理商，由保理商为其提供下列服务中的至少两项：① 贸易融资。出口商可运用保理获得无追索权的、手续简便的贸易融资，包括贷款和预付款。② 保持与应收账款有关的账目。保理商会根据出口人的要求，定期、不定期的向其提供关于应收账款的回收情况、逾期账款情况、信用额度变化及对账单等各种财务和统计报表，协助出口人进行销售管理。③ 应收账款的催收。保理商一般都有专业人员和专职律师处理账款的追收，并且保理商还会根据应收账款的逾期时间采取信函通知、打电话、上门催款及采取法律手段等。④ 信用风险控制与坏账担保，防止进口商拖欠付款。在出口商与保理商签订保理协议后，保理商会对进口商核定一个信用额度，在协议执行过程中，随时根据进口商资信状况的变化对信用额度进行调整。对出口商在核准信用额度内的应收账款，保理商提供100%的坏账担保。因此可见，保理实际上是一种融结算、管理、担保、融资为一体的综合性服务业务，本质上是一种债权转让。

近年来，随着国际贸易竞争的日益激烈，国际贸易买方市场逐渐形成。对进口商不利的信用证结算的比例逐年下降，赊销日益盛行。由于保理业务能够很好地解决赊销中出口商面临的资金占压和进口商信用风险的问题，因而在欧美、东南亚等地日渐流行。在世界各地发展迅速。据统计，1998 年全球保理业务量已达 5000 亿美元。

（3）国际保理的当事人及保理的程序

国际保理的当事人有以下四个：出口商、出口保理商（出口商所在地）、进口商、进口保理商（在进口商所在地）。由于在国际保理中，有单保理和双保理两种运作方式，彼此涉及的当事人略有区别。以下以双保理为例，其保理的程序为：

① 买卖合同规定采用远期商业信用（如承兑交单 D/A、挂账 O/A）的保理方式收付货款；

② 出口商与出口保理商签订保理协议，并将进口商的名称、地址等信息和进口商信用额度审查申请一并交给出口保理商，以便出口保理商对进口商的信用额度进行审查；

③ 出口保理商委托与其有业务往来的进口保理商对进口商信用额度进行评估、审查；

④ 进口保理商对进口商进行信用调查，确定信用额度，并通知出口保理商；

⑤ 出口商在信用额度内发货，并将发票和货运单据直接寄送进口商，发票副本送给出口保理商；

⑥ 出口商若有融资要求，出口保理商即以预付款方式向出口商提供不超过发票金额 80% 的无追索权短期贸易融资，并向进口保理商定期提供应收账款清单，协助催收货款；

⑦ 进口商在付款期到来时，将全部货款付给进口保理商，进口保理商立即将款项转交出口保理商；

⑧ 出口保理商扣除有关费用及贴息后，将剩余的 20% 货款付给出口商。

在双保理业务中，整个保理程序，出口商只需和出口保理商联系，进口商与进口保理商联系。但是，若是采用单保理的方式，当事人中一般缺少出口保理商，而由出口商直接与进口保理商联系。

（4）国际保理当事人之间的法律关系

国际保理一般涉及四方当事人，即出口商、进口商、出口保理商和进口保理商。各当事人之间的关系受他们之间签订的合同约束。

① 出口商与出口保理商之间的法律关系

出口商与出口保理商之间是以保理合同为基础形成的委托代理合同关系。如果出口保理商为 FCI 成员，则其在与出口商签订保理合同时，应尽力保证《国际保理业务惯例规则》适用于保理合同。

通常来说，保理合同应当具备如下条款：保理合同当事人双方；保理服务的内容和范围，包括当事人双方在保理合同中明确保理商提供的保理服务的内容和范围，如保理商是否提供资金融通、账目管理、应收账款收取及进口商信用担保；应收账款转让；保理费用等。

②出口保理商与进口保理商之间的法律关系

出口保理商与进口保理商之间是委托代理合同关系，委托代理合同一般是基于出口保理商与进口保理商之间的长期合作协议所签订的。如果两个保理商都是FCI成员，则除了他们之间有双边协议之外，他们首先应当遵守FCI章程。根据该章程，成员之间应当遵守FCI《国际保理业务惯例规则》和《仲裁规则》。因此FCI成员之间的纠纷自动适用该惯例规则，并且应当提交给国际保理商联合会仲裁解决。

③出口商与进口商之间的法律关系

出口商与进口商之间是货物买卖合同法律关系。货物买卖合同的条款与一般的国际货物买卖合同大致相同，只是付款条件一般选择赊销及承兑交单方式。货物买卖合同所适用的准据法可以根据当事人意思自治原则由当事人选择，也可以根据最密切联系原则来确定，还可以适用相关国际公约和国际惯例。

(5) 国际保理中应收账款转让的有效性问题

对于国际保理中应收账款转让的性质大多数学者认为是属于民法上的债权转让。但由于各国对债权转让的法律规定相差甚远，因此，在国际保理中有必要研究应收账款转让的有效性问题。一般来说，应收账款的有效性取决于以下几个方面：

第一，法律对应收账款的可转让性的态度。各国国内立法一般对现有的应收账款允许转让（当然，具有人身性质的债权或其他法律禁止转让或当事人约定不得转让的债权不被允许转让）。但是，对未来发生的应收账款能否转让，各国规定不同。按照我国《合同法》第79条的规定，债权人可将合同的权利全部或者部分转让给第三人，但从条文的规定来看，并未明确指出“合同的权利”是仅指现存的合同权利还是也包括未来合同的权利。美国《统一商法典》第9编204条规定在担保协议中可约定对未来发生的与融资相关的抵押证券、应收账款、动产票据、无形资产支付、本票的转让。日本对已产生债权，债权让与前通知一般被认为无效，但对于未来债权的让与，判例和通说一致认为让与前的通知有效。① 从国际层面来看，《国际保付代理公约》、《国际保理业务惯例规则》和《国际贸易中应收款转让公约》都规定了未来应收款的可转让性。若转让人与受让人约定适用某一国内法，那么对未来发生的应收账款能否转让就应当按照该国内法来判断。

第二，法律对买卖合同中禁止应收账款转让的态度。由于债权的转让有时会改变债务人的义务或增加债务人的风险，所以，如果买卖合同当事人在合同中约定禁止应收账款转让，那么根据普通法，债权的转让对债务人是无效的。我国《民法通则》第91条规定：“债权转让应取得债务人的同意，依照法律规定应当由国家批准的合同，需经原批准机关批准。”我国《合同法》第79条也规定当事人约定不得转让的，债权人不可以将合同权利全部或部分转让给第三人。但根据美国《统一商法典》第2－210条的规定：“禁止让与合同应解释为仅禁止将让与人的履约义务向他人让与，除非客观情况作出相反表示。”根据该条规定，权利的让与并非在禁止之中。《国际保付代理公约》第6条则规定：“尽管销售商和债务人之间订有禁止转让应收账款的任何协议，销售商向保理商转让应收账款仍应有效”，但是“债务人在此合同订立时位于公约第18条作出声明的缔约国内除外”，但是公约规定了“债权的转让不影响销售商根据诚信原则对债务人所承担的任何义务或者销售商在违反货物销售合同作出的转让方面对债务人的任何责任”。上述规定表明公约认为即使销售商和债务人之间存在禁止应收账款转让协议，销售商转让应收账款给保理商的行为仍然是有效的，只不过这

① 韩海光、崔建远：《论债权让与和对抗要件》，载《政治与法律》2003年第6期。

种转让不影响销售商对债务人所承担的任何义务和责任。

由于各国和国际公约对买卖合同中禁止应收账款转让的态度大不相同，为解决法律适用的冲突，《国际保理业务惯例规则》第21条对进出口保理商之间转让所适用的法律作出规定：“出口保理商与进口保理商均同意，向进口保理商进行转让的适用法律应是进口保理商所在国的法律，因此进口保理商应负责告知出口保理商有关转让通知的法律条文和转让的程序。”由此，我们可以得出：在存在禁止应收账款转让的协议情况下，应收账款能否转让或是否有转让的效力，关键在于进口保理商的国内法的规定，当然，若进口保理商所在国是《国际保付代理公约》的缔约国，那么，该公约也将得以适用。

第三，应收账款转让的形式及生效条件。这是应收账款转让有效的形式要件和实质要件。各国在转让的形式和实质要件上规定各不相同。从《国际保付代理公约》第5条的规定来看，公约对应收账款的转让认为应该采用书面形式。在其第8条规定了应收账款的转让必须由供应商或经供应商授权的保付代理人向债务人做出书面的转让通知，并合理地确定了已转让的应收账款和保付代理人，同时要求该应收账款是产生于转让前订立的货物销售合同或转让通知送交之时。

（6）国际保理中应收账款转让与第三人权利的冲突问题

在《国际保付代理公约》第8条第1款规定了应收账款的转让与第三人权利的冲突。该款规定，只有在债务人不知道任何其他人针对付款的优先权利时，债务人才有义务向保付代理人付款。该款的规定意味着该应收账款若存在其他优先权利时，保理商可能面临着风险。从《国际保付代理公约》的规定来看，并没有对应收账款同时享有权利的优先顺序问题作规定。但是，对同一笔应收账款的优先权利的主张是一个复杂而又重要的问题，它直接关系到保理商是否能够安全收回应收账款，进而影响整个保理业务的存废。如果保理商不能够确定他是否是卖方账款的唯一受让人或者不清楚法律的态度，保理商在国际融资市场上提供服务的可能性就会大大降低。① 在公约对应收账款转让与第三人权利的冲突问题规定缺失的情况下，保理商在与卖方签订保理协议时，要预先作出安排。

虽然《国际保付代理公约》对应收账款转让与第三人权利冲突的解决没有规定，但是《国际贸易中应收款转让公约》设定了三种优先权制度，一是以登记为依据确定优先权；二是以转让合同的时间为依据；三是以转让的通知时间为准的优先权规则。② 在该公约中，我们根据第 1 条的规定可以判断出在第一、二种优先权制度中，以登记确定优先权为首要原则，在没有登记的情况下，才以转让合同的时间判断债权的优先次序。但是当各个受让人分别以“转让合同时间”和“转让的通知时间”要求享有优先权时，以哪一个确定优先权，公约未给予明确规定。因为从公约的第 1 条的规定看，第 1 条中并未提到“转让的时间”和“转让的通知时间”的先后适用问题，甚至根本就未提及“转让的通知时间”，似乎“转让的时间”要优先于“转让的通知时间”。③

应收账款转让与第三人权利冲突主要表现在：

第一，与债权的其他受让人之间的权利冲突。这种情况的发生是由于卖方将应收账款多重转让。因此，保理商在与卖方签订保理协议时，应明确卖方在此种行为中应承担的责任。但是如果出现卖方破产，保理商则必须面对与第三方权利的冲突。

---

① 李珂、廖升：《“国际保理公约”若干问题评析——写在公约颁布10周年之际》，http://www.studa.net/lunwen，2007 年 12 月 28 日访问。

② 参见《联合国国际贸易中应收款转让公约》附件第一节、第三节、第四节。其中第一节“以登记为准的优先权原则”第 1 条：“在同一转让人相同应收款的若干受让人之间，一个受让人对所转让应收款的权利的优先顺序，由根据本附件第二节登记有关转让数据的先后次序决定，不论应收款的转移时间如何。未登记此种数据的，优先顺序以各方分别订立转让合同的先后次序决定。”

③ 在公约的附件中，第一节第 1 条具有统领的作用，而且从结构的编排上说，“转让的通知时间”安排在第四节。所以笔者认为，这样的位次排列决定了适用的优先性。

第二，与抵押权人之间的权利冲突。应收账款的抵押权人往往是银行。在国际贸易中，卖方为了获得融资，有时会将应收账款抵押给银行。如果该抵押行为发生在卖方与保理商签订保理协议之后，那么虽然卖方违反了保理协议，但保理商与卖方的应收账款转让是有效的，保理商对该债权享有优先权。但是，若抵押行为发生在卖方与保理商签订保理协议之前，该抵押行为对保理商的影响有二：一是如果该应收账款被设立了固定抵押，在固定抵押到期前，卖方对应收账款没有处置权利，因此，已设立的固定抵押的应收账款的转让是无效的，保理商不能得到法律的保护；二是该应收账款被设立了浮动抵押，那么在抵押明确化之前，因抵押暂不与债权相关联，卖方仍有权利处置债权，此时如果保理商将应收账款转让通知在抵押明确化之前送达债务人（买方），那么保理商针对抵押权人而言，仍然享有优先权。

第三，与卖方前手的权利冲突。在国际货物买卖合同中，向卖方出售货物的前手常与卖方约定：在卖方支付货款前保留货物的所有权。所有权的保留可能会影响卖方对货物权利的取得。如果卖方没有支付货款，那么卖方与保理商之间的应收账款的转让就会因卖方前手所有权的保留而受影响。因此，在前手保留货物所有权的情况下，保理商要么放弃保理，要么取得卖方的前手出具的弃权书。否则，在一般情形下，如果保留货物所有权条款指向的货物或款项很明确，且在保理协议生效前所有权保留条款已生效，那么保理商就不应对该债权享有优先权。

第四，与承运人货物留置权的冲突。在国际货物运输中，运费的支付方式有两种：运费预付和运费到付。当由卖方承担运费的支付义务时，如果采纳的是运费到付的方式，那么卖方在货物到达目的地时如果没有支付运费，承运人可以留置其承运的货物。在承运人留置货物时，买方是无法提取货物的，因而保理商也就不能收回应收账款。因此，在保理协议中，保理商应与卖方约定卖方担保运费的支付，否则货物留置权与应收账款转让将产生冲突。

(7) 国际保理在我国的现状

我国外贸长期以来在结算方式上适用 T/T 或信用证结算，对于 D/A、O/A 付款方式，由于买方信用风险太大，外贸公司很少采用。但自 20 世纪 90 年代以来，我国外贸出口也逐步采用 D/A、O/A 付款方式。由于我国外贸公司对国外进口商信用状况不了解，国外进口方拖欠货款严重，坏账逐年增加。尽管如此，我国在出口贸易中却甚少采用国际保理。据 1998 年 FCI 的统计数据，1998 年我国国际保理业务结算额仅为 2000 万美元左右，只占我国出口额的 0.01%；1999 年又降至 1700 万美元。① 这一状况是与国际贸易中信用证使用日渐减少，赊销记账交易使用不断增多的潮流相悖的。

现在，我国商业银行都可以开展保理业务。截至 2006 年 5 月，中国银行、中国工商银行、中国建设银行、中国农业银行、交通银行、中信银行、光大银行、招商银行、中国民生银行、浦东发展银行、上海银行、香港上海银行有限公司等 12 家金融机构都已经成为 FCI 的成员，并发展保理业务，提供保理服务。上述银行为我国外贸出口保理提供了有利的条件。但是，许多外贸公司对国际保理业务还很陌生，因此，我国对国际保理业务还需加大宣传力度，加强对国际保理的研究，为我国外贸出口额的增长提供良好的条件。

---

① 姚芙蓉：《浅析国际保理业务在我国发展的难点与对策》，http://www.hicourt.gov.cn/theory/artilce_list.，2007 年 4 月 12 日访问。

第四章　经济全球化下的多边贸易体制与国际贸易法

一、概述

（一）多边贸易体制的产生和发展

1. 世贸组织的产生

1944年7月，在美国的新罕布什尔州的布雷顿森林市召开了由44个国家参加的会议，主要商讨如何重建战后国际经济新秩序。会议主张解决30年代国际贸易与金融秩序的混乱状态，消除贸易壁垒，稳定金融，贸易自由化，开放市场等问题，建立布雷顿森林体系。该体系理念有两大重要机构：国际货币基金组织和世界银行。在世界银行和国际货币基金组织相继成立的情况下，为了早日推进世界贸易自由化的进程，着手纠正从30年代初遗留下来的大量贸易保护主义措施，联合国通过其下属机构——经济与发展理事会，试图在国际贸易领域建立一个类似上述机构的组织，作为联合国的特别组织来规范各国在世界贸易领域的合作。为此，联合国在哈瓦那召开了会议，并于1947年通过了《哈瓦那宪章》，宣布成立国际贸易组织（International Trade Organization，ITO）。宪章除了宣布成立这一组织外，还通过了许多超越纯粹贸易自由本身的国际贸易规范，如：劳动力市场、原材料供应、竞争法等，因此ITO遭到美国的反对而胎死腹中。随后，在临时委员会的支持下，各国对相互间的关税减让进行协商并达成协议，作为《哈瓦那宪章》的组成部分而约定下来，由23国政府签署《关税与贸易总协定》（GATT），由临时委员会来管理，临时委员会便是后来GATT的秘书处。[1] 《关税与贸易总协定》作为拟意成立中的国际贸易组织（ITO）的临时性贸易协定应运而生，并朝着常设性机构的方向发展。GATT 于是取代 ITO，成为战后近 50 年管理国际贸易的准国际组织。

随着 GATT 的运作，各缔约方对关税减让、补贴和反补贴、技术性贸易壁垒、进口许可证程序、政府采购和反倾销等进行了多轮会谈，并担负起了国际贸易组织的主要任务。由于国际贸易的发展，特别是国际服务贸易的增长，GATT 原有规范已经与贸易形势不相符合，此外，原有的一些制度设计在多年的运行中也逐渐暴露出其弊端。

1986 年“乌拉圭回合”启动时，谈判议题并没有涉及建立世界贸易组织问题，只设立了一个关于完善关税与贸易总协定体制职能的谈判小组。在新议题的谈判中，涉及服务贸易和与贸易有关的知识产权等非货物贸易问题。这些重大议题的谈判成果，很难在关税与贸易总协定的框架内付诸实施，创立一个正式的国际贸易组织的必要性日益凸显。因此，欧洲共同体于 1990 年初首先提出建立一个多边贸易组织的倡议，这个倡议后来得到美国、加拿大等国的支持。

1990 年 12 月，布鲁塞尔贸易部长会议同意就建立多边贸易组织进行协商。经过一年的紧张谈判，1991 年 12 月形成了一份关于建立多边贸易组织协定的草案。时任关税与贸易总协定总干事阿瑟·邓克尔将该草案和其他议题的案文汇总，形成“邓克尔最后案文（草案）”，这一案文成为进一步谈判的基础。1993 年 12 月，根据美国的动议，把“多边贸易组织”改为“世界贸易组织”。

1994 年 4 月 15 日，“乌拉圭回合”参加方在摩洛哥马拉喀什通过了《建立世界贸易组织的马拉喀什协定》，简称《建立世界贸易组织协定》。该协定规定，任何国家或在处理其对外贸易关系等事项方

---

① Resolution Establishing an Interim Commission for the ITO, UNTB 1947 – 1948, 978f.

面拥有完全自主权的单独关税区，都可以加入世界贸易组织。

据此，八年的乌拉圭回合谈判才终于在 GATT 的基础上形成了一个管辖范围扩大的、更为科学合理的全新的多边贸易体制。其中在乌拉圭回合谈判中签订的《建立世界贸易组织协定》是最基础性的文件，是世贸组织成立的基础法律文件，其他各个协定和决定都作为附件附随其后，在经过 76 个国家批准后，协定于 1995 年 11 月生效。根据《建立世界贸易组织协定》第 1 条的规定，世界贸易组织在同一天宣告成立。

乌拉圭回合谈判的成果除了成立世贸组织外，对贸易和与贸易相关的议题进行了广泛的谈判。根据 1986 年 9 月 20 日总协定缔约国部长级会议发表的《乌拉圭回合部长宣言》，确定谈判范围为货物贸易谈判和服务贸易谈判两大部分，涉及 15 个议题，即关税、非关税措施、热带产品、自然资源产品、纺织品和服装、农产品、关贸总协定条款、保障条款、多边贸易谈判协议和安排、补贴和反补贴措施、争端解决、与贸易有关的知识产权包括冒牌货贸易问题、与贸易有关的投资措施、总协定体制作用和服务贸易。关于货物贸易谈判，《乌拉圭回合部长宣言》规定的目标是："决心制止和扭转保护主义，消除贸易扭曲现象；决心维护关贸总协定的基本原则和促进关贸总协定的目标；决心建立一个更加开放的、具有生命力和持久的多边贸易制。"关于服务贸易谈判，其目标是："制订处理服务贸易的多边原则和规则的框架，包括对各个部门制订可能的规则，以便在透明和逐步自由化的条件下扩大服务贸易，并以此作为促进所有贸易伙伴的经济增长和发展中国家发展的一种手段。"《乌拉圭回合部长宣言》所确定的谈判目标基本实现，WTO 框架下的协议，如《服务贸易总协定》、《与贸易有关的知识产权协议》、《与贸易有关的投资措施协议》都是乌拉圭回合谈判的成果，其成就在历史上是空前的。

2. 世贸组织的发展

(1) 多哈回合的目标——发展的回合

回顾乌拉圭回合谈判的历程，对于当时提出的新议题的谈判，包括服务贸易、知识产权和与贸易有关的投资议题，由于发达国家占有绝对的优势，谈判范围和目标明确，准备也充分；发展中国家则处于仓促应战的境地，对谈判目标和准备都欠明确、充分。但对于发展中国家关心的农业准入、补贴等问题，虽然在《乌拉圭回合部长宣言》中提出将农业引入多边体制，各国同意纠正和防止农业市场上的扭曲，发达国家也只是赞成减少农业总补贴，农业谈判特别是市场准入方面的谈判没有取得进展。

正是因为在乌拉圭回合中尚有遗留问题没有解决，而且贸易的自由化需要在更多领域达成协议，2001 年 11 月，在卡塔尔首都多哈举行的世贸组织第 4 次部长级会议启动了新一轮多边贸易谈判，称为“多哈回合”。“多哈回合”谈判确定了 8 个谈判领域：农业、非农产品市场准入、服务、知识产权、规则谈判、争端解决、贸易与环境、贸易和发展问题。

“多哈回合”原计划在 2005 年 1 月 1 日之前结束，但在 2003 年 9 月的墨西哥坎昆部长级会议上，由于各成员在农业等问题上有着严重的分歧，造成谈判陷入僵局。后经多方努力，2004 年 8 月 1 日世贸组织各成员就多哈回合谈判达成框架协议，为削减农业补贴和取消关税、降低工业品关税、推动服务贸易自由化确立了基本原则。2005 年 12 月，在中国香港举行的世贸组织第 6 次部长级会议上，农产品贸易问题取得积极的进展，但在事关多哈回合成败的削减农业补贴、降低非农产品关税和开放服务业等关键问题上仍未取得突破。

2006 年年初，世贸组织成员又开始对农业和非农产品市场准入问题进行谈判，但始终难以有进展。直到 7 月，由于世贸组织 6 个主要成员——美国、日本、欧盟、澳大利亚、巴西和印度就农业和非农产品市场准入问题未能达成协议，世贸组织被迫宣告中止“多哈回合”谈判。11 月，世贸组织贸易谈判委员会召开多哈回合谈判中止后的第一次全体会议，“软重启”或“试探性重启”多哈谈判。但直至 2008 年 2 月，对世贸组织提出新的妥协方案，由于 27 个欧盟成员国中有 20 个反对而搁浅。

从目前情况来看，2008 年底若要完成“多哈会谈”的目标还有艰难的路程要走。

(2) 多哈回合——利益阵营的博弈

多哈回合谈判持续了 7 年，但迄今仍未达成任何协议。从多哈回合的谈判来看，各种利益集团的矛盾凸显。在坎昆会议上，WTO 的两大阵营——发达国家和发展中国家，因为利益的纠葛，矛盾重重。与此同时，在不同的阵营里又分化出不同的利益群体。如在农业问题上，发达国家内部分化出美国、凯恩斯集团和欧盟、瑞士、挪威、日本和韩国集团。前者农产品的竞争力较强，试图利用多哈回合谈判来推动农产品贸易的自由化，而后者的农业缺乏比较优势，农业生产主要集中在少数产品，他们的谈判目标则是尽可能维持对农业的高度保护，强调灵活性。此外，发展中国家成员也分化出三大利益群体，一是包括中国、印度、巴西在内的 21 国集团，他们代表了世界上 63% 的农村人口、51% 的世界总人口，农业产量占世界总产量的 20%，农产品进出口总量分别占世界总量的 26% 和 17%；二是包括非洲、加勒比和太平洋地区国家集团、非洲联盟和以孟加拉国为首的最不发达国家结成的 77 国集团；三是由多米尼加、洪都拉斯、肯尼亚、尼加拉瓜、巴拿马和斯里兰卡等组成的 33 国集团。不仅如此，在 2004 年 8 月的日内瓦会议上，发展中国家阵营又进行了分化，产生了以非洲集团、最不发达国家及非洲、加勒比和太平洋国家集团的 90 国集团。[①] 此外，在日内瓦谈判中，美国和欧盟也试图对发展中国家进行分化，提出“先进的发展中国家”概念，将中国、印度、巴西列入其中，并认为“先进的发展中国家”成员不应与贫穷的发展中国家成员享受同等待遇。而对此划分，加勒比和非洲地区的一些穷国表示支持，南美和东南亚的许多国家则表示关注。

不同利益集团参与多哈回合谈判的主要障碍是农业问题。由于

---

① 陈楫宝：《多哈回合：中国在日内瓦赢了什么?》，参见 http://finance.sina.com.cn，2008 年 2 月 12 日访问。

发达国家依照 WTO《农业协定》，可以对农业进行补贴，而发展中国家因财力有限，对农业无力补贴，但在谈判中却被迫降低关税，从而使发达国家被补贴了的农产品廉价进入发展中国家，对发展中国家的农业造成冲击。对这种扭曲了的农产品贸易，在多哈回合谈判中，发达国家却不愿减少对农业的补贴。因此，"多哈回合"的农业谈判，只有在消除贸易壁垒、减少农业保护、提高发展中成员的市场准入机会、促进农产品公平贸易，充分考虑发展中成员和最不发达成员的农业发展实际和需要，才能看到胜利的曙光。

目前，全球面临着金融动荡，世界经济面临着种种危机，特别是粮食危机，如果 2008 年多哈回合能达成协议，无疑成为全球经济的"强心剂"。因此，多哈回合谈判的成功显得尤为重要。

（二）世贸组织的法律规范

1. WTO 的法律规范与法律体制

WTO 继承和发展了 GATT，WTO 与 GATT 除了在组织体上有显著区别之外，另一个特点就是它从法律角度对国际经济关系进行调整，体现为经乌拉圭回合达成的一系列协议，构成 WTO 强大的实体规范，这些较完备的实体规范成为 WTO 法律体制的基石。

WTO 的法律规范除了 WTO 成立的基础法律文件——《建立世界贸易组织协定》外，共有 46 个协定，它们作为附件隶属于《建立世界贸易组织协定》，分成 4 个附件。

附件 1 包括三个方面的内容：

第一，多边贸易协定。货物多边贸易协定由两部分组成，一是《1994 年关税与贸易总协定》（以下简称 GATT 1994），二是乌拉圭回合达成的有关货物贸易的 12 个协议。GATT 1994 是 WTO 法律框架的重要组成部分，也是货物贸易 12 个协议的原则与法律基础。

具体来说，多边贸易协定包含四组协议。其一，由多边贸易规范组成的《1994 年关税与贸易总协定》，它包括《1947 年关税与贸易总协定》的各项实体条款、1995 年 1 月 1 日以前根据《1947 年关税与贸易总协定》作出的有关豁免、加入等决定、"乌拉圭回合”中就有关条款达成的6个谅解以及《1994年关税与贸易总协定马拉喀什议定书》。可见，《1994年关税与贸易总协定》中有关货物贸易规范是建立在《1947年关税与贸易总协定》基础之上，并进行了完善和发展。其二，是两项具体部门协议，即《农业协议》和《纺织品与服装协议》。其三，包括《技术性贸易壁垒协议》、《海关估价协议》、《装运前检验协议》、《原产地规则协议》、《进口许可程序协议》、《实施卫生与植物卫生措施协议》、《与贸易有关的投资措施协议》7项。其四，包括《保障措施协议》、《反倾销协议》、《补贴与反补贴措施协议》3项贸易补救措施协议。

第二，《服务贸易总协定》(GATS)。“乌拉圭回合”之前，关税与贸易总协定谈判只涉及货物贸易领域。随着服务贸易不断扩大，服务贸易在国际贸易中的重要性日益增强，但许多国家在服务贸易领域采取了不少保护措施，明显制约了国际服务贸易的发展。为推动服务贸易的自由化，在“乌拉圭回合”中，发达国家提出，将服务业市场准入问题作为谈判的重点。经过8年的讨价还价，最后达成了《服务贸易总协定》，并于1995年1月1日正式生效。

《服务贸易总协定》将服务贸易分为跨境交付、境外消费、商业存在（跨境设立商业或专业机构）、自然人流动四种形式。《服务贸易总协定》包括最惠国待遇、透明度原则、发展中国家更多的参与、国际收支限制、一般例外、安全例外、市场准入、国民待遇、逐步自由化承诺等主要内容。《服务贸易总协定》还承认发达成员和发展中成员之间服务业发展水平的差距，允许发展中成员在开放服务业方面享有更多的灵活性。

第三，《与贸易有关的知识产权协定》(TRIPs)。知识产权是一种无形资产，包括专利权、商标权、版权和商业秘密等。随着世界经济的发展，国际贸易范围的不断扩大，以及技术开发的突飞猛进，知识产权与国际经济贸易的关系日益密切，但已有的国际知识产权保护制度缺乏强制性和争端解决机制，对知识产权未能实行有效保护。在发达国家强烈要求下，关税与贸易总协定将与贸易有关的知识产权纳入了“乌拉圭回合”的谈判之中。

“乌拉圭回合”达成了《与贸易有关的知识产权协定》。该协定明确了知识产权国际法律保护的目标；扩大知识产权保护范围，加强相关的保护措施，强化了对仿冒和盗版的防止与处罚；强调限制垄断和防止不正当竞争行为，减少对国际贸易的扭曲和阻碍；作出了对发展中国家提供特殊待遇的过渡期安排；规定了与贸易有关的知识产权机构的职责，以及与其他国际知识产权组织之间的合作事宜。《与贸易有关的知识产权协定》是“乌拉圭回合”一揽子结果的重要组成部分，所有世界贸易组织成员都受其规则的约束。

附件2是《关于争端解决规则与程序的谅解》（DSU）。由于关税与贸易总协定的争端解决机制遵循协商一致的原则，对争端解决没有规定时间表，这成为其一个巨大缺陷，因此，经过谈判，乌拉圭回合最后达成DSU。争端解决机制遵循平等、迅速、有效和双方接受的原则，通过专家组和上诉机构对成员间的争议进行受理，并采用反向协商一致的原则，裁决具有自动执行的效力，同时WTO争端解决机制明确了争端解决和裁决实施的时间表。因此，世界贸易组织争端裁决的实施更容易得到保证，争端解决机制的效率更高。

附件3是贸易政策审查机制（the Trade Policy Review Mechanism，TPRM）。1988－1989年在乌拉圭回合谈判中期就贸易政策审查机制首次达成协议，该附件3是该机制的修订版。监督各成员的贸易政策是WTO的职能之一，而贸易政策审查机制是WTO履行该职能的核心。贸易政策审查机制所要实现的目标就是通过定期对各成员的贸易政策的审查，督促各国实现贸易政策的透明化，并符合WTO的规则和纪律。通过定期对贸易政策的审查，一方面使WTO的其他成员了解该成员的贸易政策，另一方面也向该成员提供WTO其他成员对其表现的反馈。贸易政策的审查期限，按照各成员在世界贸易份额中所占的比例来确定，其中在世界贸易份额中占前4位的欧盟、美国、日本和加拿大每2年接受一次审查；在世界贸易份额中占第5－20位的成员每4年接受一次审查；除了最不发达成员可以有较长时间的审查周期外，其他成员每6年接受一次审查。当然，在WTO成员一致同意的情况下，审查周期如有必要可以给予6个月的延长期。在贸易政策审查机构对成员的贸易政策和实践审查后，WTO将出版该成员政府准备的政策报告和贸易政策审查机构的会议记录，此外，贸易政策审查机构还发表世界贸易环境进展的年度总评。

附件4是诸边贸易协定，并据此建立了几个诸边机构，包括民用航空器贸易委员会和政府采购委员会。在WTO成立时，诸边贸易协定包括《民用航空器贸易协定》、《政府采购协定》、《国际奶制品协定》和《国际牛肉协定》，但是后两个协定在1997年底失效。此外，在1996年12月的新加坡首届部长级会议上，由15个欧盟成员国的29个国家或地区贸易部长签署发表了《关于信息技术产品贸易的部长宣言》，即《信息技术协议》。部长宣言发表时其并未立即生效，直到1997年3月26日，由40个国家和地区的代表在WTO的日内瓦总部达成了《信息技术协议》。因此，1997年4月1日《信息技术协议》正式宣告生效。①

附件4所列协定及相关法律文件不属于“一揽子”协议，是世贸组织成员可以自愿选择参加的协定。对于接受的成员而言，它属于《WTO协定》的组成部分并且对该成员有约束力，对于未接受的成员而言，则不产生权利和义务。

2. WTO法律规范的“硬法”特点

WTO不仅拥有发达的法律体系，较完备的规范，而且同以往的国际经济法律规范相比，它改变了原先国际经济法律规范的“软法”特点，强化了规范适用的强制性，WTO争端解决机制的

① 在WTO新加坡部长级会议发表的宣言中，要求所有参加方的信息技术产品贸易额超过世界信息技术产品总贸易的90%时，协议才正式生效。由于当时29个参加方的信息技术产品贸易额只有83%，因此该协议当时未能生效。直到1997年3月由40个国家和地区的代表在日内瓦WTO总部达成《信息技术协议》，这40个国家和地区的技术产品贸易额占世界信息技术产品贸易总额的92.5%，达到了协议生效的条件，协议才于1997年4月1日正式宣告生效。

改良和发展，无疑使这些实体规范更具有“硬法”的特征。①

从国际经济法律规范的实施来看，无论是国家之间缔结的条约还是非政府组织达成的协议，主要依靠缔约各方自觉遵守。在WTO的争端解决机制建立之前，国际社会存在的各种法律规范，在面对缔约方不守约的情况下，只能通过国际舆论、外交等手段，给非守约方一定的压力，以促使其履行条约约定的义务。但是在WTO争端解决机制建立后，通过专家组和上诉机构对案件行使强制管辖权且规定了完整的争端解决程序，并赋予胜诉方正当、合法地行使制裁措施，这些都强化了各成员方对WTO各协定的遵守，因此，与以往国际经济法律规范相比，WTO的规范更具有“硬法”的特性。

二、WTO与国际贸易法相关问题专题研究

（一）WTO与贸易自由化问题的分析：以利益平衡为视角

经济全球化的重要表现形式之一——贸易自由化，以1947年GATT正式签署为标志，预示了全球贸易自由化进程的开始。随着WTO的建立，更是将贸易自由化推向全球性制度化方向发展。WTO一贯以推进贸易自由化为己任，通过多边贸易体制坚实的法律基础和组织基础，不断限制各国政府的权力，减少政府干预，消除关税及非关税壁垒，实现各国间货物、服务贸易以及与贸易相关

① 从学界近年来对国际社会已存的法律规范的“软法”和“硬法”的讨论情况看，他们是从国际条约和协议签订的主体和协议对缔约方的约束力角度对条约和协议的性质所作的划分。参见徐崇利：《跨政府组织网络于国际经济软法》，载《环球法律评论》2006年第4期；牛洪莹：《浅析国际法中软法基本问题》，载《南方论刊》2007年第4期；徐崇利：《经济全球化与跨国经济立法模式》，载《华东政法学院学报》2006年第2期。但是，笔者这里所谓的“软法”和“硬法”与上述含义不同，它是从条约和协议实施的角度，对条约和协议的实施效力所作的一种划分。

的投资、知识产权的自由流动。但不尽如人意的是，自 WTO 建立以来，各国间的贸易纠纷不断，反倾销、反补贴及保障措施运用频繁，甚至一些国家将国内法律域外适用，阻止国外商品的进入。人们不禁要问，WTO 倡导的贸易自由化，贸易真的能“自由化”吗？

1.“贸易自由化”的经济政策分析——利益决定贸易政策的选择

贸易自由化的内在动力在于各国市场经济的扩张性。随着经济的发展，各国已不满足于国内有限的市场资源，要求打破国界，视全球市场为一体化。但这只是经济发展的客观需求，在实现全球经济一体化、贸易自由化的过程中，各主权国家因各自不同的利益、不同的经济状况，各国国内的贸易政策、法律对贸易自由化的态度也是大相径庭的。

贸易自由和贸易保护在一国对外贸易政策中，往往根据需要交替使用。在资本主义原始积累时期，注重对本国市场份额的占有，因而这一时期国家在贸易政策上采取贸易保护主义政策，通过加强政府干预，设立种种贸易障碍，以保护本国市场，限制商品的进口，以积累货币。随着贸易保护所带来的经济急剧增长，特别是当一个国家工业已形成规模，并在市场中占据主导地位，国内企业的生产能力大于国内市场需求时，各国的贸易政策就转向自由的贸易政策。所以，从近代工业社会发展来看，在各国经济发展过程中普遍存在由贸易保护向贸易自由政策的转变。“二战”前特别是 1920－1939 年世界经济危机后，各国为了经济的复苏，为了保住自己国内的市场份额，又纷纷采取贸易保护主义政策，阻止外来商品的进口。而随着经济的恢复和发展，特别是现代跨国公司的出现和蓬勃发展，为在世界上获取更大的市场份额，主要资本主义国家又转而倡导贸易自由化①。1947 年 GATT 的签署，正是这一历史背景下的产物。

---

① 徐泉著：《国际贸易投资自由化法律规制研究》，中国检察出版社 2004 年版，第 56—57 页。

(1) 利益决定货物贸易政策的选择

由上述分析可见，各国在经济发展过程中采取何种贸易政策，主要受各国利益的驱使。不仅如此，即使在某一发展阶段采取贸易自由政策，但在不同的行业、不同的产品上，仍然存在不同的贸易主张，即贸易保护与贸易自由两种政策同时并存。以美国为例，由于其具有的强大经济实力，并拥有世界上顶尖的高科技手段，所以在大多数领域，美国是贸易自由的呐喊者，但在若干劳动力密集型产业，如钢铁、纺织等，美国依然是贸易保护主义的拥护者。就反倾销方面，美国对中国提起钢铁反倾销诉讼，1996 年 11 月，中厚钢板诉讼，涉案金额 1.05 亿美元；1999 年 6 月，冷轧薄板诉讼，涉案金额 4000 万美元；1999 年 7 月，螺纹钢诉讼，涉案金额 540 万美元；2000 年 11 月，冷轧卷板诉讼，金额 1 亿美元；2001 年 5 月，结构钢梁、焊缝钢管诉讼，金额分别为 3154 万美元和 1608 万美元；2001 年 6 月，钢铁产品 201 调查，金额为 3.5 亿美元；2001 年 9 月，冷轧卷板诉讼，金额 3000 万美元；2002 年 3 月，石油钢管诉讼，金额 5500 万美元①。在 2002 年 3 月，美国还开始实行惩罚性钢铁关税，被 WTO 裁决为非法后，迫于全球贸易伙伴和国内钢铁消费业的压力，布什总统宣布取消惩罚性钢铁关税。但是当时的布什政府以反对向美国倾销钢铁为由大幅提高了对进口钢铁产品的关税。布什在一份声明中指出，“现在这些保护性措施已达到了它们的目的。我坚信，只要我们拥有一个公正和平等的环境，美国工人可以与任何人展开竞争。”② 由此可见，当美国认为进口对其国内的钢铁等弱势生产企业造成消极影响时，它就不会用“比较

① 《涉及中国的钢铁反倾销案件及钢铁保障措施案件一览表》，来源于中国网，2005 年 11 月 10 日访问。

② 《国内外压力巨大 布什宣布取消反倾销钢铁关税》，来源于 http://news.rednet.com.cn/Articles/2004/12/495598.HTM，2007 年 10 月 11 日访问。

优势”理论①来说服自己放弃国内的钢铁生产业，转而采取反倾销等非关税贸易壁垒，保护其国内的钢铁工业。因此，美国提倡的自由化是美国政府根据美国的国际竞争力优势而采取的一项认为将使美国受益的贸易政策，针对的仅仅是美国在国际贸易中有竞争优势的产业，尤其是高科技和电信产业。而对钢铁、农业以及制造业，由于其国内在贸易自由化过程中的经济结构调整、制造业工人的大量失业等原因，美国政府更多的是采取贸易保护主义政策。

(2) 利益决定服务贸易政策的选择

上述分析只是表明，在货物贸易领域，利益决定了各国政府在贸易政策上的选择。实际上，在服务贸易中也存在相同问题。服务贸易与货物贸易不同，其特点之一就是在很大程度上依赖于人员的跨境流动。然而 WTO 成员在人员跨境流动的服务贸易自由化的谈判中却始终达不成协议。其主要原因仍然在于发达国家与发展中国家的利益分歧。从实践来看，对发展中国家有利的普通劳动力这一要素流动，不但不推动自由化，反而受到了种种限制。

当前全球化的突出特点，是它允许甚至强制资本自由流动，但却在很大程度上限制人员特别是普通劳动力的流动。就连索罗斯这样的资本所有者也自省地言道：“不平等地对待劳动与资本，是当前全球资本主义的一个重要特点。提供廉价劳动力的发展中国家往往被剥夺了组织工会的权利，并在其他方面受到虐待，这符合跨国公司的利益。”在 WTO 框架内，GATS 中关于人员跨境流动也受到发达国家的控制。在乌拉圭回合服务贸易谈判之初，美国极力主张其有比较优势的金融、电信服务领域的自由化，试图将对发展中国家有优势的劳动密集型的建筑工程服务排除在谈判之外。后来在 GATS 横向承诺上，美国和欧盟在涉及自然人提供服务问题上表示

---

① 李嘉图创立的自由贸易理论，认为在资本和劳动力在国际间不能自由转移的情况下，各国可用自己具有的生产优势，即用生产成本较低的商品向他国换取本国生产成本较高的商品，在自由贸易条件下，可降低商品成本，减少消费者支出。

“不做承诺”。①

人员跨界流动涉及各国出入境管理制度、移民政策以及就业和社会保障、社会安定、劳动法等多方面的问题，因此，发达国家坚决主张在知识和技术密集型服务贸易方面可以实行自由化，对发展中国家具有优势的劳动力密集型服务贸易自由化主张予以限制。在《服务贸易总协定》定义的四种提供服务的方式中，第四种服务提供方式——“自然人存在”是与人员跨境流动关系最为密切的一种。对于“自然人存在”服务提供方式的范围，发达国家反对就“自然人存在”这种服务提供方式作出宽泛的解释，而是将“自然人存在”与第三种提供服务方式即通过设立商业机构提供服务（简称“商业存在”）联系在一起，强调“自然人存在”应主要是公司内部人员的跨界流动，而且主张将这种人员流动限制在高级专业技术或管理人员范围内，例如，母公司向设在外国的分支机构派驻高级经理、专家或行政、财务主管等。与发达国家的立场形成鲜明对比，以印度为首的发展中国家竭力主张多边服务贸易规则应保证人员的自由跨界流动，反对将自然人提供服务与设立商业机构联系在一起，认为自然人提供服务不仅包括公司内部的人员流动，也包括以合同为基础的人员流动，也就是说，开放服务市场意味着允许本国企业聘用外国雇员。不仅如此，发展中国家还反对将跨界流动提供服务的自然人限制在高级专业技术和管理人员范围内，而要求将中低技能的人员也包括在内。② 发展中国家的主张就是在贸易自由化中，充分发挥国内的劳动力资源优势，实现全球范围内的劳动力的自由转移。

此外，在多哈回合服务贸易谈判中，各成员国利益的较量也略见一斑。由于发展中成员国国内的服务业缺乏市场竞争力，担心贸

---

① 杨正位：《均衡的全球化战略：发展中国家应对 WTO 和经济全球化的总体战略》，来源于中经网，2006 年 6 月 13 日访问。

② 张若思：《WTO 新一轮服务谈判中的人员跨界流动》，载《国际贸易》2003 年第 4 期。

然开放会冲击本国的服务市场；而美国对于服务贸易中的自然人跨境移动已计划不再做更开放的让步；巴西基于农业谈判成效不佳，转而在服务贸易谈判中坚持不再开放教育服务。因此，在谈判中，以美国为代表的发达成员国与以巴西、印度为代表的发展中成员国为了各自的利益，都不肯作出让步，从而导致多哈回合服务贸易谈判陷入僵局。

可见，发达国家与发展中国家的利益冲突是全球贸易自由化实现的最大障碍。

2. 利益的较量——多边贸易体制的危机

尽管各国的利益决定了各国贸易政策的选择，贸易自由政策在各国具有阶段性和局部性的适用特点。但是，自 1947 年关贸总协定缔约至 WTO 建立，成员国希望实现互惠互利，大幅度削减关税和其他贸易障碍，取消国际贸易中的歧视待遇，多边贸易体制也对贸易自由化作了最大努力的制度安排，并且人们一般认为促进全球贸易自由化和贸易秩序的公开、公正和公平的最佳选择是多边贸易体制。因为在多边贸易体制的无条件、自动适用的最惠国待遇原则下，任何一项关税的减让、任何一项非关税壁垒的限制，任何一种透明、公正、公平贸易管制规则和制度的建立或完善，都会产生以点带面的扩散效果①。应该说，多边贸易体制对贸易自由化有极大的促进作用，WTO 的所有成员国均希望通过多边贸易体制为本国获取最大的贸易自由，以带来更多的利益。由于 WTO 除了对最惠国待遇、关税的减让、国民待遇、非关税壁垒的限制等作出规定外，还赋予各成员国在特定条件下，可以采取反倾销、反补贴和保障措施等，以保护本国的产业和利益。因此，多边贸易体制的建立并不意味着各国间利益冲突的消逝，相反，这种利益的冲突在多边贸易体制下，表现得更为彰显。

① 参见曾令良：《区域贸易协定的最新趋势及其对多哈发展议程的负面影响》，载《法学研究》2004 年第 5 期。

(1) 国内法与 WTO 协定的冲突

在近些年 WTO 争端解决机构处理的案件中，一些国家利用 WTO 协议的模糊性，在贸易中不顾协议精神，对本国作有利的解释，甚至在国内立法中公然违背 WTO 的规定。在美国对钢铁征收惩罚性关税而引发的争端中，根据 WTO 的《保障措施协议》第 4 条第 2 款第 2 项的精神，要求调查机关必须根据客观证据证明，有关产品增加的进口与严重损害或严重损害威胁之间存在因果关系，如果增加的进口以外的其他原因正在同时对国内产业造成损害，则此类损害不得归因于增加的进口。这表明在国内的某个产业遭受到严重损害时，是否需要采取保障措施，除确定存在严重损害外，还得视“增加的进口”和“严重损害”之间因果的关联性和归因性来确定。若因进口增长以外的其他各类因素所导致的严重损害，即使有进口增长的事实，此类损害也不得归咎于进口增长。同时，对主管机关而言，审查增加的进口以外的原因是否同时造成损害是一项根本性工作。如果该主管机关没有作这项审查，它就不能确定将其他因素造成的损害“归因于”增加的进口。但美国对进口钢铁征收惩罚性关税，依据的是《美国统一商法典》第 2251 节（a）和 2252 节（b）。第 2251 节（a）要求增加的进口应构成国内产业损害或损害威胁的实质原因，根据第 2252 节（b），“实质原因”是指重要并且不亚于其他任何原因的一个原因。所以，增加的进口只要在重要性上相等或大于其他原因即可，而没有对归因性进行分析。显然，这不符合世贸组织《保障措施协议》的规定。由于美国国内法的规定与《保障措施协议》不符，因此世贸组织争端解决机构认为美国国际贸易委员会在判定因果关系时采用的方法是不符合《保障措施协议》的，无法保障其裁决结果对出口方利益是符合世贸规则的、公平和公正的，因而裁决美国对进口钢铁施加高关税为非法。

上述国内法与 WTO 协定的冲突，其最根本原因是一国与他国的利益冲突。欧美等发达国家倡导的贸易自由化，实际上是以此为手段控制别国尤其是发展中国家的资源和市场。而当自由贸易对其不利时，便罔顾承诺，实行保护主义。即使在多边贸易体制下，发达国家主张的贸易自由只是要求他国给予本国的绝对贸易自由，是单向的要求。而当本国面临他国商品的涌入时，则利用 WTO 某些协定规定的模糊性，或干脆将 WTO 协定内容束之高阁，采取单边主义政策，对 WTO 裁决置之不理，依然我行我素。因此，在多边贸易体制中，由于各国利益冲突导致的贸易争端几乎是不可能避免的。

可以预见，如果发达国家对 WTO 的各协定，在贸易实践中根据自己的需要进行解释或将国内法置于 WTO 协定之上，WTO 的权威性将丧失殆尽，这对维护多边贸易体制及其倡导的贸易自由化具有极大威胁。

(2) 利益的让步决定 WTO 的前途

在 WTO 中，各集团的利益冲突，让人们对 WTO 的前途万分担忧。有学者在香港部长级会议召开前，因对会议无更高期望，因而提出万一谈判僵持，也可能会因祸得福，可以“让各国政府重新思考贸易策略并回到已经实践检验的单边贸易自由化政策轨道上”，甚至提出建立“全球自由贸易协会（Global Free Trade Association）”，作为一个“同道者的联合体”，来推动贸易自由化进程。① 不难看出，这种对多边贸易体制的绝望心态具有一定的代表性。因此人们对香港多哈回合部长级会议寄予最后的希望，就连联合国和货币基金组织的官员都出面督促各方采取切实的态度来挽救世界贸易体系。

然而，香港部长级会议最初的磋商结果并没有令世人失望。在经过艰难的回合后，美国在农产品保护上首先让步，欧盟在经历一段时间的僵持后最终也同意在 2013 年取消农业补贴。欧盟和美国及其他发达国家的让步使香港部长级会议取得了一定的进展，人们对多边贸易体系的前途看到一丝曙光。就在人们对 WTO 重建信心

① 《全球贸易自由化需要急先锋》，来源于 http://chinese.wsj.com/gb/20051215/opn140405.asp，2006 年 4 月 1 日访问。

后不久，2006 年 7 月 24 日经历了 14 个小时的日内瓦多哈回合谈判，最终因来自美国、欧盟、澳大利亚、巴西、印度和日本的贸易部长未能就核心的农业和非农业产品市场准入问题达成一致，多哈回合贸易谈判被迫中止。世贸组织总干事拉米在谈判结束当天表示，将正式建议全面中止多哈谈判，且不为恢复谈判设定任何时间表。有学者认为，艰难的“多哈回合谈判”的失败，主要原因在于欧盟和美国为了保护国内的农业免受竞争，不愿降低贸易壁垒，各主要攸关方顾其利益、固执己见、不愿妥协、不作让步，从而导致多边贸易体制“黑暗”时代的到来。

3. 利益的需求——多边贸易体制的边缘化和区域贸易自由化的发展

上述可见，多边贸易自由化的发展进程坎坷不平，各主要成员方利益很难达成妥协。究其原因，主要是发展中国家的力量增强，WTO 各主要成员国的力量对比发生了变化，并形成了发展中国家与发达国家、发达国家之间不同的利益集团，改变了以往由发达国家单方控制 WTO 规则制定权的局面。可以说，过去 WTO 规则的制定，都是以发达国家国内的规则为模型，并在此基础上修订而成，发展中国家入世后，就要向这些规则看齐。很显然，WTO 的不少规则适应发达国家而不适应发展中国家，在某种程度上说，它只是发达国家国内贸易规则在世界上的延伸，维护的是发达国家的利益。最为典型的就是 TRIPs 中规定的所谓“知识产权保护的最低标准”，这其实只是发达国家要求发展中国家做到的“最低标准”，对于发展中成员国来说，实现该最低标准，何尝不是困难重重。而现在，WTO 发展中成员国，通过付出的惨重代价，认识到在经济全球化的过程中，自己所处于的一种劣势地位，意识到在新规则制定的谈判中，必须考虑到发展中国家的经济发展水平和存在的客观情况，认识到在 WTO 的谈判中，必须结成同盟，而不能任由发达国家说了算。因此，在多哈的谈判中，发展中国家开始有了话语权。发达国家和发展中国家这二大利益集团在谈判中从各自的利益角度发出不同的声音，即使是发达国家之间，在不同的议题谈判中也加入不同的联盟。WTO 内部出现利益的多元化及不同的利益集团，而且彼此牵连纵横、相互交织，增大了利益汇合点的难度。因此，WTO 的发展陷入瓶颈之势。

对于发达国家来说，WTO 框架下的多边贸易体制已经使得全球大多数国家的贸易和投资壁垒大大降低，而现在通过这种体制来获得更进一步的传统意义上的贸易和投资收益的空间已经不大，这些国家开始把目光放在全球区域经济一体化上，去寻求一种多边贸易体制以外的更深层次的利益。

曾有学者断言，如果世界贸易组织多边贸易谈判不能取得进一步的进展，那些热衷于贸易自由化的国家将退而求其次，把目光集中在地区和双边贸易协议上。实际上，这种情况在全球已经逐渐增多，每一个世界贸易组织成员都签署了某类区域贸易协定。区域或双边自由贸易协定的盛行已经成为国际经贸活动的一个重要趋势，而且协定的内容已不再限于关税与非关税的取消或降低，它甚至涵盖了在多边贸易体制中难以达成协议的知识产权、环境、服务贸易等问题。如：美国在 RATs 或 FTA 的谈判中，因其是当今世界知识产权大国，对知识产权的保护尤为重视。美国政府通过 RATs 或 FTA 将知识产权国内保护标准移植到其他国家。在 2001 年至 2005 年美国签署的八个自贸协定中，虽然各个自贸协定的内容有所差异，但关于知识产权保护的内容却基本一致，都大大超越了 TRIPs 的标准。[①] 对美国来说，这样的战果在 WTO 多边贸易体制谈判中是无法得到的。

但是，有学者指出，这种规模更小的区域贸易协议只是全球贸易发展的替代品，在改善了所有签署协议国家之间贸易交流的同时，也通过偏向某些国家而扭曲了市场，即使它们的商品提供的经济价值更低。所谓“扭曲了市场”，就是指对区域内成员的“自由贸易主义”和对区域外成员的“贸易保护主义”，这无疑违反了

① 姚新超：《多边主义还是区域（双边）主义》，载《国际贸易》2006 年第 8 期。

WTO 的基本原则。一般来说，区域内特殊规则的增多对贸易自由化没有任何好处。这类协议削弱了寻求以多边对话取得更加广泛的贸易发展的意愿，对小国和贫困国家尤其有害，因这些国家缺乏像美欧这样庞大的经济体向其让步的经济实力，除非它们成为更主要的谈判联盟的一部分。①

从目前情况来看，这种寻求区域贸易自由化对未来多边贸易自由化的影响可能弊大于利，特别是对于我国的影响②。从多哈回合谈判的失败，我们可以预测，在未来的贸易自由化的发展中，美国、欧盟等发达国家和地区将会更加专注于区域经济一体化的谈判与合作。不过，无论是多边贸易体制还是区域贸易体制，在贸易自由化中，各国利益始终是占有首要地位，只有在不妨碍、不威胁各自利益的前提下，为能从贸易自由化中受益，才追求贸易的自由化。

4. 结语

现阶段，多边体制下的贸易自由化遭遇障碍，主要来自于两个方面：一是 WTO 虽然极力推进贸易自由化，但是为了保障贸易自由化在公平、公正的秩序下进行，又设计了一些贸易救济措施和一些例外的规定，而一些国家基于利益，滥用救济措施和例外规定，导致 WTO 中贸易纠纷不断，显示出“贸易自由化”并不那么尽如人意；二是在新的议题和谈判的领域，直接涉及各成员国利益的冲突，如果发达国家在新的形势面前，依然顽守先前既得的利益，置发展中成员国于不顾，那么，多边贸易体制下已经获得的贸易自由化的成果将止步不前。

---

① 袁蓉君：《多哈谈判希望之光熄灭》，参见 http://210.34.51.1:85/index/Transform.asp? default = 2&threeblockcode = 020301&blockcode = &cedb，2006 年 7 月 29 日访问。

② 我国加入 WTO 后，一直致力于多边贸易体制的发展，对外的区域经济合作开展不多。在现在多边贸易体制的困境下，中国对外贸易增长速度将受到影响。

因此，不论是国际上有关贸易的双边和多边协议，还是各个主权国家在对外贸易方面作出的安排和进行的管理，所直接涉及的都是贸易利益的分配和再分配，这些协议和安排的产生和形成都是讨价还价和利益博弈的结果，各种保护贸易的关税和非关税措施，不过是有关各方参与贸易利益分配的手段而已。这就是各个国家都在一面讲自由贸易，一面实行保护贸易的原因。现实的国际贸易既不是纯粹的自由贸易，也不是完全的绝对保护，而是自由贸易和保护贸易在不同情况下和不同程度上的结合或均衡。无论是自由主义还是保护主义，都是为本国国家利益。①

贸易自由化固然有诱惑力，但贸易自由化本身并不会给发展中国家和最不发达国家带来富裕，若想要从中受益，最终需要各国经过利益的博弈后在 WTO 中达成利益的平衡。

（二）WTO 贸易与环境冲突法律问题之分析

历史上贸易的产生是随着 15 世纪前后欧洲的海外扩张和陆上扩张而带来的商品全球性扩散。早在 18 世纪前，阿拉伯和意大利商人就在欧亚大陆的两地区之间贩运香料、丝绸、宝石和香精等奢侈品。到了 18 世纪末期，这种有限的奢侈品的贸易由于新的、体积庞大的必需品的交换而转变为大规模的贸易：欧洲的朗姆酒、布匹、枪炮及其他金属产品运送到非洲，非洲的奴隶运送到美洲，美洲的蔗糖、烟草和金银运送到欧洲，这种繁荣一时的三角贸易对世界经济产生了重大影响②。与其他各洲相比，欧洲所受到的影响全是积极的，这种积极的影响直接表现在：18 世纪末开始进行的工业革命在很大程度上得益于全球性贸易中积聚起来的资本和海外市场对欧洲制造品的日渐增长的需要。历史上贸易的自由化促进了商

---

① 杨正位：《均衡的全球化战略：发展中国家应对 WTO 和经济全球化的总体战略》，来源于中经网，2006 年 6 月访问。

② ［美］斯塔夫里阿诺斯著：《全球通史——1500 年以后的世界》，吴象婴、梁赤民译，上海社会科学院出版社 1999 年版，第 218 页。

品的全球流通，给世界经济的发展带来了不可估量的动力。

贸易的自由化在全球经济发展中有着积极的作用，但随着1929－1933年第一次世界经济危机的爆发，各国贸易保护手段充分发挥、运用，发达国家特别是美国认识到高关税政策不利于国内经济发展和对外经济扩张，因而首先提出“贸易自由化”的口号，主动倡议建立一个以实现贸易自由化为目标的国际贸易组织。在这种背景下，关贸总协定得以建立。应该说，从关贸总协定到世贸组织，对于这样的一个国际经济组织来讲，为商界创造一个有保障和可预见的国际贸易环境，并使投资和贸易繁荣的贸易自由化持续进行，使多边贸易体制在世界范围内促进经济增长和发展是其始终的目标和宗旨。但是，随着国际贸易的发展，环境与贸易之间的关系问题越来越成为国际社会关注的焦点。贸易自由化的强调和环境保护的加强是当前人类社会所追求的两大共同发展目标。然而，在上述目标的实现过程中，又隐含着两者之间内在的矛盾。以促进贸易自由化为己任的WTO也不得不面对世界经济一体化和环境保护全球化并存的现实。人们看到在WTO的框架下，随着多边贸易谈判的深入，贸易自由化趋势的加强，贸易与环境的关系问题也被纳入WTO的法律框架下。

1. 贸易与环境法律冲突的渊源

贸易与环境法律冲突的渊源表现在以下两个方面：一是WTO各协议中有关贸易与环境问题的规定；二是多边环境协定（MEAs）贸易政策与世贸规则的冲突。在上述两个方面的冲突中，“由于MEAs目前在全球约有200个，其中涉及贸易条款的协定有20个，这些贸易条款允许与某些国家进行贸易但却禁止与其他国家的相似产品进行贸易，或者允许在进口产品与本国相似产品之间实行歧视性待遇。前者违背了WTO的最惠国待遇原则，后者则违背了国民待遇条款，都与WTO的非歧视性原则背道而驰，从而构成了MEAs贸易政策与世贸规则之间冲突的根源。虽然到目前为止，还没有一个这样的争端提交WTO解决，但潜在冲突的可能性是明显存在的”。[①] 目前，实践中所显现出的是 WTO 各协议中贸易与环境问题规定的冲突。

GATT/ WTO 作为国际经济组织，自 1947 年签订《关税与贸易总协定》以来，一贯以推行贸易自由化为其终极目标，并将该目标体现在其各种法律文件中。但随着贸易自由化进程的推进，不仅引发了环境问题而且还加剧了环境问题的恶化，严重影响了人类自身的生存和发展，这就使得该组织不得不面对日益严重的环境问题。除了在《建立世界贸易组织的马拉喀什协定》的序言中明确规定为可持续发展的目的扩大对世界资源的充分利用、保护和维护环境外，在《关税与贸易总协定》（1994）、《技术性贸易壁垒协议》、《实施动植物卫生检疫措施协议》、《农产品协议》、《服务贸易总协定》、《与贸易有关的知识产权协定》，以及乌拉圭回合谈判中作出的《关于贸易与环境的决议》，都对贸易与环境问题作了规定，归纳起来，主要有：

（1）GATT 第 2 条规定成员国可以按照自己的环境计划，自行决定对进口产品征收以保护环境为目的的环境税费。

（2）GATT 第 11 条规定可以实施数量限制的三种例外：① 输出缔约国为防止或缓解粮食或其他必需品的严重缺乏而临时实施的出口禁止或限制；② 根据环境标准或环保要求，为实施国际贸易上商品分类、分级和销售的标准及条例而必须实施的禁止进出口或限制出口；③ 为保护国内生态环境而对本国农渔产品实施限制的同时也可对进口产品实施限制。

（3）GATT 第 20 条是对自由贸易原则一般性例外的规定，其中第（b）和（g）两款的规定与环保相关。（b）款规定允许为保护人类、动物或植物的生命或健康的目的采取必需的贸易限制措施；（g）款规定允许为保护可用尽自然资源而采取有关措施，只要此类措施与限制国内生产或消费一同实施。

---

① 郎平：《新一轮多边谈判中贸易与环境问题》，载《世界经济与政治》2003 年第 1 期。

(4) WTO协定附件1中的《技术性贸易壁垒协议》中的规定：① 各国为保护人类、动植物的生命健康或环境可制定技术性标准和法规，只要不构成任意的或不合理的歧视，不构成对国际贸易的变相限制；② 各国为保护人类健康或安全、保护动物或植物生命或健康及保护环境，可以不适用有关国际标准指南或建议。[①]

(5)《实施动植物卫生检疫措施协议》中的规定：各国可以在国际贸易中对动植物携带疾病的传播或输入及有害物含量制定控制标准和措施。[②]

(6) TRIPs中的规定：各成员国为保护人类、动物或植物的生命或健康或避免对环境造成严重损害，对某些发明可拒绝授予专利权，并可以制止这类发明在该成员地域内进行商业性使用。[③]

在上述规定中，应该说，GATT中环保贸易条款的规定是其他各协议的渊源，特别是GATT第20条的规定。而且在上述各协议中，对贸易与环境的规定大多比较原则，可操作性较差，对名词或概念缺乏解释，对贸易与环境的关系没有明确界定，为贸易与环境的冲突埋下隐患，这也是WTO中因环保贸易条款而引发多起纠纷的原因。

2. 贸易与环境法律冲突原因

(1) WTO的性质所决定

虽然在《建立世界贸易组织的马拉喀什协定》的序言中强调可持续发展原则，但WTO本身并不是一个环境组织，它在贸易与环境领域的职责仅限于对影响环境的贸易政策和对贸易有显著影响的环境政策的协调，它的作用是继续推动贸易自由化并确保环境政策不构成贸易壁垒，而且贸易规则也不对充分的国内环境保护造成阻碍。由于贸易政策和环境政策对成员国的利益影响甚大，而WTO对于实施怎样的政策才能做到既促进贸易自由化又不会对环

① 参见《技术性贸易壁垒协议》序言。

② 《实施动植物卫生检疫措施协议》第2条。

③ 《与贸易有关的知识产权协议》第27条第2款。

境造成不良影响缺乏深层次的思考，因而造成 WTO 各协议对因环境而限制贸易的条款表述不明确。再者，WTO 作为国际经济组织，推进贸易的自由化是其成立的初衷，只是在一些发达成员国国内环保主义者呼声高涨的情况下，WTO 部分成员国在各协议的谈判中，提出国际贸易的环境条款，将贸易与环境问题纳入讨论的议题。但与其他议题不同的是，无论是发达国家还是发展中国家，对此议题均无明确的立场和态度。在全球生态化大势所趋之下，WTO 也不得不考虑在有关协议中订入环保贸易条款。

(2) WTO 相关协议环保贸易条款的含糊表述

在 WTO 中，为了在不同体制、不同经济发展水平的国家间能达成共识，各协议都尽可能的采用模糊的、原则性的表述，使得各成员国可根据自己的意愿对协议的内容作任意的解释。

在“美国精炼汽油和传统汽油标准”一案①中，委内瑞拉和巴西认为美国的汽油规则违反了 GATT 第 1 条、第 3 条以及《技术性贸易壁垒协议》第 2 条的规定，并因此对国际贸易造成了不必要的障碍。美国则认为汽油规则属于 GATT 第 20 条的例外，认为它对于保护人类、动植物生命或健康是必要的，与保护枯竭性自然资源相关。专家组在分析与裁定中，注意到了 GATT 第 3 条中所涉及的“相同产品”的国民待遇问题，但由于条文本身并没有具体详尽地确定“相同产品”的因素，专家组在解决这个解释性的问题时，只好参照了《维也纳条约法公约》第 31 条。同样，在 GATT 第 20 条 g 款中所述的“可能用竭的自然资源”，条文对何种资源是“可能用竭的自然资源”没有做出任何解释，而对“可能用竭”从不同的角度认定，其结论是不一样的。此外，在本案中，专家组审查美国提出的 GATT 第 20 条的例外情况时，由于该条只是规定“一成员可以采取为保护人类、动植物的生命或健康所必需的措施”，但对如何采取保障措施才是适当的没有做出规定，因此，专

① 韩立余编著：《WTO 案例及评析》（上卷），中国人民大学出版社 2000 年版，第 175 页。

家组对美国所采取的对进口汽油的歧视性措施是否是为了保护人类和动植物的生命和健康所必需也进行了论证，最后得出：美国的汽油规则造成的对进口汽油的歧视性待遇并不“主要旨在”保护其自然资源，因而不具有正当性，不符合 GATT 第 20 条的规定。但是，美国对专家组的这一裁定结果提出了上诉，即对专家组在报告中对 GATT1994 第 20 条的解释提出异议。

实际上，在 WTO 解决的环保贸易条款纠纷中，很多案件涉及对 GATT 第 20 条的解释或与其相关联①。WTO 协议中的环保贸易条款的含糊表述已成为成员国贸易纠纷的渊源。

（3）WTO 在环境方面规定的“软法”性质是造成冲突的原因之一

在 WTO 协议中，允许成员国自由设定其环境目标，并为实现该目标制定各自的环境政策，使得多国经协议而追求的国际环境目标及为此制定的国际环境政策被架空。这主要是由于在 WTO 法律体系中，缺乏明确的环境标准和政策，只是一些指南或指导性政策；另一方面，WTO 可能担心统一的环境标准会给国际贸易带来不必要的障碍，影响成员国对协议的一揽子接受，所以对成员国授予了自由的、宽松的环境权。由此导致在 WTO 协议中，充满着“可此可彼”的表述，为各国绿色贸易壁垒提供了法律依据。如在《技术性贸易壁垒协议》中，阐述了“认识到国际标准和合格评定制度在提高生产效率和促进国际贸易方面能作出重要贡献，因此期望推动这种国际标准和合格评定制度的发展”；“但期望国际标准和合格评定程序不会给国际贸易造成不必要的障碍”；“认识到不应阻止任何国家在其认为适当的范围采取必要的措施，……保护人类、动物或植物的生命或健康，保护环境……”。“认识到不应阻止任何国家采取必要措施，以保护其根本的安全利益”。这些规定直接导致不同的经济发展水平国家采取不同的环境标准和环境政

① 如美国的汽油规则案、美国的对虾和虾产品案、欧共体的牛肉（荷尔蒙）案、澳大利亚马哈鱼案等。

策。相对来说，发达国家采用较严格的环境标准，而发展中国家由于自身经济、技术水平的限制、环境意识的欠缺和自身利益的需要，则采用较宽松的环境标准和政策，并由此导致发展中国家在发达国家市场准入问题上发生纠纷，出现发达国家对发展中国家变相的贸易限制。不仅如此，发达国家之间也因环境标准和措施的不统一引发了一系列的纠纷。

3. 贸易与环境的法律协调

从 GATT 到 WTO，成员国因环境问题而引发的贸易纠纷，归根结底是由于贸易与环境的规则冲突。这种冲突具体表现在以推动贸易自由化为己任的世贸组织，对 WTO 各协定中的“环保例外条款”如何解释、成员国单边环境措施是否具有域外效力等问题上。对于上述问题的回答，涉及如何看待贸易自由化与环境的关系、如何对贸易与环境进行法律协调，这些将影响到世贸组织法律未来的发展方向。笔者认为，在当今，非关税的绿色贸易壁垒已成为贸易自由的极大障碍，作为经济联合国的 WTO，必须直面贸易和环境问题，并尽快采取相应的对策。

(1) 在 WTO 框架下，进行专门立法，强化国际环境法的功能和作用

在现行的 WTO 协议中，尚未有贸易与环境的专门协定，只是在各协议中有一些“环保例外条款”的规定。这些例外规定，不足以防止和解决环保贸易纠纷。WTO 成员国必须对贸易和环境问题达成专门的协定，以对贸易和环境关系问题有一个明确的界定。

在过去的日子里，从 GATT 解决的“金枪鱼”案，到 WTO 的“牛肉（荷尔蒙）”、“马哈鱼”案等 32 个案件①，WTO 在现有的法律框架体系尚无调整贸易与环境冲突案件实体规则的情况下，通过对上述案件的处理，专家组的态度也从倾向贸易自由到关注贸易对环境的不良影响。WTO 在处理上述争端中，已经积累了丰富的

---

① 从 WTO 成立到 1999 年开始审查、2000 年上半年结案的共 32 个案件。

经验，对争端中争议的环保贸易条款作出了一系列的解释，确立了一些原则，并有一定的创新。虽然这些案件的处理结果不具有判例法的作用，但可以从中归纳、总结出其含有的法理精神和理念，为各成员国达成贸易与环境的专门协定打下良好的基础。在未来的贸易与环境协定中，应坚持：

第一，WTO各成员国在贸易与环境协定的协商过程中，应抛开各国的私利，以保护和改善人类环境为目的，以生态学、环境伦理和环境文化的全新认识为基础①，达成一部能适应环境保护客观要求的贸易与环境的专门协定。同时要兼顾发展中国家的实际情况，以免因该协定的签订而阻碍了发展中国家的贸易自由，违背2001年多哈宣言明确提出的“确保发展中国家特别是最不发达国家的贸易增长和发展”。

第二，在协定中，对发展中国家应实行特殊和差别待遇。在关贸总协定创立之初，其条款中就包含了对发展中国家利益的特别照顾，乌拉圭回合协议更是明确赋予发展中国家成员特殊和差别待遇，但这些条款并没有得到有效实施。在贸易与环境协定中应当注意到，WTO成员中，绝大多数是发展中国家，如果发展中国家成员不能从该多边贸易体制中受益，那么，WTO的发展前景是令人怀疑的。因此，在未来的谈判中，发达国家必须带头减少贸易保护主义措施，在贸易与环境协定中，给予发展中国家优惠与例外，这样，发展中国家才有真正的机会通过贸易消除贫困，最终提高世界各国的收入水平，实现大幅度减少全球贫困人口的目标。

第三，WTO赋予成员国有自主采取环境标准和环境措施的权利，反映了WTO管辖权与成员自己保留的管辖权的平衡。但在未来的贸易与环境协定中，应坚持内国法无域外效力。在美国对虾和虾产品限制进口案中，可看出专家组在处理跨境或全球性环境问题时，不倾向使用一成员国单边的环境措施，而是根据一般国际法和

---

① 吕忠梅著：《环境法新视野》，中国政法大学出版社2000年版，第165页。

一般环境法的原则，采用谈判的协议来解决，特别是涉及发展中国家成员时。专家组还认为，对 GATT 第 20 条的裁定并不意味着总是排除诉诸单边措施，尤其是在作出严肃的谈判努力后，也不意味着在任何特定情况下都会允许单边措施。① 虽然专家组处理此案的方法，最终未被上诉机构所认可，但专家组在处理该案时所遵从的原则值得推崇。在未来的贸易与环境协定中，若一旦确认一成员国的单边环境措施具有域外效力，发达成员国就会利用自身的优势，制定高标准的环境措施和政策，在单方解决环境问题时，就会在其领土之外的他国实施其价值和环境标准或构成歧视，贸易保护主义就无法消除。因此，笔者坚持强调国际环境法的功能和作用。WTO 应在国家级层面上加强贸易与环境两方面的协调，制定统一的环境标准和环境政策。当一成员国的内国法与国际环境标准和政策冲突时应优先适用国际环境标准和政策。国际环境标准和环境政策是对 WTO 成员国的最低要求，每一个成员国都必须严格遵守贸易与环境协定的要求。

（2）发挥 WTO 中的贸易与环境委员会的职能优势

根据建立 WTO 的马拉喀什协议，1995 年在 WTO 总理事会下（General Council）建立了贸易与环境委员会（CTE）。马拉喀什协定规定 CTE 的职责包括：研究贸易措施与环境措施的关系，从而促进可持续发展；以公开、公平、非歧视为标准，研究多边贸易体系的条款是否需要修改。其工作计划中涵盖的问题可分为两大类：其一，市场准入问题，也就是环境措施与贸易壁垒的界定问题；其二，国际环境管理体系和国际贸易体系的关系。

在上述职责和工作计划中，无论是研究贸易措施与环境措施的关系，还是解决市场准入问题，首先涉及的是国际标准的制定与统一。虽然在过去，国际标准化组织制定了一些国际标准，但尚未构成完整的国际环境标准体系。因此，为了未来贸易与环境协定的执

① 参见韩立余编著：《WTO 案例及评析》（上卷），中国人民大学出版社 2001 年版，第 412 页。

行，必须有完善的国际环境标准作为支撑，这是避免成员国滥用单边环境标准实施贸易保护的有效前提。

WTO 若要强化国际环境标准的接受和执行，抑制单边环境措施的域外效力，CTE 在国际环境标准的制定方面，尚有艰巨的工作。笔者认为，为了对发达国家和发展中国家之间环境标准进行协调，既不至于导致发达国家国内环境保护水平的降低，又不至于导致发展中国家因环境标准的向上协调而对其市场准入造成障碍，CTE 要对各成员国现行的环境标准进行调研，制定出切实可行的环境标准。

为了缩小发达国家和发展中国家国内环境标准的差异，提高发展中国家执行国际环境标准的能力，CTE 还应在发展中国家的防污治污能力建设、技术或财政方面给予一定的资助。

总的说来，贸易与环境在法律上的冲突，实质上是发达国家与发展中国家利益的冲突。从 2003 年 9 月 10 – 14 日在坎昆召开的 WTO 第五次部长级会议的结局可以看出，贸易与环境问题的谈判是何等的艰难。但无论如何，保护发展中国家成员的利益，促进发展中国家贸易的增长，应当是 WTO 必须优先考虑的问题。

（三）WTO 贸易与劳工法律问题分析

WTO 及其实体规范对国际经济关系表现出愈来愈广泛的规制，它触及到传统贸易之外的一些领域，而国际福利标准即劳工问题，也是将影响现行 WTO 法律制度的调整对象之一。

WTO 内对贸易与劳工问题争论的核心是劳工标准问题。劳工标准本是一国国内劳动法规范的范畴，是一国国内为保护劳工的权益而制定的最低保护标准。但自 19 世纪中叶开始，欧洲就提出建立一个国际劳工标准来解决国际贸易中的竞争问题，以后在劳工组织、学者和改革者的呼吁中，国际劳工组织于 1919 年成立。这是迄今为止在制定国际劳工标准方面最具权威的组织。

1. WTO 贸易与国际劳工标准之争

（1）国际劳工标准的内涵

在多边贸易体制中，将国际劳工标准与贸易挂钩，是因为一国劳工标准过低会降低一国生产者产品的生产成本，如果该产品出口，就会在价格上占有绝对的优势，从而影响到国外同类产品的销售。因此，从这个意义上说，国际劳工标准的内涵，狭义上应该指与贸易利益相关的劳动条件标准，它包括工人的工资水平、工作时间、工作条件、劳动环境、福利待遇等，广义上还包括废除强迫劳动、结社自由、组织和集体谈判权、消除剥削童工和消除就业歧视等。国际劳工标准属于国际法范畴，常以协议、宣言、宪章、公约等形式为载体。从现在的情况来看，国际劳工组织的公约和建议书是国际劳工标准的主要来源。当然，联合国和其他组织通过的国际公约、国际劳工组织章程、宣言和决定中的有关规定也是国际劳工标准的内容。

有学者提出，随着国际贸易的发展和贸易自由化程度的提高，关税已经大幅度下降，一些传统非关税壁垒也在逐步地被消除。与此同时，一些发达国家正利用与发展中国家之间的经济水平、教育文化和道德标准的差异，构筑一种新型的、更为隐蔽的国际贸易壁垒——称之为"蓝色贸易壁垒"，也称"劳动壁垒"或"社会壁垒"，这种新型的壁垒就是以劳动者待遇、劳工权利、劳动标准为内容。[①] 因此，在多边贸易体制的谈判中，国际劳工标准也就成为与贸易相关的一个问题，并一直是成员间争论的热点问题。

（2）WTO 贸易与国际劳工标准之争的历史与现状

贸易和劳工关系问题的发展历史是同经济全球化进程联系在一起的。从国际层面上来说，美国是最早将劳工问题与贸易挂钩，并一直致力于在多边贸易谈判中确立劳工标准的地位。1947 年在美国的推动下，《哈瓦那宪章》第 7 条引入劳工标准条款，但由于美国没有批准《哈瓦那宪章》，引入的劳工标准条款也因此而徒劳。

此外，美国在"肯尼迪回合"、"东京回合"中提出国际劳工

① 单宝：《蓝色贸易壁垒的双重效应及两手策略》，载《国际经贸探索》2007 年第 4 期。

标准问题，都因发展中国家的抵制而未能实现。

1993 年“乌拉圭回合”的马拉喀什会议，美国等发达国家提出在多边贸易规则中增添“社会条款”，要求将劳工标准问题写进马拉喀什部长会议宣言，试图将这些社会问题与国际贸易挂钩，但也无果而终。不过，马拉喀什部长会议虽然在宣言中没有涉及劳工标准问题，但同意将这一问题交给未来的 WTO 讨论。

1996 年在 WTO 成立后的首届部长级会议——新加坡会议上，美国再次将以劳工状况和劳工权益为核心内容的劳工标准作为大会的议题，最终在新加坡部长会议宣言中，将“劳工标准”列为其中一项内容，这表明发展中国家认可“劳工标准”是国际贸易中的一个问题，并承诺予以解决。此外，“劳工标准”列入宣言也意味着 WTO 认可劳工标准，这就为后来发达国家和发展中国家就劳工问题的争论埋下伏笔。

1999 年在美国西雅图召开第三次部长级会议，由于受会场外的劳工组织游行示威的压力，美国政府在会议上态度强硬，坚持将劳工问题纳入 WTO 的管辖，由于发达国家和发展中国家立场的严重分歧，导致谈判失败。

2000 年，在联合国贸发会议第 10 届大会上，发达国家和发展中国家在劳工问题上的矛盾更加尖锐，发展中国家在劳工标准问题上达成共识，一致拒绝将劳工标准纳入多边贸易体制，并强调团结合作，而以美国为代表的发达国家也强调他们之间立场上的统一，并进一步向发展中国家施加压力。

2001 年开始新一轮的多哈回合谈判，由于发展中国家的坚决抵制，为避免破坏多边谈判，在多哈部长宣言中没有再提劳工标准问题。就此，劳工标准在 WTO 的争论告一段落。

2. WTO 贸易与劳工标准之争的原因分析

(1) 世界市场份额之争

国际劳工标准的提起与 WTO 的谈判所形成的关税壁垒减少有着密切的关系。随着国际贸易的发展和贸易自由化程度的提高，WTO 通过谈判所取得的最大成就就是成员间关税的不断降低，它所带来的世界贸易格局的最大变化就是：虽然发达国家在国际贸易总额中依然占有比较高的比例，但是，发展中国家特别是新兴工业化国家在国际贸易总额中的比例也大幅度提高。这种变化体现了发展中国家产品在国际市场的竞争力不断增强，在国际市场占有的份额逐步提高。但同时发展中国家也存在以较低附加值的劳动密集型产品出口为主的客观现实。这种以劳动密集型产品的出口换取资本和技术密集型产品的进口，实际上并没有使发展中国家在国际贸易中获得绝对优势，却反而使发达国家感到不安和焦虑。他们将国内经济的萧条、工厂的破产、失业率的提高归咎于发展中国家劳动密集型产品的进口，认为劳动密集型产品冲击了他们的市场。因此，在 WTO 的谈判中，发达国家千方百计试图通过多边贸易体制对发展中国家的劳动密集型产品的出口施加障碍，非关税壁垒得以频繁运用。其中，劳工标准被发达国家作为非关税壁垒的工具之一试图加以运用，其目的是为了对本国市场给予贸易保护，希望通过这种保护手段来解决国内经济和失业问题，并保证自己强势的市场独占地位。

(2) 国际劳工组织对贸易规则制定的影响

国际劳工组织于 1919 年根据凡尔赛和约与国际联盟同时建立。它曾经是国际联盟的一个自主组成部分。“二战”之后，国际劳工组织于 1946 年 5 月同联合国达成协议，接受联合国的领导。国际劳工组织在同年 9 月举行的第 26 届国际劳工大会上修改了章程，正式成为联合国所属负责劳工事务的一个专门机构。截至 2001 年，国际劳工组织已有 175 个会员国，共制定了 184 项公约和 192 项建议书。国际劳工组织宣称在其章程中规定的目标和宗旨，是在社会正义的基础上实现持久和平，从而使“全人类不分种族、信仰或性别都有权在自由和尊严、经济保障和机会均等的条件下谋求物质福利和精神发展”。为此，它主张应采取各种措施，以便达到充分就业和提高劳动与生活标准，使工人享有正当权益。①

① 参见 http://www.sxworker.com/bbs/viewthread.php?tid=4303&extra=page%3D2，2008 年 7 月 6 日访问。

为实现其目标和宗旨，国际劳工组织的主要活动是从事国际劳工立法，其中劳工公约分为三种：一是核心劳工标准，共8项公约，包括1930年《强迫劳动公约》、1951年《对男女工人同等价值的工作付予同等报酬公约》等；二是劳动专业类公约，包括促进就业、社会政策、劳动行政、产业关系、社会保障等；三是针对特定对象的公约，包括关于妇女、童工、未成年工、老年工人、残疾人、移民工人、海员、渔民、码头工人、家庭工等特定人群的公约。

虽然国际劳工组织的立法对国际劳工保护方面有积极的作用，但是国际劳工公约的制定特别是国际劳工标准的制定是以发达国家的发展水平和需要为基础，所以劳工标准偏高，与发展中国家的社会经济的实际需要不相符合，在发展中国家的实施出现困难，因而公约在发展中国家的实施成为国际劳工组织监督、审查的重点。即使如此，发达国家仍然认为国际劳工组织的劳工标准，对发展中国家的威力不够强大。因为有关劳工标准主要通过建议方式执行劳工公约和建议书，而且只能通过合作而不是强制力来保证实施，国际劳工组织通过监督方式来检查规则的执行情况，如定期发表报告以对各成员国劳工状况进行评估，调查侵犯劳工行为并发布报告。但是国际劳工组织对成员国的违反规则的行为却无法制裁，所以，发达国家主张将劳工问题纳入WTO，就是为了能够运用世贸组织争端解决机制来改变国际劳工组织下劳工公约的“软法”特征。①

从目前情况来看，虽然发达国家和发展中国家在劳工问题上存在较大分歧，劳工标准迄今也未被正式纳入WTO议题，但是毕竟在劳工和国际贸易的关联性上发达国家和发展中国家已达成了共识，只是在两者联系的方式和时间上有着极大的分歧。由于劳工标准涉及广泛的社会利益，受许多政治、经济因素的制约，而WTO作为一个多边贸易组织，它不可能将国际劳工组织的所有劳工公约

---

① 缪剑文：《世贸组织劳工标准之争及其法律分析》，载《国际贸易问题》1998年第12期。

都吸纳到条款之中来。但是可以预见的是，未来 WTO 的贸易与劳工问题的谈判，就劳工标准而言也一定是在国际劳工组织制定的公约基础上，考虑各国社会、经济、法律、历史的各方面因素，建立一个多层次、适于不同经济发展水平国家的劳工标准。

此外，从国际组织之间的关系来看，国际劳工组织作为联合国的专门机构，而 WTO 是游离于联合国之外的一个特别组织。但是，在规则的谈判上，WTO 与其他国际组织的合作，包括其他国际组织已经形成的公约，对 WTO 规则的制定影响甚大。这一点可以从 WTO 对知识产权领域的规范中略见一斑。在 WTO 将国际贸易体制的调整范围扩展到知识产权领域之前，世界知识产权组织一直独家履行着其职责。但是，当 WTO 的工作范围扩展以后，WTO 就将原本由其他国际组织和机构处理的对象纳入到它自己的体系中来。据此，我们可以预见 WTO 与国际劳工组织在劳工标准制定中的合作也将存在，合作的方式之一可以像 WTO 与国际货币基金组织、世界银行、经合组织等的合作那样，国际劳工组织在 WTO 机构内享有观察员的身份，并对 WTO 的贸易与劳工的相关规则的制定起到重大影响。

(3) 企业社会责任的倡导

企业社会责任（Corporate Social Responsibility，简称 CSR）是企业全球化进程中无法回避的使命，作为一种国际普遍认同的理念，要求企业在创造利润、为股东利益负责的同时，还要承担对消费者、员工、社区、环境的责任。[①] 企业社会责任的倡导是对传统经济学理论的一种突破。按照传统经济学理论认为，企业作为社会的基本经济组织，在为社会提供产品和服务的同时，赚取利润是其唯一的目标，也是唯一的责任。这是传统经营环境下基于投资—生产—销售—赚取利润的单向循环的经济环境对企业的经济责任的认识。然而近年来，这种传统经济理论即“股东中心主义”受到越

① 《第三届中国企业社会责任国际论坛背景》，http：//www. sina. com. cn 新浪财经，2008 年 7 月 3 日访问。

来越多的质疑，“利益相关者”理论在社会上的影响却日益增大。①

企业的社会责任要求企业在生产经营中，必须关注社会、经济、环境等问题，要求实施企业内部的生产守则，并遵守守则中所包含的社会保障、劳动者待遇、劳工权利、劳动标准等。此外，发达国家在企业的社会责任中，通过生产守则推行责任认证，这类生产守则主要包括英国的“道德贸易基本守则”，欧洲的“洁净衣服运动”发起的“成衣公平贸易约章”，美国“国际社会责任”组织发起的“社会责任 8000”（SA8000），美国“公平劳动协会”通过的“工作场所生产守则”。这些守则以联合国和国际劳工组织的“基础性条约”为蓝本，以国际自由工会联盟于 1997 年 12 月通过的基本守则为基本框架，引入了独立认证的原则与机制，引入了工人以及第三方表达意见的机制，建立了改善违法守则规定公司状况的补救机制。②

企业社会责任运动是随着经济全球化的推进及所造成的以劳工问题为中心的新社会经济问题而形成的。在企业社会责任运动的全球推广中，WTO 各成员内部的企业在经济全球化中为顺应发展，观念上必然要革新，这就为 WTO 贸易和劳工问题的谈判做好各成员内部的准备工作，使得各成员在应对该问题的谈判时，减少来自国内企业的压力。但是，倡导的企业社会责任只是传递一种信号，代表着企业行为发展的一种趋势，在正式纳入法律体系之前，对企业的这种社会责任要求，更多的是“超越法律”的企业社会责任，它靠的是企业的自律。如果将来在 WTO 法律体系中，加入劳工条款，那么企业的社会责任就会变成法律责任，成为一种强制性的行为要求。这也正是发达国家不遗余力倡导企业社会责任的真正目的。现在，美国、英国、法国、德国、日本等国都在各自国内相继

① 《跨国公司：企业社会责任实践的急先锋》，http：//www. wtoguide. net/html/CSRR/11_ 53_ 09_ 652. htm，2008 年 7 月 3 日访问。

② 缪剑文：《世贸组织劳工标准之争及其法律分析》，载《国际贸易问题》1998 年第 12 期。

对企业社会责任进行了立法，并通过各种举措予以积极推动。因此，发达国家将企业社会责任广为宣传并为国际社会普遍认可之时，离 WTO 贸易与劳工问题谈判成功的目标也就为期不远了。

3. 贸易与劳工议题在 WTO 的发展态势

(1) WTO 现有的规定

从 WTO 各协议的规定来看，并没有直接对劳工问题进行规范。但在协议中有一些与劳工问题有关联的零星的文字。归纳起来，有以下一些条款：

第一，《GATT1994》第 20 条第 5 款的规定。这是被人们认为与劳工问题最具密切联系的条文。《GATT1994》第 20 条是规定国民待遇原则和最惠国待遇原则的一般例外，其中该款规定“有关监狱劳动产品的措施”，根据该款规定，各成员对监狱劳动产品的进口可以采取限制或禁止措施。

第二，《GATT1994》第 20 条第 2 款的规定。该款规定“为保障人民、动植物的生命或健康所必需的措施”。根据该款的规定，在劳工问题上，一项产品的生产如果因不符合劳工标准和条件，那么，为了保障人民的生命或健康，该款赋予 WTO 成员可以对该类产品的贸易采取限制或禁止措施。

第三，《建立世界贸易组织协定》。在该协定的开篇中就提到“承认其贸易和经济关系的发展，应旨在提高生活水平，保证充分就业和大幅度稳步提高实际收入和有效需求，扩大货物或服务的生产和贸易，为持续发展之目的扩大对世界资源的充分利用，保护和维护环境，并以符合不同经济发展水平下各自需要的方式，加强采取各种相应的措施。”为此，WTO 为实现此目标理应在提高劳动福利和其他劳工问题上有所成就。

第四，《技术性贸易壁垒协议》前言中表明了该协议的宗旨是鼓励制定和采用国际标准和认证制度，要求各成员方采取的技术法规及标准不致给国际贸易造成不必要的障碍。协议承认各成员方有权为保证其出口产品的质量、为保护人类、动植物生命和健康、保护环境、防止欺诈行为而采取技术标准措施。在劳工问题上，将劳工标准作为技术标准措施而在 WTO 推行，目的是为了保护人类的生命和健康。

第五，《服务贸易总协定》（GATS）。这是乌拉圭回合多边贸易谈判达成的第一个有关国际服务贸易的有普遍法律约束力的多边规则。该协定包含了国际服务贸易的四种形式，对劳工的流动形式进行了规定。与 GATT 相比较，GATT 规范单一形态的商品跨国贸易，而 GATS 规范四种形态的服务提供，包括服务、消费者服务、生产者服务等跨国移动。这些规定在一定程度上对成员域内的劳动立法和国际劳工标准产生影响。

从上述规定看，劳工问题在 WTO 的规定比较零散和抽象，但是就法律层面而言，《建立世界贸易组织协定》、《GATT1994》和《服务贸易总协定》等已经为劳工标准的入世提供了制度空间，但是，劳工问题入世的范围和形式，还有待所有的 WTO 成员在平等对话的基础上共同商讨。

（2）WTO 与其他国际组织的合作对劳工议题的影响

WTO 作为国际组织在国际经济关系中有着举足轻重的作用，其活动在国际社会体系中产生了巨大的吸引力。在 WTO 体制内，利益平衡的可能性、与国际经济关系广泛联系的可能性及其制度实施的有效性，使 WTO 也成为其他领域（如环保、竞争、人权包含劳工权利）的合适论坛。

由于发达国家和发展中国家工资水平的差异，因此，WTO 若引入劳工标准问题将意味着发展中国家产品生产成本的提高，这就会削弱发展中国家的决定性的比较优势，导致其竞争优势的丧失。而发达国家在 WTO 中始终坚持引入劳工标准，其贸易保护的目的昭然若揭。因此，发展中国家认为在劳工问题上，国际劳工组织是这个问题合适的主管机关。①

① ［德］彼得－托比亚斯·施托尔，弗兰克·朔尔科普夫著：《世界贸易制度和世界贸易法》，南京大学中德法学研究所译，法律出版社 2004 年版，第 279 页。

诚然，劳工问题在 WTO 体制内的讨论，自 1947 年的《哈瓦那宪章》开始直至 2001 年的多哈部长宣言，始终没有结论。但是拥有悠久历史和重要地位并制度性的维护雇员、雇主和政府利益的国际劳工组织在规制最低福利标准方面却成绩斐然。然而，由于国际劳工组织各种单行公约的成员标准的差异，其效果和目标的实现上仍存在不足。① 特别是其通过建议方式执行劳工公约和建议书的方式，使得各国对其公约和建议书的态度只是一种认可和期待，如果在国际劳工组织中将最低福利标准通过贸易制裁的方式实现，那么也会像在 WTO 内讨论劳工问题的结局一样，会给国际劳工组织的工作带来停滞。但是这种局面到了 2000 年有了一定的改变。由于发达国家在 WTO 体制内引入劳工标准的失败，他们把努力的目标转向了国际劳工组织。在 2000 年的一次会议上，按照《国际劳工组织章程》第 33 条制定了一项决议，该决议将成员在国际劳工组织公约中的义务部分地转化为强制性，对成员违反禁止劳动公约可以采取相应的制裁措施，如取消关税优惠、宣布其政府成员的入境限制、减少外交往来。②

国际劳工组织在劳工标准上的工作进步，对 WTO 将产生极大的影响。从法律层面来说，首先，在新加坡宣言中，承认国际劳工组织是处理劳工问题的有权组织，并指出了 WTO 和国际劳工组织应彼此合作。其次，WTO 与其他国际组织的合作，在《建立世界贸易组织协定》的第 5 条第 1 款中也可找到法律渊源。第 5 条第 1 款规定："总理事会应就与职责上同 WTO 有关的政府间组织进行有效合作作出适当安排。" 此外，WTO 将越来越多的其他国际组织列入其观察员名单，包括贸易与环境、经济发展、人权、劳工等问

① 王传丽主编：《国际贸易法》，中国政法大学出版社 1995 年版，第 278 页。

② [德] 彼得－托比亚斯·施托尔，弗兰克·朔尔科普夫著：《世界贸易制度和世界贸易法》，南京大学中德法学研究所译，法律出版社 2004 年版，第 279 页。

题。因此，国际劳工组织在劳工问题上的成就将为WTO对贸易和劳工问题的协调起到示范作用，对此，我们不得不保持关注。

(3) 区域贸易协定对WTO贸易与劳工议题的影响

WTO对劳工问题的讨论在1999年美国西雅图召开第三次部长级会议之后被搁置起来，在多哈部长宣言中没有再提劳工标准问题，至此，劳工问题在WTO的争论暂告一段落。但是，发达国家并不甘休，他们在WTO体制之外大肆推销他们的劳工标准，如美国、加拿大、墨西哥三国签订的《北美自由贸易协定》，将《北美劳工合作协定》作为其附件，在该区域内率先将劳工问题纳入调整范围，这是美国坚持不懈的结果。紧接着美国在和约旦、新加坡和智利签订的双边贸易协定中，劳工问题都纳入协议的范畴。此外在发达国家中，加拿大也紧随其后，在其与智利、哥斯达黎加的自贸协定中都规定了劳工标准的内容。欧盟作为劳工标准的积极推动者，在其双边和区域贸易谈判的议程中，也都列入了劳工标准的内容。①

发达国家通过在区域贸易协定中纳入劳工问题，一方面推销了他们的价值观，在区域范围内实施有利于自己的贸易政策；另一方面通过区域贸易协定形成的区域集团力量，增强在多边贸易体制中的谈判影响力，并将在区域贸易协定中取得的劳工问题的成果输送到多边贸易体制。随着美国、加拿大和欧盟对外区域贸易协定的增加，在未来劳工问题上的谈判中，WTO面临的将不是分散的、单个的成员彼此之间的利益博弈，而是几大区域集团和发展中成员的利益的较量。因此，区域贸易协定中劳工问题的协调对WTO劳工问题的谈判将产生深远影响。

4. 结论

劳工问题纳入WTO的管辖范围是极具可能性的。发展是WTO追求的最高目标，对WTO规则、建议或者政策的检验不应该只看

---

① 陈丽丽：《国际贸易——劳工问题的历史、冲突和应对》，载《国际贸易问题》2004年第5期。

它是否“扭曲了贸易”，而更应当看它是否“扭曲了发展”。[①] 因此，无论是发达国家还是发展中国家，对一个新议题在 WTO 的态度都应当以发展为衡量的唯一标准，贸易与劳工问题也应如此。当然，任何一个议题纳入 WTO，都应当与 WTO 权限和范围相吻合。我们反对将 WTO 作为贸易保护的工具，反对将与 WTO 的宗旨和职能不相关联的议题强行纳入管辖范围。此外，在 WTO 的议题谈判中，我们也应当认识到由于各国经济、历史和文化的差距，WTO 作为一个多边贸易体制的安排是建立在不平等的基础之上的，而且正是因为这种不平等的存在，才会出现一些关于对发展中成员的特殊待遇等安排。从某种角度上讲，任何不适合的但又不违反 WTO 原则的条款都可以商讨。在经济全球化的背景下，这是现实的需要，而不是仅仅要求发展中国家成员作出让步。[②]

（四）WTO 贸易与竞争政策法律问题分析

投资、竞争和政府采购是新加坡三个议题。其中，竞争政策这一议题在各成员中始终充满着争议。2001 年 11 月在卡塔尔多哈举行的部长级会议上，有关竞争政策谈判的问题曾被讨论，并在会议发表的《多哈宣言》中论述到了竞争政策，谈到了启动贸易与竞争政策谈判的前提、对发展中国家进行法制建设支援的重要性以及要求工作组对核心概念进行研究。但自坎昆谈判失败后，多哈对新加坡议题的各 WTO 机构的授权已经结束，并且在随后的 2004 年 8 月 1 日通过的 WTO 总理事会《多哈工作议程决定》中，将包括竞争政策在内的上述三个新加坡议题从 WTO 多哈回合谈判议程中撤销。因此，从技术层面来讲，目前竞争政策在 WTO 中的发展去向，仍迷雾重重。但这并不意味着竞争政策在 WTO 的谈判被彻底

---

① 王峰、肖光恩：《WTO 新一轮多边贸易谈判中的非贸易问题》，载《人大复印资料·国际法学》2004 年第 11 期。

② 陈丽丽：《国际贸易——劳工问题的历史、冲突和应对》，载《国际贸易问题》2004 年第 5 期。

终止。今后这一议题能否启动以及何时启动均取决于 WTO 成员对这一议题的立场和态度。笔者认为，在发达国家特别是欧盟对这一问题的积极推动下，只要 WTO 重新恢复谈判，并能就农业和非农业产品的市场准入达成妥协，这一议题的重新提出是迟早的问题。所以，对 WTO 竞争政策相关问题的厘清和研究，有助于我们在未来的谈判中，做到有的放矢。

1. WTO 竞争政策规范的对象

笔者之所以提出竞争政策规范对象问题，是因为一些学者认为，WTO 现有的条款对限制竞争行为的规范不尽完善，仅涉及成员国政府商品贸易的公共政策，并不适用于私人间的限制性商业竞争行为，因此提出在 WTO 框架下讨论多边竞争规则。其实，即使 WTO 对多边竞争规则召集谈判，该多边竞争规则也不应该直接规范私人限制竞争行为。

(1) 竞争政策规范的对象由 WTO 的性质决定

人们称 WTO 为经济联合国，意味着其主体是各成员，WTO 框架下的各协议构成各成员应遵循的基本义务，当然相应也享有权利。因此，WTO 规范的是成员行为，而不是私人行为，所以它不可能直接对私人间的限制竞争行为进行规制。关于这一点在《建立世贸组织协定》中已有体现。该协议第 2 条提出“WTO 所有的协议都约束所有成员（这里用的是‘成员’一词)”，第 16 条第 4 款规定“每一成员应当保证其法律、规则和行政程序，与所附各协议的义务相一致”。事实上，上述条款是成员履行 WTO 协议义务，也是 WTO 协议有效实施的根本依据，当然也是成员从 WTO 体制中享受权利、获得利益的前提。这些条款排除了 WTO 对私人限制竞争行为进行统一的反垄断立法的可能性。如果 WTO 直接规范私人限制竞争行为，将违背 WTO 的性质。其实，对私人限制竞争行为的制约，联合国贸易与发展会议在 1980 年草拟通过了《一套多边协议的控制限制性商业行为的公平原则和规则》，由联合国大会以投票决议方式通过。该文件虽然不具有法律上的约束力，但对企业避免进行反竞争行为以及避免滥用市场优势地位做了一些约定，确保限制性商业行为不会使取消关税及非关税壁垒所带来的利益受到妨碍，并建议所有国家鼓励企业遵守这一规则。这是截至目前为止的唯一涉及竞争规则的多边协议。此外，联合国贸易与发展会议草拟的《国际技术转让行为守则》（草案）和经社理事会草拟的《跨国公司行动守则》（草案），也分别对技术贸易领域的限制竞争行为和跨国公司限制竞争行为问题进行制约，只是上述两项文件均没有获得正式通过。因此，对私人间限制竞争行为的规制，更多地应该在原有多边协议和已有文件基础上讨论如何完善并赋予其法律约束力，而不是另起炉灶，在 WTO 框架下讨论私人间限制竞争行为的统一实体规则的制定。

当然，在 WTO 框架下讨论规范私人限制竞争行为，也并非不可。但是，WTO 的性质决定了它只能通过规范成员的行为（包括各成员的法律、规则、行政程序）来间接规范私人的限制竞争行为。因此，WTO 的竞争政策谈判的内容在规范私人限制竞争方面，只能为竞争政策设立一个目标，并在全球范围内就相互合作、信息的共享以及为实现此项目标而必需的部分实体性规则和程序性事项等进行谈判。

(2) WTO 竞争政策规范的对象

① 规范的是成员政府的限制竞争的行为。

从全球市场的贸易障碍来看，除了由政府行为引起的外，确实存在由私人限制竞争行为引发的贸易障碍。但从一国国内来说，存在于国内的私人限制竞争行为往往是在政府的默许或放任下形成的。以日本富士与柯达一案为例：表面上看这一纠纷是日本富士公司和批发商、零售商的纵向协议的限制竞争问题而引起，但实质上是日本在其境内采取的政府措施阻碍了柯达参与日本国内的竞争，是其国内法的问题。因为本案不涉及关税减让问题，因此专家组在审理该案时重点放在非违反约定之诉上。在审理该案中，日本曾辩称私人行为应排除在专家组管辖之外，但专家组认为“如果私人行为是可归因于政府的，则也应属于调查之内，尽管 WTO 作为政府间组织并不直接调查私人行为。因此，私人的反竞争措施也可能因政府的介入而被归类为政府措施”。①

从以上我们至少可以得出这样几个结论：第一，WTO 调整的是成员政府间的行为，它不调整私人行为。笔者认为这是符合 WTO 性质的。第二，私人限制竞争问题，可以归因于国内立法或执法不力。因为私人限制竞争行为的存在往往是由于政府不干预或不执行现有竞争规则造成的，解决一国国内对私人限制竞争问题可以通过国内立法、执法而得以纠正。WTO 可以从规范成员国的行为来间接达到控制私人限制竞争行为的目的。第三，在本案中，虽然日本的经济体制结构和规范商业运作的国内法给柯达进入日本市场造成一定障碍，但在现有 WTO 规则下，本案难以有效处理，这说明与贸易相关的竞争政策纳入 WTO 框架下有其必要性。

从第二个结论中，我们也可以看出，在一国范围内的私人限制竞争是可以通过国内法解决的，但是跨国公司在全球范围内的限制竞争行为却需要加强国家间合作。因此，WTO 有将与贸易有关的竞争问题纳入其管辖范围的必要，关键是 WTO 在权限内对该问题所能协调的深度及广度。而且，竞争政策在 WTO 框架下的协调的应是成员本身，而不是私人，并应遵守：一要保证各成员的重要贸易权利，二要对各成员政府起到约束作用，使贸易与竞争政策保持在各方议定且符合各方利益的限度之内。

② 规范的是成员在限制竞争行为中的作为和不作为。

对成员在贸易政策中的两种行为应当规范：积极限制自由竞争的作为和消极对待限制自由竞争行为的不作为。

a. 积极的限制竞争行为：可以说，WTO 所有的原则、规则都贯穿着自由竞争精神。在 WTO 的推动下，各成员国的平均关税水平不断下降，各种形式的非关税壁垒也受到严格限制，对贸易自由化和创造公平的竞争环境作出了重要的贡献。但是，在市场竞争中，各成员政府出于本国经济利益的考虑和运行规律的需要，通过

---

① 参见王先林著：《WTO 竞争政策与中国反垄断立法》，北京大学出版社 2005 年版，第 78 页。

法律、政策支持本国企业合并壮大，甚至鼓励本国企业在他国进行限制竞争行为。这种基于成员国法律、政策对私人限制竞争行为的支持、鼓励，构成了成员积极限制竞争行为。而 WTO 现有的规则，在这方面对成员政府的规范、协调是欠缺的。这种行为应是在 WTO 竞争政策谈判中需要在成员中作出协调。

b. 消极对待限制竞争行为：即各成员政府对国内私人限制竞争的行为不加以管制或放任而造成本国市场或国际市场的扰乱，具体表现为立法和执法两个方面。立法方面主要是法律的缺位或不完善，执法方面表现为成员政府选择不进行干预或不执行可以干预的竞争法律和政策。因此，在贸易与竞争政策的谈判中，重点是当成员政府消极的不作为造成国际或国外市场扰乱时，WTO 的竞争政策应具有的内容及适用问题。当然，对于成员立法的缺位或不完善来说，WTO 无法直接干预，否则有侵犯主权之嫌疑。这也就是为什么有人提出 WTO 的竞争政策谈判还为时过早、对缺乏竞争立法的发展中国家应给予信息和技术的援助等。笔者认为，当 WTO 所有成员建立起自己的反限制竞争行为的法律体系后，成员消极的限制竞争行为也应纳入 WTO 的竞争政策谈判内容中。

实际上，成员的消极对待限制竞争行为，在将来还表现为对 WTO 达成相互合作、信息共享等国际反限制竞争行为规则的消极态度。

2. 对 WTO 协调贸易与竞争政策权力上的限制

出于对发展中国家市场准入和跨国并购监管及协调国际间竞争政策的迫切需要，尽管发达国家力争将贸易与竞争政策问题塞进 WTO，并且也为此进行过探讨，但是由于 WTO 制定统一的竞争政策，涉及发展中国家和发达国家之间的利益分配和责任分担、国家利益和全球利益的冲突等难以解决的根本性问题。因此，在 WTO 范围内对竞争政策全方位统一协调的时机尚不成熟。但是，经济全球化的现实迫切需要各成员在竞争政策方面进行合作与协调。因此，即使在未来的 WTO 展开贸易与竞争政策议题谈判，也只能就各成员能够达成妥协的竞争政策部分问题进行谈判。各成员特别是发展中国家，在谈判中应坚持 WTO 协调贸易与竞争政策权力上的有限性，将 WTO 的权力界定在适度的范围内，把握在竞争政策国际协调中自身所能承受的最大限度。

（1）谈判范围的有限性

对 WTO 竞争政策的谈判，由于各成员方意见分歧太大，即使启动该议题，也不可能像欧盟和日本等国所企盼的那样对竞争政策进行高度和全方位规则制定的谈判。笔者认为，WTO 对竞争政策的谈判内容在目前情况下，只能关注三个问题：一是各成员政府支持、纵容、默许的限制性竞争行为；二是各成员间在反限制竞争行为上的合作问题；三是在考虑竞争政策协调的同时，要对现有的与竞争精神相左的 WTO 制度进行改良。

首先，由于第一个问题是和贸易市场的准入有密切关系，因而可以很正当地纳入 WTO 的管辖范围之下。WTO 可以在现有 WTO 框架内增设法律条文，加强对各成员政府的管制，明确禁止各成员对私人限制竞争行为的政府支持措施的出台。

其次，各成员在反限制竞争行为上的合作是为了解决跨国私人限制竞争问题，这个问题的解决在目前现状下，只能通过加强各成员的合作。而积极礼让原则是各成员在竞争领域合作的基础，因此，WTO 在竞争政策谈判中，不仅应对积极礼让原则赋予更高的地位，而且应该以积极礼让原则为基础，通过谈判形成一整套具体的积极礼让的行为规范，并赋予其法律约束力。由于对跨国公司在全球的统一限制竞争行为，单靠一国的力量难以遏制，因此，这部分内容也应是竞争政策谈判的重点，就如何加强国家间合作和信息的交流、垄断的判断标准、申报和审查的程序、期限等作出规定。

上述两个问题的解决，符合 WTO 的性质，即 WTO 的主体是成员，它只能调整成员（政府）之间的权利和义务关系，规范成员的行为。因此，WTO 应在其原有的管辖权范围内对与贸易有关的竞争政策展开协调，而不是建立凌驾于国家之上的统一的竞争法律制度和反垄断机构。

再次，就是对 WTO 现有的与公平竞争精神相悖的制度进行改革。应该说，WTO在各项制度的设计中，尽管受到发达国家的操纵，但其出发点还是竭力创造一个自由、公平竞争的贸易环境。然而，从WTO的实践来看，其贸易救济措施特别是反倾销措施滥用频率极高，又不得不使人们重新审视反倾销制度给贸易的自由和公平竞争环境所带来的冲击。与此同时，当各国讨论竞争政策是否应该纳入WTO管辖范围之下以及如何看待贸易与竞争的关系时，各国政府和学者开始讨论如何对WTO反倾销制度进行改革。从WTO的实践来看，由于WTO的《反倾销守则》在“损害的标准”、“倾销的确定”、“非市场经济国家”、“公共利益”条款等条文的用语上存在着模糊和不确定性，使得一些国家在动用反倾销措施时进行任意解释和运用，背离了WTO所崇尚的自由贸易和公平竞争的理念。事实上，反倾销措施已演变成贸易保护主义的工具。

对WTO反倾销制度的改革，学者们虽然提出了各种观点，但笔者认为，除了条文用语应当明确和具体外，更多地应当讨论反倾销与竞争政策两者适用的明确界限。笔者认为，反倾销的适用应该得到严格的限制，即只有出于公共利益的需要，才可以对低价倾销的进口商品实行反倾销措施。因为从WTO贸易自由的目标来看，就是为了使全球范围内的市场资源得到有效配置，从而实现各国经济福利的最大化，同时消费者也得到更多的利益。对于所谓的“倾销”，在不违背公共利益的情形下，进口国对这两种情形不应当加以干涉：第一，如果一出口国的商品以低于成本价在进口国国内销售，若只是季节性商品或清仓等，进口国可以完全不应管制；第二，若出口国的商品以排挤竞争对手为目的，采用低价手段最终达到垄断市场的地位，这种目的在当今全球贸易、投资自由化下，是不可能实现的，因此也不应干涉。因为，一旦该商品在进口国国内形成垄断价格后，在高利润的诱惑下，其他国家的同类商品甚至是本国企业也会竞相生产该类商品来分享市场。当然，出口国的商品若能采用低价手段实现垄断市场的目标，可以说明其在本国市场具有很强的市场独占地位，这应该是出口国成员的竞争法管辖范围，而不应该适用进口国的反倾销法。

（2）对 WTO 竞争政策纠纷解决权力的限制

WTO 是当今最具影响力的国际经济组织，如果适用其强有力的争端解决机制，无疑对各成员的竞争主管部门的权力构成严重挑战。[①] 首先，这对于热衷于本国反托拉斯法域外适用的美国来说，对 WTO 争端解决机制的适用肯定不予通过。其次，从过去的实践来看，该争端解决机制对像中国这样的发展中国家也不利。这个判断从发展中国家使用 GATT/WTO 争端解决机制的情况足以说明。据有关数据显示，发展中国家在争端解决机制中诉发达国家案件的比例占案件总数 17.2%，这与发展中国家在关贸总协定中占缔约国总数近 3/4 的比例形成强烈的反差。[②] 作为投诉方使用该争端解决机制的发展中国家总数迄今不过 30 个左右。最不发达国家几乎没有在该机制中起诉或应诉的记录。[③] 究其原因，主要是在现有的争端解决机制中，实力弱小的发展中国家没有真正得到 WTO 争端解决机制给予弱小国家捍卫其权利的公平机会，WTO 也没有真正落实 DSU 规定的对发展中国家的"特殊和差别待遇"，而且 WTO 争端解决机制涉及复杂的和高度技术化的众多事项，发展中国家很难在本国找到能够胜任有关案件的法律专家。因此，WTO 的争端解决机制对发展中国家来说，虽具有形式上的正义，但要实现实质正义，路途还很遥远。再次，由于在 WTO 框架下制定统一的反垄断法典还为时尚早，各国反垄断立法和执法差别甚大，如果诉诸 WTO 争端解决机制，将会因各国实体法的不统一而带来审理上的困难。

因而，在 WTO 的竞争政策谈判中，对于冲突和纠纷的解决方式，笔者认为可以效仿美国、欧共体 1991 年 9 月 23 日签订的反托

---

① 尹竹：《WTO 框架下竞争政策与多边贸易体制的协调问题述评》，载《中国法学》2004 年第 3 期。

② 黄志雄著：《WTO 体制内的发展问题与国际发展法研究》，武汉大学出版社 2005 年版，第 141 页。

③ 郭寿康、韩立余著：《国际贸易法》，中国人民大学出版社 2000 年版，第 142 页。

拉斯合作协定中规定的以合作执行和避免冲突为基本目标，以通知和协商作为主要机制。这种解决冲突的办法是依靠国内执行机构，运用服从和“积极礼让”来解决双方在法律利益上的矛盾。[①]

3. WTO 竞争政策国际协调模式

对于建立 WTO 的竞争政策，一些反垄断专家曾主张制定一部对 WTO 成员均有约束力的国际反垄断法典，并在 1993 年向 GATT 提交《国际反垄断法典草案》，对企业集中和重组的控制、支配地位的滥用、救济、机构等作了较为全面的规定，还提出建立一个国际反垄断主管机构，成立一个司法裁决中心，成为国际反垄断法庭，并拥有各成员国反垄断案件的上诉权。[②] 该草案虽未被 GATT 通过，但也反映了部分发达国家的一些愿望和意图，很难说在将来的竞争政策谈判中不被重新提起。欧盟、日本等发达国家也曾提出在 WTO 框架下建立统一的多边竞争规则。但是，笔者认为上述协调模式均不可行。

首先，从 WTO 其他议题的谈判情况看，对发展中国家并不公平。WTO 官方出版物《贸易走向未来》中对“到底是谁的 WTO”作出了解释：“WTO 是由成员国政府管理的……成员自己根据谈判议定的程序执行 WTO 规则，有时执行还包括威胁采取贸易制裁，但这些制裁都是有关成员实施的，而不是 WTO 本身。”这说明 WTO 只是为成员提供一个多边贸易谈判论坛，具有“成员主导”的性质。但是，在 WTO 151 个成员中，占多数的发展中国家由于经济发展水平和参与谈判能力等问题，WTO 各议题的谈判基本上还是为发达国家所左右。在这种情况下，如果在 WTO 实行统一的反垄断法典，从实体到程序统一规范，这对于尚没有反垄断法或者反垄断法不完善的发展中成员国来说，无疑是雪上加霜，因为发展

① 沈敏荣：《论反垄断法的域外效力》，参见 http://www.iolaw.org.cn/shownews.asp?id=11415，2007 年 1 月 17 日访问。

② 王先林著：《WTO 竞争政策与中国反垄断立法》，北京大学出版社 2005 年版，第 87—88 页。

中成员国尚未从实施乌拉圭回合协议的困境中走出来，面对知识产权、贸易的技术壁垒、动植物检疫等技术性较强并涉及复杂的国内改革领域，发展中国家实施的困难尤为突出，而且这种困境还要持续相当长的一段时间，如果再将竞争政策的国际协调上升到制定国际反垄断法典和建立国际反垄断机构的高度，无疑又给发展中成员国增加了一个包袱。

其次，若在WTO建立一个处理竞争政策的超国家司法机构，对发展中国家来说并不是福音，这从WTO的争端解决机构的实践可略见一斑。此外，超国家司法机构的设立还会对民族国家主权和司法权构成威胁。

在WTO竞争政策的协调模式上，笔者认为，考虑到WTO能力的有限性、竞争政策本身的复杂性以及各成员方市场化程度、经济发展水平的差异性，WTO对竞争政策的协调只能是以国际合作模式为主，辅以部分的实体规则。

首先，国际合作模式对一国的主权并未起到实质性的限制作用，只是提供了谈判、协商的渠道。这种充分考虑到国家主权的国际合作条约在目前各国的反垄断法立法和实施具有极大差异的情况下，容易在各国间达成妥协。这种国际性安排对一国对外经济交往显然是有利的，我国是可以接受这种模式的反垄断合作条约的。①

其次，可以辅以部分的实体规则。实体规则主要针对迫切需要国际合作才能进行有效管制的限制性竞争行为和与贸易密切相关的限制性竞争行为。这里的实体规则包括现有协议中的有关竞争的规定、改革现有制度中与自由竞争精神不符而形成的新规则以及新增的竞争规则。竞争政策的国际协调，首先是竞争政策相关概念的界定，这是协调的基础。可以对基本概念先作出界定，这些概念包括：卡特尔、固定价格、滥用市场优势地位、限制竞争的合并等。这些概念的界定，有助于协调统一各成员国的认识，为将来各国之

① 沈敏荣：《论反垄断法的域外效力》，参见http：//www.iolaw.org.cn/shownews.asp? id=11415，2007年1月17日访问。

间的合作和竞争政策的执行扫除障碍。此外，对于跨国兼并引起的限制竞争行为（包括对全球竞争有重大影响的跨国公司兼并的申报、批准程序等）、成员国国内政策支持和鼓励的限制竞争行为、政府对私人限制竞争行为的默许与纵容问题等，可以先行建立实体规则，同时也要考虑到发展中国家应享有的优惠和差别待遇。

4. 中国在 WTO 竞争政策谈判中的立场

WTO 管辖权的扩张尽管受到大多数发展中国家的非议，从发达国家提出的贸易与环境、贸易与劳工标准、贸易与卫生、贸易与竞争等议题可见。中国作为一个贸易大国，在发展中国家里占有举足轻重的地位，但是中国在 WTO 谈判中却出拳不多。面对未来的 WTO 竞争政策问题的谈判，与其消极回避不如积极应对。一旦启动 WTO 竞争政策议题的谈判，中国政府要冷静分析并作出客观的判断。

从中国自身情况来看，中国可以支持 WTO 竞争政策谈判。中国入世后，虽然出口贸易额有大幅度的增长，但与此同时，中国的商品出口也面临着更大的压力，受到来自各国不正当的反竞争措施的影响，因此，为减少中国遭受他国反竞争措施的不利影响，中国政府可以支持、参与竞争政策谈判。

首先，中国产品出口面临着大量的反倾销措施。反倾销是发达国家喜用的限制发展中国家产品竞争力的工具。自从 1979 年欧盟对中国糖精发起首例反倾销指控以来，国际上对华商品反倾销起诉愈演愈烈，产品包括彩电、空调、节能灯、浓缩苹果汁、青霉素、工业盐等，可以说我国遭受反倾销的商品无所不包，从电器到化工产品、从食品到塑料制品、从纺织品到钢铁制品、从车辆零件到可刻录光盘，产品之多范围之广，令人震惊。据统计，欧盟是对华反倾销立案数最多的国家，达 119 起，美国对华反倾销 114 起，印度 98 起。[①] 可以说，中国是全球贸易反倾销泛滥的最大受害国。究其

---

① 《印度对华化工和塑料制品反倾销》，参见 http://www.chemeinfo.com/Pu/Other/200612/20061219153906.shtml，2007 年 1 月 21 日访问。

原因，主要是由于国际市场竞争日趋激烈，尤其在全球经济不景气时，贸易保护主义抬头，反倾销作为世贸组织允许的自我保护手段，被一些成员滥用。针对中国产品在全球市场中遭受的不公平竞争环境，中国有必要在竞争政策谈判之际，对 WTO 的反倾销制度提出改革。

其次，中国在竞争政策谈判中，可以利用 WTO 提供的谈判平台，呼吁在国际范围内抑制知识产权的反竞争效果。在竞争政策的谈判中，要提出在 TRIPs 有关条款中，减少对发展中国家技术转移的限制，进一步加大对发展中国家的技术援助，使技术更具有公共产品的性质。特别要从全球反垄断、促进全球竞争的角度，削弱发达国家的技术垄断，如采取相应限制措施，降低跨国公司垄断产品价格，降低对发展中国家特别是重债穷国的专利转让费、缩短专利时间等。此外，对跨国公司在技术转让中的限制性竞争行为要提出管制。WTO 贸易和竞争政策工作组指出，已经有调查显示，跨国公司限制竞争的一个重要手段是限制技术转让，特别是限制向发展中国家转让新技术。据悉，日本正在仿效美国的做法，提出“知识产权立国”政策的同时也限制日本企业向海外输出新技术，尤其限制向中国输出新技术。① 对于这种具有政府因素的限制竞争行为，在竞争政策谈判中必须要予以规制。

基于上述因素，笔者认为中国对待竞争政策的谈判态度应当是积极的。目前，中国的《反垄断法》已获通过，因此，对 WTO 的竞争政策谈判，中国更多地应当考虑如何参与和制定符合中国利益的竞争规则。

① 王晓晔、陶正华：《WTO 竞争政策及其对中国的影响》，http//www.iolaw. org. cn，2007 年 3 月 2 日访问。

三、WTO 的争端解决机制

(一) WTO 争端解决机制的形成与发展

WTO 的争端解决机制是在《关于争端解决规则与程序的谅解》(DSU) (以下简称《谅解》) 的基础上建立的，该《谅解》是世贸组织关于争端解决的最基本的法律文件，它建立了乌拉圭回合各项协议下可能产生争端的一整套统一规则。WTO 的争端解决机制是以 GATT 40 多年的争端解决实践为基础，经过发展和重新谈判确立起来的。

GATT 的争端解决程序主要规定在《关税与贸易总协定》第 22 条和第 23 条。第 22 条规定了当一个缔约方对影响协定执行的任何事项向另一缔约方提出要求时，另一缔约方应给予考虑，并应给予适当的机会进行协商；当一缔约方提出请求，缔约国全体对经上述协商未达成圆满结论的任何事项，可与另一缔约国或几个缔约国进行协商。该条对缔约方之间发生争议规定了协商的权利。第 23 条规定了当一成员方依据协定直接或间接可享受的利益正在丧失或受到损害，或者使协定规定的目标实现受到阻碍，可以向有关成员方提出书面请求或建议，若在合理期限内尚不能达成满意的结果，那么可将这一问题提交缔约国全体处理，由缔约国全体在研究后向有关缔约国提出适当建议或作出裁决，可以批准成员方（请求方）暂停对相关缔约方实行关税的减让或其他义务；若关税减让或其他义务已暂停实施，则相关缔约方（被申请方）可以退出协定。

从第 22、23 条的规定可以看出：第一，协商作为提起争端解决程序的前提条件；第二，争端由缔约方全体成员会议来处理。这是 GATT 成立初期争端解决的办法，一般由半年一次的缔约各方全体会议来处理。后来，由于这种做法缺乏效率，后来在德国进口沙丁鱼案件中，开始设立专家组，这种做法在后来制度化，并逐渐演变为将争端提交给 3 - 5 名专家组成的专家组。这表明了争端解决机制由谈判为主向趋于司法程序的转变。

GATT 争端解决机制经过几十年的运作，存在一些不足，影响了多边贸易体制的有效运行。如：对于专家组的建议或做出的其他决策，GATT 采用肯定性协商一致的原则给予通过，这就使败诉成员方为了自身利益而行使否决权阻止建议或决策的通过。而且，在确定专家组的职权范围、专家组的人员组成、败诉成员方政府采取改正措施等方面，都会因协商一致原则而致所有进程被拖延，从而降低人们对 GATT 争端解决机制的信心。为此，在经过乌拉圭回合多边贸易谈判，终于形成了 WTO 争端解决机制的基本法律文件《谅解》。该《谅解》在继承 GATT1947 关于争端解决基本原则的基础上，对原有的组织机制、程序、规则作了重要突破、发展和完善，成为世界贸易组织的生命和灵魂，它规定了特别的机构，负责两级法律意义上的争端解决程序，并对可能出现的裁决负责进一步的执行。

WTO 争端解决机制对 GATT 的发展主要表现在：

第一，建立了争端解决机构（DSB），这是 WTO 的一个重大突破。因为在以往的国际组织内，对于争端的解决一般不设立专门的、独立的机构，而将解决争端作为其权力机构职能的一部分。在 GATT 中，争端解决也是作为理事会的职责。但是在 WTO 中一反过去常规做法，对争端解决专门建立了“争端解决机构”，虽然这种机构并不是通过在 WTO 现存机构外重新组建机构的方式来实现，而是仍由总理事会来履行职责，但是 DSB 设有自己的主席，有自己特别的程序规则，它负责执行《谅解》中的规则和程序以及有关协议中的争端解决条款，有权设立专家组，有权通过专家组和上诉机构的报告，监督建议或裁决的执行，并依照有关协议授权中止各项减让或其他义务。

第二，反向协商一致原则的确立。GATT 采用肯定性协商一致的原则通过专家组报告或建议，往往会因败诉成员方的否决而造成专家组报告不易通过。GATT 争端解决机制的这种缺陷使“反向协商一致”原则得以确立，而该原则的确立使 WTO 的争端解决机构事实上取得了有关贸易争端的强制管制管辖权，而且具有绝对的优先排他性，增强了国际组织争端解决机构的效力与威慑力，从而为各成员方通过法律手段公平、公正地解决争端提供了有力的保障，并使 WTO 争端解决机制成为一种司法程序。

第三，设立了独立的上诉机构。GATT 的争端解决机制实行的是"一审终审制"，这对败诉成员方来说，剥夺了其依靠法律手段进一步寻求争端公正解决的权利。因此，WTO 争端解决机制设立了由 7 名专家组成独立的上诉机构，在专家小组报告所涉及的法律问题和专家小组作出的法律解释范围内赋予争端的当事方上诉权。上诉机构可维持、修改或推翻专家小组的法律裁决、结论。上诉机构的设立使 WTO 争端解决机制更具有司法化特征。

第四，对争端解决各环节设定了时限。这对于争端的解决设定了时间表，防止争端久拖不决。如根据《谅解》第 4 条的规定，若一成员方按照适用的协定提出磋商请求，那么被请求的成员应在 10 天内作出答复，并应在收到请求之日起不超过 30 天的期限内进行磋商；违背上述规定的时限，则请求进行磋商的成员可直接开始请求设立专家组；若在收到磋商请求之日起 60 天内，磋商未能解决争端或磋商各方共同认为磋商已不能解决争端，则起诉方可请求设立专家组。这些规定是对磋商程序设定的时限，超过该时限可直接要求成立专家组，从而进入司法程序。再例如，第 20 条对 DSB 设立专家组之日起至 DSB 审议通过专家组报告或上诉机构报告之日止的期限，规定为：在未对专家组报告提出上诉情况下一般不得超过 9 个月，在提出上诉的情况下通常不得超过 12 个月。从《谅解》规定的磋商、斡旋、调解和调停、专家组的设立、组成、职权范围和职能、多个起诉方的程序、第三方的规定、中期审议阶段、专家组报告的通过、上诉审议和程序、上诉机构报告的通过、专家组和上诉机构的联系、专家组和上诉机构的建议、执行程序等规定，不难看出，该《谅解》是一部 WTO 争端解决的程序法。

第五，加强执行环节，执行程序更有保障。专家组和上诉机构的报告是对争端是非的判断，其后 DSB 以建议或裁决的形式对相关成员方提出要求。因此建议或裁决如果得不到执行，将大大减损DSB的威望。

因此，《谅解》在第21条对执行建议或裁决的监督作了详尽的规定。《谅解》第21条第1款规定败诉成员原则上有立即执行建议或裁决的义务，并规定相关成员方必须在专家组或上诉机构报告通过后30天内，通过DSB报告其执行建议或裁决的意向。但是在实践中，败诉成员方立即执行建议或裁决是不可行的，因此在第21条第3款规定了有关成员应有一个合理的执行期限，并对“合理期限”作了具体的解释和规定。当然，即使是成员方被给予合理期限，DSB仍然对执行情况进行监督，在DSU第21条第6款规定了在一定时间间隔后该问题应再次列入会议议程，而相关成员则应承担相应的报告义务。

《谅解》第22条规定了对建议或裁决未在合理期限内执行而施加贸易制裁，即补偿和中止减让的实施。由于补偿和中止减让的制裁措施对相关成员方产生很大的政治、经济影响，因此，贸易制裁措施的采用受到DSB的严格控制。相关成员在建议或裁决不能得到合理的执行时，双方议定补偿办法，若在合理期限结束期满之日起20天内未能议定令人满意的补偿，可向DSB请求授权中止减让，并阐明中止减让的范围及其理由，DSB如果没有对此作出一致反对，或可能涉及的成员没有提出仲裁程序的申请，则必须在30天内同意该申请。值得一提的是，即使DSB授权中止减让，该措施的实施是不具有追溯力的。

自1995年WTO取代GATT以来，WTO争端解决机制取得了巨大成就。其作用是双重的，既是成员方保护权益的手段，又是督促成员方履行应尽义务的工具。在GATT争端解决框架下未能解决的重大争端案件，在WTO的争端解决框架下最终获得解决，通过实践证明了WTO争端解决机制的有效性，为成员的共同利益大力促进了 WTO 法律秩序的实施。[①]

(二) WTO 争端解决机制的性质

关于 WTO 争端解决机制的性质，由于 DSU 没有对争端解决机制的性质作出界定，从 DSU 的条文对规则和程序的规定来看，容易使人对性质产生不同的理解。从学界的争论来看，有几种观点：其一，认为 DSU 的内容主要是关于司法审查程序事项，即关于 WTO 争端解决程序，其实质为司法程序，包括专家组程序和上诉程序，并被视为当今国际贸易领域的国际司法体制。[②] 另一些西方学者称 WTO 专家组程序为诉讼程序，具有完全的司法性。[③] 他们的观点可概括为 WTO 争端机制具有司法性质。其二，认为专家组程序最终只是对解决争端提出建议和认定，因此它是类似于调解（中介）的一种性质。[④] 其三，认为专家组是争端以外的第三方，与仲裁相似，但其报告的效力却不像仲裁裁决书那样有约束力，因为，报告需要缔约方“反向协商一致”的通过才有效力，所以，学者认为 WTO 争端解决机制为准仲裁性质。[⑤]

上述学者的观点尽管不同，但都是仅对专家组和上诉机构的程序的性质所作的判断。笔者认为，WTO 争端解决机制的性质应从争端解决各个环节的规定来分析。从《谅解》规定的程序看，有

---

① ［德］彼得－托比亚斯·施托尔，弗兰克·朔尔科普夫著：《世界贸易制度和世界贸易法》，南京大学中德法学研究所译，法律出版社 2004 年版，第 187 页。

② 孙南申著：《WTO 体系下的司法审查制度》，法律出版社 2006 年版，第 17 页。

③ 李双元、李先波主编：《世界贸易组织（WTO）法律问题专题研究》，中国方正出版社 2003 年版，第 525 页。

④ 王新奎、刘光溪著：《WTO 争端解决机制概论》，上海人民出版社 2001 年版，第 205 页。

⑤ 陈刚、张武：《WTO 争端解决程序的性质及其展望》，载《国际商务研究》1997 年第 3 期。

磋商——斡旋、调解、调停——专家组程序（包括中期审议阶段）——上诉审程序——执行程序。磋商是专家组程序的前置程序，是必经阶段，而将磋商、斡旋、调解、调停归结为司法程序或调解程序或准仲裁程序，都不甚妥当。笔者认为上述程序实为外交程序，而专家组程序和上诉审程序具有准司法性质。

1. 外交程序

DSU 第 4 条规定的磋商程序，要求每一成员承诺对另一成员提出的有关在前者领土内采取的、影响任何适用协定运用的措施的交涉给予积极考虑，并提供充分的磋商机会。而 DSU 第 5 条规定了斡旋、调解、调停程序，规定了争端各方在同意的基础上自愿采取该程序，并规定争端任何一方可随时请求斡旋、调解或调停，该程序可随时开始，随时终止，还可在专家组程序进行的同时继续进行。这两条规定确立了外交方法在 WTO 争端解决机制中的重要地位。但是，在第 5 条第 2 款中，DSU 规定“涉及斡旋、调解和调停的诉讼程序，特别是争端各方在这些诉讼程序中所采取的立场应保密，并不得损害双方中任何一方根据这些程序进行任何进一步诉讼程序的权利”，这一款用语似有让人们误解的嫌疑，部分学者们认为 WTO 争端解决机制中的磋商、斡旋、调解和调停具有司法性，大概也源于该款的用语。

外交程序在国际争端中的适用，有着悠久的历史渊源。在历史上各主权国家的争端，由于不存在类似国内的司法机构，各国只能寻求和平解决争端的方式，而磋商、斡旋、调停等最为常用。WTO 争端解决机制为各成员之间的贸易争端的解决而设立，贸易争端也是国际争端的一种，WTO 争端解决机制引入国际法上传统的外交解决程序，是合乎逻辑的。

所谓“磋商”，就是争端各方就争端事宜交换意见，表明各自立场，共同探讨解决争端的方法和途径，在相互让步、谅解下最终达成协议，它无须争端方以外的第三方参与。在 DSU 中，也沿用了国际法中传统的磋商程序，对磋商规定了时限。如果磋商不能达成协议或被申请方不提供磋商的机会，申请方才可要求设立专家组。可见，磋商是 WTO 成员的一个绝对的义务，任何成员之间的争端不得逾越磋商程序而直接要求设立专家组。

斡旋、调解和调停是通过第三人的相关活动而促使争端的解决。斡旋是第三人通过其自身积极的活动促使争端方重新开始谈判磋商，但是第三人并不参与磋商活动；调解是争端各方将争端提交给由若干人组成的调解委员会，在该委员会的协调和说服工作下，促成争端各方达成协议；调停是第三人参与争端的谈判和磋商，并积极给出建议和解决方案，以促使争端的解决。

2. 准司法程序性质

DSU 规定的专家组程序、上诉审程序与司法程序相像，但毕竟不是司法程序，两者在一定的共性基础上，仍有一些差别。

首先，上述程序具有司法性特征。第一，国际争端的司法解决方式是将争端提交给国际法院或专门的裁判机构，由他们根据国际法作出对争端各方有法律约束力的判决。解决国际争端的全球性的司法机构，如联合国国际法院，也有区域性的国际法院或国际法庭，如欧洲法院、国际海洋法法庭等。国际司法解决方法在国际法律制度上，其机构是依据基础法律文件而设立，如国际法院是根据联合国宪章而成立，并按照国际法院规约行事，对法官的资格也有严格的要求。在这一方面，专家组和上诉机构符合这一特征。第二，根据 DSU 第 8 条的规定，除非争端各方同意，争端各方不得参加专家组，专家组成员必须是能够确保独立性的第三方。此外，专家组成员的组成也不由争端方指定，而是由秘书处来决定，这与司法解决程序相同但又不同于仲裁。第三，司法性程序的启动基于法定的管辖权和争端一方的单方行为，不是基于争端各方的协议，而 WTO 争端解决的管辖权也是基于 WTO 的协定，一方提出申请，无须对方同意，专家组即可受理。第四，与国内司法程序最为相像的就是上诉审程序。在国内的司法审判程序中，一般有初审和终审。而专家组程序和上诉审程序与国内司法的初审和终审制度在法律意义上完全相同。

基于以上的阐述，专家组程序和上诉审程序具有司法程序的性质。但是与司法程序也有不同。表现在以下三点[①]：第一，作为WTO争端解决机制"初审"的专家组不是常设机构，而是依照《谅解》预先设定的程序创设的临时机构。这不符合司法程序中必须有常设司法机构的要求。第二，无论是专家组还是上诉机构的报告，他们只是对被申请方提出建议，而这些建议不能当然地发生法律效力，必须经过DSB的反向协商一致通过而获取对当事成员方的法律约束力。这不符合司法程序中司法机构的判决可以自行生效而无须特定机构通过的通常做法。第三，WTO争端的被申请方，在申请方申请成立专家组后，不得提起"反诉"，即便在WTO协定项下也不能提起反诉。如果被申请方试图对申请方申诉，那么他必须重新提请成立专家组，以便启动新的专家组程序。这也不符合司法程序中可提出"反诉"的做法。

综上，WTO争端解决机制程序的性质具有双重性，它是一种特殊的、新型的争端解决程序。WTO解决争端的外交性和准司法性，皆因WTO争端解决机制的宗旨是采取各种途径努力使争端得以解决，而不是追求司法正义，不在于分清争端各方的权利和义务。DSU第3条第4款、第11条都强调WTO争端解决机制的首要目标是平衡当事成员方的利益，找到当事方满意的解决方案，而非严格追究谁是谁非。所以在专家组成立之后，并不排斥斡旋、调解和调停的外交解决争端方法。而司法制度则追求公正地解决争端，对争端从法律上进行价值判断，明辨是非。所以WTO争端解决机制除了外交性之外，只能是具有准司法性。此外，在WTO争端解决机制中，外交解决方法是法律解决方法的前置程序，足以看出外交解决方法在争端解决中的重要地位。

---

① 参见［比］约斯特·鲍威林著：《国际公法规则之冲突——"WTO法"与其他国际法规则如何联系》，周忠海等译，法律出版社2005年版，第501—502页。

（三）专家组和上诉机构适用的法律和法律解释权

专家组和上诉机构作为WTO争端解决机制中的准司法机构，在争端解决机制中占有重要的地位，他们极大地强化了WTO解决争端的司法性。专家组和上诉机构程序作为WTO争端解决的"初审"和"终审"程序，在确定其具有管辖权的前提下，专家组和上诉机构还将面临两个问题：一是他们为了解决WTO诉讼请求而适用何种法律；二是在解决诉求中是否享有对WTO规则的解释权。这两个问题既有联系又有区别：法律解释发生在法律适用的过程中，是法律适用过程中的一个附属性的活动；法律适用的目的是利用法律解决成员方争端，而法律解释主要是为了澄清法律条文的含义，目的也是为了解决成员方争端，最终目标是辅助法律适用，但它们毕竟是解决争端中的两种活动。法律适用和法律解释都是WTO体制有效运作的根本保证。

1. 关于专家组和上诉机构适用的法律

在专家组和上诉机构适用的法律问题上，应考虑以下几方面：第一，确定专家组是否具有管辖权应适用的法律；第二，专家组和上诉机构判定诉求合法性时应适用的法律；第三，专家组和上诉机构解释WTO规则时所适用的法律（专家组和上诉机构是否对WTO规则有解释权在下文中论述，这里只是假定有解释权的情况下应适用的法律）。

（1）确定专家组管辖权应适用的法律。专家组是根据《谅解》而设立，根据《谅解》第2条第1款的规定："特此设立争端解决机构，负责管理这些规则和程序及适用协定的磋商和争端解决规定，除非适用协定另有规定。因此，DSB有权设立专家组……"该款中所指的"规则和程序及适用协定的磋商和争端解决规定"，是指《谅解》附录1所列的适用协定和附录2所列适用协定所含特殊或附加规则与程序，如：《建立世界贸易组织协定》、《多边货物贸易协定》、《服务贸易总协定》、《与贸易有关的知识产权协定》、《关于争端解决规则与程序的谅解》、诸边贸易协定、《实施卫生与植物卫生措施协定》、《纺织品与服装协定》、《技术性贸易壁垒协定》、《关于实施1994年关税与贸易总协定第6条的协定》、《关于实施1994年关税与贸易总协定第7条的协定》、《补贴与反补贴措施协定》、《服务贸易总协定》、《关于金融服务的附件》、《关于空运服务的附件》、《关于GATS部分争端解决程序的决定》。上述各协定和决定是判断专家组对诉求是否具有管辖权的法律依据，即：WTO成员由于上述协定和决定而引起的争端可以诉诸争端解决机构，要求成立专家组。

因此，我们可以得出以下结论：第一，专家组管辖权仅限于对与WTO协定项下诉求的事实，包括WTO违法之诉和非违法之诉，目的在于保证各成员在有关协定项下的权利和义务。对非WTO规则的违反诉求不具有管辖权。第二，除了上述各协定和决定外，对WTO其他规则下的诉求，专家组也不具有管辖权。如：部长级决议和声明，由于其不是WTO协议的组成部分，因而专家组对此争端不具有管辖权。第三，对WTO协议项下以外的其他国际法的违法诉求，专家组不具有管辖权。

值得一提的是，根据《谅解》第7条第3款的规定，"在设立专家组时，DSB可授权其主席在遵守第1款规定的前提下，与争端各方磋商，制定专家组的职权范围"，表明在当事方对争端事项达成合意，授予专家组特别管辖权时，专家组可以对达成合意的特别事项拥有管辖权。

此外，在上述提及专家组管辖权依据的各协定和决定中，如果某个协定和决定提及或吸收了非WTO协定规则，一旦提及或吸收之后，这些非WTO协定规则也将成为WTO规则的组成部分，据此提出的争端，专家组同样具有管辖权。①

（2）专家组和上诉机构判定诉求合法性时应适用的法律。

---

① 参见［比］约斯特·鲍威林著：《国际公法规则之冲突——"WTO法"与其他国际法规则如何联系》，周忠海等译，法律出版社2005年版，第504—505页。

在解决了专家组的管辖权之后，接下来便是法律的适用问题。在国际争端的解决中，处理案件的司法机构面对大量的国际法律规则，其中不乏国际习惯法、国际条约、国际法的一般原则。因此，很多国际司法机构在其法律文件中就明确规定了法律的适用，如国际法院在《国际法院规约》第38条就明文规定，法院对于陈诉的各项争端，应依照国际法来裁判，裁判时应适用：争端当事方知晓、承认的规约；普遍接受的国际习惯；各国承认的一般法律原则；司法判例和各国最高权威的公法学家学说作为确定法律原则的补充。国际刑事法院在《国际刑事法院罗马规约》第21条规定了适用的法律：首先适用国际刑事法院的《罗马规约》、《犯罪要件》和《程序和证据规则》；其次视情况适用条约及国际法原则和规则，包括武装冲突国际法规确定的原则；如果无法适用上述法律时，适用刑事法院从世界各法系的国内法，包括适用当时从通常对该犯罪行使管辖权的国家的国内法中得出的一般法律原则，但要求这些原则不得违反刑事法院的规约、国际法和国际承认的规范和标准。可见，国际法院和国际刑事法院在他们相应的国际组织法律文件中都对法律适用提供了方向性的指引，这样就为处理案件的法官们提供了法律适用的范围。

但是，《谅解》作为WTO争端解决机制运作的基础性法律文件，是否对法律适用问题作出了规定，在学界是有争议的。争论的缘由在于对《谅解》第1条第1款的理解存在差异。第1条第1款规定："本谅解的规则和程序应适用于按照本谅解附录1所列各项协定（本谅解中称'适用协定'）的磋商和争端解决规定所提出的争端。本谅解的规则和程序还应适用于各成员间有关它们在《建立世界贸易组织协定》（本谅解中称'《WTO协定》'）规定和本谅解规定下的权利和义务的磋商和争端解决，此类磋商和争端解决可单独进行，也可与任何其他适用协定结合进行。"根据该款规定，有学者认为这是《谅解》对法律适用的规定。但我们认为该款只是规定了争端解决机构可以管辖由何种协定所生争端，即规定的是管辖权，而并非是解决争端的法律适用。因为管辖前述协定所产生的争端不一定就适用这些协定去解决争端，管辖哪些协定所生争端与适用哪些法律毕竟是两个概念。因此，《谅解》第 1 条第 1 款只能是《谅解》规定的管辖权条款，是行使管辖权的法律依据。但是，该款并非与争端解决的法律适用毫无关联。因为争端产生的法律渊源是源于《谅解》第 1 条所涉及的协定，因而在解决争端中不可避免会对《谅解》第 1 条所涉的协定进行适用，以便弄清争端各方的谁是谁非。

因此，WTO 专家组和上诉机构在解决争端中不可避免地对 WTO 各协定进行适用。

在解决了专家组和上诉机构适用 WTO 协定解决争端外，接下来的另一个问题是：专家组和上诉机构除了适用 WTO 协定外，是否有权适用非 WTO 协定？

从学界来看，有两种截然相反的理论：一种称之为开放性法律体系的“并入说”理论；另一种称之为仅适用 WTO 所涵盖协定的“自足说”理论。

“并入说”认为，WTO 争端的政府措施除了贸易政策目标外，还有非贸易方面的政策目标，如为了保护环境、为维护人权而采取的贸易措施等，当发生争端的成员方既是 WTO 成员又是环境或人权公约（非 WTO 协定）的成员方，而 WTO 协定对成员方义务的规定与非 WTO 协定对成员义务的要求相冲突，根据新条约优先于旧条约的国际公法冲突的原则，非 WTO 协定就完全有可能在 WTO 协定中得以适用。“并入说”学者还引用了《谅解》第 7 条第 2 款的规定来证明争端各方既可引用 WTO 涵盖的协定，也可引用非 WTO 协定，以阐明非 WTO 协定在 WTO 争端解决中的适用。此外，“并入说”学者根据《谅解》第 3 条第 2 款的规定：“WTO 争端解决机制中，应依照解释国际公法的习惯澄清涵盖协定现行规定的含义”，由此认为援引《维也纳条约法公约》第 31 条和第 32 条解释 WTO 规则，《维也纳条约法公约》在 WTO 争端解决中就得到了适用。“并入说”学者还对争端解决实践中上诉机构对一些名词的含义，以在《联合国宪章》、《海洋法公约》、《生物多样性公约》等其他非 WTO 协定中得以解释为理由，再次证明非 WTO 协定在争端解决机制中的适用。并由此得出结论，认为“WTO 法”不是一个具有自足性和独立性的法律体系，而是国际法的一部分；专家组和上诉机构可以按照《国际法院规约》第 38 条第 1 款规定的国际法渊源，在 WTO 争端解决中予以适用。①

笔者不同意“并入说”观点，认为 WTO 争端解决机制只能适用 WTO 涵盖协定解决争端。

第一，根据《谅解》第 1 条的规定：“本谅解的规则和程序应适用于按照本谅解附录 1 所列各项协定（本谅解中称‘适用协定’）的磋商和争端解决规定所提出的争端。本谅解的规则和程序还应适用于各成员间有关它们在《建立世界贸易组织协定》（本谅解中称‘《WTO 协定》’）规定和本谅解规定下的权利和义务的磋商和争端解决，此类磋商和争端解决可单独进行，也可与任何其他适用协定结合进行。”该款指明了争端解决机构的管辖权范围。专家组作为受理案件的一审机构，其只能对《谅解》第 1 条附录所涉各协定引起的争端进行审理，对于非 WTO 协定引起的争端则没有管辖权。如果申诉方诉被申诉方违反某项非 WTO 协定，专家组将会因为不具有管辖权而无法进行实体审理，从而使得申诉不能。

第二，如果申诉方以违反 WTO 协定提起申诉，而被诉方以非 WTO 协定提出抗辩，如果专家组允许被诉方这样做，就意味着与 WTO 协定不一致但与非 WTO 协定相符的措施将不被撤销，这与《谅解》的目标不符。因为《谅解》第 3 条规定了“DSB 的建议和裁决不能增加或减少适用协定所规定的权利和义务”和“对于根据适用协定的磋商和争端解决规定正式提出的事项的所有解决办法，包括仲裁裁决，均与这些协定相一致，且不得使任何成员根据这些协定获得的利益丧失或减损，也不得妨碍这些适用协定任何目标的实现”以及“争端解决机制的目的在于保证使争端得到积极

① 贺小勇：《分歧与和谐：析 WTO 争端解决机制的法律适用》，载《现代法学》2005 年第 5 期。

解决。争端各方均可接受且与适用协定相一致的解决办法无疑是首选办法。如不能达成双方同意的解决办法，则争端解决机制的首要目标通常是保证撤销被认为与任何适用协定的规定不一致的有关措施”。上述规定表明《谅解》的目标就是要使得 WTO 协定对成员方的权利和义务的保证都要实现，成员方在 WTO 协定下的利益不能被减损或丧失。在这样的一个目标前提下，专家组在 WTO 协定和非 WTO 协定相冲突的情况下去适用非 WTO 协定是不现实也是不可行的。

第三，WTO 成员在加入 WTO 时，即使对 WTO 协定一揽子接受，这也是在规则产生后果的可预见性的基础上作出的决定。如果允许非 WTO 协定在争端解决机制中适用，这种法律适用的后果恐怕都超出了 WTO 成员的接受范围。

第四，如果在争端解决中，允许专家组适用非 WTO 协定，那么，WTO 很多未决的议题都无须提出谈判了，如劳工问题、环境问题等。因为在劳工、环境问题上，非 WTO 协定（如区域贸易协定）的成果已超过 WTO 在这一议题上的谈判步伐，如果能够适用这些非 WTO 协定，几乎是认可了这些议题在 WTO 中的约束力，那么 WTO 就不用在这些议题上再去费周折谈判了，但这是很多 WTO 成员所不愿接受的。

第五，专家组在争端解决中，若能够适用非 WTO 协定，等于增加了 WTO 协定的内容，同样也增加了各成员的权利和义务，这有违专家组的职责范围，也违反了 WTO 的决策程序。

综上，WTO 的专家组在解决争端中，不应该适用非 WTO 协定，而只能在管辖权和职责范围内“旨在依照本谅解和适用协定项下的权利和义务，实现问题的满意解决”。①

但是，在 WTO 争端解决实践中，专家组和上诉机构确有援引过一些非 WTO 协定，典型的案例就是在美国海龟案中，上诉机构需要对 GATT1994 第 20 条 g 款中的“可用竭的自然资源”的含义

---

① 参见《谅解》第 3 条第 4 款。

进行解释，以论证海龟是否属于“可用竭的自然资源”。上诉机构在对这一名词解释中，参考了一系列的非 WTO 协定（这里的参考是否合乎 WTO 的精神，是否有违 WTO 成员的意志，在此暂不予讨论），包括《海洋法公约》、《生物多样性公约》和其他国际环境协定，从而得出海龟属于“可用竭的自然资源”的结论。上诉机构在这一案件的活动中，参考非 WTO 协定得出的海龟属于“可用竭的自然资源”的结论，到底是在处理争端中对非 WTO 协定的适用还是其他司法活动呢？笔者认为，这是为了适用 WTO 协定，对 WTO 协定中尚未有规定的问题所作出的解释，是争端解决中专家组和上诉机构行使的解释权，而非法律适用。当然，在这个案件中的解释是否超越了 DSB 的解释权限，这里暂不予以讨论。

2. 专家组和上诉机构的法律解释权

专家组和上诉机构在解决争端的法律适用中，无论从《谅解》的规定还是从实践的需要方面，他们都应享有对 WTO 涵盖下的协定的解释权。

（1）解释权的法律依据

专家组和上诉机构法律解释权的法律依据是《谅解》第 3 条第 2 款的规定：“WTO 争端解决机制在为多边贸易体制提供可靠性和可预测性方面是一个重要因素。各成员认识到该体制适用于保护各成员在适用协定项下的权利和义务，以及依照解释国际公法的惯例澄清这些协定的现有规定。DSB 的建议不能增加或减少适用协定所规定的权利和义务。”

对于解释的主体，该款用语为“WTO 争端解决机制”，但“机制”并非主体，“机制”本身无法对 WTO 协定作出解释。然而，《WTO 协定》第 9 条第 2 款规定：“部长级会议和总理事会拥有通过对本协定和适用协定所作解释的专有权力。”据此，部长级会议和总理事会拥有法定的立法解释权。① 另一方面，在争端解决实践中，由于真正解决 WTO 成员间争端的是专家组和上诉机构，在争端解决过程中，专家组和上诉机构对争端所涉的相关 WTO 协议进行法律解释，并对 WTO 争端的相关成员方产生约束力。应该说专家组和上诉机构是 WTO 协定的司法解释主体，虽然这在《谅解》中没有明确规定，但与国内司法机关的解释权相类似。而且，从《谅解》第 17 条第 6 款的规定“上诉应限于专家组报告涉及的法律问题和专家组所作的法律解释”中可合理地推断出专家组和上诉机构拥有法律的解释权。

对于解释的方法，该款要求“依照解释国际公法的惯例”。该款并未明确表明“解释国际公法的惯例”指代什么，但多数学者认为是指 1969 年的《维也纳条约法公约》第 31、32 条所表述的规则。

对于解释的后果，该款要求“不能增加或减少适用协定所规定的权利和义务”。据此，专家组和上诉机构对相关的解释，不得破坏 WTO 成员间已达成的权利和义务的平衡，否则就不符合 WTO 争端解决的目的。

（2）专家组和上诉机构法律解释权是法律适用中无法回避的问题

如同国内司法机关解决案件适用法律时一样，WTO 专家组和上诉机构在解决成员方之间的争端时，必要时也需要对 WTO 协定进行解释。这是因为：WTO 协定通过协商一致的方式通过，反映了 WTO 成员共同的意愿和要求。但是，由于各国利益的分歧，协

---

① 这里称之为“立法解释权”，强调的是与国内立法机关对法律所作的解释相类似，但实质上两者仍有严格区别。因为根据《WTO 协定》第 9 条第 2 款的规定，部长级会议和总理事会对适用协定的解释应根据监督协定实施情况的理事会的建议而行使其权力，而且通过一项解释的决定应由成员的 3/4 多数作出，且这一权力的行使不得损害《WTO 协定》第 10 条中有关修正规定的方式使用。

商一致的方式给协定的通过带来一定的难度。因此，为了各成员在相互妥协的基础上能达成共识，WTO 涵盖的协定往往用词模糊。这就给专家组和上诉机构在适用法律、澄清规则的含义时提供了解释的机会。在规则含义不明时，只有通过解释，才能为多边贸易体制提供更好的服务，完成争端解决机制的任务，以达到 WTO 多边贸易体制的安全与可预见性目标。当然，专家组和上诉机构的法律解释，不是争端解决过程中的必经环节，但在适用法律时有时却又回避不得。

(3) 援引非 WTO 协定属于法律适用过程中的法律解释

法律解释与法律适用都是解决争端的手段，但两者有明显的区别。在 WTO 争端解决中，根据《谅解》第 1 条、第 3 条等的相关规定，专家组和上诉机构只能就 WTO 涵盖下的协定引起的争端进行受理，职责范围也只能按照现有的 WTO 协定对成员方的争端分清是非。但是在适用 WTO 协定中，对 WTO 协定本身需要解释，而且在解释的 WTO 协定条款与其他非 WTO 法律文件有内容上的关联性时，专家组和上诉机构可能会援引其他相关的非 WTO 法律文件进行解释（这种解释方式是否合乎 WTO 相关协定的要求，这里暂不讨论），这种援引其他法律文件的活动是由于适用 WTO 协定中，因 WTO 协定用语的模糊和规则的抽象性导致的，但归根结底，它属于法律解释活动，不是直接对非 WTO 协定的适用，而是适用 WTO 协定过程中的一个附属性的活动。当 WTO 协定条文经解释后含义确定无疑，专家组和上诉机构最终会依据 WTO 协定条款，对争端作出决定。因此，WTO 的法律适用和法律解释是两个不同的法律概念。

3. 决策制定机制与争端解决机制在法律解释范围上的差异

根据《WTO 协定》第 9 条第 2 款的规定，部长会议和总理事会作为决策制定机制的主体对本协议和多边贸易协议有专门的解释权；根据《谅解》第 3 条第 2 款和第 17 条第 6 款等的规定，争端解决机制的主体专家组和上诉机构对 WTO 涵盖的协定具有解释权。因此，部长会议和总理事会、专家组和上诉机构的解释都是有权解释，对相关成员方具有法律约束力。但是，他们的解释若想获得应有的法律效力，必须要符合《WTO 协定》和《谅解》及其他 WTO 相关的规定。部长会议和总理事会的解释应当由成员 3/4 多数通过。因此，部长会议和总理事会的解释符合上述规定，才能对 WTO 成员方产生法律约束力。而专家组和上诉机构的解释必须符合“依照解释国际公法的惯例澄清这些协定的现有规定。DSB 的建议不能增加或减少适用协定所规定的权利和义务”，唯有如此，专家组和上诉机构的解释才能对相关成员方产生法律约束力。

对上述部长会议和总理事会的“立法解释权”和专家组和上诉机构的“司法解释权”，有学者称“这实际上是在 WTO 体系内部进行了权力的横向分配，把立法、决策权赋予了部长会议和总理事会，把司法权赋予了 DSB”。① 虽然如此，从目前 WTO 争端解决的实践看，专家组和上诉机构的司法解释权有“造法”的情形，导致司法解释权大大超越部长会议和总理事会的立法解释权，这不能不引起我们的关注。

从 WTO 的立法解释和司法解释的制约机制看，对部长会议和总理事会的立法解释权制约比较严格，规定了一个严格的程序，即：第一，解释应基于负责这些协议运作的理事会的意见；第二，一项解释的决定应由成员 3/4 多数通过。由于部长会议和总理事会的解释对全体 WTO 成员方均有约束力，因此，他们的解释与成员方达成协议的效力一样。成员方达成协议实行协商一致通过原则，而部长会议和总理事会的解释应达到 3/4 多数通过。两者通过的方式都比较严格，这对于维护 WTO 成员方现有的权利与义务的平衡、维护 WTO 协定的稳定性和可预见性起着重要的作用，能够代表 WTO 大多数成员方的利益。

但是，《谅解》对 DSB 的解释权（主要由专家组和上诉机构行

---

① John. H. Jackson. International Economic Law in Times That are Interesting. Journal of International Economic Law Volune3, Issue 1, 2000, Edited by John. H. Jackson, Oxford University Press, pp. 11 – 12.

使）的规定相对比较简单，解释的生效缺乏严谨的程序。只是规定了“依照解释国际公法的惯例澄清这些协定的现有规定。DSB的建议不能增加或减少适用协定所规定的权利和义务”。而且，解释最终将体现在专家组和上诉机构的报告中，而专家组和上诉机构的报告实行“反向协商一致”原则，只要没有正式提出反对就视为通过。上述通过的方式比部长会议和总理事会的解释的通过更加容易。如此，WTO 协定没能解决的问题或磋商时没有达成协议，或者在妥协的基础上用比较模糊的用语通过的条款，一旦实践中因此而发生争端，如果对专家组和上诉机构的解释权不加以约束和限制，解释极易越过 WTO 协定的界限，产生扩张解释，从而增加了 WTO 成员在 WTO 协定下的权利和义务。即使如此，如果《谅解》规定了对专家组和上诉机构解释权的监督，这一缺陷可以得以弥补。但遗憾的是，《谅解》中没有关于对专家组和上诉机构解释权监督的程序规定。

笔者认为，根据《WTO 协定》第 9 条第 2 款的规定“部长会议和总理事会拥有专门的权力（排他的权力）解释本协议和多边贸易协议”，这其实已对 WTO 涵盖协定的扩张解释权的归属有了明文规定，正因为这种解释有可能超越 WTO 协定本身的含义，有可能会增加 WTO 成员的权利和义务，所以要求“一项解释的决定应由成员 3/4 多数通过”。这意味着除了部长会议和总理事会外，其他任何机构都不得享有对 WTO 协定的扩张解释权，专家组和上诉机构也不例外。这一点通过《谅解》规定“DSB 的建议不能增加或减少适用协定所规定的权利和义务”已明明白白地表达清楚。

综上，笔者认为《WTO 协定》、《谅解》对解释权规定的相关条文在逻辑上没有任何错误，因为 DSB 虽有解释权，但没有超越 WTO 协定本身解释的权利。专家组和上诉机构只能在 WTO 涵盖协议范围内，不得有超越 WTO 协定含义的解释（也就是不能造法）。所以，《谅解》没有对专家组和上诉机构的解释设立一个通过或生效的程序。但是，《谅解》忽略了一个问题，那就是：如果专家组和上诉机构超越了《谅解》赋予的权限，对 WTO 涵盖的协定作了扩张解释导致某成员方“增加或减少适用协定所规定的权利和义务”,《谅解》没有设定相应的规则来应对。

从部长会议、总理事会的立法解释和专家组、上诉机构的司法解释的协调上看，两者具有的法律地位是不同的。部长会议、总理事会的立法解释可以是一种“造法”活动，其生效有着严格的程序，就像一个议题的通过一样，必须获得大多数成员方的同意；而专家组、上诉机构的司法解释不应有造法功能，只能澄清有关协定的现有条文，不能对 WTO 协定的立法空白进行造法性解释。

但是，专家组和上诉机构在解决争端中不可避免需对涉及的相关协定作出解释，如何把握“分寸”，既要解决 WTO 成员方的具体争端，维护 WTO 多边贸易体制的稳定性，又不至于走得太远，以至于超出《谅解》授予的权限，这确实是一个值得研究的问题。

（四）WTO 争端解决机制的“法庭之友”制度

1.“法庭之友”在 WTO 内的运用

早期的“法庭之友”，是指对某一案件的事实或法律问题有专业知识或独到见解的专业人士，其向法庭提供的信息将有助于法庭对案件事实的调查和分析及正确地适用法律从而实现公正解决纠纷的目标。因此，从这个意义上说，“法庭之友”需要具备某方面的专业技能，主体既可以是个人，也可以是组织，但它不应当与争端的当事方之间有任何的利害关系。“法庭之友”对于某些需要特殊的专业知识加以裁决的案件，无疑具有积极的作用。

“法庭之友”制度被引入 WTO 争端解决机制始于美国的“海龟”案。在该案的专家组审理阶段，一些非政府组织，如环境保护组织向专家组递交了两份法庭之友的书面陈述，表明其保护海龟、支持美国的态度和立场。但是专家组拒绝采信并驳回了他们提交的书面陈述，而是参照了专家组自行选定的技术专家作出的咨询意见，最终裁定美国的 609 条款违背了世界自由贸易规则，对多边贸易体制构成威胁，并且不能依据 GATT1994 第 20 条的规定享受豁免。专家组强调环境保护固然重要，但国际贸易协议确定的首要目标仍然是通过开展不受限制的贸易促进各国经济发展。专家组建议 DSB 要求美国修改 TED 禁令，以同世界贸易组织的有关法律制度相符合。① 但是，该案上诉机构经过审查，认为“接受非政府组织提交的非经要求的书面陈述并不违反《争端解决议定书》(《谅解》) 的规定，专家组以此为由拒绝采信于法无据”，推翻了专家组拒绝接受非政府组织陈述的决定，标志着争端解决机制对“法庭之友”的积极引入态度。此后，在“英国钢铁公司补贴案”、“澳大利亚鲑鱼案”、“美国版权案”、“加拿大的石棉进口措施案”等案件中，都涉及“法庭之友”问题。

从上述 WTO 争端解决机制的实践看，“法庭之友”已经发生了异化。早期的“法庭之友”的含义已发生了变化。表现在：第一，“法庭之友”的书面陈述目的不是为了争端解决的公正和客观，而是融入了自己的利益要求。第二，WTO 争端解决机制的“法庭之友”不再是与争端毫无利害关系的第三方。争端解决实践中，“法庭之友”的书面陈述反映了他们自己的利益和立场，同时也站在争端当事一方的立场上，支持争端当事一方的诉求并提供事实和法律依据。第三，“法庭之友”的书面陈述是一种主动的行为，而不是法庭（专家组）根据案情的需要寻求的专业信息。

2. “法庭之友”在 WTO 争端解决中的争议

“法庭之友”在《谅解》中未见明确规定，人们在提起“法庭之友”时，与此相关的条文有《谅解》第 3 条、第 12 条、第 13 条、第 17 条。相同的条文，在持不同观点的成员方之间却有不同的解释。如第 13 条，赞成的成员方认为对第 13 条应该作广义的解释，把专家组的“寻求信息”既可解释为主动寻求，也可解释为被动寻求，“法庭之友”向专家组提交的书面陈述即为专家组被动寻求信息。根据这样的解释，“法庭之友”在《谅解》中似乎找到了法律依据。但是反对“法庭之友”的成员方却认为，必须对

① 朱榄叶编著：《世界贸易组织国际贸易纠纷案例评析》，法律出版社 2000 年版，第 182 页。

《谅解》第13条作狭义解释，认为第13条应当被严格地解释为寻求事实真相的目的。反对“法庭之友”的成员方对《谅解》第3条第4款“DSB所提建议或所作裁决应旨在依照本谅解和适用协定项下的权利和义务，实现问题的满意解决”和第17条第9款“工作程序应由上诉机构经与DSB主席和总干事磋商后制定，并告知各成员供参考”也有着与赞成的成员方不同的解释。反对成员方认为，第3条第4款规定了DSB的目标是“实现问题的满意解决”，但是必须“依照本谅解和适用协定项下的权利和义务”，《谅解》没有赋予DSB可以创建其他程序的权力来解决争端；同样，第17条第9款也没有任何授权或者固有的权力允许争端解决机制通过制定程序规则接受“法庭之友”陈述，认为“法庭之友”陈述是否应该被接受是一个根本性的问题，应该由成员方而不是争端解决机构决定；且在争端解决机制中增加“法庭之友”陈述的程序，会打破争端解决机制精心设计的平衡。

上述可见，在DSB实践中，“法庭之友”的引入虽已成为现实，但是发达成员方和发展中成员方对“法庭之友”的态度俨然不同。在多哈回合谈判中，在“法庭之友”问题上更是针锋相对。

各发达成员方在“法庭之友”问题上提出的观点有：第一，认为“法庭之友”对专家组和上诉机构有着很好的帮助作用；第二，有必要为“法庭之友”制定一个更好的制度，使未来案件中法庭之友陈述的提交有规则可循。

发展中成员的观点有：第一，坚决反对制定规则允许法庭之友进入WTO争端解决机制，并指出在乌拉圭回合谈判时就已经以绝对的优势反对将法庭之友问题引入争端解决机制，实践中引入法庭之友是上诉机构的越权。第二，如果允许法庭之友陈述将会严重侵蚀成员方政府的权威，加重发展中国家的财政负担。第三，发展中国家的非政府组织很难与发达国家的非政府组织在法庭之友陈述的提交上抗衡。第四，因程序本身有着严格的时间限制，允许法庭之友陈述提交，将会给专家组和上诉机构带来麻烦。

当然，也有中立的观点，主要有：第一，鉴于争端解决的法庭之友实践，同意引入法庭之友。但是，专家组和上诉机构在工作程序中，要制定必要的程序和规则，并由WTO建立向发展中国家和最不发达国家提供特别援助的基金，在财政上帮助上述国家提交法庭之友陈述。第二，为了增加争端解决机构的透明度，允许提交法庭之友陈述，但也提出疑问：发达国家的非政府组织比发展中国家和最不发达国家更有能力提交法庭之友陈述，这样是否会使后者处于不利地位？第三，认为DSB已经在个案中发展了法庭之友的规则，因此认为没有必要制定规则来调整法庭之友陈述的提交。

3. 对“法庭之友”的评价

“法庭之友”的引入有其自身的背景。WTO一贯倡导透明度，但WTO的透明度是要求各成员方国内法律、贸易政策具有明确性并容易获得，而不是WTO规则特别是争端解决机制的透明度。在WTO成立后的实际运作中，大多数成员方越来越感觉到争端解决机制的运作缺乏公开性和民主化。实际上，WTO各项协定包括《谅解》并没有为WTO及其成员方规定明确的权利，以确保广大公众参与争端解决活动。因此，公众参与WTO争端解决活动受到了很大的限制。在呼吁争端解决机制增加透明度的背景下，“法庭之友”的引入也就水到渠成。

但是，笔者认为，“法庭之友”引入争端解决机制违背WTO协定的相关规定，不具有正当性。

首先，《谅解》第4条第6款（磋商应保密，并不得损害任何一方在任何进一步诉讼中的权利）、第5条第2款（涉及斡旋、调解和调停的诉讼程序，特别是争端各方在这些诉讼程序中所采取的立场应保密，并不得损害双方中任何一方根据这些程序进行任何进一步诉讼程序的权利）、第14条（机密性条款）、第17条第10款（上诉机构的程序应保密。上诉机构报告应在争端各方不在场的情况下，按照提供的信息和所作的陈述起草），都对WTO争端解决的各阶段，要求采取保密措施，通过上述规定基本排除了非争端成员方的介入，也排除了广大公众的参与。因此，虽然争端解决机制透明度问题的提出对于争端解决的公正和公平具有积极意义，但是

“法庭之友”的引入至少与现有的《谅解》条文的基本精神和论调不相符合。

其次，《谅解》虽然规定了第三方参与争端解决制度，但《谅解》所规定的“第三方”的主体必须是 WTO 成员方，非 WTO 成员方没有“第三方”的主体资格，即：WTO 的权利和义务只对加入 WTO 协议的成员方适用，从现有的协定调整的范围看，WTO 协定保护的是 WTO 成员方的贸易利益，而不是环境利益、劳工利益、消费者利益等。因此，如果说作为各类非政府组织的“法庭之友”作为“第三方”参与争端解决，那么，“法庭之友”也是 DSU 异化的“第三方”。

再次，虽然有学者认为立法解释和司法解释是一种权力制衡机制，但部长会议和总理事会是权力机构，争端解决机制和权力机构比较，毕竟不同于美国的三权分立。WTO 决策必须能体现 WTO 全体成员的意志，“协商一致”原则对于维护 WTO 的稳定和正常运转有着不可忽视的作用。如果 WTO 允许其他机构不经 WTO 成员方的同意通过解释而任意增加规则和程序，将会对 WTO 的存在构成威胁。

最后，DSB 的主要工作机构——专家组和上诉机构没有发展“WTO 法”的权力，这在《谅解》第 3 条已有明确规定。虽然争端解决机制对于维护 WTO 的运转极为重要，但不能夸大 DSB 的权限，不能将 DSB 的解释提高到与决策机构的解释相同的地位上，DSB 越权行使权力也将会导致 WTO 架构的破坏。

笔者认为，在“法庭之友”问题上，应该完善争端解决过程中具有法律约束力的规则和程序，最大限度地减少试图用自己立场和观点影响 DSB 的非政府组织的干扰，降低专家组和上诉机构的自由裁量权，才能为 DSB 解决争端提供一个良好的、客观的环境。

第五章　经济全球化下的区域贸易安排与国际贸易法

一、区域贸易安排的形成与发展

（一）区域贸易安排含义及其本质

1. 区域贸易安排含义

区域经济的概念，一般来说可以区分为三个层面，即：一国内的区域经济；超越国家界限由几个国家构成的世界经济区域；几个国家部分地区共同构成的经济区域。① 本章节所论述的区域贸易安排排除国内层面的区域贸易安排研究。

区域贸易安排是两个或两个以上国家或地区为了实现共同利益，签订的旨在消除彼此间经济交往的差异、障碍或歧视性政策，并在对外贸易、财政、金融等所有经济领域进行合作和政策协调，或实行一致的经济政策，甚至这些领域内的部分或全部国家主权让渡给其共同建立起的超国家机构，使区域内形成某种结合的协议。区域贸易安排（RTAs）指所有双边、区域和诸边的国家和地区之间的优惠贸易安排，是区域经济合作的主要形式，② 是相对低于 WTO 的区

---

① 刘俊著：《区域贸易安排的法学进路——GATT/WTO 框架下区域贸易一体化的法理学及其实证研究》，中信出版社 2004 年版，第 6 页。

② 国际贸易谈判代表办公室编：《国际贸易谈判动态》2004 年第 11 期（总第 11 期），http：//tpb. mofcom. gov. cn/column/print. shtml？/b/ghlt/200504/20050400067990，2008 年 5 月 10 日访问。

域性经济组织形态。①

“区域”这一概念具有地理方面的意义。早期区域贸易安排都在相邻国家或地区间进行。但是，随着社会的发展，当今的区域贸易安排已经突破地域限制。现代区域性贸易组织成员国可能来自不同的地域、经济发达程度可能差别很大，区域性贸易组织中出现发达国家与发展中国家并存的现象，传统的观念与习惯已经逐步改变。② 现在人们使用这个概念，是针对“普遍”（universal）或“多边”（multilateral）贸易安排而言的。③

2. 区域贸易安排本质

为了维护本地区的利益，区域集团的成员相互给予优惠，对非成员则仍维持关税和贸易限制。区域贸易安排本质上是“对内自由，对外保护”，是自由贸易与保护主义的混合体。

（二）区域贸易安排的形成与发展

区域经济一体化起源于20世纪40年代。④ 1944年9月，比利时、荷兰、卢森堡三国签订了《伦敦关税协定》，并于1948年1月正式成立“比荷卢关税同盟”（BeneluxUnion）。这三国建立关税联盟的主要目的是通过紧密的合作解决三个国家之间产生的问题，尤其是经济上的问题。比利时、荷兰和卢森堡三国开了欧洲国家结盟的先河，同时，比荷卢关税同盟也是第一个现代意义上的区

---

① 郭寿康、韩立余著：《国际贸易法》，中国人民大学出版社2000年版，第6—7页。

② 陈贴水：《论区域性贸易安排法律化》，载《经济问题探索》2006年第6期。

③ 李咏箑、杨国华：《区域贸易安排与WTO》，中国民商法律网，http：//www.civillaw.com.cn/article/default.asp？id＝19792#4，2008年5月14日访问。

④ 赵媛、诸嘉：《区域经济一体化的动力机制及组织类型》，载《世界地理研究》2007年第3期。

域经济集团。[①] 20世纪50年代，在科技革命的推动下，欧洲生产力迅速发展，专业化大生产需要扩大市场范围，高度发展的生产力与各国狭小的国内市场之间的矛盾日益凸显，这迫切需要欧洲各国拆除国界壁垒实现自由贸易；同时面对苏美两国对欧洲的控制与激烈争夺，西欧国家认识到需要联合起来，建立共同市场，才能保护成员国的政治与经济利益。与此同时，美国为对抗东方苏维埃联盟，也积极为欧共体的建立穿针引线。于是欧共体内部出现了一股区域主义融合的蓬勃势头。“欧共体”的成立拉开了区域贸易安排兴起的序幕。

区域贸易安排的发展大致可分为四个阶段：

1. 第一阶段是20世纪50年代至60年代。当时的国家吸取战前贸易壁垒导致世界经济危机的教训，认识到成立区域贸易安排，促进贸易自由化的意义。这阶段的区域贸易安排首先兴起于欧洲，主要区域贸易协议有欧洲经济共同体、欧洲自由贸易联盟；随后扩展到拉丁美洲（拉美自由贸易区）和非洲（西非关税同盟、东非共同体）。北美地区和亚洲地区（东盟自由贸易区1967年8月8日成立）明显落后。此阶段区域贸易安排发展的特点：这一阶段形成的区域贸易安排数量少而且区域贸易安排的形成主要是基于政治与安全战略的联盟考量，对区域贸易安排的经济因素重视程度不够。

2. 第二发展阶段是20世纪70年代至80年代初期。两次石油危机之后，世界各国贸易保护主义抬头，以GATT维系的多边贸易体制运作效力下降，世界各国把贸易自由的希望再度寄托在区域性经济集团身上，于是引发了区域贸易安排发展的第二次高潮。[②] 这一时期发达国家的区域经济一体化稳步发展。例如欧洲经济共同体

① 赵媛、诸嘉：《区域经济一体化的动力机制及组织类型》，载《世界地理研究》2007年第3期。

② 慕亚平、李伯侨等著：《区域经济一体化与CEPA的法律问题研究》，法律出版社2005年版，第12页。

的成员增加到10个。1983年澳大利亚和新西兰成立自由贸易区，1989年美加自由贸易区成立。同期，发展中国家的区域贸易安排也得到发展。一批较大规模的区域协议如拉美自由贸易区（1973年）、西非经济共同体（1973年）、加勒比海共同体（1973年）等通过。此阶段区域贸易安排的特点：（1）此阶段的区域贸易安排虽然仍未摆脱冷战时期的政治与安全色彩，但是经济利益的重要性已日渐突出。（2）此阶段的区域安排仍沿袭传统即要么全部由发达国家组成，要么全部由发展中国家组成。没有突破发展中国家与发达国家的界限。

3. 第三阶段为20世纪80年代至WTO建立之初。乌拉圭回合谈判结束，但由于谈判达成的规则仍存在不少缺陷，许多国家对多边贸易体制缺乏信心，所以各国更加重视区域性贸易自由化。

欧洲经济共同体加快了建立单一市场的步伐，1993年11月欧共体发展为欧盟；1993年东南亚国家联盟（ASEAN）向自由贸易协定的方向发展，东盟自由贸易区成立；1994年美国在“美加自由贸易协定”的基础上成立了北美自由贸易区。

此阶段区域贸易安排发展的特点：（1）出现了发达国家与发展中国家相融合的区域贸易安排，如北美自由贸易区；（2）大批亚洲和北美洲国家加入到区域贸易安排中来；（3）出现跨洲际的区域贸易安排，如美以自由贸易区（1985年）；（4）具有多重区域贸易集团身份的国家日益增多；（5）区域贸易安排中自由贸易区居多；（6）区域贸易安排内容日益广泛。无论是双边自由贸易协定或者是诸边、洲际自由贸易协定，协议涉及的内容普遍包括货物贸易、服务贸易、投资、贸易自由化、竞争政策等问题。区域贸易安排涉及的领域不再只与贸易直接相关，如NAFTA包含了劳动标准和环境保护方面的内容，欧盟与墨西哥的双边协定则包含了关于民主发展的条款。①

---

① 孟夏著：《亚太区域贸易安排研究》，南开大学出版社2005年版，第37页。

4. 第四阶段为 WTO 成立至今。WTO 多哈回合谈判停滞不前，希冀多边体制解决经济问题的希望落空，于是区域贸易安排发展势头依然强劲。

截至 2007 年 7 月，向 GATT/WTO 通报的区域贸易安排大约有 380 个。其中有 300 个根据 GATT1947 或 GATT1994 第 24 条进行通报；22 个根据授权条款通报；58 个协议根据 GATS 第 58 条通报。与此同时，有 205 个协议处于生效中。① 如果将那些处于实施中但未向 GATT/WTO 通报的区域贸易协议、那些已经签署但未生效的协议、目前正在谈判中的协议以及处于拟议阶段的区域贸易协议算在内，预计 2010 年将会有近 400 个的区域贸易协议生效。在这些区域贸易协议中，自由贸易区与局部的自由贸易协定高达 90%，而关税联盟则不足 10%。②

此阶段区域贸易安排发展的特点：

（1）区域贸易安排以前所未有的速度激增。在 1948 年至 1994 年的 47 年间，GATT 接受的与货物贸易有关的自由贸易安排通报数目为 124 个；自 1995 年 WTO 成立以来的 7 年中，就有超过 130 多个货物或服务贸易协定生效。③

（2）地理因素不再是障碍，跨洲自由贸易区日益普遍。出现了一系列跨洲界区域贸易安排：新加坡——新西兰紧密经济伙伴协定生效（2000 年）、美国——新加坡自由贸易区协定（2003 年）、韩国——智利自由贸易区协定（2003 年）等。

（3）区域贸易安排以自由贸易区协定为主特征更明显。据

---

① Regional trade agreements ：WORLD TRADE ORGANIZATION，http：//www. wto. org/english/tratop_ e/region_ e/region_ e. htm ，2008 年 5 月 29 日访问。

② Regional trade agreements ：WORLD TRADE ORGANIZATION，http：//www. wto. org/english/tratop_ e/region_ e/region_ e. htm ，2008 年 5 月 29 日访问。

③ 孟夏著：《亚太区域贸易安排研究》，南开大学出版社 2005 年版，第 15 页。

WTO 官方网站统计，在这些区域贸易协议中，自由贸易区协定与局部的自由贸易协定高达 90%，而关税联盟则不足 10%。①

（4）区域贸易安排内容日益深化。就区域贸易安排的内容加以观察，除了与贸易自由化比如商品与服务贸易障碍撤除有关的条文外，愈来愈多的协议内容扩展到争端解决、区域国家国内制度的调和，以及其他超越贸易自由化的领域，比如劳动标准、环境保护、知识产权、竞争政策等，区域贸易安排涉及的内容日趋广泛与深入。

二、区域贸易安排的主要形式

（一）学理分类：内部整合与外部开放

从贸易安排的水平看，RTAs 的组织类型可以依次分为 5 类：优惠贸易安排、自由贸易区、关税同盟、共同市场和经济联盟。这些类型依次递增反映了区域经济一体化的不同层次。

批注：表格出处②

组织类型	优惠关税	商品的自由流动	共同对外关税	生产要素的自由流动	经济政策的协调
优惠贸易安排	√				
自由贸易区	√	√			
关税同盟	√	√	√		
共同市场	√	√	√	√	
经济联盟	√	√	√	√	√

① Regional trade agreements ：WORLD TRADE ORGANIZATION，http：//www.wto.org/english/tratop_ e/region_ e/region_ e.htm，2008 年 5 月 29 日访问。

② 赵媛、诸嘉：《区域经济一体化的动力机制及组织类型》，载《世界地理研究》2007 年第 3 期。

（打钩表示各区域贸易安排具有该特征，未打钩则表示不具有该特征）

1. 优惠贸易安排（Preferential Trade Arrangements）

优惠贸易安排是指成员国之间通过签订协定或其他形式，对全部商品或部分商品实行特惠关税减让，并且该项优惠待遇并不依照最惠国待遇授予非成员国。优惠贸易安排是区域贸易安排中最低级和最松散的一种形式。其既包括单向安排，也包括互惠安排。优惠贸易安排的规定，比如，美国加勒比海盆地经济复苏法案规定，美国授予加勒比海国家优惠关税措施，受惠国产品可以免税出口到美国市场。此外，欧盟对非洲、加勒比海及太平洋地区的发展中国家的洛美协议、美洲对非洲国家的优惠待遇也属优惠贸易安排。当优惠贸易安排的成员之间彼此取消了所有关税和进口数量限制，就形成了自由贸易区。

2. 自由贸易区（Free Trade Areas）

自由贸易区是指成员之间彼此取消所有关税和进口数量限制，允许商品在各成员国间自由流动，但每个成员有权对非成员设定各自的关税税率和外贸政策（即各成员没有共同的对外关税及贸易政策）而形成的区域经济一体化组织。欧洲自由贸易联盟和北美自由贸易区即属于此种类型。（其实北美自由贸易区的一体化程度高于一般自由贸易区）自由贸易区成员如果取消了它们之间所有的贸易障碍，并且对外设立了共同的贸易障碍，就是关税同盟。

目前在已经生效或正在谈判的区域贸易安排中，自由贸易区是主要形式。已实施的区域贸易协定中，自由贸易区与局部的自由贸易协定高达90%。①

3. 关税同盟（Customs Unions）

关税同盟是指成员国之间完全取消关税和其他贸易壁垒，并对

---

① Regional trade agreements ：WORLD TRADE ORGANIZATION，http：//www. wto. org/english/tratop_ e/region_ e/region_ e. htm，2008 年 5 月 29 日访问。

非成员国实行统一的对外关税税率和其他贸易措施而缔结的同盟。[1] 关税同盟在一体化程度上比自由贸易区有实质性的进步，成员对所有非成员采取共同的对外关税和外贸政策。欧盟（EU）于1968年7月1日建成关税同盟。由玻利维亚、哥伦比亚、厄瓜多尔和秘鲁之间签订的安第斯条约也是一个关税同盟。如果这种安排超出了国际贸易领域，不仅包括货物和服务的自由交换，而且要求生产要素，即劳动力和资本的自由流动，便形成了共同市场。

4. 共同市场（Common Market）

共同市场指成员国之间完全取消贸易壁垒，建立对非成员国的统一关税税率，并且允许资本和劳动力等生产要素和服务的自由流通。共同市场在商品自由流动方面，既有一致对外的统一关税，又有协调间接税制度，产品标准化制度；在资本的自由流动方面，有协调筹资制度；在劳动力自由流动方面，有学历和技术等级的相互承认制度等。共同市场下经济调节的超国家性质也比关税同盟更进一步。[2] 欧盟于1993年1月1日建成共同市场。成立于1969年5月的安第斯共同体（CAN）、东南非洲共同市场（COMESA）都是共同市场经济一体化组织。南方共同市场（MERCOSUR）和海湾合作委员会（GCC）也属于此种类型。共同市场是区域经济一体化的高级形式。其若再进一步，统一国家经济政策（包括税收和货币）后，就成为经济联盟。

5. 经济联盟（Economic Unions）

经济联盟是指成员国之间不仅废除贸易壁垒，统一对外贸易政策，允许生产要素自由流动，而且在协调的基础上，各成员国采取统一的经济政策。经济联盟的特点是：在实现共同市场一体化的基础上，进一步协调成员国之间的经济、政治和社会政策，包括货

---

① 董瑾著：《国际贸易理论与实务》，北京理工大学出版社2005年版，第124页。

② 同①。

币、财政、经济发展和社会福利政策，以及有关贸易和生产要素流动政策，并拥有一个制定这些政策的超国家的共同机构。目前的欧洲联盟就属此类。

（二）法律分类（受 GATT 规制的区域贸易安排）

依据 GATT 第 24 条的规定，区域贸易协议可以区分为自由贸易协议（Free Trade Agreement）、关税同盟（Customs Unions）与过渡性临时协议（Interim Agreement）三大类。[①] 也即受 GATT 规制的区域贸易安排类型只有过渡性临时协议、自由贸易协议与关税同盟。所谓过渡性临时协议，依据 GATT 第 24 条第 5 款的规定，是指组成关税同盟及自由贸易区需要一定的时间，在完成这些过渡性安排时，各组成关税领土不必立即取消所有的内部贸易壁垒，而是可以在一定期间内逐步过渡至关税同盟及其自由贸易区。[②] GATT 第 24 条对自由贸易区和关税同盟进行了详细的规制。

由于在区域经济一体化的五种类型中，只有自由贸易区和关税同盟得到 WTO 的规制，于是有学者主张只有自由贸易区和关税同盟是得到 WTO 的认可的，是可以纳入 WTO 的体制的。而部分学者则认为，GATT 第 24 条确实只对关税同盟和自由贸易区这两种形式进行了详细规范，这是因为这两种形式较为常见，但这并不意味着 WTO 不承认其他区域经济一体化类型。笔者倾向于赞同后一种观点，WTO 同时接纳欧盟（European Union）及其 12 个成员国为成员即为明证。

① 刘俊著：《区域贸易安排的法学进路——GATT/WTO 框架下区域贸易一体化的法理学及其实证研究》，中信出版社 2004 年版，第 20 页。

② 郭寿康、韩立余著：《国际贸易法》，中国人民大学出版社 2000 年版，第 6—7 页。

三、几种典型的区域贸易安排

（一）欧洲联盟

可以说欧盟拉开了区域贸易安排的发展序幕，并且促进区域贸易安排向更深更广的方向发展。“可以毫不夸张地说，没有欧盟的存在，或没有欧盟实现统一大市场的努力，80 年代末 90 年代初，尽管存在世界经济发展内在规律的作用，也不至于迅速出现新的区域经济一体化浪潮，即使出现，也不可能有现在这样的广度和深度。”①

1. 欧洲联盟的演变

欧洲联盟，简称欧盟（European Union，EU），其前身是欧洲共同体，是一个集政治实体和经济实体于一身、在世界上具有重要影响的区域一体化组织。1950 年法国外长舒曼提出了联合经营法国、联邦德国等国家的煤、钢工业，并拟将它们置于一个超国家机构管理之下的“欧洲煤钢联营计划”（即“舒曼计划”）。在美国的支持下，1951 年 4 月 18 日，法国、联邦德国、意大利、荷兰、比利时、卢森堡六国根据“舒曼计划”在巴黎签订了为期 50 年的《欧洲煤钢共同体条约》（简称《巴黎条约》）。《巴黎条约》1952 年 7 月 25 日生效，欧洲煤钢共同体正式成立。1957 年 3 月欧洲煤钢共同体的成员国在意大利首都罗马签订了《欧洲经济共同体条约》和《建立欧洲原子能共同体》（统称《罗马条约》）。1958 年 1 月 1 日《罗马条约》正式生效，欧洲经济共同体和欧洲原子能共同体正式组建。1965 年 4 月 8 日，法国、联邦德国、意大利、荷兰、比利时和卢森堡 6 国在比利时首都布鲁塞尔又签署《布鲁塞尔条约》，决定将欧洲煤钢共同体、欧洲经济共同体和欧洲原子能共同体合并，统称“欧洲共同体”。1967 年 7 月 1 日，《布鲁塞尔条约》生效，欧共体正式诞生。

---

① 刘俊著：《区域贸易安排的法学进路——GATT/WTO 框架下区域贸易一体化的法理学及其实证研究》，中信出版社 2004 年版，第 127 页。

1991 年 12 月 11 日，欧共体马斯特里赫特首脑会议通过了建立欧洲经济货币联盟和欧洲政治联盟的《欧洲联盟条约》（通称《马斯特里赫特条约》，简称《马约》）。1993 年 11 月 1 日《马约》正式生效，欧共体更名为欧洲联盟。这标志着欧共体从经济实体向经济政治实体过渡。

欧盟史上有 6 次成员的扩大，分别是：

1973 年，英国、丹麦、爱尔兰加入欧共体；

1981 年 1 月 1 日，希腊加入欧共体；

1986 年 1 月 1 日，葡萄牙和西班牙加入欧共体；

1995 年 1 月 1 日，奥地利、瑞典、芬兰加入欧盟；

2004 年 5 月 1 日，塞浦路斯、爱沙尼亚、匈牙利、拉脱维亚、立陶宛、马耳他、波兰、斯洛伐克、斯洛文尼亚、捷克 10 个国家正式成为欧盟的成员国；

2007 年 1 月，罗马尼亚和保加利亚两国加入欧盟。

至今欧盟总共有 27 个成员国。

2. 欧洲联盟取得的主要成就

（1）关税同盟

欧盟的一体化进程是以关税同盟为起点的。根据《罗马条约》中规定的商品、劳务、人员、资本流动的目标，欧洲经济共同体首先要解决商品在成员国间自由贸易的问题。自 1958 年成立之日起，欧共体分三个阶段着手建立关税同盟，主要措施包括降低乃至取消成员国间的关税和商品进出口的数量限制以及对外实行统一的关税政策。作为经济一体化的起点，共同对外关税和区内自由贸易不仅提高了欧盟共同体国家的贸易地位和国际竞争力，而且为实现其他区域经济一体化目标打下了基础。

欧共体于 1968 年 7 月 1 日建立了关税同盟，比《罗马条约》规定的进程提前 1 年半，1970 年实行了统一的对外贸易政策。虽然欧共体各成员国之间取消了所有关税，并建立了统一的海关关税税则，但成员国之间的海关手续和许多无形的壁垒仍在一定程度上阻碍了商品的自由流通。

(2) 欧洲大统一市场

根据《罗马条约》，欧共体各成员还必须消除商品、人员、劳务和资本自由流动的障碍。1985 年 5 月，欧共体通过了“关于完善内部市场的白皮书”，该白皮书具体阐明了建立欧洲统一市场的目标和设想。同年底，又通过了《单一欧洲文件》（又称《欧洲一体化文件》），决定于 1992 年底建成欧共体统一大市场，号召各成员国政府采取一切必要的行动，统一实施白皮书为促进和加速统一市场的建设而提议的 282 项政策和措施，通过逐步消除各种非关税壁垒，实现商品、人员、资本和服务四大自由流通。

经过努力，1992 年底，一个商品、劳务、人员、资本自由流动的欧洲统一市场变成现实。

(3) 欧洲经济与货币联盟

随着欧共体各成员国经济依赖程度的加深，对货币合作的要求逐步提上议事日程。欧共体早在 1979 年就创立了欧洲货币体系，同时创设了欧洲货币单位，建立了欧洲货币基金。但是，欧洲货币体系在运行初期效果并不显著。

1989 年，欧共体通过了关于欧洲经济与货币联盟的“德洛尔报告”，报告提出分三个阶段建立经济货币联盟，核心目标是建立欧洲中央银行，发行单一货币，协调各国经济政策。这个报告的实施使欧洲经济一体化进入了一个新的发展阶段。

在此基础上，欧共体各国于 1991 年 12 月签订了《欧洲联盟条约》（即《马斯特里赫特条约》，包括《经济与货币联盟条约》与《政治联盟条约》），就建立欧洲经济与政治联盟达成了协议。《马约》的中心内涵有三：第一，以单一货币为基础的经济货币联盟；第二，共同外交和安全政策；第三，共同的司法和内务政策。其中，单一货币是欧洲经济一体化走向更深层次的根本。1993 年 11 月，《马约》正式生效，欧洲经济共同体改称为欧洲联盟。1994 年，建立欧洲货币联盟的第二阶段计划如期启动，欧洲货币机构正式成立。1995 年 12 月 16 日，欧洲联盟马德里首脑会议，将单一的欧洲货币起名为“欧元”。1999 年 1 月 1 日，欧元如期启动。

2002年欧元正式进入流通，并启动建立统一的财税政策、货币政策的协调机制。迄今为止，欧元不仅在欧盟内部运转顺利，而且在国际使用方面步步为营，呈现出逐步扩展之势。

（4）欧盟制宪

2003年6月13日，经过欧盟制宪筹委会16个月的艰苦工作，新宪法草案出台。欧盟宪法草案由4大部分462个条款组成。它重点阐述了欧盟国家公民享有的权利和义务，与各成员国和国际立法中的已有内容融合。

2004年6月18日，在欧盟东扩后25国举行的第一次首脑会议上，欧盟成员国求同存异、面向未来，终于就宪法草案达成一致。2004年10月29日，欧盟25个成员国元首与政府首脑在罗马正式签署了《欧洲联盟宪法》条约。宪法条约的通过是欧盟的一大成就，具有历史意义。

3. 欧盟的主要组织机构

欧洲理事会（European Council），即欧盟首脑会议，是欧盟的最高权力机构，由欧盟成员国国家元首或政府首脑及欧盟委员会主席组成。理事会主席由各成员国轮流担任，顺序基本按本国文字书写的国名字母排列，每届任期半年。欧盟首脑会议主要负责讨论欧洲联盟的内部建设、重要的对外关系及重大的国际问题，其决策采取协商一致的原则。目前，欧盟首脑会议为每半年举行两次。

欧盟理事会（Council of European Union），即欧盟各国部长理事会，是欧盟的决策机构，负责日常决策并拥有欧盟立法权。

欧盟委员会（Commission of European Union）是欧盟的常设机构和执行机构，负责实施欧盟条约和欧盟理事会作出的决定，向理事会和欧洲议会提出报告和立法动议，监督欧盟法规的实施，处理欧盟日常事务，代表欧盟负责对外联系及经贸谈判，对外派驻使团。实行集体领导和多数表决制。

欧洲议会（European Parliament）是欧盟的监督和咨询机构，在某些领域有立法职能，并有部分预算决定权，并可以2/3多数弹劾欧盟委员会，迫其集体辞职。议会大厦设在法国斯特拉斯堡，议会秘书处设在卢森堡；自1979年起，欧洲议会议员由成员国直接普选产生，任期5年。

欧洲法院（European Court of Justice）是欧盟的仲裁机构，负责解释欧盟法律，审理和裁决欧盟和成员国在执行各项法律法规中发生的争执。法院现有15名法官和9名检察官，由成员国政府共同任命，任期6年，可连任，每三年改选一半。法院院长在法官中推选，任期三年。法院设在卢森堡。

欧洲审计院（European Court of Auditors）负责审计欧盟及其各机构的账目，审查欧盟收支状况。审计院成立于1977年，由15人组成均由欧盟理事会在征得欧洲议会同意后任命。审计院设在卢森堡。

（二）北美自由贸易区

北美自由贸易区（North American Free Trade Area，NAFTA）是全球第一个由发达国家和发展中国家缔结的区域贸易协定。与典型的自由贸易区相比，虽然该组织冠以“自由贸易区”，但其实际的区域经济一体化领域要比一般的自由贸易区更加宽泛，从而制度体系也有其特殊性。①

1. 北美自由贸易区的演变

北美自由贸易区最初是根据1987年7月签订的《美加自由贸易协议》建立起来的。

1988年1月美国和加拿大签订自由贸易协定，该协定于1989年1月1日生效。与其他区域贸易协定所不同的是，《美加自由贸易协定》是当时覆盖领域最为广泛的综合性贸易协定。它突破了贸易谈判的传统领域，不仅包括货物贸易，而且涉及劳务贸易、双边投资、金融服务等与贸易有关的重要问题。由于美加两国之间一贯的密切联系与相近的发展水平，美加协定的实施效果达到了预期目标。

---

① 曹宏苓著：《国际区域经济一体化》，上海外语教育出版社2006年版，第314页。

在欧盟一体化的刺激下，美国首先需要营造和巩固其在北美范围内的主导地位，并以此为基础，逐步将“开创美洲事业倡议”的构想付诸实践。加之，20 世纪 80 年代后期启动的乌拉圭回合多边谈判徘徊不前，发达国家意识到在多边范畴实现贸易利益困难重重，除关税与非关税措施以外，他们所关心的新议题更是意见相左，难以协调立场。于是美国寻求经济发展的突破口就放在美加协定的南扩上。而在众多拉美国家中，由于地缘优势、资源条件、经济结构、市场潜力等原因，墨西哥成为首选对象。同时随着国内经济的变化，墨西哥开始意识到美国贸易保护主义的负面影响，而且由于对美国市场的依赖程度越来越高，这种负面效应的制约越加突出。于是 1990 年 6 月，墨西哥向美国提出开展自由贸易协定谈判的想法。美国、加拿大和墨西哥三方立场的协调和统一使建立北美自由贸易区的设想很快进入快速实施阶段，1992 年 8 月三方就 NAFTA 文本达成了协议。《北美自由贸易协定》（NAFTA）实际上取代和包括了美加协定。《北美自由贸易协定》明确提出，协定的每一国应遵守关贸总协定及其他国际协定下的各种权利与义务，但当《北美自由贸易协定》与其他协定出现冲突时，必须以《北美自由贸易协定》优先为原则。

2.《北美自由贸易协定》的主要内容

《北美自由贸易协定》涉及面广，概括起来有以下几个主要内容：

（1）区内商品贸易管理制度

①关税的减让、取消。协定规定对被视为产地为北美的产品逐步取消所有关税。《北美自由贸易协定》就三国减税进程作出规定，对大部分产品在协定生效后立即取消或在 5－10 年内取消关税。对某些敏感产品允许在 15 年内取消关税。并就墨西哥和美国、加拿大约定不同的减税进程。

②原产地规则。自由贸易区待遇只给予区内产品，因而协定国原产地规则占重要地位，而且要求产品必须由一成员国直接运往另一成员国。

③取消贸易数量限制。三国间取消所有边境实施的禁令和数量限制，包括配额和进口许可证。

（2）有关生产要素的制度规定（北美自由贸易区高于一般自由贸易区的制度体现）

①内部自由投资制度

内部自由投资制度包括投资自由化和投资收益自由兑换与汇回。在投资方面要求成员国之间互相提供国民待遇与最惠国待遇。同时成员国投资者可将在另一成员国领土上投资的收益、售后服务、偿还后的贷款与投资有关的其他交易收入按当前市场汇率将地方货币转换成外汇。每个成员国都义务保证这种外币可以自由转移。

②人员流动制度

北美自由贸易区不允许人员的自由流动，但在互惠的基础上，三国对商人临时入境有提供方便的责任。

（3）竞争政策。《北美自由贸易协定》允许各国保留或采取反对反竞争性商业做法的措施，但以各国竞争政策不违反《北美自由贸易协定》所规定的义务为限。

（4）调整范围超出传统的单纯的货物贸易，涵盖知识产权以及服务贸易。

协定规定各成员国相互给予区内其他成员服务贸易享受最惠国待遇、国民待遇和非歧视待遇。协定还要求各国在知识产权保护方面有提供高标准责任、义务。

（5）建立争端解决机构及其监督协定执行机构。

《北美自由贸易协定》规定，对于争端首先由争端双方进行协商，协商不成由委员会介入进行调停，如果还不能获得解决则可以组成争端解决小组专门处理争端，也可以通过国际争端解决机构来解决争端。

3. 北美自由贸易区的组织机构

北美自由贸易区的主要机构有：

自由贸易委员会（The Free Trade Commission），由每一成员国

的部长级代表组成。职责包括监督《北美自由贸易协定》规则的履行，策划《北美自由贸易协定》规则的未来发展；解释《北美自由贸易协定》的争端解决程序；监督各类专门委员会和工作组的工作等。

秘书处，其主要职责是协助委员会，对专家组和各类委员会提供行政协助。

各类专门委员会与工作组。专门委员会有货物贸易委员会、耐用服装贸易委员会、农业贸易委员会等；工作组有原产地工作组、关税次工作组、农业补贴工作组、贸易与竞争工作组等。

4. 北美自由贸易区的发展趋势——美洲自由贸易区（Free Trade Area of the Americas，FTAA）

面对欧盟不断升级的现实，北美自由贸易区不满足于仅停留在贸易领域，美国着手启动美洲经济区，以期将整个美洲国家都囊括到这个组织之中。

1994 年 12 月，西半球 34 个国家在美国迈阿密举行第一届美洲国家首脑会议，会议通过了就建立美洲自由贸易区问题举行谈判的决议。2001 年 4 月，在魁北克举行的第 3 届美洲国家首脑会议提出了在 2005 年年底前正式运行美洲自由贸易区的构想。然而到 2003 年底，FTAA 已历经九年，但进展甚微，在消除商品和服务贸易壁垒这个主要目标方面几乎没有达成任何有意义的协议。2003 年 11 月 FTAA 第 8 次部长级会议在美国佛罗里达州的迈阿密举行。此次会议上各成员国均采取了较为灵活、务实的态度，经过四天讨论会议达成以下几点共识，美洲自由贸易区的谈判取得实质性进展①：

第一，美洲自由贸易区谈判将尊重成员国间不同的经济发展水平和各自的敏感商品和服务，允许就开放本国市场做出不同程度的

---

①　参见《美洲自由贸易区谈判取得实质性进展》，港澳粤价格资讯网，http：//www.price007.com/news_ show.asp？newsid = 17452 ，2008 年 6 月 3 日访问。

承诺；

第二，参与谈判的区域组织将就自由贸易区的基本权利和义务达成协议，但成员可通过双边或区域协定取得某些领域内更大程度的开放；

第三，本国农产品补贴和反倾销问题以及投资、知识产权保护、政府采购等问题将在世贸组织或双边、多边框架下商谈；重申最迟于2005年1月启动美洲自由贸易区。

尽管FTAA的启动面临一系列的挑战，但是从各国的根本利益进行分析：美国为了促进西半球的经济增长和政治稳定，确保美国获得更加开放与透明的规则，使贸易与投资更多地进入拉美这一快速增长的市场，会不遗余力推动FTAA的发展。而广大拉美发展中国家为了发展经济，增加就业，摆脱贫苦，需要扩大出口市场，特别是美国市场，为稳定政治和经济局势，也需要美国的援助和资金，因而最终也会作出让步，促成FTAA的成立。美洲自由贸易区的建立是一种必然趋势。

（三）东盟自由贸易区

1. 东盟自由贸易区的演变

东盟自由贸易区是在东南亚国家联盟的基础上发展起来的。

（1）东盟成立及其成员扩张

东南亚国家联盟（Association of Southeast Asian Nations）简称东盟，是东南亚的一个区域性组织。1967年8月8日，为抵制战后大国的影响，提高本地区经济、社会、文化发展水平，增强在冷战夹缝中生存的能力，东南亚五国——泰国、马来西亚、新加坡、印度尼西亚、菲律宾在曼谷举行会议，发表了《曼谷宣言》，正式宣告东南亚国家联盟成立。20世纪80年代和90年代，文莱（1984年1月）、越南（1995年7月）、老挝（1997年7月）、缅甸（1997年7月）和柬埔寨（1999年5月）5个国家先后加入东盟，使东盟的成员体由最初成立时的5个成员体发展到目前的10个成员体。

东盟成立之初只是一个保卫自己安全利益及与西方保持战略关系的联盟，其活动仅限于探讨经济、文化等方面的合作。1976 年 2 月，第一次东盟首脑会议在印尼巴厘岛举行，会议签署了《东南亚友好合作条约》以及强调东盟各国协调一致的《巴厘宣言》。此后，东盟各国加强了政治、经济和军事领域的合作，并采取了切实可行的经济发展战略，推动经济迅速增长，逐步成为一个有一定影响的区域性组织。

（2）东盟自由贸易区的成立及建设时间表

1992 年 1 月在新加坡举行了由印尼、马来西亚、菲律宾、新加坡、泰国、文莱东盟六国参加的第四次东盟首脑会议，会议签署了《东盟加强经济合作框架协定》，决定建立东南亚自由贸易区（ASEAN Free Trade Area，简称 AFTA）。这是对东盟成立以来所进行的各种经济合作方式的综合提升。设立东盟自由贸易区的主要目的在于增强东盟地区作为单一生产单位的竞争优势；通过减少成员国之间的关税和非关税壁垒，期待创造出更大的经济效益、生产率和竞争力；加强东盟区域一体化和促进盟区内贸易与投资。随即该 6 国的经济部长签署了为实现东盟自由贸易区铺路的《东盟自由贸易区共同有效普惠关税方案协议》（Agreement on the Common Effective Preferential Tariff Scheme for AFTA，简称 CEPT）。其基本目标是在 1993 年开始到 2008 年的 15 年间，逐步消减其关税与非关税壁垒，在 2008 年前实现成立东盟自由贸易区。1992 年的《东盟自由贸易区共同有效普惠关税方案协议》虽然规定了各国在 15 年的期限内所需降低的关税目标，但并没有规定共同的行动方案，而是由各国自行决定降税速度。

随后由于新成员的加入以及国际经济环境的变化，东盟自由贸易区的建设时间表作了多次调整。

第一次调整：

1994 年 9 月东盟第六届经济部长会议一致同意缩短自由贸易区降税实施期限，普通商品的减税期由 10 - 15 年缩短为 5 - 10 年，并从 1995 年 1 月 1 日起实施。同时决定将建成东盟自由贸易区的时间提前到2003年，比原计划2008年缩短5年。随后，1995年12月东盟第五次首脑会议通过了《曼谷首脑会议宣言》，明确实施共同有效优惠关税的规则和程序。根据这次会议宣言，东盟各国在2003年要完成降税目标，而且要将关税降低到零。宣言还制定了时间表。

第二次调整：

1997年的亚洲金融危机爆发，东盟成员国决定加强区域金融合作，共同防御投资攻击。1998年12月于河内召开的第6次首脑会议上，东盟国家通过了《河内宣言》、《河内行动计划》、《“大胆措施”声明》等区域文件，决定加快东盟自由贸易区和东盟投资区的进程，将CEPT的实现时间再提前一年到2002年。但在实现这一目标时，允许各成员国存在一定的灵活性。

第三次调整：

自1998年第6次首脑会议确定2002年实现CEPT目标后，各国都积极实施该计划。但由于金融危机影响严重，全球经济持续不景气，同时考虑到新加入的东盟成员国的经济实力与经济发展速度，东盟开始调整贸易自由区的推进时间表。在1999年9月召开的第13届东盟自由贸易区理事会议决定，对贸易自由化重中之重的共同有效普惠关税的实施，六原创始国于2002年内对CEPT清单内产品关税全部调降至5%以下，越南于2003年；缅甸及老挝则在2005年。① 另外，同年11月举行的第二届东盟非正式首脑会议再度宣布，六原创始国于2010年免除所有产品关税，实现完全自由化，而越、老、缅、柬亦于2015年达成自由化目标。②

2002年1月1日，东盟自由贸易区正式启动。东盟自由贸易区的目标是实现区内贸易的零关税。文莱、印度尼西亚、马来西

---

① 《东盟自由贸易区》，http://baike.baidu.com/view/824741.htm，2008年6月10日访问。

② 王传丽主编：《国际贸易法》，中国政法大学出版社1995年版，第9页。

亚、菲律宾、新加坡和泰国6国已于2002年将绝大多数产品的关税降至0－5%。①

（3）东盟共同体（东盟共同市场）

2003年10月，东盟第九次首脑会议在印尼巴厘岛召开。与会各国首脑在会上签署了《第二巴厘宣言》，宣布将在2020年将东盟建设成类似欧盟的“东盟共同体”，包括“东盟经济共同体”、“东盟安全共同体”和“东盟社会与文化共同体”，决定在2020年建立一个内部共同市场，从而实现商品、投资、服务与人员的自由流通。根据东盟实现“经济共同体”的计划，2004年的东盟经济部长会议，专门就此达成了取消关税和开放市场的共识。2004年11月举行的东盟首脑会议还通过了为期6年的《万象行动计划》，签署并发表了《东盟关于一体化优先领域的框架协议》、《东盟安全共同体行动计划》等。《东盟关于一体化优先领域的框架协议》规定原东盟6国在2007年之前将11个优先领域的产品关税消减为零，这比原计划提早了3年，4个新成员国对这11个领域产品的关税减免时间是2012年。

2007年11月20日，东盟10国领导人在新加坡举行的第13届首脑会议上签署了《东盟宪章》和《东盟经济共同体蓝图宣言》等重要文件。其中《东盟宪章》是东盟成立40年来第一份对各成员国具有普遍法律约束力的文件，这一文件的签署是东盟在机制化和法制化建设上的重要举措，是建立东盟共同体的重要法律保障，是东盟的一个重要里程碑。② 正如东盟秘书长王景荣所指出，宪章是建立东盟共同体的“基础文件”。宪章在三个方面为东盟实现战

---

① 《东南亚国家联盟（东盟）及其主要合作机制》，新华网，http：//news, xinhuanet. com/ziliao/2002－10/28/content_ 610510. htm ，2008年6月9日访问。

② 《东南亚国家联盟（东盟）及其主要合作机制》，新华网，http：//news. xinhuanet. com/ziliao/2002－10/28/content_ 610510. htm ，2008年6月9日访问。

略目标提供保障。第一，提供了法律上的保障。宪章规定，成员国应当严格认真地遵守宪章的规定，在本国法规与宪章有任何冲突时要以宪章为准绳，从而保障成员国都在相同或相似的法律框架下推进一体化进程。第二，确立了东盟的法人地位。这将确保东盟今后能够作为一个整体对外交往，并与其他国家和组织签署重要协议。第三，确保机构高效运转。将对东盟的机构进行改革，使其拥有四个分工明确的理事会和一个权力更大的秘书处，以便决策更加灵活。①

《东盟经济共同体蓝图宣言》是东盟经济一体化建设的总体规划文件，加快了东盟一体化的进程，旨在到 2015 年将东盟打造为单一市场。蓝图将《第二巴厘宣言》确立的 2020 年建立东盟单一市场的目标提前了 5 年，加速了东盟一体化进程。蓝图的主要内容包括东盟经济一体化相关措施及其实施时间表。此外，蓝图还规定了一套监督措施，以确保各成员国遵守相关自由贸易协议，并将对未能按时推行自由贸易政策的成员国进行制裁。参与起草蓝图的菲律宾贸易官员雷蒙·卡比戈廷说，蓝图使东盟向成为欧盟式单一市场的宏伟目标更迈进了一步。②

2. 东盟自由贸易区的制度性内容

（1）关税措施

1992 年签署的《东盟自由贸易区共同有效普惠关税方案协议》约定各会员国选定共同产品类别，具体排定减税的程序及时间表，并自 1993 年 1 月 1 日起计划在 15 年内，逐步将关税全面降低至 0－5%，以达成设立自由贸易区的目标。东盟会员国在区域内彼此间实施 CEPT，但对非东盟会员国家关税则仍由各国自行决定。

CEPT 将产品细分为三类（即快速减税商品、正常减税商品和

---

① 王传丽主编：《国际贸易法》，中国政法大学出版社 1995 年版，第 9 页。

② 东盟签署《经济共同体蓝图》，参见《光明日报》，http://www.gmw.cn/01gmrb/2007－11/21/content_ 700038.htm，2008 年 6 月 10 日访问。

例外商品），施与不同的关税消减时间表。

快速减税商品包含15项，即植物油、药品、肥料、皮革、纸浆、珠宝、水泥、化学药品、纺织品、铜电线、电子产品、木藤制家具品、陶瓷及玻璃制品等产品。产品税率在20%以上者，应在10年内降呈0－5%，于2003年1月1日前完成；产品税率在20%及其以下者，应在7年内降至0－5%。2000年1月1日前完成。

快速减税商品以外的其他工业制成品为常速商品。对正常减税商品而言，产品税率超过20%的，分为两个阶段实施，首先在前5－8年（2001年1月1日前）降至20%。再依照经同意的进度在7年内降至0－5%（2008年1月1日前）。产品税率在20%及其以下者，在10年内降至0－5%（2003年1月1日前）。

CEPT规定，无论是快速减税产品还是正常减税产品，只要成员国认为降低进口关税将会对自身经济造成严重损害，就可以将该产品列为“例外产品”。这些例外商品包括部分农产品、农产品原料；活动物、动物产品、部分植物产品、调制食用油；动植物蜡、食品、饮料、酒类及醋、烟等。此外，基于维护国家安全、公众道德规范、人类、动植物生命有关物品以及有艺术、历史、考古价值的物品也属例外范围。

CEPT减税计划必须经由东盟自由贸易区理事会核准，符合东盟产品才能适用CEPT关税。所谓东盟产品，是指根据原产地规则，该产品的东盟地区成分必须达到40%。否则，不能适用CEPT关税。

（2）数量限制与其他非关税壁垒

为真正实现贸易自由，CEPT要求成员国取消数量限制和非关税壁垒。东盟成员国须消除对CEPT计划内的产品数量限制，即取消配额、许可证以及其他类似具有阻止或限制其他成员国之间贸易功能的措施。另外，成员国还须在5年内逐步取消其他的非关税壁垒。

（3）服务贸易自由化

1995年9月举行的东盟第27届经济部长会议原则上达成共

识，决定循序渐进的开放服务业市场，包括金融与银行、旅游、运输、通讯和建筑业等。1995年12月举行的东盟第5次首脑会议发表的《东盟服务业框架协议》宣布：从1996年1月1日开始，成员国应针对服务业市场准入等问题进行谈判。谈判工作应着重在金融服务、海事工程、电信、航空交通、旅游、建筑和专业服务等部门。《东盟服务业框架协议》通过建立服务业自由贸易区加强东盟的经济整合，从而补充了东盟自由贸易区下商品自由贸易区的内容。其目的是：取消服务业市场的壁垒，加强成员国在服务业方面的合作，通过扩大WTO《服务业贸易总协定》（GATS）的深度和广度来提高东盟各成员国之间的服务贸易自由化水平，提高服务业的效率和竞争力。

1997年12月在马来西亚吉隆坡举行的东盟经济部长会议签署了《东盟服务业框架协议第一阶段实施草案》，该草案承诺东盟成员国从1998年3月31日起放松一部分服务行业的市场准入，并实行国民待遇。第一阶段主要开放的服务业部门为旅游业（全部东盟国家）、海运（文莱、印度尼西亚、马来西亚和泰国）、空运（文莱、马来西亚和新加坡）、商品服务（菲律宾）和电信（越南）。

1998年12月东盟签署了《东盟服务业框架协议第二阶段实施草案》，该草案和附件构成《东盟服务业框架协议》的完整部分，主要内容包括：东盟内非WTO成员国的成员也享受到与WTO成员在GATS规范下相同的待遇；草案附件应包括各国的承诺水平、特别承诺时间表和最惠国待遇的例外表；各成员国应将特别承诺时间表中的服务业优惠待遇扩及所有其他成员国；草案最迟于1999年3月31日实施。

东盟各国服务业发展水平和层次的参差不齐，为了促进东盟服务贸易自由化，2002年9月第34届东盟经济部长会议在文莱召开，会议决定“10－X原则”同样适用于东盟区内的服务部门谈判，在进行服务贸易承诺减让，实施服务部门相互开放的过程中，允许两个或两个以上的成员国在相互达成的服务部门率先实现开放和服务贸易自由化，其他国家在准备好之后再加入，这样可让某些国家和某些部门提前完成自由化，从而灵活地、逐步地实现区内服务的自由流动。为促使这一模式的实行，2003 年 9 月的东盟经济部长会议签署了《东盟服务业框架协议修正案》，着重强调该模式的运用。

（4）东盟投资区

为实现东盟自由贸易区目标以及吸引大量投资进入东盟地区，1995 年 12 月，第五届东盟首脑会议倡议成立“东盟投资区”，1998 年 10 月第三十届东盟经济部长会议签署了“东盟投资区框架协议”（Framework Agreement on the ASEAN Investment Area，简称 AIA）。该协议的目标是：提供一个能加快直接投资、技术和有技能专业人员自由流动的环境。该协议适用范围为直接投资，至于投资的限制及股权规定，仍受各国国内投资相关法令约束。协议的主要内容包括：到 2010 年对所有的东盟投资者实行国民待遇，到 2020 年对非东盟投资者也实行国民待遇；到 2010 年向东盟投资者开放所有工业领域，到 2020 年向非东盟投资者开放所有工业领域；会员国为保护国家安全及公共道德、人类、动物、植物生命或健康以及保障个人隐私权等可提出全面例外清单外，另亦可提出暂时例外清单、敏感清单等措施，但“临时性例外清单”的有效期截至 2010 年。

2001 年 9 月，在第 4 次东盟投资区理事会上，各国决定提早全面开放制造业、农业、林业、渔业和矿业给非成员国的投资者。东盟原有 6 个成员国 5 大部门的全面开放时间从 2020 年提前至 2010 年，新成员国的开放时间为 2015 年。

由于认识到服务领域中的商业机会和全球性发展的新潮流，2003 年 9 月举行的东盟投资安排部长会议同意将东盟投资安排的范围扩大到服务业，例如（但不仅限于）教育服务、卫生保健、电讯、旅游、银行与金融、保险、贸易、电子商业、流通与保障、运输与仓储，以及会计、工程、广告等专门服务。① 为了与业已确立的东

① 王泽编译：《东盟》，中国法制出版社 2006 年版，第 131 页。

盟保持一致意见的习惯相一致，可以采用“10 - X”的规则。

(5) 东盟工业合作计划

为加速区域内的贸易自由化、吸引投资、促进零部件与制成品的分工互补，1996年4月东盟各国经济部长齐集新加坡召开国家经济部长会议，签署了“东盟工业合作计划”(ASEAN Industrial Cooperation Scheme，简称AICO)。

东盟工业合作计划主要宗旨是：①加强东盟在区域及全球市场上制造的竞争力；②增进效率与生产力，提高区内工业生产力；③提升市场占有率，增进东盟在制造工业中的竞争地位。合作主体的条件为：至少由两个不同东盟国家之公司共同申请该计划。参加该计划的成员，可享受下列优惠：①经过核准的产品可享有0至5%的优惠关税。②参与AICO计划的国家所制造出的产品视为国内产品，可纳入其国内自制率内；自其他当事国进口同一申请计划的半成品或原料，视同进口国制造的产品，可列入进口国自制率计算。③可享受其他非关税优惠措施，如进口数量限制等。按照该计划的要求，欲参与该计划需具备下列条件：①必须是在任一东盟会员国注册、营运的法人。②公司股权至少30%为当地股权（注：在1998年《河内宣言》中，东盟各国同意将本项规定豁免实施3年)。③愿意从事资源共享、工业互补或工业合作活动。东盟工业合作计划于1996年11月1日开始实施。

为了在2002年以后仍然保持《东盟工业合作计划》的适应性，2004年4月21日，东盟经济部长签署了《东盟工业合作计划修订协议》。该协议为新批准的东盟工业合作计划项目提供了新的特惠关税税率。

3. 东盟自由贸易区的组织机构

基于国家利益、民族特点和历史原因，东盟至今没有形成一个超国家的决策机构。东盟目前采用的是松散的组织架构。

(1) 决策性的机构

现行组织架构中，起着决策性作用的有四种：政府首脑会议、外长会议、经济部长会议以及其他部长会议。

①政府首脑会议。东盟各国政府首脑会议是东盟最高决策机构，由东盟各国轮流担任主席国，负责召集会议，就东盟发展的重大问题和发展方向作出决策。自成立以来，东盟举行了7次首脑会议，4次非正式首脑会议。1976年2月23－24日，在印尼巴厘岛举行的第一次东盟首脑会议签署了《东南亚友好合作条约》。2000年第四次非正式首脑会议决定取消正式、非正式之分，每年召开一次首脑会议。

②外长会议。外长会议是制定东盟基本政策的机构，每年轮流在成员国举行。东盟外长还定期举行非正式会议。同时，由当年轮值主席国外长任东盟常务委员会主席、其他成员国驻该国大使（或别的高级官员）任委员，该常务委员会不定期举行会议，负责处理东盟日常事务和筹备召开外长会议，执行外长会议的决议，并有权代表东盟发表主席声明。

③经济部长会议。经济部长会议是东盟经济合作的决策机构，每年不定期地召开一两次会议，在区域经济一体化合作方面发挥主导性作用。

④其他部长会议。其他部长会议包括财政、农林、劳工、能源、旅游等部长会议，不定期地在东盟各国轮流举行，讨论相关领域的问题。

（2）执行性的机构

①秘书处。秘书处是东盟的行政总部，负责协调各成员国国家秘书处，对部长会议和常务委员会负责。

②专门委员会。专门委员会包括9个由高级官员组成的委员会，即工业、矿业和能源委员会，贸易和旅游委员会，粮食、农业和林业委员会，内政和银行委员会，交通运输委员会，预算委员会，文化和宣传委员会，科学技术委员会，社会发展委员会。

（3）民间和半官方机构

民间和半官方机构包括东盟议会联盟、工商联合会、石油理事会、新闻工作者联合会、承运商理事会联合会、船主协会联合会、旅游联合会和博物馆联合会等。

另外，为确保推进自由贸易区建设，1992 年 9 月设立了部长级的东盟自由贸易区理事会（AFTA Council），协助东盟经济部长会议负责推进和协调与 AFTA 有关的事务。在它之下还设立了一个专门的高官会。东盟投资区还设立了一个理事会。

由此形成了东盟自由贸易区的组织领导体系：首脑会议——东盟经济部长会议——AFTA 理事会——经济高官会。

4. 东盟与其他国家及地区的经济合作

20 世纪 90 年代后期，面对欧盟的不断升级以及美洲自由贸易区的启动，东盟国家意识到要增强其在国际社会的地位，必须加强与域外国家的合作。于是东盟作为一个整体开始加强与区外国家的合作。

东盟不仅要建立东南亚自由贸易区，而且多年来一直主张东亚一体化，积极推进同中国、日本、韩国和印度等区域的合作进程，与有关各方进行磋商，争取在 2010 年前后实现建立东亚自由贸易区的目标。①

最近东盟出现了推行“圆心外交”的新动向，即从地缘政治角度出发，以东盟为圆心，“内圆”中包括东亚共同体设想的伙伴国日本、中国和韩国，然后将印度、俄罗斯、澳大利亚等国定位在圈内外的“圆心外交”。②

（1）东盟分别与中国、日本及韩国的合作（10 +1）

由于东盟共有 10 个成员国，学界通常将东盟分别与中国、日本、韩国合作的机制称为“10 +1”合作机制。

①中国—东盟自由贸易区（China - ASEAN Free Trade Area, CAFTA）

2001 年 11 月，在中国与东盟领导人第五次会议上，双方领导

---

① 秦华孙、王顺柱、谷源洋主编：《亚洲区域合作路线图》，时事出版社 2006 年版，第 184 页。

② 王传丽主编：《国际贸易法》，中国政法大学出版社 1995 年版，第 185 页。

人达成共识：在10年内建立中国—东盟自由贸易区。2002年5月，中国东盟自由贸易区谈判正式启动，并于11月签署了《中国—东盟全面经济合作框架协议》。该协议主要约定了双方贸易自由化领域的内容与时间表。依照该协议，从2003年10月1日开始，中国和泰国已在近200种水果和蔬菜等农产品贸易方面率先实施零关税计划。中国—东盟自由贸易区框架下的“早期收获”方案也于2004年初付诸实施。

2004年11月29日，第八次东盟与中国领导人会议在老挝首都万象举行。双方领导人签署了自由贸易区框架下的《中国—东盟全面经济合作框架协议货物贸易协议》和《中国—东盟争端解决机制协议》。根据该货物贸易协议，2005年7月1日全面启动中国—东盟自由贸易区降税进程，大约7000类产品将逐步实现零关税，这标志着中国—东盟自由贸易区进入了全面实质性的实施阶段。

2007年1月14日，在温家宝总理和东盟10国领导人的共同见证下，双方的经贸部长在菲律宾宿务签署了中国—东盟自贸区《服务贸易协议》。它的签署是中国—东盟自贸区建设中的又一重大成果，标志着中国—东盟自贸区的建设向前迈出了关键的一步，为如期全面建成自贸区奠定了更为坚实的基础。①

②日本—东盟自由贸易区

2003年10月日本与东盟正式签署了《日本与东盟全面经济合作伙伴框架协议》，确定了日本—东盟自由贸易区的目标、基本原则、措施、范围、时间表以及在货物、服务和投资等领域的谈判和

---

① 中华人民共和国国务院新闻办公室：《商务部就中国与东盟签署自由区〈服务贸易协议〉答问》，http：//www. scio. gov. cn/xwfbh/gbwxwfbh/xwfbh/swb/200701/t106139. htm，2008年6月12日访问。

机构安排，它为未来建立日本—东盟自由贸易区设计了基本框架。① 2003年12月日本和东南亚国家联盟特别首脑会议在东京召开，日本和东盟十国发表了旨在加强日本与同盟各国经济、政治和安全关系的《面向新千年日—东盟合作伙伴关系东京声明》（简称《东京宣言》）和《东盟—日本行动计划》。宣言声称将推进包括缔结自由贸易协定在内的所有经济协作，同时宣言还将日本倡导的“东亚共同体”设想纳入其中。在《东盟—日本行动计划》中，双方提出了3个主要的合作方向和100多项的具体合作项目。

日本、东盟2005起开始自由贸易区谈判。虽然晚于中国和韩国启动谈判，但日本却于2007年11月21日率先完成了和东盟的全面贸易协定谈判，与东盟就“贸易自由化”达成框架协议。与中国、韩国早先与东盟达成的贸易协议相比，该协议还覆盖投资领域，覆盖面更广。2008年4月14日，日本与东盟正式签署《自由贸易协定》，该协定将于今年秋季生效。日本将在10年内取消93%的东盟进口产品关税；而东盟六个大的成员国文莱、印尼、马来西亚、菲律宾、新加坡、泰国则将在10年内取消90%日本产品的进口关税。②

③韩国—东盟自由贸易区

2005年12月13日，在韩国与东盟的第9届首脑会议上，双方签署了《韩国—东盟经济合作框架协议》，确定了韩国—东盟自由贸易区的目标、范围、措施、起止时间，以及双方在货物、服务和投资等领域的未来谈判安排，从总体上确定了韩国—东盟自由贸易区的基本框架。

2007年11月21日东盟和韩国在新加坡签署了东盟—韩国自

---

① 王勤：《亚洲区域经济一体化与中国》，新华网，http://www.gx.xinhuanet.com/newscenter/2007-11/07/content_11918551.htm，2008年6月12日访问。

② 《日本与东盟正式签署〈自由贸易协定〉》：东盟商务中心，http://www.asean35.com/NewShow.asp?id=2740，2008年6月19日访问。

由贸易区《服务贸易协议》，向双方在2009年建立自贸区又迈进了一步。①

（2）东盟与中日韩合作（10+3）

鉴于东盟拥有10个成员国，东盟与中、日、韩的合作机制通常被称为“10+3”合作机制。

东盟与中、日、韩的合作（10+3）萌发于危机意识。面对全球化浪潮下西欧、北美积极扩张自由贸易区，东南亚各国结成东盟后犹感弱小，于是在1995年曼谷会议上倡议举行东盟与中、日、韩首脑会晤。1997年亚洲金融危机给东亚各国以巨大的冲击，东盟与中、日、韩领导人聚首吉隆坡，“10+3”合作对话正式启动。2005年12月12日在第九次“10+3”领导人会议上，各国提出加强合作，建设东亚自由贸易区。

（3）印度—东盟自由贸易区

2003年10月在印度尼西亚巴厘岛举行的第九次东盟领导人峰会暨印度与东盟领导人峰会上，印度与东盟签署了《印度与东盟全面经济合作框架协议》，这是印度与东盟建立自由贸易区的基础性文件。② 2004年9月5日，在东盟经济会议（AEM）上，印度和东盟达成了对在早期成熟方案下的105种普通产品互作关税让步的协定，这是双方实现自由贸易区进程的一个良好开端。③

此外，东盟还与美国、日本、澳大利亚、新西兰、加拿大、欧盟、韩国、中国、俄罗斯和印度10个国家形成对话伙伴关系。

---

① 《东盟和韩国签署自由贸易区〈服务贸易协议〉》，新华网，http://news.xinhuanet.com/newscenter/2007-11/21/content_7121645.htm，2008年6月12日访问。

② 李好：《印度—东盟自由贸易区的建立对亚洲国际经济关系的影响》，载《天府新论》2004年第1期。

③ 同②。

四、区域贸易安排下的法律问题

（一）区域贸易安排下的原产地规则

货物的原产地是指货物或产品的最初来源。国际贸易货物的原产地，则是指作为商品加入国际贸易流通的货物的来源地，即对货物进行最后实质性加工的国家或地区。① 货物的原产地实质上指出了货物的经济国籍，通过对货物国籍的认定，施以不同的贸易待遇或措施，如适用关税税率、配额、许可证、货物检验等。② 所谓原产地规则，是各国和地区为了确定商品原产国或地区而采取的法律、规章和普遍适用的行政命令。③ 原产地规则一般包括三部分：原产地标准、直运规则和书面证明。其中，原产地标准是原产地规则的核心。为了确保内部优惠不肥水外流，世界上的区域贸易集团基本上都制定了在区内适用的原产地规则。

区域贸易安排的原产地规则，与一般的原产地规则一样，按设置目的，可以分为优惠性原产地规则与非优惠性原产地规则。前者是为了获得互惠性的优惠待遇，如关税差别待遇，而制定的原产地规则；后者是为了有区别地实施反倾销和反补贴税、原产国标识和任何歧视性的数量限制或关税配额等措施所使用的原产地规则。本节如无特别说明，则主要探讨区域贸易安排下之优惠性原产地规则。

区域贸易安排的原产地规则，按内容划分，主要包括两大类：一是“具体产品的原产地规则”，规定确定一产品原产地的具体判别标准；二是“一般性制度的原产地规则”，对具体判别标准进行

---

① 叶全良、王世春著：《国际商务与原产地规则》，人民出版社 2005 年版，第 3 页。

② 同①。

③ 同①。

校正时适用的一般性制度。

1. 区域贸易安排原产地规则的主要功能

区域贸易协定之原产地规则与一般多边贸易协定中的原产地规则相比较，具有保护区内产业、防止第三国“搭便车”、吸引外资、引进先进技术等一系列独特功能。

(1) 确认产品是否属于区内产品，能否享受区内优惠措施，保护区内产业

区域贸易协定是各成员国基于全局、长远的利益在作出很大让步的基础上达成的。各成员国不愿意让区外国家免费享受这一优惠性待遇。因此区域贸易协定规定了原产地规则，用以确认产品的身份。一旦进口产品通过原产地规则被确认为“区内其他成员国”的产品，那么该产品就可以享受区域贸易协定中规定的一系列优惠措施；一旦该进口产品经“原产地规则”被确认为“区外产品”即不能享受区域贸易协定规定的一系列优惠措施。原产地规则制定得愈加严格，其鼓励中间产品或初级产品的区域生产的作用就愈加明显，保护区内产业的作用就更强。

(2) 防止第三国“搭便车”

区域贸易协定原产地规则界定了进口产品是否原产于区域贸易协定成员国而享受优惠待遇的条件，从而有助于防止第三国“搭便车”行为。

以自由贸易区为例。自由贸易区成员国对外仍保留独立制订海关税则和独立征税的主权，各成员国可以自主地对来自区外不同国家和地区的商品采取不同的关税税率，在国家间关税税率高低不同的情况下，如果没有采取原产地规则，则容易造成以自由贸易区的低关税成员国为跳板，将产品免税向高关税成员国进口，或通过低关税成员国进口其零部件和中间产品，在当地做简单加工或组装成最终产品，再免税出口到高关税成员国。而在自由贸易区制定特定的原产地规则后，区外国家就不能轻易“免费搭车”。在自由贸易区采用原产地规则，可以帮助高关税成员国抵制区外第三国“搭便车”行为。

（3）具有贸易创造功能

原产地规则制订得越严格（比如制定较高的增值比率，或较高的加工工序标准），区内成员国产品制造商越倾向于购买区内的原料及中间产品，并在区内从事最终产品的装配和制造，减少对非成员国原料及中间产品的采购，因此原产地规则在一定程度上可以起到限制区外原料及中间产品进口，带来区域内部贸易的增长。

（4）防止区内贸易偏移

原产地规则的实施有助于限制由于关税的差异而从最低关税国进口后再在区域内转向的贸易偏移，维护区内高关税国家的利益。

（5）为区内成员吸引外资、技术，创造就业机会

区域贸易安排内部实行自由贸易，相互之间几乎取消所有的贸易限制，而对外则采取较高的税收以及其他贸易限制措施。区域贸易安排的一系列优惠措施的享受主体只限于区域内成员的产品。如果区外产品或服务想要享受区域贸易安排内部的优惠，减少原产地规则对其出口利益造成的损失，就必须迎合区域贸易安排的原产地规则，使生产当地化，如在区域内投资设厂、引入高新技术，采用区域内的原材料等。由于区域贸易安排内部市场广、相互给予的优惠措施水平高，跨国公司出于利益权衡大都选择到区域贸易安排的成员国进行直接投资、建厂。由此给成员国带来了资金、先进技术，同时提供了就业机会。

2. 三大典型区域贸易集团原产地规则简介

（1）欧洲联盟的原产地规则

为了防止各成员国根据各自的经济目的任意扩大或缩小原产地概念的范围，欧洲共同体统一制定商品原产地标准，以保证实施共同海关税则的一致性。

理事会将原产地标准定义为：①一般规定："在经济上能讲得通的生产一个新产品或代表整个生产过程中某一重要环节的最后一个实质性生产过程。"②具体衡量方法。含进口成分的制成品取得生产国原产地地位的条件是，使用的进口原材料、零部件在加工过程中必须达到实质性改造的程度，并以加工产品的税则号列变更为

准。进口成分经加工成制成品后，制成品的税则号列变更，即表示进口成分已经过实质性改造，其性质和特征已变更，成为另一种完全不同的产品。③增值标准。以产品在组装国的增值率超过交货价格的45%为条件，组装过程即可成为能使产品取得原产地地位的加工过程。

欧盟原产地规则首先向服务贸易延伸。欧共体于1989年10月3日制定了“有关从事电视传播的法律、法规或行政行为的某些规定”的理事会指令（以下简称为《指令》）。该《指令》第4条规定，成员国应在可行或通过适当的方法确保电视台应为欧洲作品（European Works）保留其播放时间的绝大部分比例，但用于新闻、体育比赛、广告及图文服务的时间除外。该指令是欧共体原产地规则开始在服务业领域的运用。

《指令》第5条进一步规定，在可行的情况下和通过适当的方法，各成员应确保将至少10%的播放时间或者按照成员国的自行决定，将节目预算的至少10%留给独立于电视台的制作者所制作的欧洲作品。

《指令》第6条对“欧洲作品”规定了下述定义：在符合以下条件之一的情况下，作品原产于欧共体成员国或原产于《欧洲理事会跨国境电视欧洲公约》成员国的欧洲第三国，并且作品主要由居住于上述国家的作者和工人制作：①在上述1个或1个以上国家定居或创办的制作者制作；②作品的制作由在上述1个或1个以上国家定居或创办的制作者监督和实际控制；③上述国家合作制作者对合作制作总成本的分摊在数量上占优势，且合作者并未被定居或设于上述国家之外的一个或多个制作者所控制。

上述规定是欧共体有关电视传播的原产地规定，如果不满足上述“欧洲作品”的定义要求，那么将会受到欧共体成员国的播放限制。

（2）北美自由贸易协定原产地规则

北美自由贸易区没有设立共同关税。为防止非成员国生产的商品通过关税较低的成员国免税转口到关税较高的成员国，北美自由贸易区制定了严格的原产地规则，但由于三国的经济日益全球化，因此其生产过程难免有一定的跨地区成分，因此，协定允许该地区产品可有一定的区外附加值成分。

NAFTA 体系的原产地规则主要内容：

①《协定》规定，凡全部在墨西哥、美国和加拿大生产的商品，均为北美地区产品；含有地区外原材料或零部件的商品，只要这些材料或零部件在北美任何一国得到加工且加工程度足以改变其关税类别的，也被视为北美地区产品。

②根据附录 401 之规定，当一种产品额原材料来自于非 NAFTA 成员国时，该产品除需具备关税类别的条件外，还应含有地区成分的专门比例（通常为 50% - 60%），才能被认定为原产于 NAFTA 的产品。该比例将以贸易额或净成本额的方式计算，生产者可任选其一；但根据世贸组织海关估价法不接受的贸易额方式，或对汽车等某些产品，应使用净成本方式。

③未组装产品或不符合附录 401 之规定，但区域产值含量达到 60%（按交易价值法计算）或 50%（按净成本法计算）的产品也可视为原产地产品。

当某种产品不符合上述诸条件时，其通过如下方法仍能取得“北美产品”资格：

①生产商可以指定自制产品或原产材料为中间原材料，用于生产最终产品。既然原材料是原产产品，它的全部价值可以列入其最终产品计算区域产值含量。该条款适用于除汽车、机械、变速箱产品外的所有产品和原材料。

②累积条款。NAFTA 只允许双边地区累积。当最终产品中使用非原产地材料时，生产者或出口商可将非原产地原料中内含的 NAFTA 地区产值部分列入其最终产品计算区域产值含量。该条款的使用有一定条件限制。

③最低限度条款。为避免有些商品因含有少量非地区材料而失去优惠待遇，协定规定了“最低限度”条款。根据该条款，某一商品，虽在其他方面不符合特定的原产地规则，但只要外来材料价

值低于商品总成本或价格的7%，也被视为北美地区产品。

北美自由贸易区的原产地规则非常严格，与欧盟原产地规则相比，其具有很强的推进区域内某产业的作用，因此很多学者将北美自由贸易区的原产地规则归入其“产业结构协调”政策之列。例如，为了保护区内纺织品与服装制造商的利益，NAFTA规定，只有当纺纱——纺织品，或纺纱——纺织品——服装整个工序都是在北美完成，全部是北美成分的产品时，才能以北美制造资格在区内享受优惠待遇。这最终导致美国纺织品和服装进口由墨西哥产品代替了原先来自亚洲的产品，从而推动墨西哥纺织品与服装业的发展。

(3) 东盟自由贸易区原产地规则

东盟为使区内成员国较非成员国享有较多贸易优惠或较低关税，在1977年东盟各国签订的“东盟普惠贸易安排协定”的基础上，1992年12月11日AFTA理事会在雅加达研订“CEPT原产地条规”(Rules of Origin for CEPT)。其主要内容包括如下几点：

①如果某种产品40%以上的成分来源于某东盟成员国，那么它就可以视为原产于东盟的产品。

②非原产于东盟的原料、零部件或产品在进口时的价值应按到岸价格计算。

③根据价值累积条款，如果某些原产于东盟的产品被某个成员当做其制成品的投入品，并按照区内的优惠安排将该制成品出口到另一个东盟成员，那么该制成品应该被视为原产于其最终加工地的产品。

东盟自由贸易区不重视原产地的使用，原产地规则对任何技术含量的产品都笼统地规定本地成分含量为40%，并没有对不同产品或不同技术含量的产品采取差别化的原产地规则。从而使此项规则不能为加强区内贸易服务。

3. 区域贸易安排原产地规则特点

(1) 区域贸易安排下原产地规则规定不一，主要有两种模式

各区域贸易安排的原产地规则不一，使得各国面临“意大利

面式”的原产地规则。但是这些纷杂的区域贸易安排原产地规则，通过实质分析，大部分都可以被纳入两种模式：即泛欧模式和NAFTA模式，在一般产品的具体原产地标准上，主要采纳改变税目分类编码标准。

2001年3月，WTO启动了对FTAs实施原产地制度的调查，并于2002年4月提交了评估报告。该调查涉及93个FTAs，其中有50个FTAs基于泛欧体系的原产地标准；有3个则以北美自由贸易区的原产地规则为基础；另有15个FTAs的一般原产地标准类似于泛欧体系，但是在补充条款方面，比如累积条款、退税条款、领土条款等有别于泛欧体系的做法；其余的FTAs则根据需要采取了各不相同的原产地制度。① 虽然各区域贸易安排在原产地标准的判断上都采用“实质性改变”标准，但是在“实质性改变”的判断上则采纳不同的标准——有的采纳改变税目分类编码、增加值百分比、制造或加工工序等三种标准中的一种，有的兼采其中的某两种。就使用频率来看，在三项标准中，改变税目分类编码最为常用，在93个FTAs中，有89个采取这一标准。②

(2) 区域贸易原产地规则率先向服务贸易渗透，并且原产地规则向服务贸易渗透的趋势将进一步增强

WTO的《原产地规则协定》是第八轮乌拉圭回合多边贸易谈判下达成的多边货物贸易协定之一，当时并没有将服务贸易纳入其管辖范围之内。WTO《原产地规则协定》实质上仅仅是约束货物贸易的原产地规则。欧共体首先将原产地规则运用于服务贸易领域。此后，各区域贸易集团也开始注重服务贸易领域原产地规则的运用。服务贸易存在歧视性差别待遇，不仅体现在市场准入方面，而且也存在于国民待遇中，原产地规则对服务贸易实施差别歧视性待遇的意义远大于货物贸易，在服务贸易中实施原产地规则在今后有较大发展趋势。

---

① 孟夏著：《亚太区域贸易安排研究》，南开大学出版社2005年版，第142页。

② 同①，第145页。

(3) 区域贸易安排原产地规则规定愈加严格，造成的贸易转移效果就愈加明显

区域贸易安排原产地规则规定愈加严格，造成的贸易转移效果就愈加明显。例如，NAFTA 协议规定，纺织品和服装生产投入的纱线需要事实上 100% 的来自 NAFTA 成员国，否则就难以享受优惠待遇。汽车生产要求本地增值价值含量只有达到 62.5% 以上，才能享受北美地区的优惠待遇。为了享受区域贸易安排的优惠待遇，保持在北美地区的市场份额，世界上的一些汽车和服装跨国公司不得不进行投资重组。在北美地区增加投资和中间产品的采购，并从事最终产品的装配和制造。北美地区严格的原产地规则带来的区域内部贸易的增长效果比东盟等采用较宽松原产地规则产生的效果要明显得多。

4. 区域贸易安排原产地规则的评价

(1) 各区域贸易安排原产地规则标准不一、明目繁多，实践中容易诱发争端

由于总协定对区域贸易安排的优惠原产地规则几乎没有规制。各区域贸易集团在判断哪些产品为本地区产品上所采用的标准不一，如有的采纳改变税目分类编码标准，有的采纳增加值百分比标准，有的采纳制造或加工工序标准；而且明目繁多，各个不同行业的产品又有其独特原产品认定标准。在判定服务贸易提供者国籍或服务产品之原产地，其标准也非常混乱，包括：注册地、所有权人国籍、总部所在地、主要营业处所在地、实质控制等不同认定方法。这在一定程度上造成了混乱，容易引发纠纷。

(2) 各区域贸易安排原产地规则不一，加大各国的管理、执法成本以及生产商的生产成本

各区域贸易安排原产地规则不一，带来了大量的管理和执行成本。生产商在熟悉和满足这些规则方面也承受了相当的负担，尤其是处理多边原产地规则时更是如此。对于各国海关机构而言，管理不同的原产地规则和检验原产地证书的准确性也要面临较大的成本压力。

（3）区域贸易原产地规则成为新的贸易壁垒，成为实行贸易保护主义的工具

WTO 对区域贸易安排之原产地规则没有明文规定，也缺乏这方面之专门协定，以致在很大程度上，形成了各区域贸易安排实施不同名目之原产地判定方法，用以限制产品之进口。区域贸易安排之原产地规则主要是用于认定该特定产品是否有资格享受区域内优惠待遇的法律制度。其带有强烈的排外色彩，一方面为区域内成员创造更有诱惑力的贸易环境，另一方面却将区域外成员置于有失公允的境地。《原产地规则协定》本身固有的缺陷使得区域经济集团在制定和实施区域内原产地规则时具有很大的灵活性和主观性，使得原产地规则逐渐沦为贸易保护的工具。原产地规则的灰色区域使其成为新的非关税壁垒。

5. 区域贸易安排原产地规则与 WTO 多边贸易体制原产地规则的关系

区域贸易原产地规则之所以呈现上述诸多特点，其中缘由需从区域贸易安排原产地规则与 WTO 多边贸易体制原产地规则之间的关系说起。

（1）WTO《原产地规则协定》未就全球性的优惠性原产地规则达成一致意见，而且缺乏刚性约束力，使得各区域贸易集团享有充分自主权制定其原产地规则，导致原产地规则明目繁多，标准各异；同时成为新型的贸易壁垒。

WTO《原产地规则协定》未能就原产地标准、原产地证的规格、认证等达成一致意见，尤其没有统一“实质性改变”三种标准的具体技术标准，即究竟增值多少，或者税目改变多少，或者哪些为关键工序才算达到实质性改变。而且 WTO《原产地规则协定》明确指出，原产地规则与契约性和区域自治性贸易体制所提供的，超出 GATT 有关最惠国待遇条款中的关税优惠无关。这就是说，该协定对如欧盟、北美自由贸易区以及东盟自由贸易区等没有约束力。虽然该协定的一个附件《共同宣言》也涉及歧视性关税安排的原产国标记问题，但它缺乏刚性约束力，没有实质性的指导意

义。这也给区域经济集团实施内外差别待遇留下灰色区域，使得区域经济集团在制定和实施区域内原产地规则时具有很大的灵活性和主观性，使得原产地规则逐渐沦为贸易保护的工具。

随着关税壁垒作用的下降，新贸易保护主义盛行，原产地规则作为一种“灰色”的政策工具备受发达国家的青睐，原产地规则用做非关税壁垒的趋势日益加强。这将严重阻碍多边贸易体制实现全球经济一体化的目的。

(2) 区域贸易安排之原产地规则率先渗入服务贸易领域，为WTO《原产地规则协定》进军服务贸易领域提供参考。

服务贸易已经构成整个世界贸易的重要组成部分，WTO《原产地规则协定》没有将其纳入管辖范围，这是一大缺憾。区域贸易安排之原产地规则将服务贸易纳入其管辖领域是一伟大尝试，将为WTO制定服务贸易原产地规则提供借鉴和参考。

(二) 区域贸易安排下的争端解决机制

1. 区域贸易安排争端解决机制简介

(1) 欧洲联盟的争端解决机制

经过几十年的发展，欧盟已经建立了一套比较完善的争端解决机制，形成了自己独特的争端解决方式。欧盟主要是采用强制性的法律手段解决区域内部争端。一旦成员内部发生争端，就可向欧洲法院直接提请诉讼，直接适用欧洲联盟法。

①司法机关——欧洲法院与初审法院

欧盟建立了区域内超国家因素的司法机构——欧洲法院，是世界上唯一拥有超国家司法机关的区域集团。欧洲法院的职责是保证欧盟法律得以遵守。为了履行这一职责，欧洲法院的地位比较独特，它兼有国际法意义上的国际法院和国内法意义上的宪法法院、行政法院和普通法院的性质。

欧洲法院的管辖范围基本上可以分为三个基本领域：一是审理成员国或委员会对另一成员国违反条约义务提起的诉讼；二是审理对共同体机构提起的诉讼；对成员国国内法院提出的关于共同法的

有效性或解释作出先行裁决。先行裁决是欧洲法院管辖权最重要的方面，它实际上赋予了欧洲法院对欧洲联盟法的司法解释权，保障了欧洲联盟法律在各国适用的统一性。只有欧洲法院对欧洲联盟法享有统一解释权。

由于欧洲法院的积案增多，1988年10月24日，部长理事会根据《单一欧洲文件》的授权，通过决议设立初审法院。初审法院的设置与欧洲法院相同。初审法院的管辖权主要集中于共同体员工雇佣案件、关于竞争法与反倾销法的案件、《欧洲煤钢联营条约》所涉及的事项等方面。初审法院隶属于欧洲法院，欧洲法院是初审法院的上诉法院。

虽然欧洲法院对各成员国国内法院并无领导关系，但为了维护欧盟法律的统一性，欧盟规定凡发生国内法律与欧盟法律有矛盾时，必须实现“先行诉讼程序”，即国内法院在审理时涉及对欧盟法规解释问题时，可向欧洲法院提请解释，同时先行进行的诉讼即告中止，直到欧洲法院对有关欧盟法规作出解释后，再按照解释含义继续程序。如果这类问题仍不能解决时，该国内法院必须将该诉讼提交欧洲法院处理。凡欧洲法院对欧盟法律作出的统一解释，国内法院必须服从和遵守。

②具有“直接适用”效力与“最高效力”的欧盟法律

欧洲联盟法律包括两大类：第一类是由成员国政府直接签订的创建共同体的诸条约、附件、备忘录等，以及有关欧洲联盟的国际条约和协定；第二类是欧洲联盟机构（部长理事会和经理事会授权的执委会）通过的法规和决议，即所谓的“二次立法”。这些法规是依据本源法，在本源法规定的领域和授权的权限范围内产生的，可以无须经过成员国立法程序批准，就立即、直接地在成员国生效。

欧盟法内容涉及成员国的社会经济生活的许多方面，一些原属国家专管的事务，如对外关税、移民、农产品价格政策、货币政策、社会保障政策等都已全部或部分划归欧盟的立法范围。

欧盟法具有“直接效力”，即欧盟法不仅规定了欧共体和欧洲联盟成员国的相关权利与义务，同时为各成员国国民个人直接创设权利与义务。欧盟成员国的公民可以直接向本国法院起诉本国政府违反欧盟条约规定的行为。

欧盟法的“直接适用”效力决定了欧盟法具有“最高效力”，即欧洲联盟法的效力高于成员国的国内法，在两者发生抵触时，优先适用欧洲联盟法。这是欧洲联盟法直接效力原则的必然结果。

区域内部争端发生并诉诸欧洲法院后，欧洲法院对案件进行考虑后，会以欧盟法律为准绳，做出一个对诉讼双方均有约束力的裁判，而不仅仅是一个调和性的报告或意见。可见，欧盟争端解决机制是典型的单一司法模式，不仅拥有强有力的司法机构，而且其最终裁决具有法律强制性。

（2）北美自由贸易区的争端解决机制

NAFTA 争端解决机制由几套分别独立适用的争端解决机制所构成，这是 NAFTA 争端解决机制的一大特点。NAFTA 争端解决机制由五套独立的争端解决机制所组成。包括 NAFTA 主协定规定的三套争端解决机制以及 NAFTA 的两个分协定独立规定的两套争端解决程序。

NAFTA 主协定规定适用范围不同的争端解决机制，分别为：第一，第 11 章规定的缔约国与另一缔约国投资者之间的争端解决程序；第二，第 19 章规定的反倾销与反补贴税事项的审查与争端解决程序；第三，第 20 章所规定的一般争端解决程序。

NAFTA 第 20 章对一般争端解决的方法和程序做出规定。对于争端首先由争端双方进行协商，协商不成由委员会介入进行调停，如果还不能获得解决则可以组成争端解决小组专门处理争端，也可以通过国际争端解决机构来解决争端，其具体方法与程序如下：

①协商。对所发生的任何会影响协定国权利的问题，无论何时都可以要求协商。协商可以在所涉及的国家之间进行，也可以聘请第三国加入。

②自由贸易委员会。如果协商未能在 30 天至 45 天内解决问题，任何国家都可以召集所有三国参加自由贸易委员会会议。《北

美自由贸易协定》要求贸易委员会迅速解决争端。委员会可以通过有力的机构调停、调解或其他方法尝试解决争端。

③发起专家仲裁小组诉讼。若所涉及的国家不能通过委员会达成双边满意的解决办法，争议的任何一方都可以要求发起小组诉讼。

④选择解决争议的机构。如果争议可以同时在《关贸总协定》和《北美自由贸易协定》下得到解决，控诉国可以选择其一。如果有两个控诉国，其中一国想将同一诉讼递交另一机构，则两控诉国可以协商，寻求同一机构。如果达不成协议，争议的审理则通常由《北美自由贸易协定》小组承担。机构一旦选定，就必须是唯一的。

⑤专家仲裁组诉讼程序。如果控诉国选择由《北美自由贸易协定》诉讼程序解决问题，它可以要求建立一个专家仲裁组。第三国可以诉讼国的名义加入或只以口头或书面提呈的形式参加。小组主要承担寻找事实、决定辩护国行为是否与其加入《北美自由贸易协定》应尽的义务相一致，并可以选荐解决争议的办法。

⑥完全履行和不依照。一旦接到小组的报告，争议国应就解决争议的办法取得一致意见，这些办法通常与小组建议相一致；若小组认定受指控国的行为与其所承担的 NAFTA 项下的义务不一致，而且争议双方未能在接到报告后的 30 天或双方同意的期限内达成协议，则控诉国可以对受指控国暂停承担 NAFTA 协定国的义务，直至问题解决。如果受指控国认为这种报复超过合理限度，它可以要求专家小组对报复问题进行裁决。

NAFTA 第 11 章规定，如果一个 NAFTA 成员的投资者认为东道国政府违背了协议第 11 章规定的投资者应享有的权益，他可以在下列仲裁方式中进行选择：世界银行投资争端解决国际中心或者联合国国际贸易法律委员会。此外，该投资者还可以通过东道国国内的法庭得到赔偿。NAFTA 协议第 11 章的重要特征之一是东道国国内的法庭可以作出具有强制性的赔偿决定，使争端得以解决。

NAFTA 第 19 章是关于反倾销和反倾销税的问题，根据这一章的条款，争端一方有权要求争端解决小组（此处是双边工作组）对另一方修改后的反倾销政策是否符合 GATT 和 NAFTA 的规定进行审查。NAFTA 协议第 1904 条规定争端小组的审查期限为 315 天。NAFTA 协议第 1904 条还规定了一项“非常程序”，即在特定情况下，争端各方有权要求成立一个由三名法官组成的特别小组，对争端解决小组做出的决定进行审查和评估。

NAFTA 的两个分协定《北美环境合作协定》和《北美劳工合作协定》建立了各自的争端解决机制，分别适用于环境问题争端和劳工问题争端的解决。

北美自由贸易区争端解决机制套数多，解决不同的争端时都有相应的专门机构，争端解决机构复杂，而且这些机构几乎都是由成员国派代表参加，并没有像欧盟法院那样的超国家机构的存在。美国、加拿大和墨西哥政府都为争端解决小组制定了基本的运作模式和原则。其次，从争端解决的模式上看，外交和法律两种方法的并用，凸显了其灵活、非强制性的特征。再者，NAFTA 仲裁专家组做出的最终结论是“报告”而不是一个“裁决”，专家组的报告要求争议双方要“通常依据该报告”来处理问题，不具有司法强制性。

（3）东盟自由贸易区的争端解决机制

东盟自由贸易区《争端解决机制议定书》详细规定了各国政府解决争端所要遵守的具体程序。根据该议定书，在发生争端时，应依次遵守以下程序：

①磋商。东盟成员国必须对任何有可能对协定的解释和实施产生影响的争端事件进行平等的磋商。这种磋商要求应书面通知 SEOM（“高级经济官员会议”）。被要求磋商方应在收到要求的 10 天内作出答复，并在收到磋商要求的 30 天内进行磋商。在这期间可进行斡旋、调停。

②专家组。如果在 60 天内磋商不成，控告方可向 SEOM 书面提出成立专家组。专家组应在 45 天内成立。专家组应在自成立起的 60 天内向 SEOM 提交报告。特殊情况下，可额外增加 10 天。专

家组作出决定的过程是保密的。SEOM 应在专家组报告提交的 30 天内通过报告，除非 SEOM 一致决定不通过报告，或当事方通知 SEOM 将对专家组报告上诉。有实质利益关系的第三方有机会参加专家组程序。

③上诉。争端一方的东盟成员国还可以在接到 SEOM 调解结果的 30 天内，向东盟经济部长级会议（AEM）提出上诉。上诉机构一般应在 60 天内作出上诉报告。最迟不得超过 90 天。上诉机构报告应由 SEOM 通过，并由当事方无条件地接受，除非 SEOM 一致不通过。当事方一般应在 60 天内遵从上诉机构的裁决。如果一方不遵从上诉裁决，可向另一方提供补偿。另一方也可中止减让。整个争端解决的时间不得超过 445 天。AEM 作出的调解结果对所有的争端方而言都将是最终结果。

东盟的争端解决程序在一定程度上受到 WTO 争端解决机制的影响，设立了磋商、专家组和上诉程序，但是与 WTO 相比，缺乏执行程序的规定。如果东盟成员国不执行原有承诺和协议，东盟并不会采取强硬的惩罚措施，而是采取重新谈判的方式，结果可能降低原来达成的承诺水平。从东盟的争端解决流程可以看出，对于经济争端，东盟倾向于友善的政治解决方式，而不是法律解决方式。东盟自由贸易区争端解决机制的强制性和惩罚性严重不足，严重影响其解决争端的效果。

2. 区域贸易安排争端解决机制的特点

（1）区域贸易安排的争端解决手段不一、类型多样

综观现有的几个主要区域贸易组织的争端解决机制，可以发现各主要区域贸易安排之争端解决机制所采用的手段不一，有些 RTA 采用强制性法律手段解决区域内部争端，有些 RTA 采用政治外交手段，而另外又有些 RTA 兼采政治外交与司法手段。

欧盟主要是采用强制性的法律手段解决区域内部争端。欧盟争端解决机制是典型的单一司法模式。欧洲联盟法律直接适用于所有欧盟成员国及其国民，并具有最高效力。其拥有强有力的超国家的司法机构——欧洲法院，来解释、监督欧洲联盟法律的实施，其受

理争端范围广泛，而且做出的最终裁决具有法律强制性，而不仅仅是一个调和性的建议、报告或意见。

北美自由贸易区的争端解决模式融合了政治外交和司法两种方式。从争端解决的模式上看，北美自由贸易区的争端解决模式融合了政治外交和司法两种方式，具有灵活性和非强制性的特点。在外交方式中，所有的几种机制中，都强调了磋商和谈判程序。同时，NAFTA 仲裁专家组做出的最终结论是“报告”而不是一个“裁决”，专家组的报告要求争议双方要“通常依据该报告”来处理问题，不具有司法强制性。同时解决不同的争端时都有相应的专门机构，这些机构几乎都是由成员国派代表参加，而并没有像欧盟法院那样的超国家机构的存在。

东盟的争端解决程序在一定程度上受到 WTO 争端解决机制的影响，设立了磋商、专家组和上诉程序，但是与 WTO 相比，缺乏执行程序的规定。如果东盟成员国不执行原有承诺和协议，东盟并不会采取强硬的惩罚措施，而是采取重新谈判的方式。可见，东盟的争端解决方式是政治外交解决方式，而不是法律解决方式。

中国—东盟自由贸易区的争端解决机制采取了非诉讼、非对抗的准司法途径，即采取了“协商—调解—仲裁”的纠纷解决方式，也是以政治外交为主。

（2）区域贸易安排的争端解决机制以政治外交方式为主，非强制性特征明显

综观区域贸易安排的争端解决机制，可以发现目前大部分区域贸易安排的争端解决机制都缺乏相应的执行程序的规定，侧重鼓励争端方通过谈判解决争端，强调争端解决的首要目标是使违法措施得到撤销，并不鼓励争端各方采取报复措施。主张磋商为主，主要以外交手段解决争端是区域贸易争端解决机制的一大特点。另外，即使以法律手段解决争端的区域贸易安排也都强调应首先经过磋商或谈判等政治外交手段来解决争端。区域贸易安排的争端解决机制非强制性特征非常明显。

实践中外交手段的迟延与低效，以及 EU 成功经验的诱惑，区

域贸易安排的争端解决机制由外交手段向法律手段过渡已经成为一种趋势。区域贸易安排的实践愈来愈清晰地表明：为争取区域贸易争端能获得及时、有效的解决，法律手段解决区域贸易争端已成必然。

（3）区域贸易安排之争端解决机制调整的范围相当广泛

作为欧盟司法机构的欧洲法院享有三方面的管辖权。这三方面主要包括：一是审理成员国或委员会对另一成员国违反条约义务提起的诉讼；二是审理对共同体机构提起的诉讼；三是对成员国国内法院提出的关于共同法的有效性或解释作出先行裁决。其范围涉及欧盟内部的大多数可诉性争端。

NAFTA 主协定有三套争端解决机制。NAFTA 第 11 章规定解决成员国之间的投资争端的程序；第 19 章规定反倾销与反补贴税事项争端的解决程序；第 20 章规定一般的争端解决程序。除此之外，NAFTA 的两个分协定《北美环境合作协定》和《北美劳工合作协定》也建立了各自独立的争端解决机制，分别适用于环境问题争端和劳工问题争端的解决。

NAFTA 协议在第 2 条规定了争端解决机制的涵盖范围，规定任何根据《框架协议》及其附件和未来文件而引起的争端都可以根据该协议来解决，至于影响执行《框架协议》的争议措施，则既可以是中央政府所采取的，也可以是地区或地方政府所采取的措施。该协议规定的争端解决范围非常广泛，任何影响《框架协议》履行的成员方任何级别的政府措施所引起的争端都可以通过该机制来妥善解决。

3. 区域贸易安排争端解决机制与 WTO 争端解决机制之关系

（1）区域贸易安排与 WTO 司法管辖权严重重叠，各争端方为选择利己的争端解决机制，争先向不同的争端解决机构提出诉讼，导致大量平行诉讼和矛盾判决的产生，架空 WTO 争端解决机制，损害 WTO 争端解决机制的权威和影响力，严重阻碍国际经济秩序的统一进程。

现在世界上大多数国家都同时兼具 WTO 成员与区域贸易安排

成员的双重身份。在区域贸易安排内的成员发生纠纷时，是适用WTO的争端解决程序，还是适用区域贸易安排自设的争端解决程序？

WTO的争端解决机制DSU只在其第23条就阻止WTO成员单方面解决涉及WTO权利与义务的争端做出排他性规定，但是并未就区域贸易协定与WTO的司法管辖权重叠的解决做出规定，于是留予各区域贸易安排很大的自主权。有些区域区域贸易安排在这一问题上采取回避策略，比如东盟和中国—东盟自由贸易区。有些区域贸易协定则确立了WTO与RTA管辖权重叠解决条款。主要有两种解决方案：

第一，非排他性的选择管辖。一些区域贸易协定允许成员自行决定选择WTO或RTA争端解决机构。例如欧盟与墨西哥签订的自由贸易协定规定，对于同属自由贸易协定和WTO协定下的事项的争端，当事方有选择管辖机构的权利，当选择的争端解决程序结束后，仍可发起另一个争端解决程序。

第二，排他性的选择管辖。一些区域贸易协定规定争端方有权自主选择适用WTO之DSU或者RTA的争端解决程序，但是一旦将争议提交给其中的某一机构后，就不能再向其他机构寻求救济。例如NAFTA规定，如果争议可以同时在《关贸总协定》和《北美自由贸易协定》下得到解决，控诉国可以选择其一。为避免冲突判决，该协定规定只能在这两种争端解决机制中选择一个。同时规定如果有两个控诉国，其中一国想将同一诉讼递交另一机构，则两控诉国可以协商，寻求同一机构。如果达不成协议，争议的审理则通常由《北美自由贸易协定》小组承担。如果争议属于卫生及动植物卫生检疫措施、环境或者有关其他标准的争议，而被请求方又倾向于NAFTA的争端解决机制，则请求方需从WTO撤回争议。中国—东盟自由贸易区也做出类似规定。2004年11月中国和东盟十国的政府代表签署的《中国—东盟国家全面经济合作框架协议下争端解决机制协议》第2条明确指出，鉴于缔约方之间的一项争端，可能同时涉及到多个条约的管辖范围，在这种情况下，本协定不妨碍缔约方依据其均是缔约方的其他条约，诉诸该条约项下的争端解决程序的权利。但是涉及本协议项下或者争端当事方均是缔约方的其他条约项下的争端解决程序已经启动，起诉方所选择的争端解决机构应排除其他争端解决机构对该争端的适用。一旦起诉方依据《中国—东盟国家全面经济合作框架协议下争端解决机制协议》或争端当事方均是缔约方的其他条约，要求设立或将争端提交一争端解决专家组或仲裁庭，将视为起诉方已经选择了一个争端解决机构，那么将不能再选择其他条约的争端解决程序。

在现有的 WTO 和区域协定的争端解决机制下，由于成员国的重合、争端解决管辖范围的交叉、区域贸易安排争端解决程序提起的半自动性质等，导致 WTO 与区域贸易安排的管辖权重叠现象严重。司法管辖权重叠的一个潜在后果是，国家使用不同协定下的争端解决机制来解决贸易摩擦，可能获得截然不同的结果。于是出于利己考虑，各争端方都争先提起诉讼，以便选择利己的争端解决机制，由此导致大量平行诉讼。当采用 WTO 争端解决机制于己不利时，争端方就会选择使用其他贸易协定的争端解决程序，架空 WTO 争端解决机制，损害 WTO 争端解决机制的权威和影响力，冲击国际经济秩序的统一协调。因此 WTO 应当将其与 RTA 管辖权的冲突作为新议题，就管辖权的分配做出规制，解决其与 RTA 之司法管辖权的冲突问题。

（2）区域贸易协定之争端解决机制弥补 WTO 争端解决机制的疏漏地带，同时，其在诸多领域的优先发展为 WTO 争端解决机制的未来发展提供经验与教训。

某些区域贸易协定之争端解决机制的管辖范围比 WTO 争端解决机制的管辖范围广。某些区域贸易协定之争端解决机制触及 WTO 未涉及的领域。例如 NAFTA 对关税减让、原产地规则、特殊的海关措施、大多数投资措施、竞争规则以及商务旅游的规定。显然，区域贸易协定之争端解决机制涉猎了 WTO 争端解决机制的疏漏地带，具有弥补 WTO 机制管辖范围有限的不足之功能。同时，RTA 争端解决机制在某些领域的优先发展，为 WTO 争端解决机制的进一步发展提供经验与教训。区域贸易协定之争端解决机制充当WTO争端解决机制进一步发展的先锋军与试验田，推动全球多边争端解决机制的完善。

（三）北美自由贸易区的环境政策法律问题

1. 北美自由贸易区环境政策的基本内容

北美自由贸易区的环境政策主要是通过建立对环境与贸易的协调机制来完成。该机制包括两方面的内容，一个是《北美自由贸易协定》（NAFTA）对环境与贸易的协调，另一个是NAFTA的附属协定《北美环境合作协定》（the North American Agreement on Environmental Cooperation，简称NAAEC）与《美墨政府关于保护和改善边境地区环境的协议》及美墨边界一体化环境计划（Integrated Environmental Plan for the US - Mexican Border）对该问题的协调。

(1)《北美自由贸易协定》中与环境保护有关的内容

早在北美自由贸易区成立之初，有关环境问题就已在美国和墨西哥之间引起诸多争议，美国国内环境团体对于墨西哥位于美、墨边境的Maquiladora地区的跨界污染（废气、废水等对美、墨边界居民产生严重危害）十分关注，认为墨西哥设在美、墨边界的加工贸易区已严重污染环境，如果不对环境问题充分考虑，会产生许多不良影响。最终，各成员国达成共识：设立一个机制直接处理环境与贸易问题，特别是美国与墨西哥的跨界污染问题；在《北美自由贸易协定》（NAFTA）中就有关环境问题制定相应条款。

因此，NAFTA在谈判过程中充分考虑了环境问题，并在协定中明确规定了与环境保护有关的内容：① 在与国际环境公约的关系上，NAFTA明确规定“国际性环境条约（如蒙特利尔公约）的效力优先于NAFTA的有关条款规定”，承认了国际环境公约在世界范围内协调环境与贸易关系的重要作用，明确了国际公约在法律效力方面的优先性。② 在与环境有关的产品标准的确定上，NAFTA明确规定对环境水平的选择确定标准时必须依据“充分科学”

(sound science) 的原则，即“在不同环境下不同保护水平的界定必须是以相关风险估价、科学论证、经济条件等为基础”。[1]③ 在环境保护与投资方面，为了防止成员国通过降低环境标准来吸引外资，NAFTA 第 1114 条规定：“以降低国内健康、安全和环境措施来吸引投资是不适当的。如果一缔约方认为另一缔约方使用降低环境标准的方法吸引投资，双方可以就此问题进行协商。”[2] 这一规定要求各缔约国不能再以降低环境标准的方法吸引外来投资，这在一定程度上控制了美、加向墨转移污染性企业的状况。④ 在环境争端的解决方面，NAFTA 规定：“与环境相关的贸易争端发生时可以选择 NAFTA 或 WTO 项下的争端解决机制。但一经选定不得更改。专家组可以召集有关科学家及环境专家，但这必须出于自愿。解决争端时由投诉方承担证明对方违反 NAFTA 条款的有关费用。”[3]

总体来说，NAFTA 中与环境有关的规定比其他国际贸易协定的内容更完善，但 NAFTA 中的环境保护条款的公众满意度不高，特别是没有令美国的公众满意。一方面，在 NAFTA 的第 102 条明确了 NAFTA 的目标就是贸易自由化、清除贸易壁垒、方便货物和服务的跨境流动、促进公平竞争和增加投资机会，但忽略了可实现的环境目标；另一方面，美国担心墨西哥的环境状况以及其环境法律不能得到有效的实施。上述两个方面的原因让美国公众非常担忧。因此，该协议的缔约国在 NAFTA 生效前，不得不对环境保护的问题作进一步的磋商，直至美、加、墨签署《北美环境合作协定》(NAAEC)，将其作为 NAFTA 在环境保护方面的补充协议。美国签署《北美环境合作协定》后，才促成美国参议院批准了 NAF-

---

① North American Free Trade Agreement, Texts of Agreement, Implementing Bill, Statement of Administrative Action, and Required Supporting Statements, H. R. Doc. No. 159. (1993), reprinted in Arnold & Porter Legislative History, Pub. l. No. 103 – 182 [hereinafter A&P Leg. Hist.].

② NAFTA, supra note 3, art. 1114 (2).

③ NAFTA, supra note 3, art. 1114 (1).

TA。《北美环境合作协定》的签订，实际上加重了墨西哥在保护环境上的责任，对墨西哥来说，这个协议是个大包袱。尽管如此，墨西哥加入 NAFTA，签署《北美环境合作协定》，对于其国内环境状况的改善和在区域贸易中贸易额的增长仍然有着积极的意义。

(2)《北美环境合作协定》的主要内容

《北美环境合作协定》（NAAEC）是对 NAFTA 的补充，于 1993 年达成，1994 年初生效。该协定在前言中再次重申要在环境保护、国家主权及贸易自由之间寻求平衡。其内容主要是成立一个环境合作委员会（Commission for Environmental Cooperation，简称 CEC）负责地区的环境事务，致力于防止贸易与环境之间潜在冲突的发生和促进环境法规的有效实施。该委员会由一个理事会、一个秘书处和一个联合公共咨询委员会组成，理事会由每个签约国的部长级官员组成，每年至少召开一次例会，秘书处处理日常事务及为理事会执行协议提供具体技术服务，联合公共咨询委员会由 5 人组成负责提出建议。在环境保护问题上，NAAEC 补充了 NAFTA 的不足之处，强调美国和加拿大对墨西哥在加强环境保护方面的帮助。从而在 NAFTA 内部，通过广泛的国家间的合作，各成员方在发展自由贸易、促进经济增长与保护环境和人类健康之间寻找到平衡点。

2. 北美自由贸易区环境政策的特征

通过以上对 NAFTA 和 NAAEC 的简要分析，可以看出，北美自由贸易区在一体化建设之初就把环境保护与贸易投资自由化置于同等重要的地位。该区域组织对环境与贸易问题的协调是通过区域性经济集团的努力，在其内部主导机构体系——环境合作委员会的牵引下，在部分领域把环境问题与区域经济一体化结合起来处理的。其环境政策的特征可以具体表现为以下几点：

(1) 采取多种多样、灵活有效的政策措施，来实现环境、贸易目的

为了促使区域内的发展中成员国采取积极合作的态度，实现环境保护的目的，也为了确保区域经济一体化的顺利实施，发达成员

国除了自身采取一系列政策措施，如美国的污染许可证制度，对于发展中成员国，在充分尊重其主权的基础上，往往采取给予信贷优惠或资金支持等措施，同时辅之以较为严格的约束机制，迫使其加强国内环境立法及相关的制度化建设，从而在一定程度上避免了环境标准不一的国家在组建区域经济集团过程中的污染外部性现象。而发展中成员国面对日趋严格的环境要求，为了获取经济一体化带来的收益，也往往会做出一定让步，换取发达成员国更为宽松的贸易投资环境以促进本国经济增长。

（2）在政策的制定上，强调经济活动的有效性

从环境保护来说，有效的环境保护政策能降低确保一定环境质量所花费的成本，以使有限的资源可另作他用。提高经济活动的效率能减少稀缺资源如原材料和能源的损耗，减缓对环境再生能力所施加的压力。而其中需要注意的是，环境损耗的预防一般比事后的补救和恢复在经济上更为有效。北美自由贸易区无疑是一个贸易自由化地区，并试图通过在区内消除贸易壁垒从而获取在比较成本和规模经济上带来的效率。经济活动越有效，使用的环境资源就越少，可供使用的经济资源就越多，对环境保护就越有利。当然，必要的环境政策是不可缺少的。在这一方面，可以说北美自由贸易区为了消除和减少市场扭曲和政策扭曲，已采取了大量的政策措施，促进和维护了区内的公平竞争，例如禁止出口补贴、进口限制等。

（3）开展广泛的国际协作，坚持环境合作的公众参与

北美自由贸易区的环境政策与国际环境公约的协调程度正在不断地加深。这不仅表现为北美自由贸易区在不同程度地把公约确定的目标转化为区内的政策行动方向，并在各成员国国内立法上采取相应的调整与补充，而且在确定国际公约的法律效力方面表现出积极支持的态度。例如：在《北美自由贸易协定》增设的环境条款中规定：国际性环境条约（如蒙特利尔公约）的效力优先于 NAFTA 的有关条款规定。

北美自由贸易区还建立了一种环境合作的公众参与机制，即允许成员国的公民或团体向环境合作委员会（CEC）的秘书处直接

控告某一国未能有效执行其环保法规的制度。这种制度虽然对被控国没有强制力，申诉结果不能强制被控国改正，但这种通过公众向国家施压，是可以起到一定的督促作用，且对别的国家也可以起到警示作用，防止类似事件发生。①

3. 北美自由贸易区环境政策的成效

NAFTA 正式生效后，北美自由贸易区的三个成员国美国、加拿大、墨西哥的环境保护工作都有了不同程度的进展。

(1) 美国

美国就在经济增长的同时如何保护环境进行了大量的富有成效的探索。第一，强化了环境法的执法力度。仅 1996 年美国环保局（EPA）共进行了刑事、民事司法审查和行政罚款 1.73 亿次，涉及金额 1.43 亿美元。② 第二，在原有的濒危物种法的基础上制定了栖息地保护计划（HCPs），提高了个体濒危物种的保护能力。第三，完善现有的联邦政府环境保护法。1996 年美国通过了安全饮用水法修正案（SDWAA）和食品质量保护法案（FQPA）。在 SDWAA 中，设立了专门的基金帮助社区配备饮用水的设备，增加了 EPA 对于不遵守行政管理命令者的处罚金额（从原来的 5000 美元增加到 25000 美元）。在 FQPA 中特别强调了杀虫剂对小孩的保护，设立了衡量杀虫剂对食品是否安全的标准。

(2) 加拿大

1997 年加拿大新的环境保护法案正式取代原有的法律。新的法案增加了污染防制、有毒物品污染和公众参与等内容。美国的濒危物种保护法也被引入加拿大，并对濒危物种进行了定义。加拿大还对已有的法规进行了修正。有的要求公开产品含有的化学物质成分，有的加强对油轮的管理，有的通过减少硫化物的排放来改善空气质量，有的就生产过程对人类和环境的影响做出评价。同时，加

---

① 李寿平：《北美自由贸易协定对环境与贸易问题的协调及其启示》，载《现代法学》2005 年第 5 期。

② 1996 Annual Report, supra note 137.

拿大也在某些环境保护问题上做了让步。最明显的是 1997 - 1998 年减少了与环境保护相关的预算。与 1994 - 1995 年相比，减少 2.3 亿加元，相应的人员减少了 1300 人，其中多伦多环境和能源署财政预算减少得最为明显，从 1990 - 1991 年的 4.8 亿加元减少至 1996 - 1997 年的 2.71 亿加元。①

（3）墨西哥

NAFTA 主要是为了解决美墨边界的环境污染问题，提高墨西哥的环保水平，因而在 NAFTA 的协调下，墨西哥的环境成效是十分明显的。主要表现：第一，环境法规的完善及实施。为适用日益高涨的对环境的反应，1996 年墨西哥开始对生态均衡及环境保护法进行了修改，并在 NAFTA 生效后每年对环境法规进行更新。第二，建立了一套完善的机构。为适用新的环境政策，墨西哥政府成立了一系列的环境立法机构和管理机构。在 NAFTA 生效后，1994 年墨西哥成立了环境、自然资源及渔业秘书处（SEMERNAP）来处理环境问题。第三，加大了边界环境执法力度。从 1992 - 1996 年，墨西哥政府仅在边界上就进行了 12347 次检查，关闭了 548 家企业，对 9844 家企业进行了罚款。② 第四，环保意识不断增强。

4. 北美自由贸易区的环境政策对我国的启示

通过前文对北美自由贸易区环境政策的简要分析，可以看出，北美自由贸易区在处理贸易与环境问题上，建立了比较成功的协调环境与贸易问题的机制，取得了一定的成效。该贸易区的环境政策，对我国在贸易与环境问题上，参与多边贸易体制谈判、发展区域经济合作有很大的启示。

虽然我国目前在区域经济合作谈判中，贸易与环境关系问题未被提到议事日程，但将来一旦涉及与发达国家进行区域经济合作谈判，这一问题的出现将不可避免。而且在多边贸易体制谈判中，贸

---

① E. g. , DOE Outlines Plan for Implementing S&T Strategy , Eco - Log Wk. , Mar. 22, 1996, available in 1996 WL8729297.

② NAAEC, supra note 4, arts.

易与环境问题已成为我国不可回避的难题，对这一问题必须要正视。因此对我国来说，最为急迫的任务就是要完善国内的贸易与环境的相关法律，加强政府对环境政策的干预，加强对破坏环境行为的惩治，逐步提高我国的环境标准，直至与国际标准接轨。这样做一是为了避免污染的跨境转移，维护国民的身体健康和安全；二是为了中国在未来的区域经济合作和多边贸易体制谈判中能不被动挨打，理直气壮地为我国及广大发展中国家争取更多的权利。当然，在目前的困境中，参与多边谈判也应有自己的应对策略。

(1) 我国在多边贸易体制中协调环境与贸易问题上的立场和态度

借鉴 NAFTA 调整环境与贸易问题的思路，我国在多边贸易体制的新一轮谈判中，在环境与贸易问题上的立场和态度应是：

首先，我们应认识到，环境问题自古有之，环境与贸易之间的相互影响也很早就已存在。进入 20 世纪以来，随着国际贸易的急剧增长，环境保护规则及国际贸易规则的发展，环境保护与贸易自由之间的矛盾变得越来越明显和突出。特别是从 20 世纪 80 年代初开始，在 GATT/WTO 多边贸易体制中发生的一系列与环境有关的贸易争端，使环境与贸易问题在国际贸易中成为不可回避的新问题。因此，在新一轮的多边贸易谈判中，将环境与贸易问题纳入谈判议题是不容回避的现实需要。而这一举措必然对各国尤其是发展中国家的贸易、投资及经济发展产生重要的影响。中国，作为世界上最大的发展中国家，同时也是 WTO 的成员国之一，要在多边贸易体制中维护好自身的利益，应积极应对发达国家在环境保护方面设置的各种挑战，积极主动地参与 WTO 贸易与环境委员会的活动和新一轮的多边贸易谈判。在谈判过程中，在有关环保的态度和立场上，应与其他发展中国家团结一致，坚持发展中国家应坚持的立场与观点，维护发展中国家的利益。

其次，在多边贸易体制中，我国应与发展中国家紧密合作，为制定既顾及发展中国家实际情况与合理要求，又有利于环境保护的多边贸易规则而共同斗争。在新一轮的多边贸易谈判中，针对发达国家提出的贸易与环境议题，我国一定要支持发展中国家，坚持发展中国家的观点和利益。在环境保护方面一定要坚持共同但有区别的责任原则，极力和发展中国家一起要求发达国家承诺在投资、技术转让等方面给予发展中国家应享有的优惠待遇，并要求兑现。使WTO环境贸易规范兼顾发展中国家的利益，增强发展中国家参与全球环境保护的能力。

再次，在多边贸易体制中，我国应适应环境发展潮流，趋利避害，扬长避短，参照发展中成员国的做法，坚持环境问题不应成为发达国家干预别国经济主权和国内立法的借口，必须把环境问题与其他问题分开进行谈判。如果涉及经济利益与环境挂钩的制度设计时，必须坚持尊重本国主权、适度灵活性和必要的技术合作和资金援助。对于未来超国家的环境机构的权力界定，我国应主张必须体现发展中国家利益，在其职能定位、人员安排以及相关的争端仲裁，执行效果等问题上力求明确不得与国家主权、国内法律相抵触，在对特定环境问题的治理方面，资金来源、利益分配等方面必须区别对待，充分考虑各国经济发展水平的差异。①

（2）我国在区域贸易安排中协调环境与贸易问题的途径

当今的国际经济社会是"用两条腿走路"：一是WTO多边贸易体制为主要标志的"全球贸易自由化"；另一是以自由贸易协定为基础形成的"区域经济一体化"。② 我国正在全面融入国际经济社会，于2001年加入世贸组织，目前正积极与一些国家和地区磋商建立自由贸易区。随着贸易自由化和投资自由化的发展，我国的生态与环境也将面临严重的挑战。因此，我国在未来发展区域经济合作、对外缔结区域贸易协定时，面临的突出问题就是如何协调我国的对外贸易与环境保护的发展。虽然在此方面，我国目前已经采

---

① 秦天宝：《北美自由贸易区和欧盟的环境政策：趋向、启示与对策》，载《世界环境》1999年第4期。

② 陈辉萍：《构建中国—东盟自由贸易区投资法律框架》，载王贵国主编：《区域安排法律问题研究》，北京大学出版社2004年版。

取了许多积极的行动，但效果还不是很显著。因此，我国应借鉴NAFTA环境贸易机制在此方面的成功做法，在区域贸易安排中，针对各区域性经济集团在环境政策上的趋向，从以下几方面采取积极措施来协调环境与贸易问题：

① 针对区域性经济集团的利用经济手段达到环境目的的做法可在加以必要更新后运用于国内，实际上利用行政命令来管理污染企业往往是急于求成、事倍功半，如果更多地辅之以税收、许可证、环境标志等间接的政策工具应当更有效。这方面的制度设计必须与环境立法结合进行。

② 进一步加强国际环境公约对于我国国内环境立法和相关制度化建设的指导作用，这一方面有助于我国与国际惯例接轨，促使我国企业在较为稳定的法制环境下参与国内、国际市场竞争，促进我国对外开放的良性循环；另一方面也有助于维护我国消费者利益，避免因片面追求增长而导致污染间接进口，引发与别国的关于环境标准的贸易争端。

③ 建立和完善我国的环境贸易法律体制，充分利用环境贸易政策来保护我国的国内市场。目前，我国已经初步建立了可持续发展的法律、法规、政策协调体系，包括环境保护法、自然资源管理法、环境保护和资源管理行政法规、与可持续发展相关的其他法律法规、各类环境标准、地方有关环保和资源管理法规及国际环境协定。这些法律法规中，有30多项环境法律法规中的环境措施与贸易有关，7项环境法规中含有与环境有关的贸易措施。但是，现行的投资、进口等方面的法规、政策中很少涉及环境保护，对外国产品和外国投资企业的环境要求也不高，这既不利于保护人民的生命健康，也不利于保护我国的生态环境。因此，用绿色政策来完善我国现行的贸易政策是十分必要的。

④ 适应国际接轨新形势，完善与贸易有关的环境立法。就我国与贸易有关的环境立法的现状来看，我国虽已基本上形成了法治框架，但与环境有关的规定及国际环保公约很少。因此，根据国际环境与贸易协调发展的新形势，我国的环境立法工作在以下几个方

面有待进一步加强：第一，制定和完善防止国外对我国进行“生态侵略”方面的法规。第二，填补法律空白，消除立法盲区。基于我国政府的入世承诺及有关环保公约的要求，尽快对涉及人类健康、动植物生命安全、公共安全产品强制性认证以及全球环境保护等方面的立法工作提上日程。① 第三，重视经济手段，引入市场机制，完善环境监管制度。如逐步建立环境成本内在化、环境税收制度等，加强环保市场化政府宏观调控法律机制的建设。第四，加强与国际标准组织和有关国家的交流和磋商，吸收和借鉴其在环境标志与环境标准管理方面的立法经验，通过国内立法程序加以确认，并出台适于我国推广使用的环境标志、ISO14000 环境管理体系的配套实施法规。

总之，我国在发展区域经济合作、对外缔结区域贸易协定时，必须密切关注各区域经济集团的环境政策趋向及其影响，在与区域内成员方展开竞争时充分利用环境因素这一世界趋势，不断增强我国企业的竞争力，发展经济，从而实现可持续发展。

（四）CEPA 争端解决机制的完善问题

我国内地与香港（澳门）特区《关于建立更紧密经贸关系的安排》（Closer Economic Partnership Arrangement，以下简称 CEPA）是中国内地与香港、澳门特区签订的部分内容受 WTO 规则规范和调整的一国国内的区域经济一体化安排的一个协议。该协议于 2004 年 1 月 1 日正式启动实施，主要涉及两地货物贸易的关税与非关税措施、服务贸易和贸易投资便利化等方面。但其中涉及争端解决方面的规则只有 CEPA 第 19 条的协商安排。现行模式有何合理性，又存在哪些不足？WTO 的争端解决规则能否直接在 CEPA 框架中适用？两地原有的司法协助模式能否解决新体制下的争端？CEPA 的争端解决到底应该选择何种模式？诸多问题的提出和解决

① 周柯、王权典：《我国入世后环境与贸易问题的法律审视》，载《法学家》2002 年第 5 期。

关系到两地经贸关系的长期稳定与发展。基于此，对 CEPA 争端解决模式的探讨，显得十分必要。

1. CEPA 的性质及 CEPA 关于争端解决的规定

（1）CEPA 的性质

CEPA 是我国内地与香港、澳门特区为建立更紧密经贸关系而签订的协议。对于其性质，学者有不同观点，有的认为 CEPA 是国内的安排，有的认为是国际经济协定，还有观点认为是特殊的内国法律安排。笔者赞成第三种观点。首先其主体（中国内地和香港、澳门特区）有特殊性和双重性，既是一国国内的三个单独关税区，又是 WTO 体制下的正式成员。主体的双重性决定了它调整的关系也是双重的，CEPA 调整一国国内不同关税区之间的经贸关系，也可以视为调整 WTO 不同成员间的经贸关系。所以 CEPA 具有类似自由贸易区的特点，但又不完全等同于自由贸易区。内地与港澳的经贸关系，在很大程度上属于我国的国内事务，不能随意把它上升为国际协定的层面①。但同时 CEPA 具有国际法上的拘束力，CEPA 属于 WTO 体系中单独关税领土的政府间达成的区际协议，各方除负有信守该区际协议义务之外还负有遵守 WTO 原则的义务，而且 WTO 的其他成员方也负有基于 WTO 规则尊重该区际协议之义务②。

基于此，我们可以看出：CEPA 的性质有很明显的特殊性，它不同于一般的区域协定，也不同于单纯国内的安排或联邦制国家的联邦和州的协定。这种特殊性决定了 CEPA 的争端解决机制也应该有独到的设计。

（2）CEPA 中关于争端解决规则

从 WTO 和欧盟、北美自由贸易区等区域合作组织的实践看，

---

①　胡晓军：《论 CEPA 的争端解决机制》，载《山西农业大学学报（社会科学版）》第 4 卷（第 4 期）。

②　韦经健：《论 CEPA 的性质、效力及其争议解决模式》，载《当代法学》2004 年 5 月第 18 卷第 3 期。

任何双边、多边、国际性和区域性经贸安排的实际运作和执行都不可避免地发生某种争议，CEPA也不例外。香港与内地首先是世贸组织两个平等的成员方，在世贸组织框架中享有和承担不同的权利、义务，各自的立场、经济利益有时候不是一致的，发生争端是正常的。而且由于出口产品的雷同性（纺织品、玩具、鞋类）和一定程度的贸易保护主义，导致部分市场竞争激烈，容易滋生贸易纠纷①。所以一个争端解决机制当然是很有必要的。

CEPA并没有如WTO那样建立解决争议的完整的制度，既没有规定争议解决的具体程序规则，也没有设立负有争议解决的司法或准司法职能的常设或临时机构，而只规定成立一个联合指导委员会，由其扮演协商解决争议的“政治角色”。无论香港CEPA还是澳门CEPA均规定了双边协商一致解决争议的制度。以香港CEPA为例，其第19条关于“机构安排”的规定如下：“1. 双方成立联合指导委员会（以下简称委员会）。委员会由双方高层代表或指定的官员组成。2. 委员会设立联络办公室，并可根据需要设立工作组…… 3. 委员会的职能包括：监督CEPA的执行；解释CEPA的规定；解决CEPA执行过程中可能产生的争议；拟订CEPA内容的增补及修正；指导工作组的工作；处理与CEPA实施有关的任何其他事宜。4. …… 5. 双方将本着友好合作的精神，协商解决CEPA在解释或执行过程中出现的问题。委员会采取协商一致的方式作出决定。”②

对于CEPA的争端解决机制，学者有不同的看法，有的学者持批评观点，并提出构建有强制力的、可预见性的争端解决机制的建议，有的学者则是赞成现行的CEPA争端解决规定。笔者肯定了协商在解决CEPA下内地和港澳争端的合理性和现实性，但同时也认为CEPA解决争端规则尚存在不足。

---

① 李伯桥、卢书桃：《CEPA：瑕疵和完善》，载《当代亚太》2004年第6期。

② 参见CEPA第19条。

2. 几种争端解决机制的分析、评价

对 CEPA 应采取的争端解决模式，有的学者赞同现行的协商模式，有的学者建议构建类似 WTO 争端解决机制或直接适用 DSU，或采用两地原有的纠纷解决方法。对于此，笔者一一分析、评价。

(1) CEPA 现行争端解决机制的评价

上文阐述了 CEPA 对争端解决机制的规定，采取的是联合委员会协商一致的方法来解决争端，这被称为解决争议的政治方法或外交方法。首先笔者赞成采取协商的方法来解决内地和港澳这特殊的主体之间的争议。从我国的“一国两制”和 CEPA 的特殊性质来看，CEPA 是我国内地与香港、澳门特区分别达成的，它的制定、实施与修正都要遵循“一国两制”的基本方针。协商一致的解决方法可以积极有效促进双方开展协商并最终达成谅解，且其灵活性可以在最大程度上以最积极、快捷的方式来解决争议。从另一个角度看，CEPA 主体的双重性决定了我们在解决宏观经济政策方面的争议时，不仅要考虑自身的利益因素还必须考虑国际方面的因素，特别不能忽略 WTO 所确立的原则，因此，相互之间通过政治途径来解决，是既易行又能迅速取得实效的方法①。

当然，CEPA 现行的规定也存在一些不足：对 CEPA 的解释或执行包括争端的解决等一系列重要的问题，CEPA 只用寥寥数字来规定，且这一规定既原则又抽象，以至于给争端的解决带来太多的不确定性。这相对于 CEPA 对中国内地和香港之间的经贸关系所起的重要意义来讲是极度不相称的。② 另外，笔者认为，虽然 CEPA 作为主权国家的政府与在主权国家统辖下的港澳政府签订的，但是贸易自由化、投资便利化等方面的内容规定在实践中会涉及私人与政府的争议等，而对于这些类型的争议，笔者认为应该区别对待，

---

① 马进保著：《CEPA 框架下的经贸争端解决机制与程序》，中国人民公安大学出版社 2005 年版，第 292 页。

② 胡晓军，王琳：《论 CEPA 的争端解决机制》，载《山西农业大学学报》(社会科学版) 2005 年第 4 期。

不能采取协商解决，应采取其他争端解决方法。

（2）对适用 WTO 争端解决机制的分析

根据世贸组织 DSU 的规定，WTO 形成了一套高度透明化的准司法程序和规则，即协商、斡旋、调解和调停、专家小组、上诉复审。其由专家组断案形成的准司法体制可以看做是从“权力型外交”向“规则性法律”转轨。由非争端当事方的第三方人士以个人身份独立办案的专家组程序模式，有利于专家组凭借职业技能作出公正客观的调查和周密的法律分析，具有直接、高效、透明、专业等优点。① 因此，WTO 的争端解决模式有一定的积极意义。即使如此，WTO 的争端解决模式仍然不能直接适用于 CEPA。原因在于 CEPA 主体之间关系的特殊性。

依照 CEPA 主体同为 WTO 下的独立成员这一事实，原本是可以适用 WTO 争端解决模式的。但是由于 CEPA 主体的特殊性，WTO 争端解决模式不能直接适用于 CEPA。理由有：首先，CEPA 是同一主权国家的区际协议，强调的是如何共同促进中华民族的发展，它们根本利益和立场是一致的。把一国国内不同关税区的经贸争议诉请国际机构来解决，不仅舍近求远而且让国际机构处理中国内部事务也让人们在感情上接受不了，且易造成歧义和误解②。其次，WTO 争端解决以报复作为最后的执行手段，强调了这套司法制度的强权性质，而 CEPA 因其主体之间关系的特殊性，决定了 CEPA 没有必要以报复措施来维持两地的贸易平衡。最后，我国加入 WTO 才几年，我们对 WTO 体系的理论研究还有待深入，对于 WTO 规则的条款研究和运用，特别是在 WTO 争端解决程序的适用方面还须实践检验。因此，笔者认为，WTO 争端解决模式不适用于 CEPA。况且在其他的区域贸易安排（RTA）中，均没有直接适

---

① 张涛：《论 CEPA 下争端解决机制的构建》，载《江西教育学院学报》2005 年 4 月第 26 卷第 2 期。

② 殷敏：《国际贸易法的强制法性质》，载《国际商务研究》2005 年第 4 期。

用 WTO 争端解决模式的先例。CEPA 当然也不例外。

（3）两地原有的纠纷解决模式评价

两地原有的争端解决，除了通过各自的诉讼和仲裁外，就是靠两地的司法协助。

《香港特别行政区基本法》第 95 条对两地的司法协助作了原则性安排；1999 年 3 月 30 日，最高法院以司法解释的形式就内地法院与香港法院相互委托送达民商事司法文书作出了规定；1999 年 6 月 21 日，最高法院与香港特区政府签署了《关于内地与香港特别行政区相互执行仲裁裁决安排》，为有效解决两地经济贸易和民事交往中可能发生的纠纷建构了新的平台。但是澳门并没有像香港那样与内地达成相互执行仲裁裁决的默契，而是在此前制定的《涉外商事仲裁法》中就把内地与其他国家和地区都视为平等的主体，以互惠和对等的原则来相互执行仲裁裁决。也就是说，属于一国范围内的香港、台湾、内地做出的仲裁裁决要在澳门申请承认和执行，应与外国及其他地区一样按《涉外商事仲裁法》的规定办理。这虽然也可以解决实际问题，但是内地和港澳台作为同一主权国家的不同法域，这种处理方式会使人产生歧义。另外，澳门仲裁的一个重要特点，就是不服仲裁裁决可以进入司法程序，而内地实行一裁终局制度。内地与澳门仲裁制度的差异以及内地与香港采用"默契"基础上各自内部处理的方式，其本身在功能上存在一定局限性，一些不确定因素在实践中出现就在所难免。而且内地与香港原有的司法协助安排也不能适用于 CEPA 的发展，因为原有的司法协助只适用于解决私人之间的纠纷，当面对私人与政府的争端以及政府与政府间的争议时就无能为力了。因此，两地原有纠纷解决模式不能适用于 CEPA。

3. 完善 CEPA 争端解决机制的建议

CEPA 条文中规定"双方将本着友好合作的精神，协商解决 CEPA 在解释或执行过程中出现的问题。委员会采取协商一致的方式作出决定。"该规定没有对 CEPA 框架下可能出现的纠纷进行分类并规定不同的解决方法。笔者认为这样过于简单和笼统。我们可按照争端主体对争端进行分类：（1）涉及微观经济运行方面的问题，包括发生在企业和个人之间的关于货物、服务贸易等的纠纷，也包括一方政府和另一方私人间的争端问题，该问题主要集中于一方的国民在另一方所受到的待遇是否低于协议的标准。（2）涉及宏观经济政策的问题，即成员政府间争端，主要表现为当事方的法律、政策、措施是否符合协议的要求。

由于 CEPA 下纠纷发生的基础、主体、性质不同，决定了争端发生的多样性。因此可以针对不同的争端，适用不同的争端解决方式。

（1）政府间争端解决机制

我们认为，宏观经济政策的问题，即涉及政府间的争端可以按照 CEPA 第 19 条的协商的方法来解决，最好的方法是双方平静地坐下来，通过直接对话协商解决。当然这时候双方政府应在各自经过集体会议讨论后，派出代表或由政府首脑直接参与协商。如果直接协商不能形成满意的解决方案，在必要时可以请求中央人民政府以“居中调停者”的姿态出现协调。这时候中央人民政府不能以上级领导机关身份简单发布行政指令①，而是从整体利益和国家和平出发协调。遵循的原则是把维护国家主权作为共同责任，只要是为了维护国家的团结稳定，只要是出于地区经济繁荣与发展的考虑，任何建设性的意见都可以提出来并展开广泛的讨论，以便能形成各方都能接受的处理办法。

政府间争端的协商解决方式可以积极有效地促进争端双方开展协商并最终达成谅解，避免由于发生某一方面争议而因处理方式不当引起国家关系恶化等被动局面。对于内地和港澳而言，政治关系尤其重要，采取协商方式显然比较合适。如果采用法律化的强硬方法来解决争端，对于双方而言，难免不情愿接受，进而影响主权国家下的两地政府的经贸关系甚至政治关系。对于一个不大成熟的特

---

① 马进保著：《CEPA 框架下的经贸争端解决机制与程序》，中国人民公安大学出版社 2005 年版，第 296 页。

殊的区际协议，期盼它这么快就有成熟完善的法律化争端解决机制更是不现实。虽然司法化的争端解决机制是最终追求的方向，但是这有待于我们进一步的研究和实践。目前对于政府间的争议还不可以仓促下结论去构建复杂的、法律化的争端解决模式。

（2）微观经济运行中争端解决机制

微观经济运行中的纠纷应建立一套完整的争端解决的法律机制。

① 微观经济运行中建立争端解决机制的必要性

CEPA 是我国的两个单独关税区之间签署的协议，是一个有着强制法律约束力的规则，而“最能为法律规则强制约束力提供保障的，莫过于创制一套完备的司法制度”①。争端解决机制是一个区际贸易协定提供安全和可预见性的核心因素，双方要维护依据 CEPA 所享受权益、纠正彼此违反 CEPA 义务行为，就必须要有争端解决机制。从法理上，法律的有效性不仅只依靠制定出来的法规和建立相应的机构，而且更重要的是这些法规对于它所指向的对象具有约束力，当法律规定的权利和权力受到侵害和损抑时应当得到司法机关的保护②，CEPA 也不例外。

目前 CEPA 没有一个具强制性的争端解决机制，使得 CEPA 变成缺乏强制执行保障手段的弱法，这不符合协议的初衷。作为 WTO 规则下的 CEPA，应该建立在以法律规则为导向的基础上。一个具有强制力、可预见性的争端解决机制可以为将来的 WTO “一国四席”下的两岸经贸争端协调解决机制提供范本。从长远来看，采取较强司法化的方式才是争端解决的发展方向，司法化的解决争端方式有利于推动 CEPA 自身以至于整个内地贸易体制法制化的不

① 赵维田著：《世贸组织（WTO）的法律制度》，吉林人民出版社 2001 年版，第 32 页。

② ［美］E. 博登海默著：《法理学：法学哲学与法律方法》，邓正来译，中国政法大学出版社 1999 年版，第 332 页。

断发展，增强国际社会和香港、澳门投资者对 CEPA 的信心①。更为将来的 WTO “一国四席” 的争端解决机制奠定基础。目前内地已经和香港、澳门建立了更紧密经贸关系的协议，但是与台湾还没成立这种类似的自由贸易协定。从长远来看，我国会逐渐实现在两岸四地建立一个自由贸易区。这就更需要有一个完善的、有强制力的争端解决机制。

② 对微观经济运行的争端解决机制的构建

对于 CEPA 在微观经济运行中个人与政府间或个人之间的争端，笔者认为可以借鉴 NAFTA 的相关规定，来构建争端解决机制的框架。因为 NAFTA 特别强调内部争端的友好解决；而 CEPA 属于特殊的内国法律安排，两者很相似。加上 CEPA 下的联合指导委员会与 NAFTA 的自由贸易委员会部分职能类似，自由贸易委员会在解决争端中的职能值得借鉴。

因此，CEPA 可以构建仲裁式的争端解决机制，通过 “附件” 形式规定灵活的争端解决方式。借鉴 NAFTA 争端解决机制，CEPA 可以采取以下的争端解决方式：

首先是协商程序：就 CEPA 或执行过程中发生的争议，任何一方可提出协商要求，启动协商程序。双方可以先协商或者交由联合指导委员会组织，委员会应尽一切可能包括斡旋、调解、调停促进协议的达成。必要时，可寻求技术人员和专家的建议力求争议解决。当然这里也要对协商的期限做规定，比如 NAFTA 规定的是 30 天。

其次是仲裁程序：如果协商不成，而且已用尽当地行政与司法救济时，申诉方可以向 CEPA 的联合指导委员会提出成立专家组的仲裁书面申请。CEPA 的联合指导委员会，可将其设计成类似 NAFTA 的自由贸易委员会，赋予其设立仲裁小组的权力，并通过仲裁小组的报告，对裁决和建议予以监督和执行。

---

① 李伯桥、卢书桃：《CEPA：瑕疵和完善》，载《当代亚太》2004 年第 6 期。

仲裁小组可以包含两地的专家，席位的安排及仲裁员的遴选应另行制定细则。在这方面笔者认为可以参照 NAFTA 的规定，由双方在事先同意的专家名单中“交错挑选”出，即争端各方共同选择专家组主席，然后各自选择 1 名专家①。如果争端各方无法在规定的期限内选定主席，则可以由联合指导委员会指定一个专家为主席。其次，借鉴 DSU 规定，专家组成员应以个人资格而不是以政府代表或任何组织代表的身份从事工作。② 在“附件”中应明确仲裁小组的职权是对所审理的事项作出客观的评价，给予他们以找出相互满意解决办法的充分机会。此外，“附件”还应明确仲裁小组的工作程序，包括仲裁小组工作的具体规则和时限。③

在仲裁小组报告的通过和执行方面，CEPA 本着解决内部矛盾的原则，兼顾与 CEPA 现行安排的协调，对仲裁小组的报告应最终由委员会协商一致通过。

在管辖权方面，CEPA 下的争端可以实行专属管辖，即成员必须将争端提交区域内的争端解决机构处理，排除选择管辖，这也是由 CEPA 的特殊性决定的。CEPA 作为一个主权国家下的单独关税区之间的协议，原则上应该是在主权国家范围内解决争议，而没必要提交其他的争端解决机制如 DSU 来解决。

（3）CEPA 争端解决机制与 WTO 的 DSU 的比较

上述构想的 CEPA 的微观经济运行中的争议的解决机制与 WTO 下的 DSU 机制有一些相似之处，但两者也存在差异。

两者的相同点在于：一是两者都是先采取协商的方式来解决，如果协商不成则成立专家组来仲裁，提出建议和报告。二是专家组

① 龚柏华：《区域贸易安排争端解决机制比较研究》，载《世界贸易组织动态与研究》2005 年第 8 期。

② 张涛、陈业宏：《CEPA 争端解决机制的模式比较及选择》，载《湖北社会科学》2005 年第 6 期。

③ 同②。

的报告都没有约束力，双方可以以仲裁报告为依据就争端解决达成协议。三是 WTO 争端解决机制确立了 DSB 对案件的强制管辖权，具有绝对的优先排他性，而笔者认为 CEPA 也应实行排他的专属管辖。

不同点在于：其一，WTO 在争议双方无法达成一致协议的时候，胜诉方可以进行交叉报复作为最后的执行手段；而 CEPA 作为一个主权国家下的单独关税区间的协议，根本利益是一致的，没必要采用报复手段来维持两地的贸易平衡。其二，CEPA 借鉴 NAFTA 的规定，在双方协商不成的时候，一方可要求召开自由贸易委员会议，要求其通过适当的途径解决争端，包括征求技术顾问或者专家意见，也可求助于斡旋、调节、调停。而 WTO 下的双方协商不成就由争端解决机构（DSB）申请设立专家小组。其三，WTO 争端解决机制中增加了上诉程序，并建立了常设上诉机构受理有关上诉案件。而 CEPA 中没有上诉程序。其四，WTO 争端解决机制采用的“否定式共识”的表决制度，即只要一个国家对争端解决机构议题表示同意则任何多数国家都无法阻止该国家所支持的意见。而上述设置的 CEPA 争端解决对仲裁小组的报告应由委员会协商一致通过。后者更具有灵活性，在协商中可以让步。

综上，笔者认为，WTO 的争端解决机制对 CEPA 有可借鉴之处，但是由于 CEPA 的特殊性，不可以照搬 WTO 的争端解决模式。本文在对比分析了各种争端解决机制之后，提出把争端分类，分别适用不同的解决机制。并对于如何解决 CEPA 下的微观经济运行中的争端作了构想，认为应借鉴 NAFTA 的争端解决模式并加以适当改革，这应该是目前比较适合 CEPA 的争端解决模式之一。

第六章　多边贸易体制与区域贸易安排

一、多边贸易体制对区域贸易安排的审查规范

20 世纪 90 年代以来，随着国际贸易领域中区域主义复苏势头的出现，作为 GATT 体系缔造者的美国将其外贸政策从单纯依靠多边主义转向皈依于区域化道路作为补充，其在战略上已经为未来多边贸易体制的可能失败做好了次优的替代准备①，如果 WTO 规则的改进不能满足美国的要求，区域主义将成为其新的武器②。在世界范围内，各国也越来越倾向于将多边贸易体制视为全球贸易自由化目标的“主干道”来建设，而把各种区域一体化视为相伴而行的“支流”予以引导。而区域贸易安排迅猛发展的新形势在保持了多边贸易体制的稳定和发展的同时，又具有侵蚀并最终瓦解多边贸易体制的潜在危险③。面对这种情况，我们不得不尊重区域贸易安排存在的合理性，同时加强对区域贸易协定与多边贸易体系的冲突关系的研究，以完善世界贸易组织对区域贸易协定的审查规范，

---

① 从经济学角度考察，多边贸易自由化是一种帕累托最优的理想状态。但现阶段完全实现多边贸易自由化的成本过高，所以只能选择区域贸易安排这种次优状态作为妥协。GATT 第 24 条第 5 款规定的区域贸易安排必须具备的“不得总体上提高标准”，确保了区域贸易安排成为一种帕累托改进状态，这使本文所论述的审查机制获得了合理性依据。

② 盛斌：《区域贸易协定与多边贸易体制》，载《世界经济》1998 年第 9 期。

③ 刘俊著：《区域贸易安排的法学进路——GATT/WTO 框架下区域贸易一体化的法理学及其实证研究》，中信出版社 2004 年版，第 70—74 页。

尽可能地降低区域贸易安排对多边贸易体制造成的冲击效应①。

(一) 多边贸易体制对区域贸易安排审查的本源探析

多边贸易体制对区域贸易安排审查机制的建构源于两者之间的冲突实质。审查机制作为一种手段，其目的是尽量避免多边贸易体制和区域贸易安排的冲突。笔者认为，要研究审查机制的完善路径，必须首先系统地分析审查机制的客观成因。这就要求我们不能孤立地只分析世贸组织与区域贸易集团个体，而应该将其视为国际经济趋同大背景下的一个有机的系统，以准确地把握二者之间的内在关联，为审查机制的完善提供一个有效的前提。

从微观层面考察，多边贸易体制与区域贸易集团的主体关系存在四种可能性：(1) 是多边贸易体制的成员而未参与任何一个区域贸易集团；(2) 只是区域贸易集团成员而未参与多边贸易体制；(3) 既非区域贸易集团的成员又非多边贸易体制的成员；(4) 同为多边贸易体制和区域贸易集团的成员。截至目前，世贸组织 150 个成员国几乎都和其他国家或地区缔结了区域贸易协定，这意味着第 (1) 种情况并不存在。现今虽有诸如俄罗斯等只参与区域贸易集团但未加入世贸组织的国家或地区，但其占国际贸易额不高，其与多边贸易体制的冲突并不明显，因此第 (2) 种情形也非主流。在经济分工日益细化、合作日益紧密的当今世界，没有哪个国家或地区能够完全漠视同其他国家的联系，因此可以否定第 (3) 种可能性。这样看来，真正具有普遍意义的是第 (4) 种情形②。

在国际贸易中，大多数国家具有双重身份：既是世贸组织的成

① 目前学界对区域集团的评价有两种倾向：一种认为其为多边自由化的阻碍物，一种认为其为多边自由化的建造物。笔者认为，阻碍物与建造物是矛盾的两面，可以通过一定条件加以转化，而本文所论述的审查机制正是二者转化的条件。

② 周阳：《世界贸易组织与区域贸易集团的法律分析》，载《国际贸易问题》2000 年第 3 期。

员又是区域贸易集团的成员。双重的身份必然导致双重义务，而该双重义务又是互相冲突的。多边贸易体制成员国的身份要求该成员国给予其他成员国最惠国待遇，但是区域贸易集团成员国的身份却有规避这项义务的冲动①。因此，笔者认为，多边贸易体制与区域贸易集团主体的重叠性所造成的义务的交叉才是造成双方产生冲突的根源②。

鉴于此，如果单纯从逻辑的角度来考虑，解决两者冲突的最佳办法就是避免双重主体的出现，即不允许上述第（4）种情况出现。但是，如前所述，多边贸易体制与区域贸易集团的并存具有经济合理性，并且也是不可回避的现实。因此，要解决两者的冲突问题，我们唯有寻求一个恰当的平衡点，而多边贸易体制对区域贸易集团的审查机制正是寻求这一平衡点的有效的制度设计。

（二）多边贸易体制对区域贸易安排审查的法律依据及其评价

多边贸易体制本质上是为了加快全球贸易自由化进程，考虑到区域贸易集团也有着同样的追寻目标，为兼顾国际关系现实，GATT 成立之初，即有种种例外规定，对本质上具有歧视性或保护

---

① GATT 第 24 条规定了区域集团成员国对最惠国待遇的例外原则，只是赋予区域身份规避多边义务的冲动以正当性。

② 在这个意义上，“开放性区域合作模式”正是可以部分避免这里所言之“双重义务之冲突”，从而从本源上解决区域贸易集团与多边贸易体制冲突的问题。“开放式区域主义”赞同在区域内就关税削减进行谈判，并将关税削减扩展适用于非区域贸易协定的成员国。它实际上是以地区为基础的、像关贸总协定一样以最惠国待遇为原则进行贸易自由化的一种模式。一般认为，这类区域主义的目的是提高在世界市场上的竞争力，不会对多边贸易体制构成挑战。参见李双元、彭乾芳、冯寿波：《论区域贸易安排与多边贸易体制的互动走势——兼谈我国的法律对策》，载《浙江社会科学》2004 年第 2 期。

色彩的区域经济组织的存在给予宽容①。但同时，为了降低区域贸易集团对于第三国利益以及多边贸易体制功能的影响，多边贸易体制又必须对区域组织的成立及其新会员的入会进行必要的法律审查。

WTO总理事会于1996年2月成立了区域贸易协定委员会(Committeeon Regional Trade Agreements, CRTA)，该委员会负责审理各国提出有关区域贸易协定的通知，并制订一个可供依循的标准模式，评估区域贸易协议对多边体制所造成的影响。各成员国签署区域贸易协定之后，必须分别向WTO货物贸易理事会（Council for Trade in Goods; CTG）、服务贸易理事会（Council for Trade in Services；CTS）或贸易与发展委员会（Committee Trade and Development; CTD）提出通知，并由上述理事会/委员会转送区域贸易协定委员会进行审查。多边贸易体制对区域贸易安排审查的法律依据主要集中于GATT/WTO框架体系中以下三个部分的法律规范：

1.《1994年关贸总协定》第24条及《GATT1994第24条解释谅解书》

GATT1947第24条、乌拉圭回合谈判中达成的《对GATT1947第24条的谅解》对关税同盟或自由贸易区以及为建立关税同盟和自由贸易区的需要而缔结的临时协定作了规定。

GATT第24条是成立区域贸易组织的最主要的法律依据，对其评价必须涉及以下四个方面：“绝大多数贸易”的标准（substancially all the trade）、针对关税同盟的“不是总体上提高”标准、临时协议的计划和进度安排、通知的问题和GATT的决定②。

(1) 关于“绝大多数贸易”的标准问题：第24条第8款规定关税同盟和自由贸易区可享受偏离WTO最惠国的例外，条件是参

---

① 从另一个侧面看，也可以说这种宽容本质上是多边贸易体制面对全球经济一体化现实的一种不得已的妥协。

② 刘俊著：《区域贸易安排的法学进路——GATT/WTO框架下区域贸易一体化的法理及其实证研究》，中信出版社2004年8月版，第86页。

加国必须取消区域内各关税领域间“绝大多数贸易”的关税和其他贸易限制措施 。显然，从经济理性的角度考察，准备取消几乎所有壁垒的优惠协议所带来的好处，可能被认为会超过偏离最惠国待遇原则所产生的弊端。该款确保了区域经济安排成员方之间必须把大多数贸易都纳入自由化范围，避免了发生“并非真正要在区域之内实施自由贸易，而只欲就某些特定产品形成优惠待遇，以排斥或限制其他国家产品进入其市场，从而形成区域壁垒现象（Regional Block）”①。同时，“绝大多数贸易”也在客观上有助于成员国对抗国内利益团体对某些领域的产业的保护性要求，使本国可以在区域贸易安排内部获得互惠性自由贸易的地位。

然而，实践中，“绝大多数贸易”这一用词无疑具有模糊性。首先，贸易措施的自由化程度很难量化，特别是对还未实践的贸易安排做事前预测，例如预测一区域贸易协定所导致的进口增量不可能那么准确。其次，即使像部分欧共体成员国小组成员提出的“所谓的要涵盖绝大多数贸易范围是指贸易自由化的领域占到了该区域贸易总量的80%”，也面临两个问题：第一，为什么这个规定的比例不是70%或者90%呢？第二，如何保证剩余的20%的贸易领域所带来的负效应一定比80%的正效应更大呢？②

大量事实也证明，在多边贸易体制对区域贸易集团的审查实践中，因为这种模糊性导致了许多国家对其含义理解的不一致，最终使得许多审查无疾而终。正如1989年调查美国与加拿大自由贸易协定的工作组主席所说“此前处理关税联盟或自由贸易区个案的50个工作组，对于这些协议是否符合GATT规定，都达不成一致

---

①　参见：GATT第24条第8款第（a）项。

②　在审议欧洲自由贸易联盟的《斯德哥尔摩公约》时，有成员方就曾提出，即使90%的贸易实现了自由化，但剩余的10%中如果包含的某个主要部门诸如农业或纺织业等被整体性排除，也是不符合该规则促进自由化的宗旨的。

意见，但又没有明确表示不批准这些协定”[①]，这种模糊性导致的争议使 GATT 第 24 条的效力大打折扣。而《GATT1994 第 24 条解释谅解书》的前言清晰地明确了“排除任何主要的部门都意味着对于贸易自由化的减损”，从而向各成员方表明了其对于如何解释“绝大多数贸易”规则的态度。

(2) 关于关税同盟的“不是总体上提高”标准问题。GATT 第 24 条第 5 款第（a）项规定，在成立关税同盟时，对非同盟成员贸易所实施的关税和其他商业管制（other regulations of commerce），总体上（on the whole）不得高于或严于成立前同盟成员实施的关税和商业管制的总体影响范围（general incidence）[②]。这种所谓的“不得总体上提高”标准，与 GATT 第 24 条第 4 款规定的“不应再增加非成员方与此区域性组织之间的贸易障碍”所体现的精神是一致的。即使多边贸易体制下的各成员国所享受的由贸易自由化带来的各种利益不会因为区域贸易协定的例外规则而有所降低，在实质上保证了区域贸易安排在多边贸易体制的整体背景下达到一种帕累托改良的状态。[③] 实际上，第 4 款可以说是整个第 24 条最重要的法律条款，因为它设定了区域贸易集团在多边贸易体制中的定位。

(3) 关于临时协议的计划和进度安排问题。考虑到很多关税同盟和自由贸易区不可能一夜之间产生，需要一个调整的“过渡期”，因此，GATT 关于“临时协定”（an interim agreement）的规定称，它应“包括在一个合理的时间长度内组成这种关税同盟或

---

① 参见赵维田著：《世贸组织（WTO）的法律制度》，吉林人民出版社 2000 年版，第 87 页。

② 杨国华：《WTO 关于关税同盟补偿谈判的规定与实践》，http://www.chinalawinfo.com/index.asp，2006 年 6 月 18 日访问。

③ 帕累托改良是经济学上的一个概念，指在某种经济境况下，如果可以通过适当的制度安排或交换，至少能提高一部分人的福利或满足程度，而不会降低所有其他人的福利或满足程度，即一种制度的改变中没有输家而至少能有一部分人赢。

自由贸易区的计划和进度安排”。这说明 GATT 第 24 条的适用范围不仅仅限于自由贸易区或关税同盟，还包括旨在导致关税同盟或自由贸易区建立的“临时协定”。

虽然 GATT 第 24 条考虑到了过渡期的问题，但是，却没有明确具体的“合理时间”的长度。《GATT1994 第 24 条解释谅解书》规定，只有在例外情形（exceptional cases）下，“合理时间”才可超过 10 年；倘若过渡性协议缔约国的 WTO 成员认为 10 年并不足够时，其应向货物贸易理事会提出其需要较长期间的充分理由①。

（4）关于通知和 GATT 的决定问题。GATT1994 第 24 条第 7 款第（a）项规定：任何 WTO 成员决定加入关税同盟或自由贸易区域临时协定时，应立即通知 WTO 货物贸易理事会，该理事会将于定期召开之会议中进行审查（Terms of Reference of the Examination），并将该区域贸易协议相关资料送请区域贸易协定委员会依其职权进行审查。虽然部分 WTO 成员认为应于协议签署日前进行通知，才符合上述规定，但大多数区域贸易协定缔约国认为：仅在完成各缔约国国内司法批准程序后才通知 WTO 相关理事会委员会。按照这种主流的理解，虽然 WTO 各成员国可以针对区域贸易协定缔约国依标准格式所提交的相关资料表示反对意见，但是，这时的区域贸易协定已经具有了法律效力并已开始实践运作，即使最后的审查报告认为该区域贸易协议不符合多边贸易规范，对其取消的决定也会因为成本过高而变得不切实际。

另一方面，一旦将协定通知 GATT，除非缔约方全体能以某种方式达成一套各方都能同意的建议，否则 GATT 的规定允许优惠协定继续向前走。因此，得出的推测是支持优惠安排。而实际上，GATT 缔约方全体从未对优惠协定的通知方提出过一套各方同意的建议。因此，许多安排都已经达成，但有证据表明它们并不完全符

---

① 《GATT1994 第 24 条解释谅解书》第 3 条。

合 GATT 第 24 条的政策目标、意图和精神①。

最后，GATT1994 第 24 条第 7 款采用的“建议”、“协商”②等用语所表达出来的“威慑力”十分有限，在实践中导致了多边贸易体制对区域贸易集团进行法律规制的力度极其有限。仅在 1989 年到 1994 年之间，缔约方就将大约 40 个区域贸易协定的签订通知了关贸总协定秘书处。而据统计，关贸总协定缔约方从未依据第 24 条的程序对区域贸易集团的缔约方提出一项正式的建议③。因此有人认为，GATT 第 24 条涣散了关贸总协定的法纪。

2. 授权条款（Enabling Clause）

授权条款（Enabling Clause）主要依据东京回合通过的《1979 年 11 月 28 日对发展中国家差别及优惠待遇、互惠及充分参与之决议》（Enabling Clause：the 1979 Decision on Differential and More Favorable Treatment Reciprocity and Fuller Participation of Developing Countries），规定缔约国可不因 GATT 第 1 条“最惠国待遇”规定之限制，给予发展中国家差别和更优惠（differential and more favorable）的待遇④。授权条款允许发展中国家参与谈判但不必做出对等减让，无须和发达国家一样减让关税。发展中国家可以使用数量

① 参见［美］约翰·杰克逊著：《GATT/WTO 法理与实践》，张玉卿、李成钢、杨国华等译，新华出版社 2002 年版，第 114—116 页。

② GATT1994 第 24 条第 7 款（b）项规定，如果区域贸易集团的当事方不能依据缔约方全体就该区域贸易协定所提出的建议作出修改，那么，它们就不得维持该协定或使之生效；（c）款规定，缔约方全体有权要求与临时协定的有关缔约方就临时协定的计划或进程表作出任何重大变动进行协商。

③［英］伯纳德·霍夫曼、麦克尔·考斯泰基著：《世界贸易体制的政治经济学——从关贸总协定到世界贸易组织》，刘平等译，法律出版社 1999 年版，第 217 页。

④ 参见杜玉琼：《论区域贸易协定和 WTO 规则的关系》，载《西南民族大学学报》（人文社科版）2005 年第 6 期。

限制以帮助解决收支平衡问题①。其为普遍优惠关税制度奠定法律基础，允许发达国家背离最惠国待遇条款，给予发展中国家普通优惠待遇，因此可被视为最惠国待遇原则的最大例外。授权条款中涉及的优惠安排包括：发达国家给予发展中国家出口的工业品及半成品以更加优惠的差别的关税待遇；在非关税措施方面给予发展中国家更为优惠的差别的待遇；发展中国家之间可实行优惠关税而不给予发达国家；对最不发达国家的特殊优惠。其目的旨在借此种优惠安排鼓励发展中国家扩充生产，开拓市场，提升产品竞争力，最终促进发展中国家经济的发展。

必须强调的是，为避免发展中国家滥用授权条款规避 GATT 第 1 条确定的最惠国待遇原则，第 2 条第（e）款规定：发展中国家之间依此授权条款所签署的区域贸易协议，依规定应通知 WTO 贸易与发展委员会，经该委员会讨论同意后，送交区域贸易协定委员会进行审查，并于审查完成后，将审查报告提交贸易与发展委员会。同时，必须向缔约方全体提交一切被认为是适当的材料。对任何缔约方提出的磋商要求，必须予以合作。发展中国家援引授权条款除了必须履行通知和协助义务之外，还必须保证其参与的贸易安排有利于各成员间贸易的发展，而不应该对其他缔约方的贸易造成困难或提高了关税或非关税的贸易壁垒。

3. GATS 第 5 条

1995 年 1 月 1 日《服务贸易总协定》（GATS）的正式生效，使得国际服务贸易有了各成员国共同遵守的国际规则，有力推动了全球国际服务贸易自由化的进程。

随着国际经济领域贸易分工的纵深演进，国际服务贸易规模日益扩大和交易额的急剧上升，使服务贸易的增长速度远超过货物贸易的增长，特别是新科技革命和世界经济的飞速发展，使世界贸易由货物贸易向服务贸易倾斜，使许多过去无法作为贸易对象的技术

---

① ［英］布瑞恩·麦克唐纳著：《世界贸易体制：从乌拉圭回合谈起》，叶兴国等译，上海人民出版社 2002 年版，第 56 页。

成果，均可转化成为国际服务贸易的内容①。

GATS 第 5 条如同 GATT 第 24 条将区域经济一体化视为最惠国待遇条款的重大例外，其内容主要涵盖：大多数服务贸易范围；不应提高服务贸易壁垒的整体水平；通知义务；定期报告以及无意间获得利益的第三国并无义务提供补偿等。大部分内容与 GATT 第 24 条非常一致。因此，类似对 GATT 第 24 条的争论也出现在《服务贸易总协定》第 5 条上。历年来 WTO 成员对于《关贸总协定》第 24 条和《服务贸易总协定》第 5 条中对区域贸易协定机制的诸多要求的具体含义，例如“绝大部分贸易”（第 24 条第 8 款）、“其他商业法规”（第 24 条第 5 款）、“其他限制性商业法规”（第 24 条第 5 款）、“众多服务部门”（第 5 条第 1 款第（a）项）、“实质上所有歧视”（第 5 条第 1 款第（b）项）等的含义争论不休，各国对于这些要求的具体程度由于各有自身利益的考量而难以取得一致。在有的方面各国甚至持相反的观点。为此，区域贸易协定委员会至今无法《对关贸总协定》第 24 条、《服务贸易总协定》第 5 条的含义做出任何结论性的报告②。

应该说，上述两条款也有不同之处。比如 GATS 第 5 条要求“取消大多数行业”（substantial sectoral coverage），比 GATT 第 24 条的“绝大多数贸易”的条件，更为宽松。

（三）完善多边贸易体制对区域贸易安排审查规范的建议

如前所述，虽然 WTO 规定了区域贸易安排存在的必要条件以

---

① 据统计，仅 1970 年到 1980 年 10 年间，世界服务贸易总额就增长 5 倍多。1980 - 1993 年，世界服务贸易年平均增长 7.7%，而同期货物贸易年平均增长只有 4.9%。1998 年，世界服务贸易额达到 12900 亿美元，在全球贸易总额中的比重约为 1/5。参见《中国对外经济贸易白皮书》，经济科学出版社 1999 年版，第 42 页。

② 参见慕亚平、秦淑明：《世界贸易组织对区域贸易协定的规范及对我国的影响》，载《华南师范大学学报 》（社会科学版）2004 年第 2 期。

及是否符合规则的审议机制，但由于 WTO 对区域贸易安排的审查规范存在体制性问题（systemic issues），极大地阻碍了 WTO 对区域贸易安排审议工作的进程。自 1995 年以来，WTO 的区域贸易协定委员会没有完成一个 RTA 是否符合 WTO 条款的审议，反过来又造成这一期间众多的 RTA 和各种类型的优惠贸易协定出现，加重了 WTO 对 RTA 审议的任务和难度。截至目前，WTO 区域协议委员会已经召开 27 次会议，重点仍集中在对体制性议题的检讨上。① 由此可见完善该审查规范的重要性，笔者对此试提出以下建议：

第一，明确区域贸易安排参加国对其他多边贸易体制缔约国所负通知义务的时间，恢复和完善多边贸易体制对区域贸易安排生效前进行审议的机制。前文提到，大多数区域贸易协定缔约国认为：仅在完成各缔约国国内司法批准程序后才通知 WTO 相关理事会委员会，加之其他种种原因的限制，对区域集团临时协议的事前审议已于 70 年代中期陷入停滞状态。这直接导致了多边贸易体制只能在区域集团协议生效后才能对其进行合法性审查。其结果是，审查的时候已经没有任何作出修改的空间或空间有限。笔者认为，应该恢复和完善生效前审议的机制，即在区域贸易协议草案在经过签署和获得立法机关批准等正式程序完成之前，必须先行通知 WTO 并由专门工作组进行审议。这样，审议工作组在完成审议后所提出的相应修改建议就比较能被该区域集团成员国接受，以使该建议产生实际效力。

第二，改革“协商一致”的议事程序。多边贸易体制对区域贸易安排的审查遵循“协商一致”的原则，即要求工作组全体成员无论是肯定还是否定都必须形成一致意见，该原则不仅拖延了工作组审议的时间，也注定了工作组不可能得出正确的结论。因为工作组全体成员既包括第三国成员也包括将被审查的区域集团协议的成员国，多边贸易体制对区域贸易协议的审查规范本身就存在很多

① 陈建国：《体制性难题——WTO 对区域贸易协议的审议》，载《国际贸易》2004 年第 6 期。

模糊地带，再加上不同的成员从自身利益的角度出发，自然会对区域集团协议作出截然不同的评价。即使工作组中所有的第三国成员一致认为该协议不符合多边贸易体制的宗旨，但只要该协议的成员持相反意见，该工作组就无法形成一致否定的意见。因此，笔者认为，必须改革这一议事程序。改革后可以采用三种方案：一种是根据“自己不得做自己案件的法官”的法理原则，区域贸易协议成员国不得成为审议工作组的成员；另一种是采取借鉴欧共体协调国别政策时采用的“法定多数”的做法；第三种也是最完善的一种方案，就是把第一方案和第二方案结合起来，即审查工作组成员国只能是区域贸易协议外的第三国，且采用“法定多数”通过原则。

第三，将审查区域贸易组织引发的争议纳入到WTO的争端解决机制中。“区域贸易协定委员会”作为一个统一的机构来行使世贸组织对区域集团的监督职能；在一定程度上克服了以前分别设立工作小组审查区域贸易安排所导致的不系统、低效率的弊端。然而，仅靠设立委员会便可解决问题的想法无疑是不现实的。因为它没有跳出旧的关贸总协定或世贸组织实体程序法则的框架，本质上还是一种对原有法律制度细枝末节的修补①。在这种情况下，对于不符合多边贸易体制宗旨的区域贸易安排的调整就只能依赖区域组织自身的决策与执行，而缺乏强制监督机制。这必然造成审查后果事实上失去法律上的拘束力。面对巨大的经济利益的诱因，很多强势的成员国完全可以不顾这种道德意义上的监督。所以，笔者建议，应该将委员会的审查结果所引发的争议纳入到世贸组织的争端解决机制中去。

第四，整体理解多边贸易体制的规定，用个案判例的形式指导审查实践中出现的对原则性规定理解模糊的问题。WTO规则中涉及的“实质上所有贸易”，“合理时间”等原则性的条款是导致区域贸易协议成员国滥用最惠国例外原则的原因之一。虽然WTO成

---

① “区域贸易协定委员会”与“关贸总协定”的裁决一样，缺乏明确的时间表和自动执行的效力。

员方对区域贸易协议中的“绝大多数贸易”到底指百分之几存在大量的争论，但是笔者认为，从立法技术层面考察，这种原则性的规定是一种无奈，也是一种必要。所以，对其“量”上的规定无须太过具体。在具体的案件审查过程中，应结合具体情况，综合理解多边贸易体制的规定，同时规定该审查结果对以后相似案例的审查具有法律上的援引效力。

（四）结论

区域贸易安排与多边贸易体制之间的冲突源于二者主体的重叠性所造成的义务的交叉。此二者之间的较量已经成为经济全球化这一自然历史进程中的一个已经存在并将长期存在的客观事实。多边贸易体制对区域贸易安排的法律规范有着重要的制度价值，但由于立法技术限制或各国不同利益的考量，这些审查规范在具体的审查实践中因体制问题又不可避免存在困境。若改善多边贸易审查规范，必须从完善区域贸易组织的争议解决机制、明确区域贸易安排参加国所负通知义务的时间、改变多边贸易体制对区域贸易安排的审议时间、改革议事程序、澄清模糊性规定等方面多管齐下。唯其如此，才能保证区域经济一体化安排和多边贸易体制的良性互动。

二、区域贸易安排对多边贸易体制的影响

GATT 第 24 条是成立区域贸易组织的最主要的法律依据，因此，区域贸易安排在符合 GATT 的规定下，其具有合法性。从理论上说，区域贸易安排应在 WTO 划定的框架范围内发展，是多边贸易体制发展的次一级形式，是多边贸易体制的补充。但从实践来看，区域贸易安排有超越多边贸易体制发展的趋势，集中表现在议题的谈判上，如劳工问题、竞争问题、环境问题等，在多边贸易体制中尚未达成协议，但一些区域贸易安排对这些议题已达成协议并开始执行。

对于区域贸易安排对多边贸易体制的影响，有学者认为，区域贸易安排是对多边贸易体制的补充，区域贸易的发展有利于多边贸

易体制；但也学者持相反的观点，认为区域贸易安排是对多边贸易体制的侵蚀，区域贸易的繁荣发展，在某种程度上架空了多边贸易体制，或者弱化了多边体制的作用；还有学者认为二者之间是相辅相成、双赢互动的关系。① 笔者认为，区域贸易安排的形成对多边贸易体制的影响可谓利弊共存。

（一）区域贸易安排对 GATT/WTO 多边贸易体制的积极影响

第一，区域贸易安排——GATT/WTO 多边贸易体制的试验田。由于多边贸易体制牵涉的成员众多，且各成员发展水平悬殊，政治、经济、文化各异，利益要求迥异，因此在多边贸易体制下欲在经贸关系达成协商一致的多边协定非常困难。目前的多哈回合谈判就几乎停滞不前。相比较而言，区域贸易安排的形成比较容易实现。因为区域贸易安排所涉及的成员数量为数不多、而且各成员通常同属于某一特定地区拥有共同的地缘政治利益，或者拥有互补的经济优势、相近的文化信仰，因而较容易在特定的经贸领域形成共同意志，达成区域贸易协议。区域贸易协议率先于多边协议达成，并在国际层面先得到实施，其成败得失都可以为多边贸易体制提供参考。区域贸易集团为 GATT/WTO 多边贸易体制提供规则制定实施的“试验场所”。Robert Herzstein 指出：“区域主义本身并不是对多边体制的威胁……区域主义可以为贸易自由化扩大和深化的政策提供实验场所。NAFTA 金融条款就充当了这个角色。”② 具体展开一分为二地分析：（1）区域贸易协定制定得当。此类区域贸易协议促进了区域国家间贸易的自由化，以点带面、以面带动全局，客观上也有利于推动 GATT/WTO 多边贸易体制的贸易自由化。

---

① 边永民：《中国对待区域性贸易安排的策略探析》，载《西南民族大学学报》（人文社科版）2006 年第 4 期。

② 孟祥秀：《论区域贸易安排与多边贸易体制之关系》，载《哈尔滨学院学报》2005 年第 11 期。

(2) 区域贸易协议不合时宜。多边贸易的规则制定者可以从中吸取经验，以便制定适应贸易环境的多边贸易协议。

第二，锁定效应。区域贸易安排的锁定效应是指通过协议将达成的自由化成果制度化，防止各国出于利益考虑又倒退到狭隘、封闭的保护主义状态。从区域贸易的实践来看，区域贸易安排经常被作为国内改革的手段。它能锁定先前的自由化进程或者阻止之后的倒退。

第三，先锋效应。在同一谈判领域，区域贸易安排达到的目标往往高于多边贸易体制，区域贸易集团在本区域内率先达到相对较高程度的贸易自由化目标，这有利于促进 GATT/WTO 多边贸易体制的贸易自由化。同时，由于利益的相近以及共同的价值观，区域贸易集团更容易在投资、竞争、技术等 WTO 多边框架内难以达成统一认识的新领域达成共识，这客观上会推动 GATT/WTO 多边体制积极追求新议题的通过方案。区域贸易安排达成的规则有些是多边贸易体制从未涉及的，这将完善多边贸易体制的法律制度。乌拉圭回合谈判所形成的《关于执行“关税与贸易总协定”第六条的协议》就是吸收了欧洲共同体反倾销调查范围的规定。

（二）区域贸易安排对 GATT/WTO 多边贸易体制的消极影响

第一，与多边贸易体制争夺客源，阻碍多边贸易一体化进程。区域贸易安排与多边贸易体制争夺客源，阻碍多边贸易谈判进程。由于世界各国发展差异大，多边贸易体制取得实质性进展的难度很大，许多国家就会将注意力转移到较易达成共识的区域贸易安排上；并且由于区域贸易安排更切合某些国家的利益，在区域贸易集团获得利益的国家，就不会致力于多边谈判的推动。因此区域贸易安排的形成阻碍多边体制的发展。

第二，严重削弱最惠国待遇基石。区域贸易协定本质上是实行贸易保护主义，严重削弱了最惠国待遇的基石地位。区域贸易协定本质是对外贸易保护。区域贸易安排的发展，无论是数量上的增加，还是协议领域的扩展，势必导致非歧视原则的适用空间的逐步缩小，从而侵蚀多边贸易体制。

第三，导致多边谈判中的矛盾上升为结构性对抗。区域集团形成之后，多边贸易谈判中各区域集团内成员基于其整体利益容易形成战略性联盟，导致国家之间的争议上升为区域集团之间的结构性对抗，谈判过程中一旦形成对峙，就会导致整个多边贸易谈判陷入停滞不前的局面。例如，欧共体与美国在农产品贸易问题上的争执阻碍了乌拉圭回合谈判的进程。

三、结论

区域贸易安排发展的动因在于利益的更易获取性，从多边贸易体制对区域贸易安排现有的规定看，区域贸易安排的迅猛发展并未违背多边贸易规范，在未来相当长的时间内，区域贸易安排将与多边贸易体制呈现并存、并进的发展态势。但是，多边贸易体制对区域贸易安排的审查规范尚需改进和完善，以引导区域贸易安排向有利于多边贸易体制的方向发展。

附　录

《跟单信用证统一惯例》（UCP600）

第一条　统一惯例的适用范围

跟单信用证统一惯例，2007 年修订本，国际商会第 600 号出版物，适用于所有在正文中标明按本惯例办理的跟单信用证（包括本惯例适用范围内的备用信用证）。除非信用证中另有规定，本惯例对一切有关当事人均具有约束力。

第二条　定义

就本惯例而言：

通知行意指应开证行要求通知信用证的银行。

申请人意指发出开立信用证申请的一方。

银行日意指银行在其营业地正常营业，按照本惯例行事的行为得以在银行履行的日子。

受益人意指信用证中受益的一方。

相符提示意指与信用证中的条款及条件、本惯例中所适用的规定及国际标准银行实务相一致的提示。

保兑意指保兑行在开证行之外对于相符提示做出兑付或议付的确定承诺。

保兑行意指应开证行的授权或请求对信用证加具保兑的银行。

信用证意指一项约定，无论其如何命名或描述，该约定不可撤销并因此构成开证行对于相符提示予以兑付的确定承诺。

兑付意指：

a. 对于即期付款信用证即期付款。

b. 对于延期付款信用证发出延期付款承诺并到期付款。

c. 对于承兑信用证承兑由受益人出具的汇票并到期付款。

开证行意指应申请人要求或代表其自身开立信用证的银行。

议付意指被指定银行在其应获得偿付的银行日或在此之前，通过向受益人预付或者同意向受益人预付款项的方式购买相符提示项下的汇票（汇票付款人为被指定银行以外的银行）及/或单据。

被指定银行意指有权使用信用证的银行，对于可供任何银行使用的信用证而言，任何银行均为被指定银行。

提示意指信用证项下单据被提交至开证行或被指定银行，抑或按此方式提交的单据。

提示人意指做出提示的受益人、银行或其他一方。

第三条　释义

就本惯例而言：

在适用的条款中，词汇的单复数同义。

信用证是不可撤销的，即使信用证中对此未作指示也是如此。

单据可以通过手签、签样印制、穿孔签字、盖章、符号表示的方式签署，也可以通过其他任何机械或电子证实的方法签署。

当信用证含有要求使单据合法、签证、证实或对单据有类似要求的条件时，这些条件可由在单据上签字、标注、盖章或标签来满足，只要单据表面已满足上述条件即可。

一家银行在不同国家设立的分支机构均视为另一家银行。

诸如“第一流”、“著名”、“合格”、“独立”、“正式”、“有资格”、“当地”等用语用于描述单据出单人的身份时，单据的出单人可以是除受益人以外的任何人。

除非确需在单据中使用，银行对诸如“迅速”、“立即”、“尽快”之类词语将不予置理。

“于或约于”或类似措辞将被理解为一项约定，按此约定，某项事件将在所述日期前后各五天内发生，起迄日均包括在内。

词语“×月×日止”（to）、“至×月×日”（until）、“直至×月×日”（till）、“从×月×日”（from）及“在×月×日至×月×

日之间”（between）用于确定装运期限时，包括所述日期。词语“×月×日之前”（before）及“×月×日之后”（after）不包括所述日期。

词语“从×月×日”（from）以及“×月×日之后”（after）用于确定到期日时不包括所述日期。

术语“上半月”和“下半月”应分别理解为自每月“1日至15日”和“16日至月末最后一天”，包括起迄日期。

术语“月初”、“月中”和“月末”应分别理解为每月1日至10日、11日至20日和21日至月末最后一天，包括起迄日期。

第四条　信用证与合同

a. 就性质而言，信用证与可能作为其依据的销售合同或其他合同，是相互独立的交易。即使信用证中提及该合同，银行亦与该合同完全无关，且不受其约束。因此，一家银行作出兑付、议付或履行信用证项下其他义务的承诺，并不受申请人与开证行之间或与受益人之间在已有关系下产生的索偿或抗辩的制约。

受益人在任何情况下，不得利用银行之间或申请人与开证行之间的契约关系。

b. 开证行应劝阻申请人将基础合同、形式发票或其他类似文件的副本作为信用证整体组成部分的做法。

第五条　单据与货物/服务/行为

银行处理的是单据，而不是单据所涉及的货物、服务或其他行为。

第六条　有效性、有效期限及提示地点

a. 信用证必须规定可以有效使用信用证的银行，或者信用证是否对任何银行均为有效。对于被指定银行有效的信用证同样也对开证行有效。

b. 信用证必须规定它是否适用于即期付款、延期付款、承兑抑或议付。

c. 不得开立包含有以申请人为汇票付款人条款的信用证。

d. i. 信用证必须规定提示单据的有效期限。规定的用于兑付

或者议付的有效期限将被认为是提示单据的有效期限。

ii. 可以有效使用信用证的银行所在的地点是提示单据的地点。对任何银行均为有效的信用证项下单据提示的地点是任何银行所在的地点。不同于开证行地点的提示单据的地点是开证行地点之外提交单据的地点。

e. 除非如29（a）中规定，由受益人或代表受益人提示的单据必须在到期日当日或在此之前提交。

第七条 开证行的承诺

a. 倘若规定的单据被提交至被指定银行或开证行并构成相符提示，开证行必须按下述信用证所适用的情形予以兑付：

i. 由开证行即期付款、延期付款或者承兑；

ii. 由被指定银行即期付款而该被指定银行未予付款；

iii. 由被指定银行延期付款而该被指定银行未承担其延期付款承诺，或者虽已承担延期付款承诺但到期未予付款；

iv. 由被指定银行承兑而该被指定银行未予承兑以其为付款人的汇票，或者虽已承兑以其为付款人的汇票但到期未予付款；

v. 由被指定银行议付而该被指定银行未予议付。

b. 自信用证开立之时起，开证行即不可撤销地受到兑付责任的约束。

c. 开证行保证向对于相符提示已经予以兑付或者议付并将单据寄往开证行的被指定银行进行偿付。无论被指定银行是否于到期日前已经对相符提示予以预付或者购买，对于承兑或延期付款信用证项下相符提示的金额的偿付于到期日进行。开证行偿付被指定银行的承诺独立于开证行对于受益人的承诺。

第八条 保兑行的承诺

a. 倘若规定的单据被提交至保兑行或者任何其他被指定银行并构成相符提示，保兑行必须：

i. 兑付，如果信用证适用于：

（a）由保兑行即期付款、延期付款或者承兑；

（b）由另一家被指定银行即期付款而该被指定银行未予付款；

（c）由另一家被指定银行延期付款而该被指定银行未承担其延期付款承诺，或者虽已承担延期付款承诺但到期未予付款；

（d）由另一家被指定银行承兑而该被指定银行未予承兑以其为付款人的汇票，或者虽已承兑以其为付款人的汇票但到期未予付款；

（e）由另一家被指定银行议付而该被指定银行未予议付。

ii. 若信用证由保兑行议付，无追索权地议付。

b. 自为信用证加具保兑之时起，保兑行即不可撤销地受到兑付或者议付责任的约束。

c. 保兑行保证向对于相符提示已经予以兑付或者议付并将单据寄往开证行的另一家被指定银行进行偿付。无论另一家被指定银行是否于到期日前已经对相符提示予以预付或者购买，对于承兑或延期付款信用证项下相符提示的金额的偿付于到期日进行。保兑行偿付另一家被指定银行的承诺独立于保兑行对于受益人的承诺。

d. 如开证行授权或要求另一家银行对信用证加具保兑，而该银行不准备照办时，它必须不延误地告知开证行并仍可通知此份未经加具保兑的信用证。

第九条　信用证及修改的通知

a. 信用证及其修改可以通过通知行通知受益人。除非已对信用证加具保兑，通知行通知信用证不构成兑付或议付的承诺。

b. 通过通知信用证或修改，通知行即表明其认为信用证或修改的表面真实性得到满足，且通知准确地反映了所收到的信用证或修改的条款及条件。

c. 通知行可以利用另一家银行的服务（“第二通知行”）向受益人通知信用证及其修改。通过通知信用证或修改，第二通知行即表明其认为所收到的通知的表面真实性得到满足，且通知准确地反映了所收到的信用证或修改的条款及条件。

d. 如一家银行利用另一家通知行或第二通知行的服务将信用证通知给受益人，它也必须利用同一家银行的服务通知修改书。

e. 如果一家银行被要求通知信用证或修改但决定不予通知，

它必须不延误通知向其发送信用证、修改或通知的银行。

f. 如果一家被要求通知信用证或修改，但不能确定信用证、修改或通知的表面真实性，就必须不延误地告知向其发出该指示的银行。如果通知行或第二通知行仍决定通知信用证或修改，则必须告知受益人或第二通知行其未能核实信用证、修改或通知的表面真实性。

第十条　修改

a. 除本惯例第38条另有规定外，凡未经开证行、保兑行（如有）以及受益人同意，信用证既不能修改也不能撤销。

b. 自发出信用证修改书之时起，开证行就不可撤销地受其发出修改的约束。保兑行可将其保兑承诺扩展至修改内容，且自其通知该修改之时起，即不可撤销地受到该修改的约束。然而，保兑行可选择仅将修改通知受益人而不对其加具保兑，但必须不延误地将此情况通知开证行和受益人。

c. 在受益人向通知修改的银行表示接受该修改内容之前，原信用证（或包含先前已被接受修改的信用证）的条款和条件对受益人仍然有效。受益人应发出接受或拒绝接受修改的通知。如受益人未提供上述通知，当其提交至被指定银行或开证行的单据与信用证以及尚未表示接受的修改的要求一致时，则该事实即视为受益人已作出接受修改的通知，并从此时起，该信用证已被修改。

d. 通知修改的银行应当通知向其发出修改书的银行任何有关接受或拒绝接受修改的通知。

e. 不允许部分接受修改，部分接受修改将被视为拒绝接受修改的通知。

f. 修改书中作出的除非受益人在某一时间内拒绝接受修改，否则修改将开始生效的条款将被不予置理。

第十一条　电讯传递与预先通知的信用证和修改

a. 经证实的信用证或修改的电讯文件将被视为有效的信用证或修改，任何随后的邮寄证实书将被不予置理。

若该电讯文件声明“详情后告”（或类似词语）或声明随后寄

出的邮寄证实书将是有效的信用证或修改，则该电讯文件将被视为无效的信用证或修改。开证行必须随即不延误地开出有效的信用证或修改，且条款不能与电讯文件相矛盾。

b. 只有准备开立有效信用证或修改的开证行，才可以发出开立信用证或修改预先通知书。发出预先通知的开证行应不可撤销地承诺将不延误地开出有效的信用证或修改，且条款不能与预先通知书相矛盾。

第十二条 指定

a. 除非一家被指定银行是保兑行，对被指定银行进行兑付或议付的授权并不构成其必须兑付或议付的义务，被指定银行明确同意并照此通知受益人的情形除外。

b. 通过指定一家银行承兑汇票或承担延期付款承诺，开证行即授权该被指定银行预付或购买经其承兑的汇票或由其承担延期付款的承诺。

c. 非保兑行身份的被指定银行接受、审核并寄送单据的行为既不使得该被指定银行具有兑付或议付的义务，也不构成兑付或议付。

第十三条 银行间偿付约定

a. 如果信用证规定被指定银行（“索偿行”）须通过向另一方银行（“偿付行”）索偿获得偿付，则信用证中必须声明是否按照信用证开立日正在生效的国际商会《银行间偿付规则》办理。

b. 如果信用证中未声明是否按照国际商会《银行间偿付规则》办理，则适用于下列条款：

i. 开证行必须向偿付行提供偿付授权书，该授权书须与信用证中声明的有效性一致。偿付授权书不应规定有效日期。

ii. 不应要求索偿行向偿付行提供证实单据与信用证条款及条件相符的证明。

iii. 如果偿付行未能按照信用证的条款及条件在首次索偿时即行偿付，则开证行应对索偿行的利息损失以及产生的费用负责。

iv. 偿付行的费用应由开证行承担。然而，如果费用系由受益人承担，则开证行有责任在信用证和偿付授权书中予以注明。如偿付行的费用系由受益人承担，则该费用应在偿付时从支付索偿行的金额中扣除。如果未发生偿付，开证行仍有义务承担偿付行的费用。

c. 如果偿付行未能于首次索偿时即行偿付，则开证行不能解除其自身的偿付责任。

第十四条 审核单据的标准

a. 按照指定行事的被指定银行、保兑行（如有）以及开证行必须对提示的单据进行审核，并仅以单据为基础，以决定单据在表面上看来是否构成相符提示。

b. 按照指定行事的被指定银行、保兑行（如有）以及开证行，自其收到提示单据的翌日起算，应各自拥有最多不超过五个银行工作日的时间以决定提示是否相符。该期限不因单据提示日适逢信用证有效期或最迟提示期或在其之后而被缩减或受到其他影响。

c. 提示若包含一份或多份按照本惯例第 19 条、20 条、21 条、22 条、23 条、24 条或 25 条出具的正本运输单据，则必须由受益人或其代表按照相关条款在不迟于装运日后的二十一个公历日内提交，但无论如何不得迟于信用证的到期日。

d. 单据中内容的描述不必与信用证、信用证对该项单据的描述以及国际标准银行实务完全一致，但不得与该项单据中的内容、其他规定的单据或信用证相冲突。

e. 除商业发票外，其他单据中的货物、服务或行为描述若须规定，可使用统称，但不得与信用证规定的描述相矛盾。

f. 如果信用证要求提示运输单据、保险单据和商业发票以外的单据，但未规定该单据由何人出具或单据的内容。如信用证对此未做规定，只要所提交单据的内容看来满足其功能需要且其他方面与十四条（d）款相符，银行将对提示的单据予以接受。

g. 提示信用证中未要求提交的单据，银行将不予置理。如果收到此类单据，可以退还提示人。

h. 如果信用证中包含某项条件而未规定需提交与之相符的单据，银行将认为未列明此条件，并对此不予置理。

i. 单据的出单日期可以早于信用证开立日期，但不得迟于信用证规定的提示日期。

j. 当受益人和申请人的地址显示在任何规定的单据上时，不必与信用证或其他规定单据中显示的地址相同，但必须与信用证中述及的各自地址处于同一国家内。用于联系的资料（电传、电话、电子邮箱及类似方式）如作为受益人和申请人地址的组成部分将被不予置理。然而，当申请人的地址及联系信息作为按照19条、20条、21条、22条、23条、24条或25条出具的运输单据中收货人或通知方详址的组成部分时，则必须按照信用证规定予以显示。

k. 显示在任何单据中的货物的托运人或发货人不必是信用证的受益人。

假如运输单据能够满足本惯例第19条、20条、21条、22条、23条或24条的要求，则运输单据可以由承运人、船东、船长或租船人以外的任何一方出具。

第十五条 相符提示

a. 当开证行确定提示相符时，就必须予以兑付。

b. 当保兑行确定提示相符时，就必须予以兑付或议付并将单据寄往开证行。

c. 当被指定银行确定提示相符并予以兑付或议付时，必须将单据寄往保兑行或开证行。

第十六条 不符单据及不符点的放弃与通知

a. 当按照指定行事的被指定银行、保兑行（如有）或开证行确定提示不符时，可以拒绝兑付或议付。

b. 当开证行确定提示不符时，可以依据其独立的判断联系申请人放弃有关不符点。然而，这并不因此延长第14条（b）款中述及的期限。

c. 当按照指定行事的被指定银行、保兑行（如有）或开证行决定拒绝兑付或议付时，必须一次性通知提示人。

通知必须声明：

i. 银行拒绝兑付或议付；及

ii. 银行凭以拒绝兑付或议付的各个不符点；及

iii. a）银行持有单据等候提示人进一步指示；或

b）开证行持有单据直至收到申请人通知弃权并同意接受该弃权，或在同意接受弃权前从提示人处收到进一步指示；或

c）银行退回单据；或

d）银行按照先前从提示人处收到的指示行事。

d. 第十六条（c）款中要求的通知必须以电讯方式发出，或者，如果不可能以电讯方式通知时，则以其他快捷方式通知，但不得迟于提示单据日期翌日起第五个银行工作日终了。

e. 按照指定行事的被指定银行、保兑行（如有）或开证行可以在提供第十六条（c）款（iii）、（a）款或（b）款要求提供的通知后，于任何时间将单据退还提示人。

f. 如果开证行或保兑行未能按照本条款的规定行事，将无权宣称单据未能构成相符提示。

g. 当开证行拒绝兑付或保兑行拒绝兑付或议付，并已经按照本条款发出通知时，该银行将有权就已经履行的偿付索取退款及其利息。

第十七条 正本单据和副本单据

a. 信用证中规定的各种单据必须至少提供一份正本。

b. 除非单据本身表明其不是正本，银行将视任何单据表面上具有单据出具人正本签字、标志、图章或标签的单据为正本单据。

c. 除非单据另有显示，银行将接受单据作为正本单据如果该单据：

i. 表面看来由单据出具人手工书写、打字、穿孔签字或盖章；或

ii. 表面看来使用单据出具人的正本信笺；或

iii. 声明单据为正本，除非该项声明表面看来与所提示的单据不符。

d. 如果信用证要求提交副本单据，则提交正本单据或副本单据均可。

e. 如果信用证使用诸如“一式两份”、“两张”、“两份”等术语要求提交多份单据，则可以提交至少一份正本，其余份数以副本来满足。但单据本身另有相反指示者除外。

第十八条　商业发票

a. 商业发票：

i. 必须在表面上看来系由受益人出具（第三十八条另有规定者除外）；

ii. 必须做成以申请人的名称为抬头（第三十八条（g）款另有规定者除外）；

iii. 必须将发票币别作成与信用证相同币种；

iv. 无须签字。

b. 按照指定行事的被指定银行、保兑行（如有）或开证行可以接受金额超过信用证所允许金额的商业发票，倘若有关银行已兑付或已议付的金额没有超过信用证所允许的金额，则该银行的决定对各有关方均具有约束力。

c. 商业发票中货物、服务或行为的描述必须与信用证中显示的内容相符。

第十九条　至少包括两种不同运输方式的运输单据

a. 至少包括两种不同运输方式的运输单据（即多式运输单据或联合运输单据），不论其称谓如何，必须在表明上看来：

i. 显示承运人名称并由下列人员签署：

承运人或承运人的具名代理或代表，或

船长或船长的具名代理或代表。

承运人、船长或代理的任何签字必须分别表明承运人、船长或代理的身份。

代理的签字必须显示其是否作为承运人或船长的代理或代表签署提单。

ii. 通过下述方式表明货物已在信用证规定的地点发运、接受监管或装载

预先印就的措词，或

注明货物已发运、接受监管或装载日期的图章或批注。

运输单据的出具日期将被视为发运、接受监管或装载以及装运日期。然而，如果运输单据以盖章或批注方式标明发运、接受监管或装载日期，则此日期将被视为装运日期。

iii. 显示信用证中规定的发运、接受监管或装载地点以及最终目的地的地点，即使：

（a）运输单据另外显示了不同的发运、接受监管或装载地点或最终目的地的地点，或

（b）运输单据包含“预期”或类似限定有关船只、装货港或卸货港的指示。

iv. 系仅有的一份正本运输单据，或者，如果出具了多份正本运输单据，应是运输单据中显示的全套正本份数。

v. 包含承运条件须参阅包含承运条件条款及条件的某一出处（简式或背面空白的运输单据）者，银行对此类承运条件的条款及条件内容不予审核。

vi. 未注明运输单据受租船合约约束。

b. 就本条款而言，转运意指货物在信用证中规定的发运、接受监管或装载地点到最终目的地的运输过程中，从一个运输工具卸下并重新装载到另一个运输工具上（无论是否为不同运输方式）的运输。

c. i. 只要同一运输单据包括运输全程，则运输单据可以注明货物将被转运或可被转运。

ii. 即使信用证禁止转运，银行也将接受注明转运将发生或可能发生的运输单据。

第二十条　提单

a. 无论其称谓如何，提单必须表面上看来：

i. 显示承运人名称并由下列人员签署：

承运人或承运人的具名代理或代表，或

船长或船长的具名代理或代表。

承运人、船长或代理的任何签字必须分别表明其承运人、船长

或代理的身份。

代理的签字必须显示其是否作为承运人或船长的代理或代表签署提单。

ii. 通过下述方式表明货物已在信用证规定的装运港装载上具名船只:

预先印就的措词，或

注明货物已装船日期的装船批注。

提单的出具日期将被视为装运日期，除非提单包含注明装运日期的装船批注，在此情况下，装船批注中显示的日期将被视为装运日期。

如果提单包含“预期船”字样或类似有关限定船只的词语时，装上具名船只必须由注明装运日期以及实际装运船只名称的装船批注来证实。

iii. 注明装运从信用证中规定的装货港至卸货港。

如果提单未注明以信用证中规定的装货港作为装货港，或包含“预期”或类似有关限定装货港的标注者，则需要提供注明信用证中规定的装货港、装运日期以及船名的装船批注。即使提单上已注明印就的“已装船”或“已装具名船只”措词，本规定仍然适用。

iv. 系仅有的一份正本提单，或者，如果出具了多份正本，应是提单中显示的全套正本份数。

v. 包含承运条件须参阅包含承运条件条款及条件的某一出处(简式或背面空白的提单)者，银行对此类承运条件的条款及条件内容不予审核。

vi. 未注明运输单据受租船合约约束。

b. 就本条款而言，转运意指在信用证规定的装货港到卸货港之间的海运过程中，将货物由一艘船卸下再装上另一艘船的运输。

c. i. 只要同一提单包括运输全程，则提单可以注明货物将被转运或可被转运。

ii. 银行可以接受注明将要发生或可能发生转运的提单。即使信用证禁止转运，只要提单上证实有关货物已由集装箱、拖车或子母船运输，银行仍可接受注明将要发生或可能发生转运的提单。

d. 对于提单中包含的声明承运人保留转运权利的条款，银行将不予置理。

第二十一条 非转让海运单

a. 无论其称谓如何，非转让海运单必须表面上看来：

i. 显示承运人名称并由下列人员签署：

承运人或承运人的具名代理或代表，或

船长或船长的具名代理或代表。

承运人、船长或代理的任何签字必须分别表明其承运人、船长或代理的身份。

代理的签字必须显示其是否作为承运人或船长的代理或代表签署提单。

ii. 通过下述方式表明货物已在信用证规定的装运港装载上具名船只：

预先印就的措词，或

注明货物已装船日期的装船批注。

非转让海运单的出具日期将被视为装运日期，除非非转让海运单包含注明装运日期的装船批注，在此情况下，装船批注中显示的日期将被视为装运日期。

如果非转让海运单包含“预期船”字样或类似有关限定船只的词语时，装上具名船只必须由注明装运日期以及实际装运船只名称的装船批注来证实。

iii. 注明装运从信用证中规定的装货港至卸货港。

如果非转让海运单未注明以信用证中规定的装货港作为装货港，或包含“预期”或类似有关限定装货港的标注者，则需要提供注明信用证中规定的装货港、装运日期以及船名的装船批注。即使非转让海运单上已注明印就的“已装船”或“已装具名船只”措词，本规定仍然适用。

iv. 系仅有的一份正本非转让海运单，或者，如果出具了多份正本，应是非转让海运单中显示的全套正本份数。

v. 包含承运条件须参阅包含承运条件条款及条件的某一出处（简式或背面空白的提单）者，银行对此类承运条件的条款及条件内容不予审核。

vi. 未注明运输单据受租船合约约束。

b. 就本条款而言，转运意指在信用证规定的装货港到卸货港之间的海运过程中，将货物由一艘船卸下再装上另一艘船的运输。

c. i. 只要同一非转让海运单包括运输全程，则非转让海运单可以注明货物将被转运或可被转运。

ii. 银行可以接受注明将要发生或可能发生转运的非转让海运单。即使信用证禁止转运，只要非转让海运单上证实有关货物已由集装箱、拖车或子母船运输，银行仍可接受注明将要发生或可能发生转运的非转让海运单。

d. 对于非转让海运单中包含的声明承运人保留转运权利的条款，银行将不予置理。

第二十二条　租船合约提单

a. 无论其称谓如何，倘若提单包含有提单受租船合约约束的指示（即租船合约提单），则必须在表面上看来：

i. 由下列当事方签署：

船长或船长的具名代理或代表，或

船东或船东的具名代理或代表，或

租船主或租船主的具名代理或代表。

船长、船东、租船主或代理的任何签字必须分别表明其船长、船东、租船主或代理的身份。

代理的签字必须显示其是否作为船长、船东或租船主的代理或代表签署提单。

代理人代理或代表船东或租船主签署提单时必须注明船东或租船主的名称。

ii. 通过下述方式表明货物已在信用证规定的装运港装载上具名船只：

预先印就的措词，或

注明货物已装船日期的装船批注。

租船合约提单的出具日期将被视为装运日期，除非租船合约提单包含注明装运日期的装船批注，在此情况下，装船批注中显示的日期将被视为装运日期。

iii. 注明货物由信用证中规定的装货港运输至卸货港。卸货港可以按信用证中的规定显示为一组港口或某个地理区域。

iv. 系仅有的一份正本租船合约提单，或者，如果出具了多份正本，应是租船合约提单中显示的全套正本份数。

b. 即使信用证中的条款要求提交租船合约，银行也将对该租船合约不予审核。

第二十三条 空运单据

a. 无论其称谓如何，空运单据必须在表面上看来：

i. 注明承运人名称并由下列当事方签署：承运人，或

承运人的具名代理或代表。

承运人或代理的任何签字必须分别表明其承运人或代理的身份。

代理的签字必须显示其是否作为承运人的代理或代表签署空运单据。

ii. 注明货物已收妥待运。

iii. 注明出具日期。这一日期将被视为装运日期，除非空运单据包含注有实际装运日期的专项批注，在此种情况下，批注中显示的日期将被视为装运日期。

空运单据显示的其他任何与航班号和起飞日期有关的信息不能被视为装运日期。

iv. 表明信用证规定的起飞机场和目的地机场。

v. 为开给发货人或拖运人的正本，即使信用证规定提交全套正本。

vi. 载有承运条款和条件，或提示条款和条件参见别处。银行将不审核承运条款和条件的内容。

b. 就本条而言，转运是指在信用证规定的起飞机场到目的地

机场的运输过程中，将货物从一飞机卸下再装上另一飞机的行为。

c. i. 空运单据可以注明货物将要或可能转运，只要全程运输由同一空运单据涵盖。

ii. 即使信用证禁止转运，注明将要或可能发生转运的空运单据仍可接受。

第二十四条　公路、铁路或内陆水运单据

a. 公路、铁路或内陆水运单据，无论名称如何，必须看似：

i. 表明承运人名称，并且

由承运人或其具名代理人签署，或者

由承运人或其具名代理人以签字、印戳或批注表明货物收讫。

承运人或其具名代理人的售货签字、印戳或批注必须标明其承运人或代理人的身份。

代理人的收获签字、印戳或批注必须标明代理人系代表承运人签字或行事。

如果铁路运输单据没有指明承运人，可以接受铁路运输公司的任何签字或印戳作为承运人签署单据的证据。

ii. 表明货物在信用证规定地点的发运日期，或者收讫代运或代发送的日期。运输单据的出具日期将被视为发运日期，除非运输单据上盖有带日期的收货印戳，或注明了收货日期或发运日期。

iii. 表明信用证规定的发运地及目的地。

b. i. 公路运输单据必须看似为开给发货人或托运人的正本，或没有认可标记表明单据开给何人。

ii. 注明“第二联”的铁路运输单据将被作为正本接受。

iii. 无论是否注明正本字样，铁路或内陆水运单据都被作为正本接受。

c. 如运输单据上未注明出具的正本数量，提交的份数即视为全套正本。

d. 就本条而言，转运是指在信用证规定的发运、发送或运送的地点到目的地之间的运输过程中，在同一运输方式中从一运输工具卸下再装上另一运输工具的行为。

e. i. 只要全程运输由同一运输单据涵盖，公路、铁路或内陆水运单据可以注明货物将要或可能被转运。

ii. 即使信用证禁止转运，注明将要或可能发生转运的公路、铁路或内陆水运单据仍可接受。

第二十五条 快递收据、邮政收据或投邮证明

a. 证明货物收讫待运的快递收据，无论名称如何，必须看似：

i. 表明快递机构的名称，并在信用证规定的货物发运地点由该具名快递机构盖章或签字；并且

ii. 表明取件或收件的日期或类似词语。该日期将被视为发运日期。

b. 如果要求显示快递费用付讫或预付，快递机构出具的表明快递费由收货人以外的一方支付的运输单据可以满足该项要求。

c. 证明货物收讫待运的邮政收据或投邮证明，无论名称如何，必须看似在信用证规定的货物发运地点盖章或签署并注明日期。该日期将被视为发运日期。

第二十六条 “货装舱面”、“托运人装载和计数”、“内容据托运人报称”及运费之外的费用

a. 运输单据不得表明货物装于或者将装于舱面。声明货物可能被装于舱面的运输单据条款可以接受。

b. 载有诸如“托运人装载和计数”或“内容据托运人报称”条款的运输单据可以接受。

c. 运输单据上可以以印戳或其他方式提及运费之外的费用。

第二十七条 清洁运输单据

银行只接受清洁运输单据。清洁运输单据指未载有明确宣称货物或包装有缺陷的条款或批注的运输单据。“清洁”一词并不需要在运输单据上出现，即使信用证要求运输单据为“清洁已装船”的。

第二十八条 保险单据及保险范围

a. 保险单据，例如保险单或预约保险项下的保险证明书或者声明书，必须看似由保险公司或承保人或其代理人或代表出具并

签署。

代理人或代表的签字必须标明其系代表保险公司或承保人签字。

b. 如果保险单据表明其以多份正本出具，所有正本均须提交。

c. 暂保单将不被接受。

d. 可以接受保险单代替预约保险项下的保险证明书或声明书。

e. 保险单据日期不得晚于发运日期，除非保险单据表明保险责任不迟于发运日生效。

f. i. 保险单据必须表明投保金额并以与信用证相同的货币表示。

ii. 信用证对于投保金额为货物价值、发票金额或类似金额的某一比例的要求，将被视为对最低保额的要求。

如果信用证对投保金额未作规定，投保金额须至少为货物的 CIF 或 CIP 价格的 110%。

如果从单据中不能确定 CIF 或者 CIP 价格，投保金额必须基于要求承付或议付的金额，或者基于发票上显示的货物总值来计算，两者之中取金额较高者。

iii. 保险单据须标明承包的风险区间至少涵盖从信用证规定的货物监管地或发运地开始到卸货地或最终目的地为止。

g. 信用证应规定所需投保的险别及附加险（如有的话）。如果信用证使用诸如“通常风险”或“惯常风险”等含义不确切的用语，则无论是否有漏保之风险，保险单据将被照样接受。

h. 当信用证规定投保“一切险”时，如保险单据载有任何“一切险”批注或条款，无论是否有“一切险”标题，均将被接受，即使其声明任何风险除外。

i. 保险单据可以援引任何除外责任条款 。

j. 保险单据可以注明受免赔率或免赔额（减除额）约束。

第二十九条　截止日或最迟交单日的顺延

a. 如果信用证的截止日或最迟交单日适逢接受交单的银行非因第三十六条所述原因而歇业，则截止日或最迟交单日，视何者适用，将顺延至其重新开业的第一个银行工作日。

b. 如果在顺延后的第一个银行工作日交单，指定银行必须在其致开证行或保兑行的面涵中声明交单是在根据第二十九条 a 款顺延的期限内提交的。

c. 最迟发运日不因第二十九条 a 款规定的原因而顺延。

第三十条 信用证金额、数量与单价的增减幅度

a. “约”或“大约”用语信用证金额或信用证规定的数量或单价时，应解释为允许有关金额或数量或单价有不超过 10% 的增减幅度。

b. 在信用证未以包装单位件数或货物自身件数的方式规定货物数量时，货物数量允许有 5% 的增减幅度，只要总支取金额不超过信用证金额。

c. 如果信用证规定了货物数量，而该数量已全部发运，及如果信用证规定了单价，而该单价又未降低，或当第三十条 b 款不适用时，则即使不允许部分装运，也允许支取的金额有 5% 的减幅。若信用证规定有特定的增减幅度或使用第三十条 a 款提到的用语限定数量，则该减幅不适用。

第三十一条 分批支款或分批装运

a. 允许分批支款或分批装运。

b. 表明使用同一运输工具并经由同次航程运输的数套运输单据在同一次提交时，只要显示相同目的地，将不视为部分发运，即使运输单据上标明的发运日期不通或装卸港、接管地或发送地点不同。如果交单由数套运输单据构成，其中最晚的一个发运日将被视为发运日。

含有一套或数套运输单据的交单，如果表明在同一种运输方式下经由数件运输工具运输，即使运输工具在同一天出发运往同一目的地，仍将被视为部分发运。

c. 含有一份以上快递收据、邮政收据或投邮证明的交单，如果单据看似由同一块地或邮政机构在同一地点和日期加盖印戳或签字并且表明同一目的地，将不视为部分发运。

第三十二条　分期支款或分期装运

如信用证规定在指定的时间段内分期支款或分期发运，任何一期未按信用证规定期限支取或发运时，信用证对该期及以后各期均告失效。

第三十三条　交单时间

银行在其营业时间外无接受交单的义务。

第三十四条　关于单据有效性的免责

银行对任何单据的形式、充分性、准确性、内容真实性、虚假性或法律效力，或对单据中规定或添加的一般或特殊条件，概不负责；银行对任何单据所代表的货物、服务或其他履约行为的描述、数量、重量、品质、状况、包装、交付、价值或其存在与否，或对发货人、承运人、货运代理人、收货人、货物的保险人或其他任何人的诚信与否，作为或不作为、清偿能力、履约或资信状况，也概不负责。

第三十五条　关于信息传递和翻译的免责

当报文、信件或单据按照信用证的要求传输或发送时，或当信用证未作指示，银行自行选择传送服务时，银行对报文传输或信件或单据的递送过程中发生的延误、中途遗失、残缺或其他错误产生的后果，概不负责。

如果指定银行确定交单相符并将单据发往开证行或保兑行。无论指定的银行是否已经承付或议付，开证行或保兑行必须承付或议付，或偿付指定银行，即使单据在指定银行送往开证行或保兑行的途中，或保兑行送往开证行的途中丢失。

银行对技术术语的翻译或解释上的错误，不负责任，并可不加翻译地传送信用证条款。

第三十六条　不可抗力

银行对由于天灾、暴动、骚乱、叛乱、战争、恐怖主义行为或任何罢工、停工或其无法控制的任何其他原因导致的营业中断的后果，概不负责。

银行恢复营业时，对于在营业中断期间已逾期的信用证，不再进行承付或议付。

第三十七条 关于被指示方行为的免责

a. 为了执行申请人的指示，银行利用其他银行的服务，其费用和风险由申请人承担。

b. 即使银行自行选择了其他银行，如果发出指示未被执行，开证行或通知行对此亦不负责。

c. 指示另一银行提供服务的银行有责任负担被执释放因执行指示而发生的任何佣金、手续费、成本或开支（“费用”）。

如果信用证规定费用由受益人负担，而该费用未能收取或从信用证款项中扣除，开证行依然承担支付此费用的责任。

信用证或其修改不应规定向受益人的通知以通知行或第二通知行收到其费用为条件。

d. 外国法律和惯例加诸于银行的一切义务和责任，申请人应受其约束，并就此对银行负补偿之责。

第三十八条 可转让信用证

a. 银行无办理转让信用证的义务，除非该银行明确同意其转让范围和转让方式。

b. 就本条款而言：

转让信用证意指明确表明其“可以转让”的信用证。根据受益人（“第一受益人”）的请求，转让信用证可以被全部或部分地转让给其他受益人（“第二受益人”）。

转让银行意指办理信用证转让的被指定银行，或者，在适用于任何银行的信用证中，转让银行是由开证行特别授权并办理转让信用证的银行。开证行也可担任转让银行。

转让信用证意指经转让银行办理转让后可供第二受益人使用的信用证。

c. 除非转让时另有约定，所有因办理转让而产生的费用（诸如佣金、手续费、成本或开支）必须由第一受益人支付。

d. 倘若信用证允许分批支款或分批装运，信用证可以被部分地转让给一个以上的第二受益人。

第二受益人不得要求将信用证转让给任何次序位居其后的其他受益人。第一受益人不属于此类其他受益人之列。

e. 任何有关转让的申请必须指明是否以及在何种条件下可以将修改通知第二受益人。转让信用证必须明确指明这些条件。

f. 如果信用证被转让给一个以上的第二受益人，其中一个或多个第二受益人拒绝接受某个信用证修改并不影响其他第二受益人接受修改。对于接受修改的第二受益人而言，信用证已做相应的修改；对于拒绝接受修改的第二受益人而言，该转让信用证仍未被修改。

g. 转让信用证必须准确转载原证的条款及条件，包括保兑（如有），但下列项目除外：

- 信用证金额，
- 信用证规定的任何单价，
- 到期日，
- 单据提示期限，
- 最迟装运日期或规定的装运期间。

以上任何一项或全部均可减少或缩短。

必须投保的保险金额的投保比例可以增加，以满足原信用证或本惯例规定的投保金额。

可以用第一受益人的名称替换原信用证中申请人的名称。

如果原信用证特别要求开证申请人名称应在除发票以外的任何单据中出现时，则转让信用证必须反映出该项要求。

h. 第一受益人有权以自己的发票和汇票（如有），替换第二受益人的发票和汇票（如有），其金额不得超过原信用证的金额。在如此办理单据替换时，第一受益人可在原信用证项下支取自己发票与第二受益人发票之间产生的差额（如有）。

i. 如果第一受益人应当提交其自己的发票和汇票（如有），但却未能在收到第一次要求时照办；或第一受益人提交的发票导致了第二受益人提示的单据中本不存在的不符点，而其未能在收到第一次要求时予以修正，则转让银行有权将其从第二受益人处收到的单据向开证行提示，并不再对第一受益人负责。

j. 第一受益人可以在其提出转让申请时，表明可在信用证被转让的地点，在原信用证的到期日之前（包括到期日）向第二受益人予以兑付或议付。本条款并不损害第一受益人在第三十八条（h）款下的权利。

k. 由第二受益人或代表第二受益人提交的单据必须向转让银行提示。

第三十九条　款项让渡

信用证未表明可转让，并不影响受益人根据所适用的法律规定，将其在该信用证项下有权获得的款项让渡与他人的权利。本条款所涉及的仅是款项的让渡，而不是信用证项下执行权力的让渡。

《建立世界贸易组织协定》
附件2　关于争端解决规则与程序的谅解

各成员特此协议如下：

第1条　范围和适用

1. 本谅解的规则和程序应适用于按照本谅解附录1所列各项协定（本谅解中称“适用协定”）的磋商和争端解决规定所提出的争端。本谅解的规则和程序还应适用于各成员间有关它们在《建立世界贸易组织协定》（本谅解中称“《WTO协定》”）规定和本谅解规定下的权利和义务的磋商和争端解决，此类磋商和争端解决可单独进行，也可与任何其他适用协定结合进行。

2. 本谅解的规则和程序的适用应遵守本谅解附录2所确定的适用协定所含特殊或附加规则和程序。在本谅解的规则和程序与附录2所列特殊或附加规则和程序存在差异时，应以附录2中的特殊或附加规则和程序为准。在涉及一个以上适用协定项下的规则和程序的争端中，如审议中的此类协定的特殊或附加规则和程序之间产生抵触，且如果争端各方在专家组设立20天内不能就规则和程序达成协议，则第 2 条第 1 款中规定的争端解决机构（本谅解中称“DSB”）主席，在与争端各方磋商后，应在两成员中任一成员提出请求后 10 天内，确定应遵循的规则和程序。主席应按照以下原则，即在可能的情况下使用特殊或附加规则和程序，并应在避免抵触所必需的限度内使用本谅解所列规则和程序。

第 2 条 管理

1. 特此设立争端解决机构，负责管理这些规则和程序及适用协定的磋商和争端解决规定，除非适用协定另有规定。因此，DSB 有权设立专家组。通过专家组和上诉机构报告、监督裁决和建议的执行以及授权中止适用协定项下的减让和其他义务。对于属诸边贸易协定的一适用协定项下产生的争端，此处所用的“成员”一词仅指那些属有关诸边贸易协定参加方的成员。如 DSB 管理一诸边贸易协定的争端解决规定，则只有属该协定参加方的成员方可参与 DSB 就该争端所作出的决定或所采取的行动。

2. DSB 应通知 WTO 有关理事会和委员会任何与各自适用协定规定有关的争端的进展情况。

3. DSB 应视需要召开会议，以便在本谅解规定的时限内行使职能。

4. 如本谅解的规则和程序规定由 DSB 作出决定，则 DSB 应经协商一致作出决定。①

第 3 条 总则

1. 各成员确认遵守迄今为止根据 GATT 1947 第 22 条和第 23 条实施的管理争端的原则，及在此进一步详述和修改的规则和程序。

2. WTO 争端解决体制在为多边贸易体制提供可靠性和可预测性方面是一个重要因素。各成员认识到该体制适于保护各成员在适用协定项下的权利和义务，及依照解释国际公法的惯例澄清这些协

---

① 如在作出决定的 DSB 会议上，没有成员正式反对拟议的决定，则 DSB 即被视为经协商一致就提请其审议的事项作出决定。

定的现有规定。DSB的建议和裁决不能增加或减少适用协定所规定的权利和义务。

3. 在一成员认为其根据适用协定直接或间接获得的利益正在因另一成员采取的措施而减损的情况下，迅速解决此类情况对WTO的有效运转及保持各成员权利和义务的适当平衡是必要的。

4. DSB所提建议或所作裁决应旨在依照本谅解和适用协定项下的权利和义务，实现问题的满意解决。

5. 对于根据适用协定的磋商和争端解决规定正式提出的事项的所有解决办法，包括仲裁裁决，均与这些协定相一致，且不得使任何成员根据这些协定获得的利益丧失或减损，也不得妨碍这些适用协定任何目标的实现。

6. 对于根据适用协定的磋商和争端解决规定正式提出事项的双方同意的解决办法应通知DSB及有关理事会和委员会，在这些机构中任何成员可提出与此有关的任何问题。

7. 在提出一案件前，一成员应就根据这些程序采取的措施是否有效作出判断。争端解决机制的目的在于保证使争端得到积极解决。争端各方均可接受且与适用协定相一致的解决办法无疑是首选办法。如不能达成双方同意的解决办法，则争端解决机制的首要目标通常是保证撤销被认为与任何适用协定的规定不一致的有关措施。提供补偿的办法只能在立即撤销措施不可行时方可采取，且应作为在撤销与适用协定不一致的措施前采取的临时措施。本谅解为援引争端解决程序的成员规定的最后手段是可以在歧视性的基础上针对另一成员中止实施适用协定项下的减让或其他义务，但需经DSB授权采取此类措施。

8. 如发生违反在适用协定项下所承担义务的情况，则该行为被视为初步构成利益丧失或减损案件。这通常意味着一种推定，即违反规则对适用协定的其他成员方造成不利影响，在此种情况下，应由被起诉的成员自行决定是否反驳此指控。

9. 本谅解的规定不损害各成员通过《WTO协定》或一属诸边贸易协定的适用协定项下的决策方法，寻求对一适用协定规定的权威性解释的权利。

10. 各方理解，请求调解和使用争端解决程序不应用作或被视为引起争议的行为，如争端发生，所有成员将真诚参与这些程序以努力解决争端。各方还理解，有关不同事项的起诉和反诉不应联系在一起。

11. 本谅解只适用于《WTO 协定》生效之日或之后根据适用协定的磋商规定提出的新的磋商请求。对于在《WTO 协定》生效之日前根据 GATT 1947 或适用协定的任何其他先前协定提出的磋商请求，在《WTO 协定》生效之日前有效的有关争端解决规则和程序应继续适用。①

12. 尽管有第 11 款的规定，但是如依据任何适用协定的起诉是由一发展中国家成员针对一发达国家成员提出的，则起诉方有权援引《1966 年 4 月 5 日决定》，（BISD14 册 18 页）的相应规定，作为本谅解第 4 条、第 5 条、第 6 条和第 12 条所含规定的替代，除非如专家组认为该决定第 7 款规定的时限不足以提供报告，则在起诉方同意下，该时限可以延长。如第 4 条、第 5 条、第 6 条和第 12 条的规则和程序与该决定的相应规则和程序存在差异，则应以后者为准。

第 4 条 磋商

1. 各成员确认决心加强和提高各成员使用的磋商程序的有效性。

2. 每一成员承诺对另一成员提出的有关在前者领土内采取的、影响任何适用协定运用的措施的交涉给予积极考虑，并提供充分的磋商机会。②

3. 如磋商请求是按照一适用协定提出的，则请求所针对的成

---

① 本款还适用于专家组织报告未获通过或未全面执行的争端。

② 如任何其他适用协定有关一成员领土内的地区或地方政府或主管机关所采取措施的规定包含与本款有差异的规定，则以此类其他适用协定的规定为准。

员应在收到请求之日起10天内对该请求作出答复，并应在收到请求之日起不超过30天的期限内真诚地进行磋商，以达成双方满意的解决办法，除非双方另有议定。如该成员未在收到请求之日起10天内作出答复，或未在收到请求之日起不超过30天的期限内或双方同意的其他时间内进行磋商，则请求进行磋商的成员可直接开始请求设立专家组。

4. 所有此类磋商请求应由请求磋商的成员通知DSB及有关理事会和委员会。任何磋商请求应以书面形式提交，并应说明提出请求的理由，包括确认所争论的措施，并指出起诉的法律根据。

5. 在依照一适用协定的规定进行磋商的过程中，在根据本谅解采取进一步行动之前，各成员应努力尝试对该事项作出令人满意的调整。

6. 磋商应保密，并不得损害任何一方在任何进一步诉讼中的权利。

7. 如在收到磋商请求之日起60天内，磋商未能解决争端，则起诉方可请求设立专家组。如磋商各方共同认为磋商已不能解决争端，则起诉方可在60天期限内请求设立专家组。

8. 在紧急案件中，包括涉及易腐货物的案件，各成员应在收到请求之日起不超过10天的期限内进行磋商。如在收到请求之日起20天的期限内，磋商未能解决争端，则起诉方可请求设立专家组。

9. 在紧急案件中，包括有关易腐货物的案件，争端各方、专家组及上诉机构应尽一切努力尽最大可能加快诉讼程序。

10. 在磋商中，各成员应特别注意发展中国家成员的特殊问题和利益。

11. 只要进行磋商的成员以外的一成员认为按照GATT 1994第

22 条第 1 款和 GATS 第 22 条第 1 款或其他适用协定的相应规定①所进行的磋商涉及其实质贸易利益，则该成员即可在根据上述条款进行磋商的请求散发之日起 10 天内，将其参加磋商的愿望通知进行磋商的成员和 DSB。该成员应被允许参加入磋商，只要磋商请求所针对的成员同意实质利益的主张是有理由的。在这种情况下，它们应如此通知 DSB。如参加磋商的请求未予接受，则申请成员有权根据 GATT 1994 第 22 条第 1 款或第 23 条第 1 款。GATS 第 22 条第 1 款或第 23 条第三款或其他适用协定的相应规定提出磋商请求。

第 5 条 斡旋、调解和调停

1. 斡旋、调解和调停是在争端各方同意下自愿采取的程序。

2. 涉及斡旋、调解和调停的诉讼程序，特别是争端各方在这些诉讼程序中所采取的立场应保密，并不得损害双方中任何一方根据这些程序进行任何进一步诉讼程序的权利。

3. 争端任何一方可随时请求进行斡旋、调解或调停。此程序可随时开始，随时终止。一旦斡旋、调解或调停程序终止，起诉方即可开始请求设立专家组。

4. 如斡旋、调解或调停在收到磋商请求之日起 60 天内开始，则起诉方在请求设立专家组之前，应给予自收到磋商请求之日起 60 天的时间。如争端各方共同认为斡旋、调解或调停过程未能解决争端，则起诉方可在 60 天期限内请求设立专家组。

---

① 适用协定中相应的磋商规定如下：

《农业协定》第 19 条；《实施卫生与植物卫生措施协定》第 11 条第 1 款；《纺织品与服装协定》第 8 条第 4 款；《技术性贸易壁垒协定》第 14 条第 1 款；《与贸易有关的投资措施协定》第 8 条；《关于实施 1994 年关税与贸易总协定第 6 条的协定》第 17 条第 2 款；《关于实施 1994 年关税与贸易总协定第 7 条的协定》第 19 条第 2 款；《装运前检验协定》第 7 条；《原产地规则协定》第 7 条；《进口许可程序协定》第 6 条；《补贴与反补贴措施协定》第 30 条；《保障措施协定》第 14 条；《与贸易有关的知识产权协定》第 64 条第 1 款；以及每一诸边贸易协定主管机构确定并通知 DSB 的诸边贸易协定中任何相应的磋商规定。

5. 如争端各方同意，斡旋、调解或调停程序可在专家组程序进行的同时继续进行。

6. 总干事可依其职权提供斡旋、调解或调停，以期协助各成员解决争端。

第6条 专家组的设立

1. 如起诉方提出请求，则专家组应最迟在此项请求首次作为一项议题列入DSB议程的会议之后的DSB会议上设立，除非在此次会上DSB经协商一致决定不设立专家组。①

2. 设立专家组的请求应以书面形式提出。请求应指出是否已进行磋商。确认争论中的措施并提供一份足以明确陈述问题的起诉的法律根据概要。在申请方请求设立的专家组不具有标准职权范围的情况下，书面请求中应包括特殊职权范围的拟议案文。

第7条 专家组的职权范围

1. 专家组应具有下列职权范围，除非争端各方在专家组设立后20天内另有议定：

“按照（争端各方引用的适用协定名称）的有关规定，审查（争端方名称）在……文件中提交DSB的事项，并提出调查结果以协助DSB提出建议或作出该协定规定的裁决。”

2. 专家组应处理争端各方引用的任何适用协定的有关规定。

3. 在设立专家组时，DSB可授权其主席在遵守第1款规定的前提下，与争端各方磋商，制定专家组的职权范围。由此制定的职权范围应散发全体成员。如议定的不是标准的职权范围，则任何成员均可在DSB中提出与此有关的任何问题。

第8条 专家组的组成

1. 专家组应由资深政府和/或非政府个人组成，包括曾在专家组任职或曾向专家组陈述案件的人员、曾任一成员代表或一GATT 1947缔约方代表或任何适用协定或其先前协定的理事会或委员会

---

① 如起诉方提出请求，DSB应在提出请求后15天内为此召开会议，只要提前至少10天发出会议通知。

的代表的人员、秘书处人员、曾讲授或出版国际贸易法或政策著作的人员，以及曾任一成员高级贸易政策官员的人员。

2. 专家组成员的选择应以保证各成员的独立性、完全不同的背景和丰富的经验为目的进行。

3. 政府[①]为争端方或为第10条第2款规定的第H方成员的公民不得在与该争端有关的专家组中任职，除非争端各方另有议定。

4. 为协助选择专家组成员，秘书处应保存一份具备第1款所述资格的政府和非政府个人的指示性名单，可从中酌情选出专家组成员。该名单应包括1984年11月30日制定的非政府专家组成员名册（BISD31册9页），及在任何适用协定项下制定的名册和指示性名单，并保留这些名册和指示性名单中在《WTO协定》生效之时的人员的姓名。成员可定期提出可供列入指示性名单的政府和非政府个人的姓名，并提供他们在国际贸易和适用协定的部门或主题方面知识的有关信息，待DSB批准后，这些姓名应增加至该名单。对于名单中的每一个人，名单应注明其在适用协定的部门或主题方面的具体阅历或专门知识。

5. 专家组应由3名成员组成，除非在专家组设立后10天内，争端各方同意专家组由5名成员组成。专家组的组成情况应迅速通知各成员。

6. 秘书处应向争端各方建议专家组成员的提名。争端各方不得反对提名，除非由于无法控制的原因。

7. 如在专家组设立之日起20天内，未就专家组的成员达成协议，则总干事应在双方中任何一方请求下，经与DSB主席和有关委员会或理事会主席磋商，在与争端各方磋商后，决定专家组的组成，所任命的专家组成员为总干事认为依照争端中所争论的适用协定的任何有关特殊或附加规则和程序最适当的成员。DSB主席应在收到此种请求之日起10天内，通知各成员专家组如此组成。

---

① 如关税同盟或共同市场为争端方，则本规定适用于关税同盟或共同市场的所有成员国的公民。

8. 各成员应承诺，通常允许其官员担任专家组成员。

9. 专家组成员应以其个人身份任职，既作为政府代表，也作为任何组织的代表。各成员因此不得就专家组审议的事项向他们作出指示或试图影响他们个人。

10. 当争端发生在发展中国家成员与发达国家成员之间时，如发展中国家成员提出请求，专家组应至少有1名成员来自发展中国家成员。

11. 专家组成员的费用，包括旅费和生活津贴，应依照总理事会在预算。财务与行政委员会所提建议基础上通过的标准，从WTO预算中支付。

第9条 多个起诉方的程序

1. 如一个以上成员就同一事项请求设立专家组，则可设立单一专家组审查这些起诉，同时考虑所有有关成员的权利。只要可行，即应设立单一专家组审查此类起诉。

2. 单一专家组应组织其审查并将其调查结果提交DSB，应保证争端各方在由若干专家组分开审查起诉时本可享受的权利决不受到减损。如争端任何一方提出请求，专家组应就有关争端提交单独的报告。每一起诉方提交的书面陈述应可使其他起诉方获得，且每一起诉方有权在任何其他起诉方向专家组陈述意见时在场。

3. 如设立一个以上专家组以审查与同一事项有关的起诉，则应在最大限度内由相同人员在每一单独专家组中任职，此类争端中的专家组程序的时间表应进行协调。

第10条 第三方

1. 争端各方的利益和争端中所争论的一适用协定项下的其他成员的利益应在专家组程序中得到充分考虑。

2. 任何对专家组审议的事项有实质利益且已将其利益通知DSB的成员（本谅解中称“第三方”）应由专家组给予听取其意见并向专家组提出书面陈述的机会。这些书面陈述也应提交争端各方，并应反映在专家组报告中。

3. 第三方应收到争端各方提交专家组首次会议的陈述。

4. 如第三方认为已成为专家组程序主题的措施造成其根据任何适用协定项下获得的利益丧失或减损，则该成员可援用本谅解项下的正常争端解决程序。只要可能，此种争端即应提交原专家组。

第 11 条　专家组的职能

专家组的职能是协助 DSB 履行本谅解和适用协定项下的职责。因此，专家组应对其审议的事项作出客观评估，包括对该案件事实及有关适用协定的适用性和与有关适用协定的一致性的客观评估，并作出可协助 DSB 提出建议或提出适用协定所规定的裁决的其他调查结果。专家组应定期与争端各方磋商，并给予它们充分的机会以形成双方满意的解决办法。

第 12 条　专家组程序

1. 专家组应遵循附录 3 中的工作程序，除非专家组在与争端各方磋商后另有决定。

2. 专家组程序应提供充分的灵活性，以保证高质量的专家组报告，同时不应不适当地延误专家组程序。

3. 在与争端各方磋商后，专家组成员应尽快且只要可能，在专家组组成及职权范围议定后一周内，决定专家组程序的时间表，同时考虑第 4 条第 9 款的规定（如有关）。

4. 在确定专家组程序的时间表时，专家组应为争端各方提供充分的时间准备陈述。

5. 专家组应设定各方提供书面陈述的明确最后期限，各方应遵守此最后期限。

6. 每一方应将其书面陈述交存秘书处，以便立即转交专家组和其他争端方。起诉方应在应诉方提交的第一份陈述之前提交其第一份陈述，除非专家组在决定第 3 款提及的时间表时，经与争端各方磋商后，决定各方应同时提交第一份陈述。当对交存第一份陈述有顺序安排时，专家组应确定接受应诉方陈述的确定期限。任何随后的书面陈述应同时提交。

7. 如争端各方未能形成双方满意的解决办法，专家组应以书面报告形式向 DSB 提交调查结果。在此种情况下，专家组报告应列出对事实的调查结果、有关规定的适用性及其所作任何调查结果和建议所包含的基本理由。如争端各方之间已找到问题的解决办法，则专家组报告应只限于对案件的简要描述，并报告已达成解决办法。

8. 为使该程序更加有效，专家组进行审查的期限，即自专家组组成和职权范围议定之日起至最终报告提交争端各方之日止，一般不应超过 6 个月。在紧急案件中，包括涉及易腐货物的案件，专家组应力求在 3 个月内将其报告提交争端各方。

9. 如专家组认为不能在 6 个月内或在紧急案件中不能在 3 个月内提交其报告，则应书面通知 DSB 迟延的原因和提交报告的估计期限。自专家组设立至报告散发各成员的期限无论如何不应超过 9 个月。

10. 在涉及发展中国家成员所采取措施的磋商过程中，各方可同意延长第 4 条第 7 款和第 8 款所确定的期限。如有关期限已过，进行磋商的各方不能同意磋商已经完成，则 DSB 主席应在与各方磋商后，决定是否延长有关期限，如决定延长，则决定延长多久。此外，在审查针对发展中国家成员的起诉时，专家组应给予该发展中国家成员充分的时间以准备和提交论据。第 20 条第 1 款和第 21 条第 4 款的规定不受按照本款所采取任何行动的影响。

11. 如一个或多个争端方为发展中国家成员，则专家组报告应明确说明以何种形式考虑对发展中国家成员在争端解决程序过程中提出的适用协定中有关发展中国家成员的差别和更优惠待遇规定。

12. 专家组可随时应起诉方请求中止工作，期限不超过 12 个月。如发生此种中止，本条第 8 款和第 9 款、第 20 条第 1 款以及第 21 条第 4 款所列时限应按中止工作的时间顺延。如专家组的工作已中止 12 个月以上，则设立专家组的授权即告终止。

第 13 条 寻求信息的权利

1. 每一专家组有权向其认为适当的任何个人或机构寻求信息和技术建议。但是，在专家组向一成员管辖范围内的任何个人或机构寻求此类信息或建议之前，应通知该成员主管机关。成员应迅速和全面地答复专家组提出的关于提供其认为必要和适当信息的任何请求。未经提供信息的个人、机构或成员主管机关正式授权，所提供的机密信息不得披露。

2. 专家组可向任何有关来源寻求信息，并与专家进行磋商并获得他们该事项某些方面的意见。对于一争端方所提科学或其他技术事项的事实问题，专家组可请求专家审议小组提供书面咨询报告。设立此类小组的规则及其程序列在附录4中。

第14条　机密性

1. 专家组的审议情况应保密。

2. 专家组报告应在争端各方不在场的情况下，按照提供的信息和所作的陈述起草。

3. 专家组报告中专家个人发表的意见应匿名。

第15条　中期审议阶段

1. 在考虑书面辩驳和口头辩论后，专家组应向争端各方提交其报告草案中的描述部分（事实和论据）。在专家组设定的期限内，各方应提交各自的书面意见。

2. 在接收争端各方书面意见的设定期限截止后，专家组应向各方提交一份中期报告，既包括描述部分也包括专家组的调查结果和结论。在专家组设定的期限内，一方可提出书面请求，请专家组在最终报告散发各成员之前，审议中期报告中的具体方面。应一方请求，专家组应就书面意见中所确认的问题，与各方再次召开会议。如在征求意见期间未收到任何一方的意见，中期报告应被视为最终报告，并迅速散发各成员。

3. 最终报告中的调查结果应包括在中期审议阶段对论据的讨论情况。中期审议阶段应在第12条第8款所列期限内进行。

第16条　专家组报告的通过

1. 为向各成员提供充足的时间审议专家组报告，在报告散发各成员之日20天后，DSB方可审议通过此报告。

2. 对专家组报告有反对意见的成员应至少在审议该报告的DSB会议召开前10天，提交供散发的解释其反对意见的书面理由。

3. 争端各方有权全面参与DSB对专家报告的审议，它们的意见应完整记录在案。

4. 在专家组报告散发各成员之日起60天内，该报告应在DSB会议①上通过，除非一争端方正式通知DSB其上诉决定，或DSB经协商一致决定不通过该报告。如一方已通知其上诉决定，则在上诉完成之前，DSB将不审议通过该专家组报告、该通过程序不损害各成员就专家组报告发表意见的权利。

第17条 上诉审议

常设上诉机构

1. DSB应设立一常设上诉机构。上诉机构应审理专家组案件的上诉。该机构应由7人组成，任何一个案件应由其中3人任职。上诉机构人员任职应实行轮换。此轮换应在上诉机构的工作程序中予以确定。

2. DSB应任命在上诉机构任职的人员，任期4年，每人可连任一次。但是，对于在《WTO协定》生效后即被任命的7人，其中3人的任期经抽签决定应在2年期满后终止。空额一经出现即应补足。如一人被任命接替一任期未满人员，则此人的任期即为前任余下的任期。

3. 上诉机构应由具有公认权威并在法律、国际贸易和各适用协定所涉主题方面具有公认专门知识的人员组成。他们不得附属于任何政府。上诉机构的成员资格应广泛代表WTO的成员资格。上诉机构任职的所有人员应随时待命，并应随时了解争端解决活动和WTO的其他有关活动。他们不得参与审议任何可产生直接或间接利益冲突的争端。

4. 只有争端各方，而非第三方，可对专家组报告进行上诉。按照第10条第2款已通知DSB其对该事项有实质利益的第三方，可向上诉机构提出书面陈述，该机构应给予听取其意见的机会。

---

① 如未安排在此期间召开可满足第16条第1款和第4款要求的DSB会议，则应为此召开一次DSB会议。

5. 诉讼程序自一争端方正式通知其上诉决定之日起至上诉机构散发其报告之日止通常不得超过 60 天。在决定其时间表时，上诉机构应考虑第 4 条第 9 款的规定（如有关）。当上诉机构认为不能在 60 天内提交报告时，应书面通知 DSB 迟延的原因及提交报告的估计期限。但该诉讼程序决不能超过 90 天。

6. 上诉应限于专家组报告涉及的法律问题和专家组所作的法律解释。

7. 如上诉机构要求，应向其提供适当的行政和法律支持。

8. 上诉机构任职人员的费用，包括旅费和生活津贴，应依照总理事会在预算、财务与行政委员会所提建议基础上通过的标准，从 WTO 预算中支付。

上诉审议的程序

9. 工作程序应由上诉机构经与 DSB 主席和总干事磋商后制定，并告知各成员供参考。

10. 上诉机构的程序应保密。上诉机构报告应在争端各方不在场的情况下，按照提供的信息和所作的陈述起草。

11. 上诉机构报告中由任职于上诉机构的个人发表的意见应匿名。

12. 上诉机构应在上诉程序中处理依照第 6 款提出的每一问题。

13. 上诉机构可维持、修改或撤销专家组的法律调查结果和结论。

上诉机构报告的通过

14. 上诉机构报告应由 DSB 通过，争端各方应无条件接受，除非在报告散发各成员后 30 天内，DSB 经协商一致决定不通过该报告。① 此通过程序不损害各成员就上诉机构报告发表意见的权利。

第 18 条　与专家组或上诉机构的联系

1. 不得就专家组或上诉机构审议的事项与专家组或上诉机构

① 如未安排在此期间召开 DSB 会议，则应为此召开一次 DSB 会议。

进行单方面联系。

2. 提交专家组或上诉机构的书面陈述应被视为保密，但应使争端各方可获得。本谅解的任何规定不妨碍争端任何一方向公众披露有关其自身立场的陈述。各成员应将另一成员提交专家组或上诉机构、并由该另一成员指定为机密的信息按机密信息处理。应一成员请求，一争端方还应提供一份其书面陈述所含信息的可对外披露的非机密摘要。

第 19 条 专家组和上诉机构的建议

1. 如专家组或上诉机构认定一措施与一适用协定不一致，则应建议有关成员①使该措施符合该协定。② 除其建议外，专家组或上诉机构还可就有关成员如何执行建议提出办法。

2. 依照第 3 条第 2 款，专家组和上诉机构在其调查结果和建议中，不能增加或减少适用协定所规定的权利和义务。

第 20 条 DSB 决定的时限

除非争端各方另有议定，自 DSB 设立专家组之日起至 DSB 审议通过专家组报告或上诉机构报告之日止的期限，在未对专家组报告提出上诉的情况下一般不得超过 9 个月；在提出上诉的情况下通常不得超过 12 个月。如专家组或上诉机构按照第 12 条第 9 款或第 17 条第 5 款延长提交报告的时间，则所用的额外时间应加入以上期限。

第 21 条 对执行建议和裁决的监督

1. 为所有成员的利益而有效解决争端，迅速符合 DSB 的建议或裁决是必要的。

2. 对于需进行争端解决的措施，应特别注意影响发展中国家成员利益的事项。

---

① “有关成员”为专家组或上诉机构的建议所针对的争端方。

② 对于有关不涉及违反 GATT 1994 和任何其他适用协定案件的建议，见第 26 条。

3. 在专家组或上诉机构报告通过后30天内①召开的DSB会议上，有关成员应通知DSB关于其执行DSB建议和裁决的意向。如立即遵守建议和裁决不可行，有关成员应有一合理的执行期限。合理期限应为：

（a）有关成员提议的期限，只要该期限获DSB批准；或，在如未获批准则为；

（b）争端各方在通过建议和裁决之日起45天内双方同意的期限；或，如未同意则为；

（c）在通过建议和裁决之日起90天内通过有约束力的仲裁确定的期限。② 在该仲裁中，仲裁人③的指导方针应为执行专家组或上诉机构建议的合理期限不超过自专家组或上诉机构报告通过之日起15个月。但是，此时间可视具体情况缩短或延长。

4. 除专家组或上诉机构按照第12条第9款或第17条第5款延长提交报告的时间外，自DSB设立专家组之日起至合理期限的确定之日止的时间不得超过15个月，除非争端各方另有议定。如专家组或上诉机构已延长提交报告的时间，则所用的额外时间应加入15个月的期限；但是除非争端各方同意存在例外情况，否则全部时间不得超过18个月。

5. 如在是否存在为遵守建议和裁决所采取的措施或此类措施是否与适用协定相一致的问题上存在分歧，则此争端也应通过援用这些争端解决程序加以决定，包括只要可能即求助于原专家组。专家组应在此事项提交其后90天内散发其报告。如专家组认为在此时限内不能提交其报告，则应书面通知DSB迟延的原因和提交报告的估计期限。

6. DSB应监督已通过的建议或裁决的执行。在建议或裁决通

① 如未安排在此期间召开DSB会议，则应为此召开一次DSB会议。

② 如在将此事项提交仲裁后10天内，各方不能就仲裁人达成一致，则仲裁人应由总干事经与各方磋商后在10天内任命。

③ “仲裁人”一词应理解为一个人或一小组。

过后，任何成员可随时在 DSB 提出有关执行的问题。除非 DSB 另有决定，否则执行建议或裁换的问题在按照第 3 款确定合理期限之日起 6 个月后，应列入 DSB 会议的议程，并应保留在 DSB 的议程上，直到该问题解决。在 DSB 每一次会议召开前至少 10 天，有关成员应向 DSB 提交一份关于执行建议或裁决进展的书面情况报告。

7. 如有关事项是由发展中国家成员提出的，则 DSB 应考虑可能采取何种符合情况的进一步行动。

8. 如案件是由发展中国家成员提出的，则在考虑可能采取何种适当行动时，DSB 不但要考虑被起诉措施所涉及的贸易范围，还要考虑其对有关发展中国家成员经济的影响。

第 22 条　补偿和中止减让

1. 补偿和中止减让或其他义务属于在建议和裁决未在合理期限内执行时可获得的临时措施。但是，无论补偿还是中止减让或其他义务均不如完全执行建议以使一措施符合有关适用协定。补偿是自愿的，且如果给予，应与有关适用协定相一致。

2. 如有关成员未能使被认定与一适用协定不一致的措施符合该协定，或未能在按照第 21 条第 3 款确定的合理期限内符合建议和裁决，则该成员如收到请求应在不迟于合理期限期满前，与援引争端解决程序的任何一方进行谈判，以期形成双方均可接受的补偿。如在合理期限结束期满之日起 20 天内未能议定令人满意的补偿，则援引争端解决程序的任何一方可向 DSB 请求授权中止对有关成员实施适用协定项下的减让或其他义务。

3. 在考虑中止哪些减让或其他义务时，起诉方应适用下列原则和程序：

（a）总的原则是，起诉方应首先寻求对与专家组或上诉机构认定有违反义务或其他造成利益丧失或减损情形的部门相同的部门中止减让或其他义务；

（b）如该方认为对相同部门中止减让或其他义务不可行或无效，则可寻求中止对同一协定项下其他部门的减让或其他义务；

(c) 如该方认为对同一协定项下的其他部门中止减让或其他义务不可行或无效，且情况足够严重，则可寻求中止另一适用协定项下的减让或其他义务；

(d) 在适用上述原则时，该方应考虑：

(i) 专家组或上诉机构认定有违反义务或其他造成利益丧失或减损情形的部门或协定项下的贸易，及此类贸易对该方的重要性；

(ii) 与利益丧失或减损相关的更广泛的经济因素及中止减让或其他义务的更广泛的经济后果；

(e) 如该方决定按照(b)项或(c)项请求授权中止减让或其他义务，则应在请求中说明有关理由。在请求送交 DSB 的同时，还应送交有关理事会，在按照(b)项提出请求的情况下，还应转交有关部门性机构；

(f) 就本款而言，"部门"一词：

(i) 对于货物，指所有货物；

(ii) 对于服务，指用于确认此类部门的现行"服务部门分类清单"中所确认的主要部门；①

(iii) 对于与贸易有关的知识产权，指《TRIPS 协定》第二部分第 1 节、第 2 节、第 3 节、第 4 节、第 5 节、第 6 节或第 7 节所涵盖的知识产权的每一类别，或第三部分或第四部分下的义务。

(g) 就本款而言，"协定"一词：

(i) 对于货物，指《WTO 协定》附录 1A 所列各项协定的总体，以及诸边贸易协定，只要有关争端方属这些协定的参加方；

(ii) 对于服务，指 GATS；

(iii) 对于知识产权，指《TRIPS 协定》。

4. DSB 授权的中止减让或其他义务的程度应等于利益丧失或减损的程度。

5. 如适用协定禁止此类中止，则 DSB 不得授权中止减让或其他义务。

---

① 文件 MTN. GNS/W/120 中的清单确定了 11 个部门。

6. 如发生第2款所述情况，则应请求，DSB应在合理期限结束后30天内，给予中止减让或其他义务的授权，除非DSB经协商一致决定拒绝该请求。但是，如有关成员反对提议的中止程度，或声称在一起诉方提出请求根据第3款（b）项或（c）项授权中止减让或其他义务时，第3款所列原则和程序未得到遵守，则该事项应提交仲裁。如原专家组成员仍可请到，则此类仲裁应由原专家组作出，或由经总干事任命的仲裁人①作出，仲裁应在合理期限结束之日起60天内完成。减让或其他义务不得在仲裁过程中予以中止。

7. 按照第6款行事的仲裁人②不得审查拟予中止的减让或其他义务的性质，而应确定此类中止的程度是否等于利益丧失或减损的程度。仲裁人还可确定在适用协定项下是否允许拟议的中止减让或其他义务。但是，如提交仲裁的问题包括关于第3款所列原则和程序未得到遵循的主张，则仲裁人应审议此项主张。如仲裁人确定这些原则和程序未得到遵循，则起诉方应以与第3款相一致的方式适用这些原则和程序。各方应将仲裁人的决定视为最终决定予以接受，有关各方不得寻求第二次仲裁。仲裁人的决定应迅速通知DSB，应请求，DSB应授权中止减让或其他义务，除非DSB经协商一致决定拒绝该请求。

8. 减让或其他义务的中止应是临时性的，且只应维持至被认定与适用协定不一致的措施已取消，或必须执行建议或裁决的成员对利益丧失或减损已提供解决办法，或已达成双方满意的解决办法。依照第21条第6款，DSB应继续监督已通过的建议或裁决的执行，包括那些已提供补偿或已中止减让或其他义务、而未执行旨在使一措施符合有关适用协定的建议的案件。

9. 如一成员领土内的地区或地方政府或主管机关采取了影响

① “仲裁人”一词应解释为一个人或一小组。

② “仲裁人”一词应解释为一个人或一个小组，或当原专家组成员担任仲裁人时，应解释为指原专家组成员。

遵守适用协定的措施，则可援引适用协定中的争端解决规定。如DSB已裁决一适用协定中的规定未得到遵守，则负有责任的成员应采取其可采取的合理措施，保证遵守该协定。适用协定及本谅解有关补偿和中止减让或其他义务的规定适用于未能遵守协定的案件。①

第23条　多边体制的加强

1. 当成员寻求纠正违反义务情形或寻求纠正其他造成适用协定项下利益丧失或减损的情形，或寻求纠正妨碍适用协定任何目标的实现的情形时，它们应援用并遵守本谅解的规则和程序。

2. 在此种情况下，各成员应：

(a) 不对违反义务已发生、利益已丧失或减损或适用协定任何目标的实现已受到妨碍作出确定，除非通过依照本谅解的规则和程序援用争端解决，且应使任何此种确定与DSB通过的专家组或上诉机构报告所包含的调查结果或根据本谅解作出的仲裁裁决相一致；

(b) 遵循第21条所列程序，以确定有关成员执行建议和裁决的合理期限；以及

(c) 遵循第22条所列程序，确定中止减让或其他义务的程度，并针对有关成员未能在该合理期限内执行建议和裁决的情况，在中止适用协定项下的减让或其他义务之前，依照这些程序获得DSB的授权。

第24条　涉及最不发达国家成员的特殊程序

1. 在确定涉及一最不发达国家成员争端的起因和争端解决程序的所有阶段，应特别考虑最不发达国家的特殊情况。在此方面，各成员在根据这些程序提出涉及最不发达国家的事项时应表现适当的克制。如认定利益的丧失或减损归因于最不发达国家成员所采取的措施，则起诉方在依照这些程序请求补偿或寻求中止实施减让或

---

① 如任何适用协定中有关在一成员领土内的地区或地方政府或主管机关采取措施的规定包含与本款规定不同的规定，则应以此适用协定的规定为准。

其他义务的授权时，应表现适当的克制。

2. 在涉及一最不发达国家成员的争端解决案件中，如在磋商中未能找到令人满意的解决办法，则应最不发达国家成员请求，总干事或DSB主席应进行斡旋、调解和调停，以期在提出设立专家组的请求前，协助各方解决争端。总干事或DSB主席在提供以上协助时，可向自己认为适当的任何来源进行咨询。

第25条　仲裁

1. WTO中的迅速仲裁作为争端解决的一个替代手段，能够便利解决涉及有关双方已明确界定问题的争端。

2. 除本谅解另有规定外，诉诸仲裁需经各方同意，各方应议定将遵循的程序。诉诸仲裁的一致意见应在仲裁程序实际开始之前尽早通知各成员。

3. 只有经已同意诉诸仲裁的各方同意，其他成员方可成为仲裁程序的一方。诉讼方应同意遵守仲裁裁决。仲裁裁决应通知DSB和任何有关适用协定的理事会或委员会，任何成员均可在此类机构中提出与之相关的任何问题。

4. 本谅解第21条和第22条在细节上作必要修改后应适用于仲裁裁决。

第26条

1. GATT 1994第23条第1款（b）项所述类型的非违反起诉

如GATT 1994第23条第1款（b）项的规定适用于一适用协定，则专家组和上诉机构只有在一争端方认为由于一成员实施任何措施而造成其根据有关适用协定直接或间接获得的任何利益丧失或减损，或此种措施妨碍该协定任何目标的实现时，方可作出裁决和建议，无论该措施与该协定的规定是否产生抵触。如该方认为且专家组或上诉机构确定，一案件所涉及的措施与GATT 1994第23条第1款（b）项规定所适用的适用协定的规定不产生抵触，则应适用本谅解的程序，但需遵守下列规定：

（a）该起诉方应提供详细的正当理由，以支持任何就一项不与适用协定产生抵触的措施而提出的起诉；

(b) 如一措施被认定造成有关适用协定项下的利益丧失或减损，或此种措施妨碍该协定目标的实现，但并未违反该协定，则无义务撤销该措施。但在此种情况下，专家组或上诉机构应建议有关成员作出使双方满意的调整；

(c) 尽管有第21条的规定，但是应双方中任何一方的请求，第21条第3款所规定的仲裁可包括对利益丧失或减损程度的确定，也可建议达成令双方满意的调整的方法：此类建议不得对争端各方具有约束力；

(d) 尽管有第22条第1款的规定，但是补偿可以成为作为争端最后解决办法的令双方满意的调整的一部分。

2. GATT 1994第23条第1款 (c) 项所述类型的起诉

如GATT 1994第23条第1款 (c) 项的规定适用于一适用协定，则专家组只有在一方认为由于存在任何不属GATT 1994第23条第1款 (a) 项和 (b) 项规定所适用的情况而造成其根据有关适用协定直接或间接获得的任何利益丧失或减损，或此种情况妨碍该协定任何目标的实现时，方可作出裁决和提出建议。如该方认为且专家组确定本款已涵盖该事项，则本谅解的程序仅适用至有关程序中专家组报告散发各成员为止。

《1989年4月12日决定》(BISD36册61至67页) 所含争端解决规则和程序适用于建议和裁决的审议通过、监督和执行。下列规定也应适用：

(a) 该起诉方应提供详细理由，以支持就本款涵盖问题所提出的任何论据；

(b) 在涉及本款所涵盖事项的案件中，如专家组认定案件还涉及本款所涵盖事项之外的争端解决事项，则专家组应向DSB提交针对任何此类事项的报告，并提交一份属本款范围内事项的单独报告。

第27条 秘书处的职责

1. 秘书处应特别在所处理事项的法律、历史和程序方面负责协助专家组，并提供秘书和技术支持。

2. 在秘书处应成员请求在争端解决方面协助成员时，可能还需在争端解决方面向发展中国家成员提供额外的法律建议和协助。为此，秘书处应使提出请求的发展中国家成员可获得 WTO 技术合作部门一名合格法律专家的协助。该专家在协助发展中国家成员时应保证秘书处继续保持公正。

3. 秘书处应为利害关系成员提供有关争端解决程序和做法的特殊培训课程，以便各成员的专家能够更好地了解这方面的情况。

附录 1

本谅解的适用协定

(A)《建立世界贸易组织协定》

(B) 多边贸易协定

附件 1A：多边货物贸易协定

附件 1B：《服务贸易总协定》

附件 1C：《与贸易有关的知识产权协定》

附件 2：《关于争端解决规则与程序的谅解》

(C) 诸边贸易协定：

附件 4：《民用航空器贸易协定》

《政府采购协定》

《国际奶制品协定》

《国际牛肉协定》

本谅解对诸边贸易协定的适用应由每一协定的参加方通过列出本谅解对各协定适用条件的决定，包括已通知 DSB 的、供包括在附录 2 中的任何特殊或附加规则或程序。

附录 2

适用协定所含特殊或附加规则与程序

协定	规则与程序
《实施卫生与植物卫生措施协定》	11.2
《纺织品与服装协定》	2.14、2.21、4.4、5.2、5.4、5.6、6.9、6.10、6.11、8.1 至 8.12
《技术性贸易壁垒协定》	14.2 至 14.4、附件 2
《关于实施 1994 年关税与贸易总协定第 6 条的协定》	17.4 至 17.7
《关于实施 1994 年关税与贸易总协定第 7 条的协定》	19.3 至 19.5、附件 2.2（f）、3、9、21
《补贴与反补贴措施协定》	4.2 至 4.12、6.6、7.2 至 7.10、8.5、脚注 35、24.4、27.7、附件 5
《服务贸易总协定》	22.3、23.3
《关于金融服务的附件》	4
《关于空运服务的附件》	4
《关于 GATS 部分争端解决程序的决定》	1 至 5

本附录中的规则和程序清单包括仅有部分内部与此有关的条款。

诸边贸易协定中的任何特殊或附加规则或程序由各协定的主管机构确定，并通知 DSB。

附录 3　工作程序

1. 在其程序中，专家组应遵循本谅解的有关规定。此外，应适用下列工作程序。

2. 专家组的会议不公开。争端各方和利害关系方只有在专家组邀请到场时方可出席会议。

3. 专家组的审议和提交专家组的文件应保密。本谅解的任何规定不得妨碍任何争端方向公众披露有关其自身立场的陈述。各成员应将另一成员提交专家组或上诉机构、并由该另一成员指定为机密的信息按机密信息对待。如一争端方向专家组提交其书面陈述的保密版本，则应一成员请求，该争端方还应提供一份其书面陈述所含信息的可对外公布的非机密摘要。

4. 在专家组与争端各方召开第一次实质性会议之前，争端各方应向专家组提交书面陈述，说明案件的事实和论据。

5. 在与各方召开的第一次实质性会议上，专家组应请提出起诉方陈述案情。随后，仍在此次会议上，请被诉方陈述其观点。

6. 应书面邀请所有已通知 DSB 其在争端中有利害关系的第三方，在专家组第一次实质性会议期间专门安排的一场会议上陈述其意见。所有此类第三方可出席该场会议的全过程。

7. 正式辩驳应在专家组第二次实质性会议上作出。被诉方有权首先发言，随后由起诉方发言。各方应在此次会议之前向专家组提交书面辩驳。

8. 专家组可随时向各方提出问题，并请它们在各方出席的会议过程中进行说明，或作出书面说明。

9. 争端各方和依照第 10 条应邀陈述意见的任何第三方应使专家组可获得其口头陈述的书面版本。

10. 为保持充分的透明度，第 5 款至第 9 款中所指的陈述、辩驳及说明均应在各方在场的情况下作出。而且，每一方的书面陈述，包括对报告描述部分的任何意见和对专家组所提问题的答复，均应使另一方或各方可获得。

11. 针对专家组的任何附加程序。

专家组工作的建议时间表

（a）收到各方第一份书面陈述：

(1) 起诉方：3至6周

(2) 被诉方：2至3周

(b) 各方出席的第一次实质性会议的日期、时间和地点：第三方参加的会议：1至2周

(c) 收到各方书面辩驳：2至3周

(d) 各方出席的第二次实质性会议的日期、时间和地点：1至2周

(e) 向各方散发报告的描述部分：2至4周

(f) 收到各方对报告描述部分的意见：2周

(g) 向各方散发中期报告，包括调查结果和结论：2至4周

(h) 各方请求审议报告部分内容的截止日期：1周

(i) 专家组审议期限，包括可能与各方再次召开的会议：2周

(j) 向争端各方散发最终报告：2周

(k) 向各成员散发最终报告：3周

上述时间表可根据未预料的情况进行更改。如需要，应确定与各方再次召开会议的时间。

附录4　专家审议小组

下列规则和程序应适用于依照第13条第2款的规定设立的专家审议小组。

1. 专家审议小组由专家组管辖。其职权范围和详细工作程序由专家组决定，小组应向专家组报告。

2. 专家审议小组的参加者仅限于对所涉领域具有专业名望和经验的人员。

3. 未经争端各方达成联合协议，争端各方的公民不得在专家审议小组中任职，除非出现专家组认为其他方法无法满足对特殊科学专业知识的需要的例外情况。争端各方的政府官员不得在专家审议小组中任职。专家审议小组成员以个人身份任职，既不是政府的代表也不是任何组织的代表。政府或组织因此不得就专家审议小组审议的事项向小组成员作出指示。

4. 专家审议小组可向其认为适当的任何来源进行咨询，并寻求信息和技术建议。在专家审议小组向一成员管辖范围内的来源寻求此类信息或建议之前，应通知该成员政府。任何成员应迅速和全面地答复专家审议小组提出的任何关于提供其认为必要和适当信息的请求。

5. 争端各方应可获得向专家审议小组提供的所有有关信息，除非此信息属机密性质。未经提供信息的政府、组织或个人的正式授权，不得披露提供给专家审议小组的机密信息。如专家审议小组请求获得此类信息，而专家审议小组无授权披露此类信息，则提供该信息的政府、组织或个人将提供信息的非机密摘要。

6. 专家审议小组应向争端各方提交一份报告草案，以期得到它们的意见，并在最终报告中酌情予以考虑，最终报告在提交专家组时，还应向争端各方散发。专家审议小组的最终报告仅属咨询性质。

参考文献

一、专著

1. ［英］施米托夫著：《国际贸易法文选》，赵秀文选译，中国大百科全书出版社 1993 年版。

2. 郭寿康主编：《国际货物贸易法律与实务》，人民法院出版社 2000 年版。

3. 郭寿康、韩立余著：《国际贸易法》，中国人民大学出版社 2000 年版。

4. 崔建远主编：《合同法》（修订本），法律出版社 2000 年第 2 版。

5. 王传丽主编：《国际贸易法》（法学本科教材），中国政法大学出版社 1995 年版。

6. 汤树梅、应苏萍著：《香港货物买卖法》，河南人民出版社 1997 年版。

7. 钟建华著：《国际货物买卖合同中的法律问题》，人民法院出版社 1995 年版。

8. 陈安主编：《国际经济法学》（21 世纪法学系列教材），北京大学出版社 2001 年第 2 版。

9. 翁国民编著：《国际贸易法导读》，浙江大学出版社 2001 年版。

10. 史尚宽著：《债法各论》，中国政法大学出版社 2000 年版。

11. 沈达明、冯大同编著：《国际贸易法新论》，法律出版社 1989 年版。

12. 冯大同主编：《国际货物买卖法》，对外贸易教育出版社 1993 年版。

13. 徐炳著:《买卖法》,经济日报出版社 1991 年版。

14. 陈小君主编:《合同法学》(修订本),中国政法大学出版社 1999 年版。

15. 关军著:《买卖法》,人民法院出版社 1999 年版。

16. 王利明、崔建远著:《合同法新论·总则》,中国政法大学出版社 1996 年版。

17. 罗结珍译:《法国民法典》,中国法制出版社 1999 年版。

18. 郑冲、贾红梅译:《德国民法典》(修订本),法律出版社 2001 年第 2 版。

19. [意] 彼德罗·彭梵得著:《罗马法教科书》,黄风译,中国政法大学出版社 1992 年版。

20. [罗马] 查士丁尼著:《法学总论》,张企泰译,商务印书馆 1989 年版。

21. 徐学鹿主编:《商法研究》,人民法院出版社 2000 年版。

22. 梁彗星主编:《民商法论丛》(第 5 卷),法律出版社 1996 年版。

23. 李巍著:《〈联合国国际货物销售合同公约〉评释》,法律出版社 2002 年版。

24. 郭寿康主编、罗玲聪编著:《国际货物贸易法律与实务》,人民法院出版社 2000 年版。

25. 金赛波编著:《中国信用证法律和重要案例点评》,对外经济贸易大学出版社 2002 年版。

26. 司玉琢著:《海商法专论》,中国人民大学出版社 2007 年 1 月版。

27. 徐冬根著:《信用证法律与实务研究》,北京大学出版社 2005 年版。

28. 司玉琢主编:《国际海事立法趋势及对策研究》,法律出版社 2002 年版。

29. 慕亚平、李伯侨等著:《区域经济一体化与 CEPA 的法律问题研究》,法律出版社 2005 年版。

30. 王贵国著：《区域安排法律问题研究》，北京大学出版社2004年版。

31. 杨丽艳著：《区域经济一体化法律制度研究》，法律出版社2004年版。

32. 马进保著：《CEPA框架下的经贸争端解决机制与程序》，中国人民公安大学出版社2005年版。

33. 黄志雄著：《WTO体制内的发展问题与国际发展法研究》，武汉大学出版社2005年版。

34. ［比］约斯特·鲍威林著：《国际公法规则之冲突——“WTO法”与其他国际法规则如何联系》，周忠海等译，法律出版社2005年版。

35. 李双元、李先波主编：《世界贸易组织（WTO）法律问题专题研究》，中国方正出版社2003年版。

36. ［德］彼得－托比亚斯·施托尔、弗兰克·朔尔科普夫著：《世界贸易制度和世界贸易法》，法律出版社2004年版。

37. 朱榄叶编著：《世界贸易组织国际贸易纠纷案例评析》，法律出版社2000年版。

38. 黄静波著：《多边贸易体制的理论与实践》，中山大学出版社2004年版。

39. 孙南申著：《WTO体系下的司法审查制度》，法律出版社2006年版。

40. 徐泉著：《国际贸易投资自由化法律规制研究》，中国检察出版社2004年版。

41. 徐淑萍著：《贸易与环境的法律问题研究》，武汉大学出版社2002年版。

42. ［美］贾格迪什·巴格沃蒂著：《今日自由贸易》，海闻译，中国人民大学出版社2000年版。

43. 张丽英著：《国际贸易法专题研究》，法律出版社2004年版。

44. 王先林著：《WTO竞争政策与中国反垄断立法》，北京大学出版社 2005 年版。

45. 边永民著:《国际贸易规则与环境措施的法律研究》, 机械工业出版社 2004 年版。

46. [美] 约翰·杰克逊著:《GATT/WTO 法理与实践》, 张玉卿、李成钢、杨国华等译, 新华出版社 2002 年版。

47. [英] 伯纳德·霍夫曼、麦克尔·考斯泰基著:《世界贸易体制的政治经济学——从关贸总协定到世界贸易组织》, 刘平等译, 法律出版社 1999 年版。

48. 刘俊著:《区域贸易安排的法学进路——GATT/WTO 框架下区域贸易一体化的法理学及其实证研究》, 中信出版社 2004 年版。

49. 孟夏著:《亚太区域贸易安排研究》, 南开大学出版社 2005 年版。

50. 曹宏苓著:《国际区域经济一体化》, 上海外语教育出版社 2006 年版。

二、期刊论文

1. 王轶:《论买卖合同标的物毁损、灭失的风险负担》, 载《民商法学》2000 年第 4 期。

2. 吴宗祥:《国际贸易货物所有权转移研究》, 载《对外经贸实务》2000 年第 3 期。

3. 叶巍:《根本违约与中国合同法》, 载《当代法学》2001 年第 1 期。

4. 王利明:《中德买卖合同制度的比较》, 载《比较法研究》2001 年第 1 期。

5. 陈治东、吴佳华:《论“联合国国际货物销售合同公约”在中国的适用》, 载《法学》2004 年第 10 期。

6. 慕亚平、肖丽:《应当构建 CEPA 下的争端解决机制》, 载《中山大学学报》(社科版) 2004 年第 4 期。

7. 张若思:《WTO 新一轮服务谈判中的人员跨界流动》, 载《国际贸易》2003 年第 4 期。

8. 史先社：《解析世界贸易组织争端解决机制及其新发展》，载《上海大学学报》（社科版）2001年第7期。

9. 曾华群：《两岸四地建立更紧密经贸关系的法律思考》，载《国际经济法论丛》（第7卷），法律出版社2003年版。

10. 贾永强：《从实力取向到规则取向——论WTO争端解决机制的规则取向》，载《甘肃政法成人教育学院学报》2005年第3期。

11. 韦经健：《论CEPA的性质、效力及其争议解决模式》，载《当代法学》2004年第3期。

12. 许自强：《GATT/WTO——全球化的活跃因素》，载《复旦大学学报》（社科版）1998年第5期。

13. 陈兵、李春蓉：《GATT/WTO下环境成本内在化政策研究》，载《甘肃社会科学》2005年第1期。

14. 吴峰、李志清：《论GATT94第20条在实践中的新发展及前景分析——贸易与环境争端的视觉》，载《上海理工大学学报》（社科版）2004年第4期。

15. 吴立志：《浅析发展中国家参与GATT/WTO争端解决的实践和对我国的启示》，载《广西右江民族师专学报》2003年第1期。

16. 王玉玮：《欧共体在GATT/WTO中的法律地位》，载《同济大学学报》（社科版）2006年第3期。

17. 慕亚平、秦淑明：《世界贸易组织对区域贸易协定的规范及对我国的影响》，载《华南师范大学学报》（社会科学版）2004年第2期。

18. 陈建国：《体制性难题——WTO对区域贸易协议的审议》，载《国际贸易》2004年第6期。

19. 王军、高建学：《关于国际经济法与国际商法的学科设置的思考》，载《山西大学学报》（哲社版）2004年第4期。

20. 贺小勇：《分歧与和谐：析WTO争端解决机制的法律适用》，载《现代法学》2005年第5期。

21. 尹竹：《WTO框架下竞争政策与多边贸易体制的协调问题述评》，载《中国法学》2004年第3期。

22. 姚新超：《多边主义还是区域（双边）主义》，载《国际贸易》2006年第8期。

23. 曾令良：《区域贸易协定的最新趋势及其对多哈发展议程的负面影响》，载《法学研究》2004年第5期。

24. 徐崇利：《跨政府组织网络于国际经济软法》，载《环球法律评论》2006年第4期。

25. 牛洪莹：《浅析国际法中软法基本问题》，载《南方论刊》2007年第4期。

26. 徐崇利：《经济全球化与跨国经济立法模式》，载《华东政法学院学报》2006年第2期。

27. 吴志忠：《论出卖人的权利瑕疵担保责任》，载《中南财经政法大学学报》2006年第3期

28. 张军旗：《论WTO国际责任的范围及其发展方向》，载《政治与法律》2006年第6期。

三、法律条文

1. 1980年《联合国国际货物销售合同公约》

2. 《国际货物买卖时效期限公约》

3. 2000年《国际贸易术语解释通则》

4. 《中华人民共和国合同法》

5. 《中华人民共和国担保法》

6. 《中华人民共和国海商法》

7. 《中华人民共和国保险法》

8. 美国《统一商法典》

9. 英国《1893年货物买卖法案》

10. 香港《货品售卖条例》

11. 《跟单信用证统一惯例》（UCP600）

12. 《跟单信用证电子交单统一惯例》

13. 《托收统一规则》（URC522）

14.《国际审单标准银行实务》(ISBP)
15.《国际保付代理公约》
16.《国际贸易中的应收款转让公约》
17.《联合国国际汇票和本票公约》
18.《联合国独立保函和备用信用证公约》
19.《国际贷记划拨示范法》
20.《联合国国际贸易法委员会国际商事仲裁示范法》
21.《联合国国际贸易法委员会仲裁规则》
22.《联合国国际贸易法委员会调解规则》
23.《海牙规则》
24.《维斯比规则》
25.《汉堡规则》
26.《联合国全程或部分海上国际货物运输合同公约》(草案)
27.《与贸易有关的投资措施协议》(TRIMs)
28.《服务贸易总协定》(GATS)
29.《与贸易有关的知识产权协议》(TRIPs)
30.《实施动植物卫生检疫措施协议》(《SPS 协议》)
31.《技术性贸易壁垒协议》(《TBT 协议》)
32.《生物多样性公约卡塔赫纳生物安全议定书》
33.《建立世界贸易组织协定》
34.《关于解决争端的规则与程序的谅解》(DSU)
35.《GATT1994》
36.《GATT1994 第 24 条解释谅解书》
37.《北美自由贸易协定》
38.《北美环境合作协定》
39.《中国—东盟全面经济合作框架协议》
40.《中国—东盟全面经济合作框架协议货物贸易协议》
41.《中国—东盟争端解决机制协议》
42. 我国内地与香港(澳门)特区《关于建立更紧密经贸关系的安排》(CEPA)